U0566336

桑 兵◎主编

各方致

孙中山 函电汇编

【第一卷】

(1895~1912.2)

赵立彬 编

社会科学文献出版社
SOCIAL SCIENCES ACADEMIC PRESS (CHINA)

解　说

桑　兵

　　编辑各方致孙中山函电的计划，十余年前已经开始酝酿，并列入学科建设的规划之中。由于种种牵扯，直到三年前才付诸实施。

　　自从 20 世纪 80 年代以来，海峡两岸轮番竞相编辑更加完整的孙中山全集，相关的年谱、年谱长编以及各种专题性的资料汇编和史事编年也陆续问世，各种论著更是种类繁多，数量惊人，孙中山研究一度成为万众瞩目的"显学"。然而，在一番热火朝天之后，逐渐归于平静。社会上虽然不乏关注者，学界也还有坚守人，逢五逢十的纪念将持续进行，显学退隐，大概是普遍情形和长期趋势。学术之事，随着时代风尚的变化有所转移，应是社会常态和人之常情，无所谓当否。不过，学问之道，还有万变不离其宗的根本，时事转移，只不过上下波动而已。类似孙中山这样的历史要角，如果完全离开后来研究者的视线，甚至成为学界的陌生人，无论学问怎样求新出奇，都很难说是大道正途。况且，尽管孙中山研究的成果相当丰富，可是要说已经没有继续着手的空间余地，恐怕言之过早。其中不仅还有许多说不清道不明的言论行事，即使史事清楚，如何解读认识，看法大相径庭以致聚讼纷纭的也不在少数。尤其是一些至关重要的思想行为，通行理解与前人本意及史事本相相去甚远，要想更上层楼，依然任重道远。

　　历史活动的中心是人，人物研究始终是史家关注的要项。见事不见人的史学，肯定不会是高明的史学。如果历史是人的有意识活动与社会有规律运动相反相成，那么人无疑是最为复杂的成分。历史人事均为单体，不可能重复。没有两件相同的史事，[①] 所谓"历史上事，无全同者，为了解之，须从其演化看去，史学之作用正在此。如以横切面看之，何贵乎有史学？"[②] 与社会科学的求同有别，史学更加着重于见异。历史规律即为所有事实因缘发生演化而形成无限延伸的普遍联系。把握这样的联系，只能依据对史事的比较贯通，不宜用后来的观念划线连缀。而且，即使以今日分科的眼光，好的历史传记，与文学传记至少有一点相同，即应当见事见人，一举一动，一言一行，便可见其音容笑貌。若是隐去名讳，便千人一面，只见其事，不知其人，则不过表面文章而已。

后来者治史，容易自以为是，以为历史进化，今人一定据有政治和道德的高度，可以纵论古今，激扬文字，动辄评价批判，任意褒贬。殊不知但凡史册留名者，无论善恶正邪，都非常人可比，为人行事，往往不循常规，要想具有了解同情，诚非易事。以为人物研究容易上手，选不到合适的题目才转而选择人物，一流人物不好下手便瞄准二三流人物，这其实是浅学者的误解谬见。对于后来的研究者而言，理解非比寻常的人与事，是对功力见识的一大考验。况且历史认知须凭借材料，而相关记述即便多数之汇集，也不过是片断，要想联缀拼合成本来图形，而不至于图画鬼物，更加困难。陈寅恪说："夫圣人之言，必有为而发，若不取事实以证之，则成无的之矢矣。圣言简奥，若不采意旨相同之语以参之，则为不解之谜矣。既广搜群籍，以参证圣言，其言之矛盾疑滞者，若不考订解释，折衷一是，则圣人之言行，终不可明矣。"[③] 此说主要针对材料简少的上古，若是运用于材料庞杂繁多的晚近历史，还需延伸扩

---

① 1935 年 10 月 1 日《教与学》第 1 卷第 4 期，引自欧阳哲生主编《傅斯年全集》第 5 卷，湖南教育出版社，2003，第 52～55 页。
② 欧阳哲生主编《傅斯年全集》第 7 卷，第 267 页。
③ 《杨树达论语疏证序》，陈美延编《陈寅恪集·金明馆丛稿二编》，生活·读书·新知三联书店，2001，第 262～263 页。

张。那种先定题目甚至范围，研究谁只看谁的资料的做法，其实是相当危险的。望文生义、格义附会固然比比皆是，盲人摸象、看朱成碧、甚至指鹿为马，也是在所难免。如此这般地强古人以就我，在今日人物研究中，恐怕并非个别现象。

有鉴于此，作为研究孙中山的基础性建设，编辑孙中山本人的文字言论无疑至关重要。可是要恰当全面理解其言行，还应该广搜群籍，采集与之相关的文字，加以比较参证。所谓相关文字，直接联系者大别为三类，一是各方致孙中山的函电，二是讨论与孙中山相关的各种问题，三是有关孙中山言行及其相关史事的记述。前者取舍较为明确，其次则包括支持、反对和异议的各方面，甚至延伸到孙中山身后，至今不绝。第三项虽然时间有限，空间的边际则相对模糊。尤其是要将孙中山放到历史的整体联系之中，而不仅仅以孙中山为轴串联历史。循着先易后难的途径，由编辑前一项的函电入手，其他则陆续展开。文献汇编之外，还要汇集事实，编成大型史事编年。待上述各项工作完成，对于理解孙中山的文本言论行事，孙中山与各方的关系，以及与孙中山相关的各种大事要人，乃至于把握领悟近代以来中国观念文物制度的变化，都将有所裨益，不仅言之有据，而且彼此参证。尤其是可以依据时序综合考察孙中山的所有言行及其与各方的全面关系的发生演化，无论本事还是心路，较由一点一面立论，更易近真。

研究孙中山之所以重要，固然由于其今日仍然得到包括全球华人在内的最大限度的认可，在众多近代人物之中，恐怕无人能出其右。当然，异议甚至非议者也不乏其人。或者指孙中山的形象不无后来拔高利用之嫌，毋庸讳言，这显然是历史的一部分。但如果过度解释，则难免重蹈一味疑古的覆辙，陷入阴谋论的泥淖，假定所有历史都由少数人主观制造，而不能全面如实地将其形象逐渐放大的史事复杂纠结的本相还原展现。在近代中国的历史上，孙中山风云际会，常常处于漩涡中心。研究孙中山，有助于将近代历史勾连贯通，避免陷入今日学人治学过于分门别类的畛域自囿，误以为落草为寇是占山为王。当年包天笑撰写关于清季民初中国变动的小说，选取梅兰芳为主角，即因为由此可以充分展现上下九流的社会各层面。孙、梅两人的历史地位与作用差别不小，但无疑都是枢纽性人物。

今人研治人物，模仿美东，好以人际网络为架构。实则中国为伦理社会，最重人伦关系。所谓礼制纲纪，即以伦常为根本。相应地处世治学，也极为讲究人脉。具体取法，又有形似而实不同的两种，一是以所研究人物为主线放射扩展，一是将其人放在关系脉络的整体之中。前者难免先入为主，无非是定向放大，后者才能得其所哉，安放于合适的位置并恰如其分地解读相关文本和行事。编辑各方致孙中山函电、同时代的思想共鸣及分歧、乃至孙中山活动的史事编年，虽然看似仍以孙中山为中心主线，取径却是力求将孙中山放到整个历史的相应位置，使得理解孙中山的言行与认识历史的风云变幻相辅相成。

全集不全，是编辑晚近资料的一大困扰。近代文献太多，图书、档案、报刊以及未刊稿本钞本，任何一类均在古代文献总和的百倍以上。如果加上海外公私档案、文献，数量更加巨大，几乎可以说是漫无边际。而且又有著录编目的缺漏和收藏保存的诸多限制，无人能够全部接触，遑论逐一过目。编辑孙中山全集虽经两岸学人接力式地持续努力，能够扩展的空间余地仍然不小，并且可以预期将来还会不断增补。编辑各方致孙中山函电，因为平地造楼，没有参照准则，只能尽力而为，依据民国以来编辑的各种目录索引，广泛翻检各种文献，先将海内外前人已知以及已经各时期的图书报刊披露者尽量搜寻汇集，提供基本尺度，以便学界同好据以增补或提示信息，在适当的时机增订再版。此事酝酿虽久，真正动手还嫌稍晚，参与编辑的各位同仁所负责的时期不同，各自的负担不一，办法及用力也有所差异，挂一漏万，在所难免。此说并非托词，其中的甘苦和遗憾过来人自然能够感同身受。好在有此一编，等于树立标的箭靶，便于集思广益，共同努力，以期逐渐完善。

　　编辑晚近文献史料，还有另一重困难，即如何整理的问题。依照傅斯年的看法，材料越生越好。此说不免抹杀前人本意之嫌，但也显示后人的加工往往容易致误。所以编辑历史文献，最好首先原版影印，所重在于内容。版本的价值，则要权衡其对于理解本文史事的作用。在文献原貌公开且容易广泛接触的基础上，再进行标点整理排印的深度加工（办法繁复，在此不能详说），庶几可免错一字而乱一片的现象。须知越是增加所谓学术含量，错误的可能性越大。一般而言，限制学术进展的主要是学人很难接触到相关文献，整理本虽然容易普及，可是如果没有鉴别判断力，使用起来发生错误的危险度也较高。况且整理近代文献，本事太多，很难完全掌握，就连断句一项，也容易产生种种问题。要求编者不错，几无可能。目力所及，历时再久，投入人力再多，甚至高明过眼，各种错误还是随手可得。即便非整理不可，在取径做法上，通行办法可议之处甚多。相互制约的两点，其一，校勘定本；其二，改字。

　　印刷术等普及之前，古代文籍多借传抄流传，手民之误，在所难免。于是后世学人搜求各种古本，加以校勘，以便恢复本来面目。不过，文本歧义，原因甚多。如记录者不一，或是本人的说法因时因地而异，都可能造成同题异文。只不过上古文献留存不足，难以征实。晚近以来，刻书印书日趋便利，学人著书立说，随刻随印随改之事日渐平常。或学问精进而认识调整（如陈醴），或时事变化而有所权通（如梁启超），虽不至于以今日之我与昨日之我战，也是千变万化，莫衷一是。前者可以窥见其心路轨迹，后者更能显现时局跌宕。各处异文的背后，往往隐藏着重要的故事。简单地断为今是昨非，则不能把握历史的本相。好的办法应是将各种版本的各处异文逐一标注，求其古以求其是。而不能仅仅依据今日自己的经验学识，定于一是。

　　与此相应，清代以来，系统整理历代文献，遇到不能通解之处，每每指为错误，好擅改字。实则彼时彼处本来可以通，改后反而误。今日学人同样好改近人文字，相关部门又鼓励统一和标准。

殊不知编辑近人文献，宜于古今之间求得平衡，不能一味强古人以就我，今人再高明，也无法改变历史。近代距今不远，而语言文字及词汇概念变化极大，今人不解近人通例，却误以为能够判断，以自己的知识习惯以及规定为准则，动辄指为不通而擅改，往往笑话百出。即使未必改错，如将异体字一律改为所谓本字，可是前人遣词用字，不仅正异之分，还有雅俗之别，强求一致，则失却本意。

自傅斯年倡言不读书而动手动脚找材料以来，文献学又文史两分，文本不能贯通解读，于是但凭己意找材料，甚至误引西说，以为前人无所谓本意，或虽有也无关宏旨，历史都是人们心中的历史，一代人有一代人的历史。不仅常常误读，而且喜欢妄解，尤好以外国框架填充本国材料。加之不鼓励基础性工作，编辑资料、签注等等，不算研究成果，似乎治史可以不学而能。号称培养人才，实际上不出人而但出货，结果成果再多也是无用功，浪费人力物力。而学人不得基本训练，技术层面以下尚未掌握，总想在其上求奇出新，这实在是揪住脖领想把自己提向空中的事。术有专攻，唯有首先成为合格者，才有可能日渐高明。由于训练不够，难度极大（包括搜集和校勘两方面），如今编辑资料成为一项费力不讨好的冒险事业，即使具备相应能力的学人，也视为畏途，不愿下手或不敢出手。另一方面，浩如烟海的近代文献不少已经处于毁坏的临界点，继续照目前的办法进度整理下去，长此以往，海量的近代文献毁损殆尽，读书种子难以安生立命，海内便无可读之书，亦无善于读书之人，因噎废食，岂不悲哉？

本书参照中华书局版《孙中山全集》的分卷，按照时序分工编排，各卷具体承担者为：赵立彬，1912 年 12 月以前；何文平，1913～1918 年；谷小水，1919～1922 年；曹天忠，1923 年；敖光旭，1924 年 1～8 月；孙宏云、刘斌，1924 年 9 月以后。安东强博士具体承担了文献资料目录的整合编排。

凡　例

一、汇编收录各方致孙中山的公私函电，并附唁函、唁电等共7600多通。

二、标题由编者拟定。

三、汇编对内容均予标点并酌情分段。

四、所收函电依写作时序从前往后编排，无写作日期者，按最初发表日期，并用"载"字注明。若具体日期不详，则酌情分别系于当旬、月、季、年末或适当位置。有些则标注函电收到日期。另有个别函电日期系整理者根据内容判断，标注"某年某月某日前"，等。

五、日期凡用阴历者，均改注阳历。

六、未明是否发表者在标题中以"稿"表示。

七、以简体字排印，可能引起歧义处仍旧。

八、通假字、古今字等，一律保持原貌。

九、底本原注均予说明。除特殊情况外，（）号中文字一般为整理者所加，非原文内容。不一一说明。

十、缺字用□表示；校订错字，置于［］内；疑误用［?］表示；增补脱字，置于〈〉内；疑有脱字，用〈?〉表示；衍文加〔〕。

十一、人名、地名译名仍旧，不加注，以免讹误。

十二、时人习语用法仍旧，不注。

十三、一文数出者以首出者为底本，其他作为参校。

十四、出处非报刊之详细信息附录书后，以备读者覆按。

目　　录

杨衢云致孙中山电

(1895 年 10 月 26 日)

货不能来。

(《兴中会革命史要》，第 20 页)

杨衢云致孙中山电

(1895 年 10 月 27 日)

接电太迟，货已下船。请接。

(《革命逸史》第 4 集，第 12 页)

洛克哈特复孙中山函

(1897 年 10 月 4 日)

孙逸仙先生：

顷接来书，备悉一是。来函系未注明寄发日期者。

兹奉上峰命函复先生。本政府雅不愿容许任何人在英属香港地方组织策动机关以为反叛或谋危害于素具友谊之邻国。兹因先生行事诚如来书所云："吊民伐罪，为解除国人备受鞑虏专制暴虐之羁绊。"凡若所为，有碍邻国邦交，自非本政府所能容许者。如先生贸然而来，足履斯土，则必遵照一八九六年所颁放逐先生出境命令办理，而加先生以逮捕也。谨此奉复。

香港辅政司史超活路克

一八九七年十月四日

(《革命史谭》，《近代稗海》第 1 辑，第 504 ~ 505 页)

梁启超复孙中山函（1899 年）

一

捧读来示，欣悉一切。弟自问前者狭隘之见，不免有之，若盈满则未有也。至于办事宗旨，弟数年来，至今未尝稍变，惟务求国之独立而已。若其方略，则随时变通。但可以救我国民者，则倾心助之，初无成心也。与君虽相见数次，究未能各倾肺腑。今约会晤，甚善甚善。惟弟现寓狭隘，室中前后左右皆学生，不便畅谈。若枉驾，祈于下礼拜三日下午三点钟到上野精养轩小酌叙谭为盼。

二

逸仙仁兄鉴：

前日承惠书。弟已入东京，昨日八点始复来滨。知足下又枉驾报馆，失迎为罪。又承今日赐馔，本当趋陪，惟今日六点钟有他友之约，三日前已应允之，不能不往。尊席只得恭辞，望见谅为盼。下午三点钟欲造尊寓，谈近日之事，望足下在寓少待。能并约杨君衢云同谈尤妙。此请

大安

弟卓如

（《中华民国开国前革命史》上，第 44～46 页）

彭西致孙中山函

（1899 年 10 月 16 日）

逸仙博士阁下：

我等已安然抵达此间，特奉告。

本人推测朴先生当时已在阁下处，因我抵达时，他不在此间，请代致候。

我们的事情如何？我们已购的二百五十万（按指弹械之数），目下为数已足，购船之后，所有余款，谨恳用以采办弹筒相同的来福枪，为数不论百枝，或百枝左右，尽款能购，但勿因此而就误行程。现在我们的要务，是尽力避免一切稽延，惟阁下苟能多添来福枪若干枝，而无不便之处更佳。

我们因不能动用现在手头较大的款项为憾。但本人金盼该船返抵时，能将款项携来，因我们的人现于阁下所悉地区等候该笔指定的款项。

我已将上次出事后受害人士的详情和申请的函件送呈我政府当局，希望我们能获满意的决定。

请代向中村与犬养诸先生以及我们所有友好致候。

一八九九年十月十六日彭西书

（《国父援助菲律宾独立运动与惠州起义》，《传记文学》第 11 卷第 4 期，第 15 页）

彭西复孙中山函
（1900 年 1 月 13 日）

逸仙博士阁下：

十一月十三日及上月十二月十七日来书，业已收到。对于阁下所遭遇的重大困难，深以为憾。我本人及我国同胞对于阁下，感戴良深，谨盼为我等亦即为全人类及整个远东的目的之计，在最近将来，阁下最后获致成功，因此，我们深信在达到圆满结果以前，阁下必不致放弃我们的任务。我们现在的情势仍是危急，我们深恐不能及时赶抵。本人谨将一切事宜，拜托阁下，金望善用一切机会，使之完成。如有困难，亦请告知。（下略）

一九〇〇年正月十三日彭西

书于香港下堡街一号

（《国父援助菲律宾独立运动与惠州起义》，《传记文学》第11卷第4期，第16页）

彭西致孙中山函
（1900年1月25日）

逸仙博士阁下：

接到阁下本月廿日来电之后，本人复电曾谓：请尽力以赴。御春业已抵此，如准备进行，当于数日内即返。函详。

我从来电中得悉我们目下不能进行。我们对于此不幸，不无遗憾，然而我们深知不能与命运对抗，不能不听其安排而已。根据阁下观察，苟认工作无法进行，我们尽最后努力之后，必须停止，以俟机会。

我即将返回，惟请等候我的音讯，并乞拨款供给我在妙光寺山第六百卅七号住宅内家人，作日常家费之用，款项请交给小田原小姐，她会告诉阁下她所需的一切。如出版我所著书的代理人东京的藤田先生，持函晋谒，亦盼掷交日圆一百十元整。请将此款记入我的账内。

我们的战事仍在进行中。菲律宾人民的士气仍佳。

　　　　　　　　一九〇〇年正月廿五日彭西书于香港

（《国父援助菲律宾独立运动与惠州起义》，《传记文学》第11卷第4期，第16页）

梁启超致孙中山函
（1900年2月10日）

弟于十二月三十一日抵檀，今已十日。此间同志大约皆已会见。李昌兄诚深沉可以共大事者。黄亮、卓海、何宽、李禄、郑金皆热心人也。同人相见皆问兄起居，备致殷勤。弟与李昌略述兄近日所布置各事，甚为欣慰。令兄在他埠，因此埠有疫症，彼此不许通往来，故至今尚未得见，然已彼此通信问候矣。弟此来不无从权办理之事，但兄须谅弟所处之境遇，望勿怪也。要之，我辈既已订交，他日共天下事必无分歧之理，弟日夜无时不焦念此事，兄但假以时日，弟必有调停之善法也。匆匆白数语。余容续布。此请大安。

弟名心（印）　一月十一日

（《中华民国开国前革命史》上，第46~47页）

梁启超致孙中山函

（1900年3月29日）

足下近日所布置，弟得闻其六七，顾弟又有欲言者，自去年岁杪，废立事起，全国人心悚动奋发，热力骤增数倍，望勤王之师，如大旱之望雨。今若乘此机会用此名号，真乃事半功倍。此实我二人相别以来，事势一大变迁也。弟之意常觉得通国办事之人，只有咁多，必当合而不当分。既欲合，则必多舍其私见，同折衷于公义，商度于时势，然后可以望合。夫倒满洲以兴民政，公义也；而借勤王以兴民政，则今日之时势，最相宜者也。古人曰：虽有智慧，不如乘势。弟以为宜稍变通矣。草创既定，举皇上为总统，两者兼全，成事正易，岂不甚善？何必故画鸿沟，使彼此永远不相合哉。弟其敬兄之志，爱兄之才，故不惜更进一言，幸垂采之。弟现时别有所图，若能成（可得千万左右），则可大助内地诸豪一举而成。今日谋事必当养吾力量，使立于可胜之地，然后发手，斯能有功。不然，屡次卤莽，旋起旋蹶，徒罄财力，徒伤人才，弟所甚不取也。望兄采纳鄙言，更迟半年之期，我辈握手共入中原。是所厚望，未知尊意以为何如？

（《梁启超全集》第十册，第5928页）

黄兴复孙中山书

（1909 年 11 月 7 日）

中山先生鉴：

昨接读由伦敦发来之函，得悉有人冒名致函美洲各埠，妄造黑白，诬谤我公，以冀毁坏我公之名誉，而阻前途之运动。其居心险毒，殊为可恨。再四调查东京团体，无有人昧心为此者。但只陶焕卿一人由南洋来东时，痛加诋毁于公，并携有在南洋充当教习诸人之公函（呈公罪状十四条），要求本部开会。弟拒绝之，将公函详细解释，以促南洋诸人之反省。是函乃由弟与谭人凤、刘霖生三人出名，因当时公函中有湖南数人另致函弟与谭、刘也。本拟俟其回复，再作理处，不料陶焕卿来东时，一面嘱南洋诸人将前公函即在当地发表，（即印刷分布于南洋各埠者），一面在东京运动多人要求开会。在东京与陶表同情者，不过与江浙少数人与章太炎而已。及为弟以大义所阻止，又无理欲攻击于弟。在携来之附函中，即有弟与公朋比为奸之语。弟一概置之不理。彼现亦如何只专待南洋之消息，想将来必大为一番之吵闹而后已。彼不但此也，且反对将续出之《民报》，谓此《民报》专为公一人虚张声势，非先革除公之总理，不能办《民报》。见弟不理，即运动章太炎在《日华新报》登一《伪〈民报〉之检举状》（切拨，附上一览），其卑劣无耻之手段，令人见之羞愤欲死。现在东京之即非同盟会员者亦痛骂之。此新闻一出，章太炎之名誉扫地矣。前在《民报》所登之与吴稚晖君书，东京同志已啧有烦言，知其人格之卑劣，今又为此，诚可惜也。弟与精卫等商量，亦不必与之计较，将来只在《民报》上登一彼为神经病之人，疯人呓语，自可不信，且有识者亦已责彼无余地也。总观陶、章前后之所为，势将无可调和。然在我等以大度包之，将亦不失众望，不知公之见意若何也？美洲之函，想亦不出陶、章之所为，今已由弟函达各报解释一切（函稿另纸抄上），桀犬吠尧，不足诬也。

我公当亦能海量涵之。至东京事，陶等虽悍，弟当以身力拒之，毋以为念。《民报》廿五号已出，廿六号不日亦可出来。美洲之报，统寄至《自由新报》庐侯公处转发（只能印一千册，存东者不过五十册而已，余皆转南洋、美洲矣），兹另邮寄三册于公，以慰期望之殷，且博先睹之快。弟所欠款事，刻尚无从筹得，且利息日加，今已及四千元以上矣。欲移步他去，为所牵扯，竟不能也。公有何法以援我否？港部在东所筹事如能成功，当可少资以活动，刻未揭晓，不知结果如何（勤学舍自六月解散矣），馀俟续述。以后复书，即请寄："日本东京府丰多摩郡西大久保一五八、桃源寓黄兴收"为要。此请筹安

弟黄兴顿首

西十一月初七日

（湖南省社会科学院编《黄兴集》，第 9～10 页）

黄兴上孙中山论革命计划书

（1910 年 4 月）

中山先生鉴：

三月十四号之电及二十八号之详函，均前后收到。各同志读之，有此极大希望，靡不欢跃之至。兹委任状已办妥，同日由邮挂号寄上，乞查察施行为是。再将弟与伯先兄之意见略陈之，以备采择焉。

（一）先生与军人所拟之方略，与此间所已运动得手之情形略有不同。弟与伯先意，以为广东必可由省城下手，且必能由军队下手。此次新军之败，解散者虽有一标及炮二营工辎四营之多，然二标及三标之一营，皆未变动。现虽有议移高州之说，恐一时尚不能实行。而巡防队兵卒之表同情于此次正反［反正?］者甚众，现总督水陆提＜督＞皆以巡防队为可靠，闻往招湘人约千人（可断定多会党，运动必易，以湘人运动尤易）。北江一带，约数百人，将来专为省防之

用。李准原有之亲兵队，约千余人（内同志甚多）。总共巡防计有三千之谱。若此兵数，一能运动，则外无反对者。其方法俟大款得手，先刺杀李准一人，使其部下将校，自相混乱变更（因皆李私人，多不得兵心，若易统领，则必更换其管带哨弁等，而兵卒之心更离矣）；于此变更之时，广用金钱（兵卒皆不丰足，负债者甚多。益以嫖赌，其势更岌岌），不一月可悉收其众。前次之失，立可恢复。省城一得，兵众械足、无事不可为。至广西一隅，同志之在陆军者，约数十人（李书城、孙棨、杨源浚等均在此），以刻尚未招兵训练，无可假手。至秋期则兵数想亦可招足。此方面不必顾虑自能联合也。外会党一面，刻虽清乡，其人众稍为所慑，然兵去则聚，自成常例，至时亦可号召之。前所运动之基础，固未摧坏，再扩张之，自易易也。总之，广东之事，视款为难易，以普通一般之军队，多贪鄙嗜利，况有义字以激发之，富贵功名唾手可得，何乐而不为此；此弟与伯先兄观察广东巡防军队之心理，而可以断定者也。故图广东之事，不必于边远，而可于省会？边远虽起易败（以我不能交通而彼得交通故），省会一得必成，事大相悬，不可不择（此次新军之败，乃在例外）。倘先生与军人已决议择一地点，为训练兵卒、接收器械之处，亦不难图之而为省城之外援。现广州湾已查得一地（此李应生与甄吉亭到该处查获者），可向法人批租。其地为旧公园，目下有一法人垦之不利，该处之公使堂欲弃之，价不过三千余金。又有房屋多间（有一大洋楼），另给千余元均可得。又李应生亦有地在该处，伊祖父给之，使其自营者，亦可为之开辟。又张静皆兄亦有意至该处垦地，如一得款，可由李、张、甄等出名至该处领地，藏数千人，势亦不难。且新军中之高州人，散归者颇能团结一气，不为少馁。其该处之来联盟者，日进无已（前新军中之头目为之主盟，巡防、会党皆有）。若二标移往该处，则势更好（闻五月间其在茂名化州之营房可起）。此处可决定为之，一便于接械；二便于出西江，扼上游（南宁）之冲，收服巡防各队，略定西省南服，将来其有助于省军必大也。郭人漳处，自弟出后，弟曾通信一次，乃言王德润事，未见其复。今袁督之子，与伊至交，且兼有戚谊，若与商约，恐必举发其阴谋，惟有至时降服之，否亦杀之不足惜。至其所部之众，其新军一营，驻广州者为伯先旧部，今正闻广州之事，已跃跃欲试。余一营为湖南老营，多不满意于伊。他则皆巡防耳，一朝有变，反侧随之，无他虑也。然弟当试以他术，嗜利之徒，或能可动，亦未可知，然总以不告以秘密为是。

（一）连络他省之军队及会党，此最宜注意者。今满洲之马杰及渤海之海贼，去岁萱野返日，已带有二三人来，均有势力者。伊等只要求费用，即可活动，至少可集合三五千之众，扰乱满洲方面，趋近杀虎口、张家口一带（口外无兵，可随意越过），以惊撼北京，此最为出奇者也。势虽不成，牵掣北清之兵力有余。又北清之新军，同志在其间者亦不少。前岁西挪〔那〕拉氏之变，伊等欲乘机运动，虽无大效力，然种子已播，兹更图之，亦不难也。长江一带之会党，久已倾心于吾党，一有号召，至可助其威焰；尤以浙江一部为可用，王金发君等可得主动之。至三江之陆军，其将校半多同志，今岁闻伯先兄在粤举事，皆有握拳透爪之势，若事前与之联络，择其缜密者为之枢纽。势不难与两粤并。湖北之陆军虽腐败，然开通者亦不少。去岁有孙武（湖北人）者竭力运动，闻成绩亦好。湘中之新军，虽不及万人，然有数同志为管带、队官等；又督练公所及参谋等多同志，人较他处亦不弱。云南同志亦多得力，其经营有不俟他处彼亦为之之势。此次巨款若成，择其紧要，辨其缓急以图之，必有谷中一鸣，众山皆应之象。而吾党散漫之态亦从而精神活动，可无疑也。

（一）军人拟聘武员及各种技师前来预备充组织及教练之用，此事弟等思之颇有难处。无论难得地点，即有地点（譬如已得广州湾言），恐集合多人，耳目众多，流言四起，外人或不注意，满吏则必为之枕席不安也。况多数外人来此，尤易招目，此事可否婉曲商之，云吾党初期之预备，须稍宽以时日，然后招聘人员（俟初期预备完全，由此间报告后，然后招聘，方为妥当）。在伊等视之，以为此等事必非速速可成，而吾等于稍宽之时日中，得完全成功，出伊意外，想伊亦不见忌，必乐为我用也。我等于事起后，伊等之来，自是有益。此两无妨害之事，伊亦必允从。否则伊来，如事前败坏或放逐之类，皆于大局有关，且于教练实际上断不能施行。此种情形，想先生亦知之深矣。

（一）组织总机关之人材，弟意必多求之各省同志中，以为将来调和省界之计。一有款，弟拟去日本招求已归内地之同志（有胆识者），来日会议后，分遣担任赴内地运动各事。其智识卓绝，或不能回内地者，则留驻日本，或招来港中，为组织总机关之人员。但目今不能详举其人名。以近二三年来，未与共办一事，而为外间浮言所中者居多。必须开诚布公、推心置腹以感之，彼方见信，如孙少侯君其人也。杨笃生君在英专志科学，有款，先生必要之归。此人思想缜密，有类精卫，文采人品亦如之，美材也。蔡子民君在德，此人虽无阔达之度，而办事精细有余，亦难多得。吴稚晖君甚属人望，惟偏于理想，若办事稍低减其手腕，自亦当行出色。他如在东山西之景定成君，湖北之黄运瀑君，四川之李肇甫，湖南之左仲远、龚超（已出狱）、张百纯（三君皆有才，可办事，惟宜一方面）、刘揆一、宋教仁，山东之商启予、丁惟汾，陕西之于右任，江苏之章梓等，皆能办事。此不过举其一二。至其能在内地实行运动者，亦不乏人，想可招之使来。若我辈能虚怀咨商，不存意见，人未有不乐与共事者也。赵伯先兄于军事甚踊跃担任，此次款项若成，可委广东发难之军事于伊，命弟为之参谋，以补其短，庶于事有济。伯兄刻虽不能入内地，以军界多属望于伊，为之自亦易易。若能得一次大会议，分担责任，各尽其才，事无不成矣。

以上所述意见，弟与伯先兄相同，可作两人函视也。

弟自去腊来港，省事败后，郁郁居此，一筹莫展。二月十八与展兄伯先同赴新加坡，欲运动小款，以接济港中目前之危困。适先生此函至，毅生兄电弟等返港。弟与伯先兄先后返港，展兄稍留，少得款后，亦当归也。现港中穷乏已极，势将不支。先生处如可筹得二三千元电来，以解眉急，尤为盼切。

再要者，该军人及资家，如不能运动，此刻想先生处已得实答，此委任状亦不必给之。以其中人名与省分不同者多，倘后日发见，必传为笑柄也。至要，至要。又弟在新加［坡］时，宫崎由日来电，约弟来港相晤。及弟来港，伊偕儿玉右二来。此人与寺内正毅有关，大约日政府见满洲交涉，无大进步，而清军队之表同情于吾党者日多，或一旦吾党势力可成，伊既无要求于满政府，而又不见好于吾党，两无所据。又恐他国与吾党密近，将来排斥己国于东亚，殊难立足。有此隐情，故宫崎乘间运动长谷川大将名好道者，由长谷川将宫崎所铺张吾党之势力绍介于寺内。故寺内密派儿玉与宫崎来调查吾党势力，不过证实宫崎之前言耳。在港不过一礼拜，弟稍夸张出之，略言法美国民皆表同情，或能怂恿之，亦未可知也。精卫兄事，详毅、实两兄函。不另。手此，即请

筹安

弟黄兴顿首
四月初五日

（《湖南文史资料选辑》第 4 辑，第 229～233 页）

胡汉民致孙中山函

（1910 年 12 月 9 日）①

先生大鉴：

仲来，因卫事有望（昨已书好一电报，请周华交金庆兄处抄发，而伊等误会竟未发，今晚始知之，恐无及故止）。有官中人某某曾入见之，三人中独卫已宽去镣锁等物，而个中人确可以利动

---

① 原函未署年月，现据函中内容、胡汉民提及他赴英属殖民地的太平、坝罗、星加坡等埠的活动计划，而确定为 1910 年 12 月。——《孙中山藏档选编·辛亥革命前后》编者注

云。仲等以有此门路，思速往图谋，但前之款所余约四千，恐不足用，来商另设一奇计，就槟城设法，今日已知其奇计不行。弟仔细思维，只得以先生濒行所教告仲。顾仲等不能坐待，乃拟试先行探察，若果可藉手而更需款，计此必一阅月后事，倘其时港适集得款，则以电求助。此于大局亦有益，谅众亦无违言。仲日间亦旋港矣。

弟明晨早车出，经太平，或句留一日。秋露则今日已往坝罗相待，谢良牧有电来，允暂候弟于星坡。弟托逸桥书告伊，言弟即出，惟途次不能无耽搁，请伊即多留数日，亦必待我。

金庆处，除先生手纸取之款外，尚有电报费及周华关于公零支之费，弟请其一并开列，俟外埠汇到款，除还后统寄汇香港（今日尚未开来）。

星督书诘清芳阁，以先生当时演说事，俟将有所干涉。继祖意以为必由清芳阁控槟报之捏词，庶几可以无累，而且能反罚该报。金庆亦颇谓然。大约清芳阁人自为计，亦不得不反对该报也。

选举事，林成奎已大失败。渠辈欲控告不平，然实不敢。

各埠事容续报。专此。即颂

大安

　　　　　　　　　　　　　　　弟展堂顿首　九号

　　（翠亨孙中山故居纪念馆藏档；《孙中山藏档选编·辛亥革命前后》，第 1 页）

胡汉民致孙中山函

（1910 年 12 月 26 日）①

先生大鉴：

---

①　函末月日未写明是阳历或阴历。但函中提及"初八日即往太平"，是阴历十一月初八日、阳历 12 月 9 日之事，故断定此函所署十一月二十五日为阴历，即阳历 12 月 26 日。——《孙中山藏档选编·辛亥革命前后》编者注

仲实事已详前函，不赘。弟于初八日即往太平，以次至怡保、金堡，然后出星，与泽如、秋露会。源水不出。孝章因买年货，晚道出，与偕访沈联芳，与谈三时许，意甚倾动。至开大会日，沈亦到，提捐一千元，自言光景不佳（调查属实，亦树胶票跌落使然），然对于款事极认真，当由众举为星埠财政员。其余会众约捐千余元。永福、祯祥、楚南、义顺等皆不到，今日再与秋露、泽如觅之。弟到星之数日，适遇先进之母做寿，笙歌不停，无间与言，致迟至今也。

计除庇能不计外，日厘四千盾，太平千四五百元，怡保一带约三千元，芙蓉一带约四千元，星坡恐不足三千元之数。庇能之款，则已约略尽支。日厘弟带之五百六十盾，亦已交先生手收用。则英属一带，不过得款万零耳。

秋露因矿务事，不能即时同往，往荷属须稍候之，迟速尚不能预定。（然文岛则内以旧历过年关粮，以到时入去为佳，然则时候尚属相合。弟大约要过年后方可抽身回港。）

良牧之路，据其自言，系出泗水三个同志之承诺，然未有定期交出。弟已用先生名义致书鼓励之，并言到须集款，须速出。弟等至彼再看其神气如何。良牧拟其中一人担任度支之经理，弟亦以为然，所以表信而能去畛域也。

坝罗有医生王怡益，福州人，与先生旧同学，向来抱自大主义，此番特相见，谈后即招领，现已举手，谓向见未是时机，今则决心相助。渠问取《大汉日报》住址与先生通信，得书可加意奖成之。此请

大安

弟展堂顿首

十一月廿五日

（翠亨孙中山故居纪念馆藏档；《孙中山藏档选编·辛亥革命前后》，第3~4页）

胡汉民致孙中山函

（1910 年 12 月 30 日）①

先生大鉴：

克强兄从仰光出，因滇款既非确，而事□缓，故复出也。谢良牧之款说得好听，其弊亦与滇同，难以靠得。尝于前日将此两节电闻。星洲惟沈联芳出银千，陈先进出银千，祯祥五百，馀俱小数，大约不过四千元。合以芙蓉、霹雳等处，约万一二千。而庇能之款，则系已支用。荷属款路本系凭空尝试，而秋露复因事，此数日内不克同行。弟因情周之贞入坤甸，而弟即径往西贡、暹罗。然西贡之大款，亦系不可知之数。故此时专望美款，计美款若速而得五六万者，仍可大有为也。

港函（伯先来信）言：高州营房来春筑好，三月将调一标人往，兵力不可使其分散，宜于二月图之。朱基人不可靠，查其各事俱不实。此系该信中要语，嘱为转录寄闻也。

此次英属筹款，多数人颇踊跃，为从前所未有。惟资本家情愿出力运动，及其自己出资，仍不肯大有割舍。泽如且然，他人更可知。李贵子仅出二百，源水、螺生、孝章三人大约合出一千，即自以为非常。故出款多人，而款项仍不大也。专此。即颂

大安

弟展堂顿首

十一月廿九日拜五

弟拟拜一往西贡。

（翠亨孙中山故居纪念馆藏档；《孙中山藏档选编·辛亥革命前后》，第 4~5 页）

---

① 函末署"十一月廿九日拜五"。查该年是日，阳历为星期二，阴历为星期五，可知本函所署月日为阴历，则阳历为 12 月 30 日。——《孙中山藏档选编·辛亥革命前后》编者注。

胡汉民致孙中山函

（1911 年 2 月 11 日）

先生大鉴：

弟以去腊初二离星往西贡，濒行已有书略述英、荷属筹款情状。其时英属除庇能、日厘外，所认定之款不满星银万六七千。弟此时甚为焦虑，迨克兄由仰光出，因共商令再往芙蓉等埠。及克往，果然泽如等加倍出力，谭扬一人出款五千，于是萝生、源水亦极动。芙蓉一带因得款万余，坝罗一带得款万余，庇能、日厘亦复续续加进。现时汇返香港者已有三万四千港银之数，尚有小数数千未收齐，亦可谓南洋之大进步矣。

弟到西贡，以极秘密之方法而见锡周。初时招待甚殷，继见先生言筹巨款之事，则诿以力不能办，且不欲闻人之尽言。本约以晚间叙会畅谈，而待之三日不见。复往觅之，则辞气益沮。弟不得已入堤岸，一面运动普通同志，一面再使景南觅得卓峰来。卓峰与谈有两点钟，意甚动。于是再约培生，共使重找锡周，彼三人乃约于酒店畅谈。其夜，弟详述近事之进步，纤悉靡遗，而锡周久久不作一语。卓峰询其意见，伊乃云：近日无力，故今夕不敢作一言；前之因公欠项，至今未清，吾等担负尚在，今兹之事甚难为力。于是卓峰、培生亦各起述其艰难。弟再三进言，终竟无效。弟只得仍返堤岸。在堤数日，同志认有三千余元。因往暹船期参差，不能久待，遂以腊月十三日离西、堤。临行，重托景南与李竹痴、邱德松（即叔元之弟）二人，使帮助运动。

及弟到暹罗，而暹地该处之同志又别有意见，盖内部互相攻击，团体不和也。查核实业公司本来贮积办法甚好，然收银二三期，有发起人不依章程交款银行，事遂瓦解。因营云南事，客人叶定仕等已用去数千铢。又先生第一次书到暹罗，实业公司尚有存法银行款二千铢，亦已汇去。弟到之时，实业公司存银行者已无，其在客人手收得尚存千六百铢，而叶广新已用去（私借挪用）。另广新（即定仕）为会长，收会底银应存二千数百铢，亦迄未清算。同志所以攻击之者因此。而定仕于前抗不交数清算，他同志攻之亦太力。如王斧军、周道生亦非伊素所心服之人，徒水火而已。弟至后力为调和，且大以名誉奖励定仕。定仕本有热心，亦尚好名誉，其挪用公款，因生计之不得已。经此内外梭通，乃始承认，并答认于正月十五交出，二十统行汇港。计实业公司及会底共存叶处者四千铢，会底及可收之实业公司款存他人处者千铢。另再行特别捐，则弟在暹时已得千余铢（千六七百），然系对于少数资本家捐者，不过二十许人；尚有客人一方团体千余。叶定仕、余次彭、罗弼明等言，于彼帮尚可捐二千铢。经数番研究，而已过两礼拜，弟不能久留以待，遂为之严定约束以行。

以正月初四离暹返星（初十到）。到星得西贡书，言弟行后又捐得三千余元，是合为七千元矣。又言有数大资本家热心涌涌，如弟再往，数万之款不难筹云。弟乃拟礼拜一动程由贡返港，果有好景，则为贡留一礼拜。所以不往荷属者，因秋露既累迁延，而良牧与其乡同志数人亦已再往，良牧初运动之允出款者，闻其中道反复后，又由港中同志再往运动稍妥。然此时尚不能入算内也。

据港来函，于各界布置已有条理，着着进行。惟星洲及英属之三万余款，则现已因进行各方面用者已二万余。计现时综合英属、安南、暹罗三者筹款，当在五万港银之谱。不知美洲一大方面如何？惟察港之情形，恐十万预算尚有不足耳。军事本难预算，即亦不能不多为之备。若良牧之说虚，则此时全望美洲之大力矣。专此。即颂

大安

弟展堂顿首

正月十三日

港事，闻由众公推克兄为长，此着甚好，克处事最为细心也。他事俟弟到港后再述。

弟前寄之书及在庇能所发之八信（寄金山、纽约、波斯顿等者），俱收到否？

（翠亨孙中山故居纪念馆藏档；《孙中山藏档选编·辛亥革命前后》，第 11～13 页）

黄兴等致孙中山函
（1911 年 3 月 6 日）

中山先生大鉴：

伯先归港，即从军界上运动组织。至克强归（十二月中），更订章程，互选职员，分科任事。以伯先不欲居部长之职，故公举克强（克强意，俟临发动时仍请伯先任总指挥，庶于事体大益）。省中调度则属雨平。现时方针，一依在庇原议，惟选锋人数增多，长短器亦拟增原数两倍有奇；独运动旧营方法稍异，其费约略减。以故预算之额约要十二万数千，预备费当至少有正额四分之一，则总额为十四五万余。南洋英属州府共已汇到港银三万五千几（日厘、坤甸在内），西贡汇到四千。暹罗之款本筹得六千余铢，饬其留供毅生到彼就地购器（最近据毅电，言该地购器不得，更往他寻），然以该地会员之交哄，捐款有无变动，尚不可知。荷属除良牧运动承诺外，尚有万元之希望，嘉应同志曾伯谔兄弟亦允力助（雨平拟运动其出万金，尚未到手）。荷属已汇来五千，余款未交。曾伯谔自荷属归，言邓氏之款甚确，古亮初日间到港云云，荷款想都有着。域多利汇来三万元，已收到。其他美洲之埠，则只今日收到金山大埠五千元耳（来电有"仍筹"二字）。芝加谷据梅培君来信言，汇了英洋二千到庇，当已请其收回汇港（因其电庇，用先生名义，即金庆亦不能收）。今尚未得报，亦不审该处究筹得款若干。檀山、纽约等处则犹未有消息也。故统计，若美洲再能得一二万，及荷属与曾氏之款一一如望，斯不至临时拮据。

选锋不专取一处人才，故最多至二百人，为毅生之路。此外或百余人，或六七十人。总数则八百余人。似此较易于支配。伯先所取旧部，于十二月小有损失，幸不致有大牵动，且虏吏从轻发落，故其人尚可收集。

现拟购驳货百五十枝，而辅以长短杂货，此项预算费要四万几。惟购器之路甚难。朱基全不可靠（已述于前函）。星洲、暹罗两无所得。在港或可得驳者数十枝，其他亦不过称是。西贡来电，言有曲尺五十，驳者须迟一月（尚未确报）。日本来电，言得有驳者三十，短货七八十（已电嘱仲实留东，设法购置）。似此尚未符所望。又于上月电比国同志，托其购买，惟数日尚未得回电。财政而外，此为最紧要之问题矣。

高州营房已成，移二标分驻之说甚紧。此标佳士最多，故尤须急发。新协统即蒋伯器，渠表面亦若同情，而持缓犹豫，实不可靠，故不使与闻秘密，拟事成而劫取之。

冯忆汉似非健者，对于李贼，久焉未思下手。今以时期已近，亦不欲更作先事惊人之举。

美洲朱超君尚未来。专此。即颂

近安

弟兴　玉孙　展堂顿首
旧二月初六日

扬子江流域，议于沪汉设立两机关。沪则以郑赞臣主之，联络徽宁浙三省，现已开办，以徽为最有势力。汉欲请居正主之，联络湘鄂两省，已派有人去。今日又请谭人凤赴汉及长沙，亲为设立该处机关，然后返港。赣省则视沪、汉两处之便于运动者属之。滇、桂本有基础，亦有人为之联络。刻以经济不足，不能推及长江以北，至为恨事。今预算仅六千元，不过敷其开办之用，至为确切响应之事，其款仍待其自为筹措。

史君丹池过港，留两礼拜相商一切，甚为缜密。请于汉机关襄助一切，已经承诺矣。

高、贺两君尚未起身（王宠惠君已附电请其速回），昨电请其便购十响，今尚未得回电。想该处必能有得，但不知两君敢任此否耳。

又启

（翠亨孙中山故居纪念馆藏档；《孙中山藏档选编·辛亥革命前后》，第 13～15 页）

胡汉民致孙中山、冯自由函
（1911 年 4 月 23 日）

中山先生、自由兄同鉴：

计尊处得书时，此间成败如何，当已揭晓。顾以经营布画之中，百忙不暇，书虽有间至，此时谨综其大略为一述之。

当弟于去腊由西贡往暹罗之时，克兄已先从南洋归。港中同人急不及待（弟因闻新军有调高州之议，亦函嘱其不必待弟，先议办事章程），即公草定办事章程，并选举办事人，分科担任。举得克兄为统筹部长，而伯先兄副之。统筹部外，则有调度处，设于省，专任运动新军者，举姚雨平长之；出纳课长为李海云；编辑课长为陈炯明；秘书课长则拟弟；交通课长亦伯先；储备科长为毅生。既而伯先力辞副长，专任交通。

其实行之计画，以选锋八百人起于内，而新军自外入。选锋算额既多，即器械加增，故当时总预算必要之费为十二万元。时则南洋经泽如、源水、螺生担任，包足南洋有港银五万。而正月间再得荷属来书（加拉巴、泗水），言彼处可任六万（书发于邓树南，资本家也）。尚有嘉应州同志亦往文岛等处筹款者二三人，各云可得一二万。于是乃预算收入之费南洋五万、美洲五万、荷属共六万，因而定预算支出为十二万。又曾伯谔于其时即已答应与其弟各任一万之谱，似并不患无预备之费。（此预算定时，克兄亦深以荷属为疑，然同时任事与商者多嘉应州同志，断断然以为必获，故克亦难矫众论。弟正月返自西贡，闻此预算甚为惊讶，盖弟之意见，视荷属成数必不如是之高，而美属则必缓也。预算既定，按期支出，及知不足而后难为减缩，为势之当然。）讵其后邓处先来五千，相距月余始又来五千，直至前日乃始来万五千，且云尽矣。其他嘉应同志往荷筹归来者，交到不过数千（曾伯锷至今一钱未交）。文岛黄甲元闻要亲来带款数千，今尚未到（已交谢鲁倩带来一千四百五十元），此当度外视之。美洲幸而足预算之额（即原拟五万）。南洋合以西贡、暹罗，亦所差无几。故十二万之预算，虽稍延时日，而尚不至竭蹶，惟预算费则无之耳。（以上款事之大略。）

统筹部外，以调度处与选锋及储备科三者为最重要，其费亦最巨。调度处预算二万余，选锋三万余，储备科任购械兼转运五万。本来应先办储备科事，而克、伯二兄则同时着手（此着颇误，费多而风声不密也）。朱基之路既全不可靠，则同时派毅到暹罗，仲实到日本，梦生到庇能，李应生到海防。讵海防仅得短小之物二枝，暹罗须预购为期月余（当时以为缓，遂不取），庇能、星洲俱复以不能，仅剩东京一路。正月底史丹池过香港，因电比利时嘱购械，电费凡八十余元，饬其见电即复（乃张西林在彼，见电已回信，仍无确实之复报，至本月中始来一电，谓何未寄款，可谓颠顶异常，留学生真不解事）。东京驳货不可得，所有七货不过百数十，余则五六响，五、六响约三百余（其中分两等，有系日本海军将校所用者为优，亦居多数），只得尽数购取。前月带货者湖南同志周来苏，因闻有要注意之说，遽于中途沉弃之于海，凡七货六十余件、六响五十余件、子四千（其荒谬殆不可解）。因令彼方设法补救平劣之五、六响以充数。故此时尚有百八十件未到，到当以廿七犹须勉强转运上也。东京路外，则有西贡之路，乃弟不得志于锡周诸人，而第二次到彼无意中访求者，以李竹痴知路，而黄景南之子亚焕及何侣侠担任运带事。其已运至者，有七货百二十枝，尚有百余（其中驳货四十二或十二，余皆七货）。本约定廿五以前须到达港地，今则因货期船期，电称廿五始开身来，可谓迫极，其能转运到目的地否难言矣。除外购之货，在港零购得驳货十余、七响数件。内里由选锋人自购者，五、六响约百件。早忧武力之不足，则补以炸裂弹，四川喻君与应生俱已先期入省秘密制造。更参加以放火委员，伏于旗界，租地九个（近以孚琦被刺，旗界严，遂令搬出四个，闻五个亦不甚稳，此甚可虑）。

自孚琦诛后，虏吏未尝不加意防闲，且亦稍知风声。然吾等不能不及期而发者，一则二标将于四月退伍，虏吏不告以期，而但云初几以内（大抵张鸣岐与蒋伯器之手段），二标同志最多，久经训练，若退去则难发起。二则用款幸于此时无大绌，倘久之，可望来之款无定，事又有半天吊之虞。三则选锋各人，多密布入内，久之则不保秘密。为此三因，则必定发于本月月底，至迟至四月初二，方能避害而图功。此次集合全党之财力为之，固无论矣，人才之共事亦为大多数，其间多怀决拚之心，即稍有不甚干净之人，亦为大义所挟持。天下无必成之事，以此吾人之心志精神所到，或可补物力之不充。背城借一，无所用其踌躇。若不捷者，以广州城为巨塚，而葬许多甚正当之革命党于内，后之继者，仍不患其无也。

克兄以廿五日发，伯兄由间道入。临时之举事，则以伯为总指挥，克兄副之。伯任杀李准；克任杀张鸣岐；毅以其人与陈炯明之众，堵截旗界；姚雨平任破小北门，延入新军；莫纪彭、徐为扬任取督练公所；黄侠毅与其姊夫扫灭中协等衙门；李文甫结东莞之豪，取石马槽旗人军械；周醒黄取西槐二巷旗人炮营；毅生与炯明之兵，同时占据大北门与归德之城楼。此攻取之大略也。弟与仲实、璧君、君瑛及其嫂，又李应生之小姑，择地于虏兵必由之道，踞高屋而轰以炸弹，一俟储备科运转事稍竣即发（大约至迟廿八入城）。仲与璧本不与吾人此次之事，其后见阿绕带子药在省渡火船提去，则大感愤，故决意与弟为此谋；不难其勇，而难其有不忍人之心也。李海云挟奇策，将以数人劫取一大兵船。李准近日少在城内，常宿天字码头侧水师行台，海云若得兵船，可胁以炮击李准，则准必无所逃矣。

大事若邀天之幸而有成，必有电报两君。先生必即返，自由兄或可暂留外国为援济。然若事成，而此间任事者或多伤死，则人才内里太乏，兄亦宜归。若不成，后此如何收拾，则非所知矣。专此。即询

起居

弟展堂顿首　三月廿五早

书寄自由兄，以先生无定址也。

（翠亨孙中山故居纪念馆藏档；《孙中山藏档选编·辛亥革命前后》，第 16～19 页）

黄兴致孙中山、冯自由绝笔书

（1911 年 4 月 23 日）[1]

中山、自由先生鉴：

弟兴以事冗迫，未获详书以告，其大概与展兄无异。今夜拟入，成败既非所逆睹，惟望公珍卫，成则速回，败亦谋后起。弟本不材，于此次预备多有未周，厥咎殊深。奈事皆决议而行，非一人所能专断，幸各人挟有决死之志，或能补救，亦未可知。

绝笔上言

惠州之事，先任罗哲扬，以其不密，身与首事者三人带军伙及银入，被搜，捉去二人，其一严姓，其一陈普仁。严姓次日逃；陈

---

[1] 原函未署时日。此函接写于 1911 年 4 月 23 日《胡汉民致孙中山冯自由函》最后一页信笺上面，显然是同一天在香港所书；且函中谓"今夜拟入"，查黄兴由香港潜入广州乃在 4 月 23 日晚间，故据此确定修函日期。——《孙中山藏档选编·辛亥革命前后》编者注

普仁解省，闻认革党，词多牵连。近两礼拜另有代罗任事者，曾秀许为助，大约亦可能发动。

桂省同志亦有预备，或可先后粤东而起。

长江之交通，伯先任之。郑赞臣其人，真不足靠，今伯先知之亦无及矣。

两湖之交通，谭胡子曾亲行，孙武与居正二人任之。在汉口纵谣，或稍有牵掣之力（湘省以彭藏仲、何弼虞、曾伯兴、龙觥原等为主，军队中亦有多人）。

此次办事，可谓经营尽力，然不甚秘密，到处筹款是一因；到外省选锋，而伯先所派有不懂事之极者，四处宣扬是二因；选锋来太早，杂居杂出入省港是三因。惠州之事，孚琦之事又属例外。今倘能及期而动，不能不归功于天佑，不知我族幸福如何耳。

（翠亨孙中山故居纪念馆藏档；《孙中山藏档选编·辛亥革命前后》，第 19～20 页）

胡汉民致孙中山、冯自由函
（1911 年 4 月 27 日）[①]

中山先生、自由兄大鉴：

廿五日上一函，是晚克兄即入省。廿六日发电，告以定期廿九，于是选锋陆续集城。廿七日忽三次发电，言改缓，并严止人上。是晚，选锋受令返港者数十人。廿八午间仍下令选锋退却，又百数十人早船人来。据言虏有戒备，调来外巡防营数个，分占高地；饬令电各处，求仍接济，而告以缓期。弟等以为事势不知如何缓法，城中来人亦言之不了了。廿八晚忽又得电，则言期仍廿九，

[①]　函末仅署"廿九"，无月份。据函中内容可知为阴历三月二十九日所写，即阳历四月二十七日。——《孙中山藏档选编·辛亥革命前后》编者注

众速上。电到已十点，计止可搭早船上，而群众多已剃发者共百八九十人，势不可以同上；且料城中选锋剩者寥寥，四乡来者知经其遣归，势难骤集。乃与伯兄电告以三十早方能到齐故，今日早船上八十余人（因早船只有一个），晚船则尽上，弟亦与伯兄上。（昨晚省中人来，则言因查知调来防营多属同志，故仍决计依期，否则四月朔后不知何日可为。）临事惶扰如此，又欲以仓猝发难，危之又危，所望能延一日（即至明日），事或可挽。惟弟等都无退却之望，成败听之天，毁誉听之人，生死则付之度外可也。李海云兄亦今早上，出纳课事统交陈元英，并嘱其以此次办事出入之款数部统寄泽如处，以次转美洲各埠，盖不论成败如何亦须昭吾人信用也。

此次命出二三，自惊自扰，实非克兄之责。盖筹措久而风声颇著，侦查多而自信谣言。最失策者则令选锋之退却，而闻克兄则已力争之，并言果尔，只得持个人暗杀主义。乃卒不胜众论之纷拏（闻惧搜查之说），殊可痛恨。事局之变如何，尊处想必先此书而知之。然其内容如是，谨以奉告，亦后事者之鉴戒也。

愤懑无似，书不尽意。即颂

台安

弟展堂顿首　廿九两点钟

（翠亨孙中山故居纪念馆藏档；《孙中山藏档选编·辛亥革命前后》，第 21～22 页）

胡汉民致孙中山电

（1911 年 5 月 4 日）

克、伯、展归。克夫、克武、执信力战出〔清？〕佛山，起、毅或在彼。死者姓名后报。

（《开国前美洲华侨革命史略》，《华侨与辛亥革命》，第 284～285 页）

胡汉民致孙中山电
（1911 年 5 月 5 日）

恤死救亡，善后费重，奈何。

（《开国前美洲华侨革命史略》，《华侨与辛亥革命》，第 285 页）

胡汉民致孙中山、冯自由函
（1911 年 5 月 31 日）

中山先生、自由兄大鉴：

前数日上一公函，系克强兄命意而弟属稿者。克不自讳其败，自是其向来之性情。然于以后之海外运动不无妨阻，如：（一）军界无着实之运动，何以耗费多金；（二）选锋只恃将领数十人，余者俱不能战（所谓"将领"大半犹是文人），则病在未曾训练；（三）又担任务者固有不尽力处，然统筹者究无知人之明；（四）张、李二贼设伏设坑，而我昧昧投之，是不止势力之战败也。故公函既实指其事，则运动筹画者不可不善为说词矣。

弟于三月廿五日上两公书，其时已料得败势十九（该函成后以示克兄，克亦黯然），而所谓"疏"之一字尤为此次之大病。弟以为向来做事，未有疏于此次者。故三月廿五上海《神州报》载："张鸣岐电奏军机，言革党现在谋于广东举事，如何进行，彼如何对待，拟为一网打尽之计策"云云。张贼阴险如此，所以吾军卒致大败。然尤幸其如此，否则并此次之爆发未见，而已可按图而索也。伯兄自负太高，直有不必秘密之意，其徒之行径则公然与秘密反对，故事前克兄与弟屡阻不听，惟有相对太息。今事既丧败，伯兄复一病遂殂，弟亦何忍诿过于人（廿五日上两公函，弟于他埠未尝一字提及）。然前车之覆，即后车之鉴，不可不知。克兄事后深恨毅生不应于廿七日主张改期，使各部主动员随而附和。然是日克亦自言枪械仅到少数，故亦止得迫从众论。且军队并无反正之力，则纵多得数百人，亦复何能占领一省会。况如伯兄所部，廿九早上省，并不到自己代表机关。陈炯明、姚雨平、郑平波、张六村则将领士卒俱在省不发，花县之众到督署时，即已委枪于地。又发枪与放炸，误伤自己多人（林觉民受后列之枪而死，何克夫、朱执信、熊克武、郑崑、李文甫俱受后列之炸而伤）。驱士人与市人而使之战，市人自败，士人多死，势之自然也。机事不密，军界无切实之运动，选锋多非其人，合此数者，铸成大错。至于临事张皇者，非曰无过，然于胜败之数，关系已较薄矣。且（一）军事不得言共和，时期既定而复改，若知改期非策，不能徇众议也；（二）选锋各个独立而不统一，临时安得并力照应（此两节则弟事前亦未虑及）。此则不能无责于任总指挥者。顾克战后负伤，且悲愤尤甚，故此等处弟一概不对他人发表。公函责毅生各节，毅初见之甚愤，拟函布各处自辩，弟已力止之。此等处只可算作为战死者受过，胡必断断毁誉，授局外者以口实。

现时克伤大愈，愤恨张、李二贼，拟以个人对待之。弟等曾多次力阻不从，以克兄为此，即成亦利害不相补。况此次事后，侦探之多与港地之受影响，为向来所无（港地房屋随时被搜，华差侯兴与粤吏连又新订提解犯人则例，每省港船开行前，皆先任侦探到船查视）。克兄大战一日，又港中失落相片六张（系巴泽宪以皮包贮之，是日将交还克，中途被差拘去，内并有《革命方略》等文件，遂悉没收，而令巴等出境）。以此数节，深为克危。然克意之难回，有同于精卫之曩日，殆非口舌所能争，亦复令人无法。

省局骤时无以收拾，只得徐伺期会。所可知者，则虏巡防营等实无几多战斗力。炸弹最足惊人；驳壳乃可言战（七响已无甚用，遑论五、六响）；新军非无心事（其将领中，如蒋伯器过于持重，且感张鸣岐知遇，陶标统则与伯先有杯酒之嫌，故此次运动俱不及之。独二标二营管带马君锐然自任，惟廿七日二标已收枪，且临时并无人与之接洽。今二标已退伍归高州、连州一带，将来或可为选锋之材料）；选锋必经训练（外省之将领可来，而士卒似不必他求）；军火必早预备，在南洋各处筹款亦要秘密；办军事不必采共和主义（不负实行责任者不可与闻秘密，担任一事件者不使知与其事件无关系之秘密）：凡此皆此次失败经验所知也。

此次既猛战惊虏，至今犹草木皆兵，而事后省会搜查骚扰十分，故省港人心极为感动。煜堂慨然将身赴金山助吾党以运动，并有组织国民银行之议。南洋人心亦好。不审美洲如何？

兹寄上何克夫手书及直隶刘捷三书，观此则北方军界亦非无是思想，不止可为外间运动之资料也。专。即请
大安

　　　　　　　　　　弟展堂顿首　五月初四
（翠亨孙中山故居纪念馆藏档；又见《孙中山藏档选编·辛亥革命前后》，第38～40页）

黄兴、胡汉民致孙中山等报告
"三·二九"之役始末书
（1911年5月下旬）[①]

中山先生、自由我兄暨温哥华、域多利各埠同志大鉴：

自起事至今，始能执笔综述报告，盖善后事繁，头脑昏痛，未暇作详细之书也。今特将此次举事先后情形，一一叙之。

自去冬克、伯、展三人到庇能与中山先生会议后，即提议筹款

---

① 原件未署时日。文中提及赵声于五月十九日病逝一事，而参阅五月三十一日《胡汉民致孙中山冯自由函》，又说本报告书为"前数日"寄出，故酌定为五月下旬所发。——《孙中山藏档选编·辛亥革命前后》编者注

大举。于是伯先先归港，顾存前此支部之机关，一面为扩张进行之计。十二月，克既由仰光出，诣芙蓉、坝罗与各同志熟商，知南洋英属款已有着后，即返港，就港部办事诸人草定章程。

一、军事部分科担任之情形

分科担任：设统筹部，统揽一切计画，选举克为长，伯为副长。有调度处，以运动新旧军界，举姚雨平为长；有储备课，以购器械兼运送事，举胡毅生为长；有交通课，以交通江、浙、皖、鄂、湘、桂、闽、滇各处，举伯先为长；有秘书课，掌文件，举展为长；有编辑课，草定制度，举陈炯明为长（展未归港时，秘书亦由陈代理）；有出纳课，以司全部财政之出入，举李海云为长；有总务课，以司他一切之杂务，举洪承点为长；有课查课，以调查敌人之情形，举罗炽扬为长。其余同志，各以其能力分属于各课，共同致力。此分科担任之情形也。

二、破坏粤城之计画

发动计画，原以军界为主要。从前运动在新军，此次调度处之设，则兼及巡防营、警察。但警察无战斗力，巡防营自正月办清乡，驻省不常，故仍倚新军为主。新军有枪无弹，所有仅备操时每人数响之用，则必先有死士数百人发难于城内，破坏满清在省之重要行政机关，占领其军械，开城门以延新军，然后可为完全占领省会之计，此亦在庇能时与中山先生所共定者。初拟招集死士五百人，名曰"选锋"。后以方面多，而力量恐不足，则加为八百余人。一、攻杀张鸣岐，克任之；二、攻杀李准，伯任之；三、占领督练公所，徐维扬任之；四、防截旗满界，并占领大北、归德两城楼，毅生、炯明二人任之；五、攻破警道中广协署，兼防大南门，梁起、黄侠毅任之；六、攻占飞来庙军械局，兼破小北门，延入新军，姚雨平任之。以上各率百人。李文甫任五十人，入旗界攻石马槽军械局；张六村任五十人，占龙王庙高地；洪承点任五十人，破西槐二巷炮营；罗则军任十人，破坏电信局。选锋之外，加设放火委员，入旗界租屋九处，皆在其要地预备临时放火，以扰其军心。

此发难计策之大略也。

三、预算支出之大略

以有八百人之选锋，则最少要有枪械六百余，故预算储备课之经费四万余元，为购械及运送之费。调度处之预算二万余，统筹部二万余，交通五千。选锋八百人，召集屯聚种种之费，约算每人三十余元，故亦预算二万余。惠州一方面，预算五千。合以总务科杂费及放火委员等费，故总预算必要费约十二万余；另预算预备费数万。

四、预算收入之大略

当克兄到坝罗时，承热心数同志担任英属南洋，筹足五万。因预算中山到美洲，至少有五万元。而谢良牧于十二月到八打威、泗水，已报告筹得五万。其后有姚雨平之人再为运动，饬彼中人必交雨平。而泗水来信，则担任六万。又刘芝芬往荷属，自任能另筹一万。文岛筹款员又报告，可得二万元以上。伯先回港，即就港与曾伯锷商，伯锷慨然许出大力，因令姚雨平切实与之交涉，据其答应兄弟各出万元。故大略定为荷属有六万之收入。（讵其后泗水于正月来五千元，久久无信，至三月始又来五千，二十几始又来万五千，前后共计来二万五千。芝芬交来出纳课三千，合之谢鲁倩、古亮初所交，荷属总共不过三万。谢良牧回港，未交一文。曾伯锷兄弟则始终一钱不出。）二月间，英属南洋连西贡、暹罗之款，亦已及五万。美洲则域多利致公堂变产，电到三万四千；温哥华致公堂电到万九千；满得科埠电到一万一千；金山一万；檀山二千；纽约二千余。故英属南洋与美洲俱不失预算之数（美洲且过之），独荷属款未符原数，且迟到。弟等信海外爱国同志，其热度不分高下；惟筹款员到荷属者实不统一，纷言运动，经手又不一人，所以与各处情形稍异。此经济出入之大略也。（出纳课组织严密，凡各处捐款，以交到出纳课发回收据为凭。其未交到者，即惟经手人是问。凡用款，必统筹部长认可签字，由出纳课长支付。事后，当使出纳课将总收支部呈寄南洋，以次转美洲，昭信用于各埠。此系发难前弟等公决如此办法。)

五、事前暗杀李准之无成

初拟于去年十二月先杀李准,以去一大阻力。适冯忆汉自庇能回,伊力任其事,既教以装配发掷炸弹之法,且为之布置一切。而冯屡次推宕。延至正月,弟等以此事行之,不宜于发难时间过近,乃与约,限不得过二月十五。冯则匿迹十余日始出,自云堕水染病还乡。及出,再为之谋,伊忽言弹药须人代装;及派人往,则又言无须。其始于去年,克等即问伊需否租屋为业,伊力言不必,到二月则又言必须觅铺,否则仆仆为劳。二月初旬重来香港,伯先怒其反覆游移,毫无决心,面责之,伊若稍愤怒者,则再请给费五十元(以前已屡支公款,约数百元。此五十元使为最后之经费,盖弹药各事已为布置,此只系居省城之旅费耳)。冯扬长而去。临行与约,最迟不得过二十。以要其决心,且以经过许多时间仍不能图,则必不实也。冯去后未几即又还乡,其在省未尝到省机关索取利器,以是贻误。当时伊若不自负,则尚有他人担任,乃彼色厉而内荏,蹉跎误事,此着关系。而温生才则不谋于朋友众人,一击而杀孚琦,其志行真属高卓。但孚崎〔琦〕死,而我党之大障碍物犹在,且使彼惊骇而预防,真吾党之不幸也。

六、惠州事件之失败

军事既以省城为主力,同时着手于惠州,以惠为省之屏蔽,形势所在故也。其始,曾秀自南洋归,克等即与商办,惟察其人,军事上知识不周,决不足以当一面,因与伯先共任罗炽扬主其事。罗嘉应州人(姚雨平力保之,伯先亦素器重其人),曾为新军炮营排长,去年正月之事,犯险而出者。预算其经费需五千,以运动会党,购备枪弹为补充。罗使同乡陈甫仁入惠交通严德明,而身自带银数百往汕,谓将购械,前后共支四千余元。自汕归港(其到汕又令港寄五百元为械价,言已定购,须此立付价),仅携回六响数枝(每枝最不过值银十余元者)。是时,罗则军、曾其光二君因展之约,自南洋归。展邀罗、曾与炽扬共事,炽扬不欲,谓二人有意揽归惠州人自办之事，将来必且坏事。而罗则军、曾其光则调查得罗炽扬挟妓浪费事，克等犹未敢深信；然汕头之行既带银数百，复汇银五百，而只购小枪数枝，则已不能无疑。及二月下旬，炽扬见陈甫仁偕严德明出，则谓运动已成熟，须亲入惠，求补加枪枝；遂给以驳壳一、八响一、七响九，切嘱其设法运带（是晚支银千五百元，连前后，伊一人实支过四千余元）。讵伊行至澳头，顿被搜去枪械，同行四人，陈甫仁、严德明被捕，伊与沙姓幸免。伊至港则报告云，同时失去现银二千三百。阅二日，严德明自房手逃出，则言当被搜时，既发见械，即将行李物件一一点明取去，其中并无银两。以此质炽扬，炽扬惟矢天日而已。德明被捕，炽扬见之，既捕一日，尚未起解，德明借入厕潜逃，炽扬未之料也。及德明闻炽扬支过公款四千，更大惊奇，谓甫仁入惠，所用不过二百余元，余款安在？而炽扬嗣是亦匿迹不出。克等始爽然叹知人之不易。然炽扬不可恃，而惠州未可顾，则以之专责严德明与钟君（自日本归，亦留学生），另外给款二千五百元为经费。严、钟皆若操必得之券。顾廿七日（是时克已入省，展为代理），钟犹出，求加款数百，谓可多得数百人云云。展以时期已迫，钟犹来港，且得人亦复何用。叩其枪弹，则云已购定未到手，大约廿九或来不及，则纵火凭城亦是一策。及廿八晚，省再定廿九之期，展乃发密电与之，使三十发动。然此后并无消息。（初一日有嘉应州人黄醒民贸贸然来，自云报告惠州已得。叩其说，则撮拾报纸之虚传，语语荒谬，展立斥之去。）惠州之无效，实不得其人以办事也。（曾秀初不愿与人共事，及炽扬失败，专举任之，则伊亦不敢承，所谓既不能＜令？＞又不受命是也。）

七、时期展缓之理由

至原议三月十五日为发动期，顾不能不展缓者，一则美属款未到齐，荷属万五千元更到于二十以后；二则适遇温生才事件发生，省会方戒严，欲俟其防弛（旗界所租备放火之用屋，有数处被查诘，讵其后任事者竟内怯迁去四处）；三则日本所购之械，其大数尚未到。（其中尚有一误事之人，则日本运送系托留学同志以行李分次携归，港无入口税，向不搜检。一日，洪承点见金山上海船到，有被搜查者，归报克，因电日本，令来者注意。日本吴君是时主任发付之事，因告之带货之湖南学生周来苏，并为改搭头等位。周以为专令伊自己防卫也，舟过门司，尽弃之大海，凡七响无烟枪七十五枝，金山单码飞箭之大六响四十枝，码子数千。船至香港，则并无搜查者。许多利器尽付洪流，不知是何肺肠。而此帮货到于二月下旬，若无此颠顸之人，则早已接收得用矣。）然早知四月初有二标退伍之说，故时期亦只能尽于三月底。乃粤吏自温生才事件后，防备日密，探侦四出，南洋则有报告，北京则有电报，风声渐紧，然同志决不肯因难而退。

八、选锋之召集

是时，外省之选锋到者十九。伯先所部，悉江南安徽人。克则有川省同志数人、闽省同志数人，皆留学生之最有程度者。闽同志并招其乡死士三十人来。南洋、安南之同志来者，悉愿从克。既皆集居于港，初众议恐选锋临时不及照应，故公定须先期齐集于省城。至廿四五，伯先之人已半上，克所偕为将领之同志亦先上，余人所部陆续上。

九、器械之运送接收

至于器械，则弹子已由头发密运到达，枪则仅运到七十余枝（系西贡到者，由周之贞、郭汉图与展妹从他路运入）。毅以十几上省，储备科事由克与展代理。头发及他路输运之策，原定于毅。其担头发者为陈镜波，于港设头发公司一（名为公司，不过一小铺，月租十余元，店伙即自家人，不须侈费），省设公司三。其始，凡运码子三次，以少而续多，皆无失，乃颇恃此路，毅亦因此而愈信镜波。至廿四，日本之械已陆续到，则续由头发公司装运。同时王鹤明、杜君（俱星洲同志，业机械者）发明一法，用罐头装载，于廿六日始付寄。廿七，西贡第二次械到，日本之械亦全到，则俱由头发装运。连日风声愈紧，港部恐省中无主，因共请克于廿五晚入省。克未入时，省中已欲定廿八举事。

十、定期及廿七日改期退师之原因

及克入省，爰定廿九，并电告港部，盖预计西贡及日本之械至此日方能接收分配也。讵廿七日张鸣岐、李准调回巡防两营，以三哨助守龙王庙高地，毅生即提议改缓时期，陈炯明和之。宋建侯亦惧众寡不敌，赞同其说（宋君，伯先在省之代表也）。姚雨平则反对，惟姚亦要枪数在五百以上方允（此时枪数接收者不过七十余枝，罐头一帮尚未取出，不敢作必得之数。原公议到期必发枪械，或有意外，则不能照原数分配。今姚为此言，则亦必难办到。既而姚雨平闻新军二标收枪之说，则亦惧）。克见各部如此，所谓改期，无异解散，克之痛心为何如。故克即决心愿以一人一死拚李准，以谢海外之同胞，而令各部即速退散，免搜捕之祸。当与宋建侯、洪承点商量，先将伯先所部全数退港，一面保存已到之枪械，留为后起者之用。后林时塽君、喻云纪君到克处，云不但不能改期，且须速发，方可自救；以巡警局早四五日已有搜索户口之札，旦夕必发也（河南一巡官系四川同志，报告于喻者）。克以两兄之决心，则欲集三四十人以击督署。议已决，毅闻之复说林，使遣林部十人归。

十一、廿八日重定廿九时期之原故

是日，姚雨平、陈炯明偕至，报告云：李准调来三营由顺德返者，内皆同志，现泊天字码头，即可乘此机会。姚、陈遂往与其人接洽商定，不久即回覆，言其人已决心。当即密电港，仍定期二十九。克意此三营若能反正，不患余人不降，况有新军之大力从外而入，又巡警教练所有学生二百人皆决心相助，事当可成。

十二、临时改变任务之情形

即定计画：克仍攻督署，陈任八十人攻巡警教练所，姚任破小北门、飞来庙并起巡防营与新军，毅以二十人守大南门，约定二十九午后五点半钟。是早早船，克部闽省同志及海防同志俱上省，俱入克处。伯先所部亦有数十人上省，但俱未到其代表宋建侯之机关，至宋无一人，不能独当一面（伯所部更有领盘费上省而即他逃者，谓不满意于军令之忽退忽进，于是叹李文甫、罗则军为难及也）。

十三、克独攻督署之情形

克即召集余人以攻督署，由小东营出，枪杀巡警于道。疾行前，猛击卫队，杀其管带，破入督署。守门者逃散，并有一二卫队弃枪降，求为引导，于是直入内进。克与林时塽、朱执信、李文楷、严骥等亲行遍搜，无一要人。克欲搜觅放火之材料如文件、书籍之类，亦不可得，乃置火种于床上而后出（及克出大南门到河南，火始发）。观其情形，有似二三日前走去者（报纸云藩臬适在开审查会，皆虚捏之词，以内外无舆轿、仪仗一切物也）。知发动之期，知督署之必攻，张鸣岐与其家眷先时避去，仅留卫队与侍役人等，此中当另有最密切之侦探报告，否则不能如是之灵活。（廿六七，毅生已疑陈镜波为侦探，后益知其确。此人已コロシ①矣，事后止此举差快人意。然再定期廿九，临时克亲攻督署，此等事陈尚不足以知之。姚雨平逢人运动，力信巡防营为可恃，此必又为人卖，而使满吏知吾军一切内容。又姚有机关在谢恩里，廿七日被搜捕，而姚不报告。）

十四、以后巷战之情形及党人死事之勇烈

初攻入督署时，仅死三人。既出督署，则林时塽于东辕门招抚李准之先锋队（盖是时李准所部已到，与督卫队合，以伯先所部尝言先锋队已交通多人也），突然脑中枪死。克中伤右手，断两指。他同志亦多死于卫队门首者。时分兵三路：克与十人欲出大南门，与巡防营接；徐维扬以花县四十人欲出小北门，与新军接；余川、闽同志及海防、南洋同志欲进攻督练公所。方声洞兄（福建人）与克俱与巡防营遇于双门底，直前击毙其哨弁，敌来愈众，遂战死。喻云纪（四川人）与七十人攻督练公所，途遇防勇，绕路攻龙王庙，一人当先，抛掷炸弹，防勇为之披靡，后失手遇害。李文甫（广东人）攻督署时非常猛烈，既出，伤其右足，后为虏

---

① 日文，可译为"毙命"。——《孙中山藏档选编·辛亥革命前后》编者注

获，从容谈笑以死。其余殉国而死者，粤同志则有罗则军、李子奎、李群、周华、王鹤明、杜君、李文楷、马吕、罗坤；四川则有饶国梁、秦炳；福建则有林觉民、陈可钦、陈与新（林、陈数君，尝学法律，皆编辑课课员也）、刘六湖、刘元栋、陈更新、吴任之、冯郁庄、林尹民、郭炎利、郭增兴、郭钿官、郭天财、翁长祥、陈孝文、陈大发、林茂增、王文达、曾显、刘文藩、虞金鼎、周团生、吴顺利、吴炎妹、林七妹；尚有不知姓名者一人。徐维扬之部下、花县之众死二十四人，被捉在监者六人，负伤生还者十六人。克带伤出大南门，易服入河南女同志家，初二始返港。朱执信攻督署时奋勇争先，迥非平日文弱之态，在二门为后列误伤肩际，仍偕克攻出大南门，遇敌相失，幸过其门生家，易服走出。何克夫负伤出大南门后，就至戚家易服，至初三日出。四川熊克武，福建王以通、严骥皆负伤而出。郑坤负伤走大南门，入一小店，为所逐，且呼贼，坤愤杀之。刘梅卿辗转战于小北一带，众既散亡，闯入人家，亦杀人夺衣而出。此二人事由自卫，情尚可原。郑坤甚戆，然甚勇敢；刘梅卿则每战必先，临机敏捷，洵为战将。周之贞、杨十两人，战后亦幸走免。克同攻督署者百三十人左右，内有徐维扬四十余人，刘古香十四人，徐、刘部稍弱；余虽以朱执信、李文甫、陈与新之温文，而临阵敢先当敌，无丝毫之怯懦，盖勇理之、勇为之也。林时塽本同陈与新、林觉民在日本筹得经济，将归闽起事，既来港，则同致死于粤。闽省同志多在东毕业专门学校者，年少俊才，伤心俱烬。喻纪云学药学毕业，能制炸弹、炸药。精卫北京事件，喻实同谋，炸弹发现，喻再往日本合药，而精卫、黄理君被捕。此次举事，喻最先决心，盖已置死生于度外。罗则军本有十人担任毁电局，至廿七令其退返；李文甫有五十人欲攻石马槽，亦于是日受令退返；而二人再知定期廿九之说，只身赴难，殉义而死，俱为难能。王鹤明、杜□□、李文楷事事勤慎，不辞劳瘁，仓猝战死，可惜可哀。战之翌日，海防同志数人入米店，据米为垒，抛掷炸弹，营勇不敢近。张鸣岐下令焚烧，惟罗稳走出。伯先在省之代表宋建侯君，亦轻裘缓带之士，既已遣散其部下，仍与数人合大队攻督署，后不知如何，而各报登有宋玉琳口供，慷慨仁明，如见其生平，亦必死矣。庞雄为高州吴川人，素运动广州湾方面，此次亦遇害。石经武留守宋建侯机关被捉，亦从容就义。其余江、皖、湘、粤之士，虽未与战而陷在城内，以无发辫而被搜及遇害者不少。

十五、失败之原因及担任者之不力

此次以经营过久，人先械到，日露风声（此着乃事势使然，因预料购械之地多不如愿也。而周来苏之弃枪大海，要重购重运，亦贻害不细）；且知人不明，内藏侦探，使敌为备；至温生才之事件、新军之退伍，皆属意外之障碍。然使各任事之人俱能尽其任务，则房虽密防，而其战斗力如彼，只百余人横直冲突，房亦无如何。克即晚出大南门，徐维扬到小北门，两俱无守备者。当时若巡防营从南入，新军从北入，必无抵卸〔御〕。张、李为空衔空城之计，若军有变，即不啻自贻伊戚。而孰知一皆虚伪，平日专任调度处之人，匿不敢出，伪言其众有枪无弹。（是时雨平所部全在省，并未退去他处。初雨平言毅生不肯发弹，克亦姑信其言。后查知伊已由女同志忠汉手收弹三千余，且是日雨平到始平收取枪弹，二三其说，后亦不自取而去。惟有弹三千，尽足以起。又伊已另领款三千五百元为自购枪弹之用，此项枪弹更在何处？即不然，以平日惯为运动至确信为可即反正之军队，一与接触，又复何难？倪映典只身入军，而三千人皆反。人之贤不肖，相去远矣。）廿八日，再三言巡防三营必反必应，克等因之再定廿九之期。讵伊临时并不一往接应（防营与我党相遇，亦随处敌视），非诈伪欺人，即忍心作壁上观耳，此姚雨平误事之罪也。毅生本任百人（连东莞五十人为百五十人），廿七因有改期之说，乃尽遣返。廿八晚由执信兄驰往顺德，廿九午后归云有十人至莲塘街，比往视，则是克部李群带来之人。克知毅众不能复来，乃听其择陈炯明二十人守大南门。讵其日三时，陈炯明驰至始平书院告毅，谓又改期三十（此议系港部廿八晚发电求缓者，因廿八晚十时港始接省再定廿九之密电，以早船不克全部来，乃分早晚发，早船少、晚船五只也），而同时发电求缓。然克等在省议已决定，陈炯明初以为言，克即拒之。再使其友马姓来，则克众已装好、身将备战。不知炯明何所据，而谬谓克已允改期，偕同毅生仍将始平书院枪弹收藏。毅亦轻信炯明之妄言，不顾事在顷刻，而让还守大南门之职务，与炯明之众言语不通（炯明部下为海陆丰人），而自身出大南门会顺德派来之人，后遂不及入城。毅生既有任务，初岂不知炯明之众为海陆丰人，何至临时方始悟及，轻将守大南门之任务还于陈炯明？其误事一。惟其任守大南门，故克听其多分驳壳枪，否则克部战斗力增，伤亡或少，其误事二。陈炯明本不知兵，然既承指挥之任不辞，乃硬造为克已允改三十之说，自误误人，殊不可解。先担任攻巡警教练所，因毅让还其部二十人，则云如此我并以全众守大南门，不攻教练所，既已非矣；后则并大南门而不守，徘徊于城外，此皆陈炯明周章误事之处也。至廿六日，克已与众公定廿九为期，倘始终不改，不撤退各部之众，而且陆续仍进，则在省多三四百人，虏不足惧，即败或能尽冲出。而毅生、炯明等则仅以风声之过露，以为事必不成（以事势论，防营、新军不能反正，虽有党人数百，恐亦难于占领广东，如毅所料；然究竟有进无退，方为我辈之决心）。毅惧头发公司之有侦探，则不敢往取弹子；见巡警之属目与防勇之加增，则忧其难图。殊不知张、李二贼方设网张罗，任我辈之尽数投入，倘为尽数之拚命，未必果全烬也。当廿八晚港部接省电仍定廿九之期，其时在港者有三百余人，翌日早船止有一只，以当时谣言已重，恐一船数百无辫之人不得登岸，故分小半上省，而大半入夜搭船上，同时发电请省缓一夜。展与伯先俱以嫌疑重而识面者多，故俱搭夜船上，至廿九晚之事已败，城门已闭，不得入，乃相率归港，共议暂将外省外乡之人先分别遣散。一面派人上省，分别招呼其负伤者延医给费治之，战死之士则抚恤其家，其在内地之军器则设法保全之计。巡防营实不足信。新军与警练之人则因临时无人接洽，不得责以不来；幸事后尚无大牵涉，可留为后图。

十六、预算不足之原因

至于此次办事，由开办至发难之日，共用款十七万余。溢出原来预算四万余：统筹部溢出一万余，储备课溢出二万余，选锋课溢出一万余。统筹部之溢出，因经营既久，费自稍多，且内含有电报费三千余，又去年各科未成立之时，一切费用俱属于统筹部故也。储备课之溢出，则原拟购枪六百，约价三万八千余，加入运送费四千、炸弹费一千及他种军用品费，定预算为四万五千余。后因选锋加多人数三百，于是另发款由该主任人自购枪械（即如下开姚、张、郑、莫、黄所支购枪费），又为新军补充子弹，又增购炸药。在日本购枪六百二十八枝，连子弹运送费（四千余元）用银三万五千余；由西贡购枪百六十余枝，用银万二千九百余（此两处所以加购枪械、浮于原额者，以周来苏弃枪于海，凡失七响七十五、大六响四十也）；在港购得三十余枝，用银三千七百余元：三共银五万一千余。加入主任人购械费七千三百余，打刀费七百二十，省港运送费、秘密保存费、军用品费共三千余元，总共用银六万五千九百余。现尚欠日本枪价债一千元（日本银）。附表于下：

储备课用款略表

日本购枪六百二十八枝,连码子及运送费,又补日本银纸共用银	35221.640
西贡购枪百六十余枝,连码子、运送费共用银	12909.559
在港购枪三十余枝,连码子共用银	3700
补充新军子弹费	1000
炸药费共	2500
姚雨平支自购枪费	3500
莫纪彭支自购枪费	1080
黄侠毅、梁起支自购枪费	800
张六村支自购枪费	500
郑平波支自购枪费	1050
打刀费	720
省港运送费、保存费及其他军用品费	3000
以上共用银	65981.199
另欠日本枪价债	1000

此为大略计算表，其详细则俟一一清算后奉呈察核。

选锋课用款略表

赵伯先选一百五十人	8400
黄、徐选一百二十人	3180
陈炯明选一百人	3000
莫、梁选一百人	3300
胡毅生选一百五十人	4605
张六村选五十人	1750
克选二百人	4240
郑平波选五十人	1750
姚雨平选一百二十人	4200
刘古香选二十人	810
共用银	35235

说明：人数加多，为此课超出预算之总用。赵选费重者，因于正月时在省已有所组织，未几破裂，即严德明事件，重复招士于江南也。克人最多而费省者，闽同志四十人自备资斧来港，何晓柳数十人、李群数十人皆临时就近招集也。郑平波自称已运动督署卫队多人，硬欲独当督署，故使自招五十人，此亦在于预算之外；乃临事则不见其人，而卫队亦非有联络。

姚、张、郑、罗四人共支出公款四万二千七百一十元：姚雨平选锋支四千二百元，调度处支二万四千九百六十元，自买枪械支三千五百元，共三万二千六百六十元；张六村选锋一千七百五十元，自买器械五百元，共二千二百五十元；郑平波选锋支一千七百五十元，自买器械支一千零五十元，共二千八百元；罗炽扬惠州运动经营费四千元，失败后营救三百元，自借一百元，失去枪费六百元，共五千元。姚雨平专任运动军界兼选锋，而临时并不与军界接洽，其选锋则有枪有弹在省坐视。张六村念九下午到克强处，见克强发怒，即急走避。至于罗炽扬之债事、郑平波之荒谬，更不足论。然此数人则共支出公款四万余元。

尚有统筹部运动、调度各费数万元，容日详细一一清算，奉呈察核。

此外，如惠州一方面已被罗炽扬先后用去预算之款，而其后再给费，严德明谋之，此处去款二千五百。交通课本算五千，伯兄所任为交通委员郑赞臣者，既尽所指定之三千之款（原以三千交通江、皖、浙一路，二千交通湘、鄂），更攫伯选锋款千数百元用之，犹以为未足。二月初，储备课使林直勉往沪购械，余款二千，郑竟伪造电报将该款骗去（人固不易知，知人不明，则弟等当共负其责也）。其余尚有各项琐碎之费，为当初预算所未及者。此超过原来预算之情形也。

此次以党之全力举事，中外周知，而事机贻误，不能有成，省会既失（乐从圩未几亦即退），各处都不能发。虽虏以党人之敢死勇战，至今犹草木皆兵，然费如许力量，得此结果，岂初念所能及耶。又况殉我仁勇俱备之同志之多耶。谋之不臧，负党负友，弟等之罪，实无可辞。惟此心益伤益愤，一息尚存，此仇必复，断不使张、李等贼安枕而卧也。

此数日内痛悼战死之良友，哀方未艾，而忽又有一大伤心之事。则伯先兄于初旬患肠病，加以郁郁，初不肯调理，至剧痛时延西医再三诊视，乃知为盲肠发炎。展、克即催其入医院割治。既又数日，始行割治，则肠已灌脓，割处竟不知痛，内流黑水；饮食俱不能进，且呕且噎。至十九日竟长逝矣。哀哉。痛哉。以伯兄平日之豪雄，不获杀国仇而死，乃死于无常之剧痛，可谓死非其所。彼苍无良，歼我志士不已，又夺我一大将，想公等闻之，亦将悲慨不置，若弟等则更无可言矣。书至此，不复能记述，惟公等鉴之。即颂

义安

弟黄兴　展堂顿首

此书太长，各埠不能一一录寄，敬乞尊处摘抄要略分寄附近各埠，并乞代为申明不暇一一致书之故，求我同志恕其疏略也。展

又及。

中山行止靡定，自由兄阅毕此函，乞转寄中山，并摘要报告加属各埠同志为感。

（翠亨孙中山故居纪念馆藏档；又见《孙中山藏档选编·辛亥革命前后》，第22～38页）

胡汉民致孙中山函

（1911 年 6 月 21 日）

先生大鉴：

报告书及后一书俱由自由处转达，未审已入览否？此番公函，克兄不肯自讳其败，然内容揭发殆尽，未免使人疑党人能力不如彼虏，此亦于前途一窒碍也。省港人心甚为激愤，因革党绝无骚及民间，而张、李等事后大恣搜索，兵勇借端抢掠，官绅之家亦复不免，故怨声载道。又未几而有铁道国有风潮，浙江有罢市之举，广东则拟抵制，虽经张鸣岐巧借日债五百万以调剂，然外内商人衔恨刺骨矣。

广东军界之不能发起，究主运动者之非人，临时不敢到场，尤为无用。当伯先到庇，弟曾致书述姚雨平小有运动之才，不能独当一面。弟未及归，而分科担任之举已定，乃使我不幸言中，殊堪太息。党事用人，其间有最为难，则中道而知其不胜，亦不能中道废之，惧其老羞为祸，则必卒以敷衍败事。今后必须视军界中人有强干如倪炳章能担任者方可信，否则临时不能发起，平日如何运动组织，均属虚言。前寄上直隶刘君捷三书，具征北省军人之心思。现吴六澂已任六镇镇统，将来或有可为。广西兵虽少，而将领程度颇高，此回本约与东粤先后起者，东事败于仓猝，故西亦不果发。以形势论，虽得桂亦无可恃为根据地，但于攻取一面则亦为形胜。其他各省，俱有同志在内，若得款巨，为拔十得五之计，则可成蜂起之势。未审外款究能得手否？千万嫌其太多，即恐其难成。至专就粤东一省言，则能十万左右仍可大做。其做法，先将广府会党提摄整理（三邑为一路，恩、开、新为一路，东莞、花县为一路），选其精锐，因地取材，不假外师，则募集之费省，而风声亦密。先期购械，专用驳壳，约最少得三百枝，为款约三万左右，而于战斗上之武力则当远在此回百倍之上。新军不必再加运动，防营则直须行贿收买。出不意而袭之，为多方以乱之。此则不得巨款而可以行之次策也。

前闻芝加高有创筹款公司，集股千份，每股百元，此法不审行否？自由兄之岳父李郁堂昨已入会，渠于此番事后极表同情，愿身往美洲为党运动。伊与美洲（金山）商人素多知交，且为香港四邑商人之领袖。大约六七月即起程。弟拟给委任状，使为先生等一臂之助。又去年有金山同志李萁，办事极为实在，亦拟于其时归美，专心联络工界。南洋如泽如、谭扬等，俱无退沮之志。弟亦拟再为冯妇南游。但克强兄伤感愤恨，必欲为个人对待之举，经多同志劝阻不止。弟深忧其蹈季兄之辙，尚须设法挽回，故未能浩然竟行他去耳。专此。即颂

大安

　　　　　　　　　弟展堂顿首　中五月廿五

再者：《中国报》记事，因高等裁判定案时，另选特别陪审员认所控十二件案皆为有罪，故各状师俱以为上控亦属无效，只得由报界公会联禀华民，现已免去苦工，据云六个月尚可减轻出狱，现在由李萁代理。弟等拟于报馆外另有组织，以为交通机关（因报馆太受注意），俟组织有成再告。南美 Iquiquie Chineclub 事后汇有款四百余磅金来，此地向未与通，其电文云以助革军，足见海外人心。弟已复书道谢，并乞述其姓名矣。附及。尊处能与之交通否？

　　　　　　　　　　　　　　　　展又顿首

（翠亨孙中山故居纪念馆藏档；又见《孙中山藏档选编·辛亥革命前后》，第40~42页）

胡毅生、朱执信致孙中山函

（1911 年 8 月 6 日）

中山先生大鉴：

接读七月四号来书，具悉一是。新军运动之事，前展往西贡，临行时已发一信，略述各方面情况，度日间当可达览。然照此情形，则外面敷衍尚易，实力协助则殊不可保。且现在能身进内地者无几人，房之防备较前更密，倘无人引进，则新军之路亦未易通。故一时未能着手，尚须看机会也。

若所嘱制各表，则非联络其参谋处人员，不能办到。其功程须在新军运动有效之时，始可着手。冬前寄美，恐不可得。据仲实兄之意，则谓调查此等事，向军谘处为之，事半功倍，而军谘处仲兄亦有路可通。将来如决定办去，则由仲兄介绍一行，调查当非甚难，时候亦可缩短。然最可虑者，此种表册，各项皆可据实登载，惟将校之人格思想，皆须从好一边说去，倘彼资本家接表后立发人调查，此方运动不能急速如期，反有不利。则不如逐省做工夫，看准某人思想较好，再行作表，则彼照表调查，亦无大碍，然时日不免拖长。此节当再与展兄妥商决定办法。

现在能办到者，尽力办去，大约不过得数省军队中有一小部分人赞成，多数人不反对而止。至于发动之力，概不可望，即办到此地位，恐亦非有一年以上之运动不为功。以新到一省，欲行运动，必须结识其中人物，然后以次传播，徒有金钱，恐无益处。前年倪君在粤省运动时仅费数月工夫，实因赵任标统时已种下种子，不可为例。且当时防闲极疏，外人可任便入营住宿、演说，今断不能。而倪君开手运动虽在九月，其结纳营中官长已先费半年有余工夫，又有同乡多人为助，然后有此好况。今往运动他省，虽稍有基础，而防闲较严，尤需长时日矣。倪君运动之费（专就新军一方面）

不过三千余元耳，今岁所费十倍倪君时，而其人又大半已经倪君运动者，然尚不得前岁十分之一之效果，足见运动不全关于钱，仍系于人才也。然今日人才尤难，欲得其人，势不许十省同时运动，故此期限仍须放长一年半载。即欲真得十省军队赞同，须一年以上至二年之工夫也。如此逐省办去，得有成效，再行借款，然后聚全力于一省以发动（大概仍以广东为有利），即不得甚大之款，亦无大碍。如东美之款，能有一百或数十万，则似亦可足用，不必再求借大款矣。

委任状之事，容再致信分访各省同志，得其同意，大约非难。然毅兄言，港藏书楼纵有形式可仿，文句必不能同，似由尊处寄一稿来为佳。若各省不能悉觅人，则尚可仿照去年办法也。

满地可款事，已问海云，俟彼查核清楚再复。忆前月自由有信开列各埠捐数与电汇日期，海已详细复信，并分寄收单，大约总已清楚矣。

此次事后，省港之人皆极称义军之仁勇。惟此时侦探之多异常，一时不能轻易收人，若有财力者之帮助，则尚未多。南洋情况，据一二人之传说，则广府人颇有进，而客人以报告中声姚氏罪，故多不服。其福建人，以此次同乡殉义者多，亦颇发奋。此次展之往西贡，即由福建人招同往星洲一带筹款者也。

展于西七月十七号往西贡，今已两礼拜余，尚未得来信。尊函当摘要抄寄彼阅。或彼由西贡已有信到美，彼地情形，必当详述，此处得彼来信后亦当专函奉告也。此请

台安

　　　　胡毅生　朱执信同顿首　西八月六号
　　（翠亨孙中山故居纪念馆藏档；又见《孙中山藏档选
　　编·辛亥革命前后》，第 44～46 页）

朱执信致孙中山函[①]

（1911 年 8 月 10 日）

（前缺）昨接电，言有二人回谋刺事，即已复电。盖以此方情形论，则张、李非不可刺者，而谋之者有陈竞存与何晓柳，并克兄而三。何亦甚决心，窃意彼与克兄必有一成也。陈非身自为之，效应不如二人，然亦有什一之冀。此三人同时设法运物（皆以药），已颇有风声。故今来之二人，如不外此法，则不如稍缓，看其成效如何。然此三起中，惟陈所用人有辫，如今欲来者未剪辫，则胜彼辈。又或来者精于枪，亦可有用（但李身裹甲未易击，只可对付张）。此事仍须先生决定办理。专此。敬请
大安

朱执信顿首　中闰月十六日、西八月十号

（翠亨孙中山故居纪念馆藏档；又见《孙中山藏档选编·辛亥革命前后》，第 46 页）

李孝章致孙中山函

（1911 年 9 月 9 日）

中山先生大鉴：

顷由金庆兄转递到先生致南洋同志书并美洲洪门兄弟筹款章程，敬悉美洲华侨民族思潮一日千丈，赞助进行款项又非常踊跃，无任喜慰。固缘时势变迁有以使然，惟若非先生毅力之鼓吹，至诚

---

① 此函缺受信人姓名。因函中称受信人为"先生"，此为当时一般革命同志对孙中山的尊称；且述及"昨接电，言有二人回谋刺事"，此又与当时孙中山从美国旧金山遣两同志返粤拟为黄兴代行谋刺张鸣岐、李准任务的事实相符（同月三十一日孙中山致吴稚晖函中曾追叙此事），故断定此函当寄与孙中山。——《孙中山藏档选编·辛亥革命前后》编者注

之感格，曷克臻此哉。已是有如此机会，望早集大款，以图大举，以吊同胞于水火也。嘱南洋同志亦须预早筹备，以候调用，免军需不足，再蹈前辙，自是吾人当务之急，所当引为龟鉴者也。

惟南洋举动，难同彼美之自由。自广州事发后，虽表同情于吾党者有加无已；惟李准轰后，清吏照会叻督，叻督转饬各州府稽查吾党颇严，不能如去年之明目张胆可以逢人劝捐也。矧自今春以来已筹多次，教育之捐未了，继以善后，善后之捐才罢，又续以民心、民报、光华等股份，大有接应不暇之势。出钱者固多叹原气之未复，劝捐者亦殊觉开口之为难也。过后二三月，俟衙门稽查渐弛，同志经济渐裕，当如命奉行，协美洲两方面而并进焉。

惟今日进行要素，钱财固患难筹其充裕，人才亦患难得其真实。广州之役功败垂成，虽曰汇款太迟，旷日持久，以致谋泄迫变，然亦未始非任事者不尽有真实之才也。以故忽而主缓办，忽而主急办，临事仓皇，莫定一策。总司令虽确能尽责，脱虎口而全生，其如号令不行、各部遗命何哉？语曰：前事者，后事之师。此后用人是亦不能不慎选者也。慎选之法如何，可以此次之经验是准，可者授之以相当之职，不可者远之而已。准是而论，广州之役虽云失败，亦得谓为吾党一场大试验焉。盖以不试验不知党员之孰勇孰怯，不试验不知民心之或向或背，不试验不知外人之认可认否，不试验不知清兵之有用无用，不试验不知清官之心寒不寒也。今一举而五方面之真情见，若再度之举而能引以为则，痛饮黄龙本不难。独可惜事后各办事员（雨平）之意见颇觉不洽，大为大局之隐忧，望先生善以调和之为幸。

至先生家费事，泽如、金庆亦曾有信来商。先生嘱合十余二十同志中稍妥者担任接济，本无不可。然想先生提倡民族，为救同胞，凡有血气者应认为万家生佛、亿兆慈航，矧吾同志与先生有特别之感情、密切之关系者，而可不担认维持家费之责哉。故弟与此间同志及芙蓉之泽如诸君、槟城之金庆诸君商议，与其各埠分担，零星集合，以接济先生家中月用，屡误时期，不如由弟处先行拨出款项，按月照缴百元为愈。盖先生为吾党众之代表，为全体之公仆，区区家费应由公众供给者，槟城、吡叻、芙蓉三方面俱认可，他方面又有何反对者哉。纵有不明事体者从中反对，亦无碍于事也。惟弟处已出之数当如何，一俟先生今冬由美南来时一商可也。

先生其专心为前途努力，切勿断断以内顾是忧为幸。东奔西走，伏祈为国珍重焉。馀情缕缕，不尽欲言。肃此敬复。顺请

大安，并候

同志诸君均好，诸维

心照不宣

弟李孝章顿首　七月十七日叻

另启者：先生如有指教回文者，祈望交大吡叻怡保埠华成号内小弟名下收便妥也。又及。

（翠亨孙中山故居纪念馆藏档；又见《孙中山藏档选
编·辛亥革命前后》，第 47～48 页）

旧金山转黄兴致孙中山电

（1911 年 9 月 18 日）[①]

华盛顿州抓李抓罅埠沃勒街二十四号广德堂[②]转孙逸仙博士：

川民党起军反正，据成都。速筹款谋应。并转中山。兴。加州旧金山一九一一年九月十八日。

（翠亨孙中山故居纪念馆藏档；又见《孙中山藏档选
编·辛亥革命前后》，第 49 页）

---

① 原件中，黄兴来电为中文，未署日期。该电当系由香港发至旧金山。其时孙中山已从旧金山出发到美国北部各埠筹款。估计是旧金山的筹饷局接黄兴电报后，得知孙中山已抵抓李抓罅，便于九月十八日将该电转发。——《孙中山藏档选编·辛亥革命前后》编者注

② 原文是：Quong Tuck Tong, 24 Waller St, Walla Walla, wn。此为《孙中山藏档选编·辛亥革命前后》编者所译。——编者注

宫崎寅藏致孙中山函

（1911 年 9 月 27 日）

逸仙先生有道足下：

晨□尊书自费府至，而不知驾将向何处，故未呈返书。近因新闻，知驾驻桑港，华侨为先生开大欢迎会；清国领事为之周章，别张宴，以取反抗之态度。想望盛况，以慰期心。今又接尊书，悉近况，洵不堪欢喜也。

广东事变后，克强兄寄言曰：将发香港，到米国一会先生，望途次会见于横滨船中云云。至今数月，杳无消息，不知现潜何处，甚为念。

桂内阁于前月底既倒，西园寺内阁次起。因会到贵书，访木堂翁示之。翁曰："往日公布桂、西二乡之情意投合者，即政变之前提也。而桂退西出，虽交代阁员不变更政策，情意投合之妙，即野合政治耳。但西侯头脑比桂文明的，而部下之警保局长古贺廉造君者，能解浪人趣味，君亦知其人，试依此人动西侯，亦一手段也。"弟即时访古贺君，谈以此事。君曰："交代阁员而不变更政策，不如不交代也。鄙见如此，故既于内阁组织前，书改革意见二十一条，以上西侯。对支那革命党意见，固在其内。想西侯之意见，与鄙见相距不远。但内田外务大臣（米国大使）未到，虽其意未可知，我誓努力贯彻该君之意志矣"云云。头山翁与古贺君好友也，翁亦誓努力。概括而言之，木堂翁者悲观此问题，而古贺君即乐观之。虽不可逆睹成败，非绝望，弟亦期努力必成，伏请暂俟之。

木堂翁又曰："康有为者，触西太皇之怒，为亡命之客。故西太皇之盛时，日本政府忌之；今即亡，所以允康之复来也。至先生元清虏之大敌，而至今益为清政府之所恐，故日本当局亦益忌之。窥他之鼻息的外交，盖亦不可已也。"翁又传意曰：广东之举虽壮，即壮出［而］牺牲过多。乞暂隐忍，待至大机，取一举必成之法云云。弟为之辨曰："虽事败，士气为之昂腾，人民之信用为之益加，不可谓无用之举。"云云。翁默然首肯。盖殉难学生中，翁之知人有二三，特为之悲耳，可以见其情也。康有为现在东京，诸新闻一齐攻击其不淡无为，可谓痛快也。

匆匆不及他事。伏祈先生之健康。握手。

劣弟宫崎寅藏谨启　西历九月二十七日

（翠亨孙中山故居纪念馆藏档；又见《孙中山藏档选编·辛亥革命前后》，第 451～453 页）

黄三德致孙中山函

（1911 年 10 月 15 日）①

孙先生英鉴：

敬启者：昨付上之函，料必收到。为筹饷局最热心者协力，杰亭、菊波、琼昌、黎利、伍寅、朝汉、公侠诸君，正派人才也。如总办三进、罗怡、刘学泽等形容怪物种种，无才无学，屡听外边奸人谣言，生事生端，欲揽财政，欲收全盘银两执掌。内中几人，鬼鬼蜮蜮［蜮蜮］。昨得接黄兴君来电六七封，催迫取款。又得先生来电，云尽将筹之款尽汇。三进、罗怡、任贤、学泽等不允，弟与自由先生舌战他几人，然后昨汇尽付二万元港银。目下他几人毁谤弟，与弟反对，多生谣言，他等想争全权也。他等想争管全财政，弟对他等曰：尔为总办，不称责任，不理各事，自开办以来集议，三进并无到议。至今他等又不敢出名，现下见革命将成功，又生出

---

① 原件未署发信人姓名。据笔迹及函中内容，可判断为黄三德。黄为设于美国旧金山的美洲洪门总会（即致公总堂）总理、美洲洪门筹饷局（又名中华革命军筹饷局）监督。——《孙中山藏档选编·辛亥革命前后》编者注

异心，欲总揽全权。各人见他如此，个个不服。昨弟湖北革军风云紧急，力行提议汇款回港，谁料三进、罗怡、刘学泽、任贤几人反对，又云假事笼络手段，又话拐撅状偏之话出，不入牛耳。此等人端不能共谋大事，弟伤心矣。所以昨廿二晚，弟请齐各董事大集议，与他几人大舌战，方能将银放出来，汇二万元也。他几人又云先生游北方，便无有银付出。又云先生平生事许多不能尽录等之言也。祈为照鉴。此等诸人妖物，非系人也。他又夺公侠之任。弟力抗万万不能，宁可散了此局，弟端不能任他所为也。

辛亥年八月廿四日发

（翠亨孙中山故居纪念馆藏档；又见《孙中山藏档选编·辛亥革命前后》，第 49 ~ 50 页）

黄三德致孙中山函
（1911 年 10 月 27 日）

孙先生伟鉴：

　　敬启者：前付上之函，料必青鉴。昨得来电，内云将军债票汇回香港胡君展堂，未审何意见？弟待十八水船承尊命汇之便是。惟现下各绿部未缴，游埠人员未回埠，如尽将军债票尽汇港者，本局又将如何？如系再刊者，祈即来电示知如何办法。昨共汇港银八万元。又处洲府来电之款，弟使他各洲府直汇港，亦不下数万也。本局人员朱三进鬼偏，屡欲夺管库之权，阻止付汇，屡误革命军情也。他日功成之日，必要攻其几人罪状矣。幸自由先生到协助也。三进、罗怡、任贤、刘学泽几人罪恶贯盈也。

黄三德顿首
辛亥年九月初六日发

（翠亨孙中山故居纪念馆藏档；又见《孙中山藏档选编·辛亥革命前后》，第 50 ~ 51 页）

梅布尔·巴克利·康德黎致孙中山函
（1911 年 10 月 30 日）

孙医生：

Diosy 先生说如果您愿意来这儿的话他愿安排您与爱德华·格雷先生见面。这会有助于您。

我写信给《泰晤士报》，抗议其称您和您的政党为"叛乱者"。数年前你们是被称作"改革者"的。不过我想编辑不会愿意刊登，但为您的声望计他理应如此。

当您不太忙时请写信给我们。您知道我们是多么为您的成功而高兴。

梅布尔·巴克利·康德黎　谨志
（《临时大总统和他的支持者》，第 85 页）

何亚梅（伊丽莎白·西维尔）致孙中山函
（1911 年 11 月 6 日）①

如果你收到此信一定会想我是何人。我很冒昧与你联系。不幸地在我一生中从未与你单独相见。我相信我们有相同的心灵感受。我想说我是多么敬仰和羡慕你被召唤肩负重任彻底解决中国的弱点。我不是一个脆弱的女人，如果我是男人的话一定已经加入到你的旗帜之下。这一直在等待我父亲的祖国——中国的觉醒。

我多年来参与这些现在正在进行的重要的步骤，从不停息地鼓舞一度在德国军队呆过的年轻中国军官，我多次同他们谈到目前正

---

① 本信函根据邓丽兰《临时大总统和他的支持者》中所引各节译文合成，为该函主要内容，不是全文。——编者注

在进行的运动，几乎不敢相信它会发生。现在我们向往且需要的人来了——孙逸仙先生。我们看到整个中国已发掘出能量，等待信号爆发并收获。让我们祈祷一个成功的丰硕的收获。

这一切都是为什么？因为中国——尤其在英国人的眼中是不被看作文明国家，因为中国人对其辫子、无丈夫气的长袍有着令人失望的保守性。这在欧洲人的眼中看起来是荒谬的。因为，他们关起他们的妻子，弄残她们的双足。并维持 phygamie。在这方面可以举出很多理由。在每个受过教育的英国男孩眼中，中国人是一个苦力。我经常看到一个普通的水手踢一个体面的中国店主或商人。好像他有权这样做。白人！我希望中国能把这多年所受的踢回去。我指望的是一个艰难的任务，但我忘不了我的童年。德国人敏感而有礼貌，他们好奇但不粗野。而英国人则自大而无知。——这里我主要讲的是他们对中国人的态度。

另外，直到现在，没有一个上等人愿意把女儿嫁给中国人为妻。我得承认这仍是一大冒险之事。你永远也不知道这男人家里是否有一个中国妻子。在我们眼中，这样一个妇女的地位是不合法的。就连我自己也是这样想中国和中国人的。我不会让我任何一个女儿去那里。你看这种偏见有多深，即使我这样有一半中国血统的妇女也如此。

如有余暇和金钱，我会去中国帮助我的女同胞们。我希望你不要半途而废向皇朝屈服。这正是造就中国为共和国的机会。中国南方的同情心都在你一边。许多省也在手中。不要让袁世凯或其他集团赢了你。尽管我知道你是强大的。我祈求上帝让成千上万的支持你的人保持坚定，打胜仗。

我有一个已成人的儿子。准备战争结束事态平息后到中国。他曾去过。我可以看到我可爱的中国了。

上帝保你和你的事业，引导你。而共和国正需要你。你看来是一个坚决的有活力的人（从你的相片判断）。我相信在你的手中，中国会变好。CC 伍和他的老父亲都是很聪明的人，我想让你认识他们。我想我能帮助你，如果时间允许请让我知道你收到了这封信。一个卡片就够了。我将随着你的行踪继续关注每天的新闻。

（《临时大总统和他的支持者》，第175～178页）

康德黎夫妇致孙中山函
（1911 年 11 月 23 日）

11 月 23 日

孙逸仙阁下：

想告诉您的是，我们俩都十分真诚地希望您成功，您会达到您的目的，无论您在何处，我们的祝福都伴随着您！

我们相信，上帝将引导您的步伐和判断力。

一个《神户先驱报》驻这里的记者来这里向康博士打听您的一切，他说《神户先驱报》的主编花了一百英镑拍电报告诉他要提供有关您的每一个细节。他接着通知我丈夫您是日本在中国唯一要支持的人，所以，您若有了美国、日本、我们的支持，您就会成功。

一个美国记者昨天也致电话给康先生，问您是否安全回去，因伍廷芳曾致电请求美国力促列强承认革命党。我丈夫告诉这个编辑他必须电告伍廷芳组织内阁时要使您就任总理一职，这样，他认为，列强就能支持革命党人。

您看，我们一直关注并寄希望于您。另一个人也来想得到您的签名。您看，您是多么令人瞩目，理当如此。

继续前进直至成功。把您的足踏在岩石上就永不会跌倒。您是中国的加里波的，我是第一个这样说的人，现在《评论之回顾》（Review of Reviews）这样说，实际上也如此。

詹姆斯、梅布尔　谨志

（《临时大总统和他的支持者》，第86～87页）

梅布尔·巴克利·康德黎致孙中山函

（1911 年 11 月 25 日）

11 月 25 日

孙逸仙阁下：

两天前我们接待从《神户先驱报》来的一个记者，他告诉我丈夫日本人将最先在中国支持您，我们得知后很高兴，本想拍电将大意告您，但担心使您的名字太曝光，这记者被告知将能得到的所有有关您的消息报告给《神户先驱报》，发电报共计 100 英镑，您瞧他们把您看得多重要。

现在您已经离开此地，看似平静，但我们对您的关切丝毫不会减弱，我们将永远怀着深情的回忆关注着您的事业。

吉姆封入一封给荷马·里将军的信，这信由"Seribuer"的经理 Irain 先生送给我的，他嘱我转交信，故我寄给您，我没有阅信，我觉得那不是我的事，只是把这两封信封口，您可以把它们转给他。

我们的朋友都很高兴，您在这里的消息众口相传，每个人都信任您，希望您将来获得更大成功。

衷心致意。

梅布尔·巴克利·康德黎

Reith 说您在印度引起轰动，他祝您走运。

（《临时大总统和他的支持者》第 87~88 页）

康德黎夫妇致孙中山函

（1911 年 12 月 1 日）

1911 年 12 月 1 日

孙博士：

　　奥瑟·威尔逊先生的首席海军大臣之职已由弗兰西斯·本杰明爵士代替。故您应请他给您推介一名海军人才。有很多杰出的海军人才，您毫无困难的。曼德上校昨晚来看我们，对中国事务作了一席长谈。正如任何与您相处的人一样，他深为您的人格感动。我们认为不几天战争就会停下来。我希望袁世凯言而有信，不因懦弱而葬送大业。这是他一生中之关键。如果他做对了，中国很快就有安宁，那就意味着您掌握了主动。

　　为您的成功而祈祷。

永远是您真挚的朋友：詹姆斯、梅布尔

（《临时大总统和他的支持者》，第 90 页）

黄兴致孙中山、胡汉民书
（1911 年 12 月 25 日）①

中山先生、汉民兄鉴：

　　闻驾抵沪，同志欢忻无极。兹特派时功玖、田桐两君前来接待，以表同人敬意。即请行安。中国同盟会代表黄兴启。

（湖南省社会科学院编《黄兴集》，第 97 页）

徐宝山致《民立报》转孙中山、黄兴等电
（1911 年 12 月 25 日）

《民立报》转黄大元帅、孙中山、陈都督、李平书、宋渔父、于右

---

① 　此件未署日期。按：孙中山于一九一一年十二月二十五日偕胡汉民抵上海，受到黄兴等热烈欢迎。此件信套有"中山汉民两先生"字样。——《黄兴集》编者注

任、学生队北伐司令马贡芳均鉴：

敝处派参谋总长华彦云、参谋副长朱炯前来面询一切，特先电告，江北北伐军司令正长徐宝山叩。鱼。

（《民立报》1911 年 12 月 27 日，"扬州电报"）

谭延闿致陈其美转孙中山电
（1911 年 12 月 25 日）

陈都督转孙中山先生鉴：

顷得陈都督支电，闻公到沪，飞电传来，距跃三百，谨代表全湘百万生民欢迎，恭祝先生万岁！中华民国万岁！湘都督谭延闿。鱼。

（《民立报》1911 年 12 月 27 日，"沪军政府电报"）

孙毓筠致沪军政府转孙中山电
（1911 年 12 月 25 日）

沪军政府转孙中山先生鉴：

顷闻台旌莅沪，大局必可挽回，已派代表倪铁生、石寅生二君赴沪欢迎，特先电贺。毓筠叩。鱼。

（《民立报》1911 年 12 月 27 日，"沪军政府电报"）

陆荣廷、王芝祥致陈其美转孙中山电
（1911 年 12 月 25 日）

陈都督转孙中山先生鉴：

奉陈都督支电，敬悉中山先生莅沪，先生勉念吾民，以共和提倡宇内，登高一呼，乾坤廻轴，凡属血气之伦，罔不饮和食德，海内同望旌麾，匪朝夕矣，今兹贲止，实属国民幸福，谨贺。陆荣廷、王芝祥叩。鱼。

（《民立报》1911 年 12 月 27 日，"沪军政府电报"）

徐宝山致《民立报》转孙中山、黄兴等电
（1911 年 12 月 26 日）

《民立报》转孙中山、黄大元帅、共和各都督、李平书、于右任、宋渔父、马贡芳、朱宝山、马□伯诸公及各报馆鉴：

贼房南下，山陕受寇，显系袁逆阴谋。假和议施其鬼蜮，今停战将满，尚无头绪，若不用铁血先制，则为敌击，言念及此，肝肠欲裂，望我同胞协力相助，歼此狠毒之恶政府，勿遗后患。非宝山不以人道为主义，实我汉族存亡在此一举，宝山只知保全种族是任，他非所志，光明之心，神人共鉴，□思残杀邀功则天地不容。今□将北指，矢表成心。愿诸公以种族为重，勿坐观沦亡。已派参谋总长华彦云、副参谋朱炯等来申，详陈一切，江北北伐军军司令徐宝山叩。虞。

（《民立报》1911 年 12 月 27 日，"扬州电报"）

马毓宝、吴介璋等致陈其美转孙中山电
（1911 年 12 月 26 日）

上海陈都督转孙中山先生鉴：

接沪电，敬悉大节抵申，赣省军民同为额庆，光复祖国，组织共和，尤惟先生是赖。除已派代表在沪欢迎外，特此电贺。赣省军

政府马毓宝、吴介璋、各部长暨全体军绅商学各界公叩。阳。（南昌电）

　　（《申报》1911 年 12 月 28 日，"公电"；又见《民立报》1911 年 12 月 28 日，"沪军政府电报"）

徐绍桢致陈其美转孙中山电
（1911 年 12 月 26 日）

陈都督转孙中山先生鉴：

　　闻公莅沪，无任欢忭。东南略定，民国新成，我公艰难缔造，三十年如一日，黄帝降鉴，日月重光，公志大酬，公气复活，水源木本，全国镌恩。惟北虏未歼，庶政无主，人自树兵，各思专阃，不谋统一，必至攫饷无得，寖成流寇，神州前途可惧孰甚。我公雄略盖世，为华盛顿替人，祖国明灯，非公莫属，当有善策，以靖横流。桢拟抽暇晋谒明旌，藉亲闳论，谨掬悦服之诚，先表欢迎之意，希赐亮察。桢。阳。（南京北伐总司令徐绍桢君来电）

　　（《申报》1911 年 12 月 29 日，"公电"；又见《民立报》1911 年 12 月 29 日，"南京电报"）

黄乃裳致孙中山电
（1911 年 12 月 27 日）

孙君中山鉴：

　　老友黄乃裳欢迎我君，欢祝我君，并劝我君勉为泰东第一华盛顿。庚。

　　（《申报》1911 年 12 月 29 日，"公电"；又见《民立报》1911 年 12 月 29 日，"福建电报"）

蒋雁行等致各报馆转孙中山电

(1911 年 12 月 27 日载)

各报馆转孙中山先生鉴：

闻公莅沪，军民各界无不欢慰，江北都督蒋雁行暨保安公所各团体公叩。（自清江浦发）

（《民立报》1911 年 12 月 27 日，"清江浦电报"；又见《申报》1911 年 12 月 27 日，"公电"）

秦毓鎏致《民立报》转孙中山电

(1911 年 12 月 27 日载)

《民立报》转孙中山先生鉴：

闻公返国，欢跃莫名，神州大局，悉赖主持，毓鎏即日赴沪欢迎，谨电闻。锡金军政分府秦毓鎏叩。（无锡发）

（《民立报》1911 年 12 月 27 日，"无锡电报"）

林懿均致《民立报》转孙中山电

(1911 年 12 月 27 日载)

《民立报》转中山先生鉴：

我公归国，敝邑万众额手欢迎。丹阳军事司令林懿均叩。

（《民立报》1911 年 12 月 27 日，"丹阳电报"）

林述庆致各报馆转孙中山电

（1911 年 12 月 27 日载）

各报馆转孙逸仙先生大鉴：

　　闻返驾欧洲，云霓望慰。述庆统军北伐，未敢擅离职守到沪欢迎，谨遣代表江北第二军副司令李竟成到沪叩谒，幸赐教。共和政府急待先生握统治权，以建民国成立要素，免酿瓜分，盼切，述庆谨代两军兵士暨四百兆同胞，泣首乞鉴。述庆叩。（扬州林司令电）

　　　　（《申报》1911 年 12 月 27 日，"公电"；又见《民立报》1911 年 12 月 27 日，"扬州电报"）

徐宝山致《民立报》及各报馆转孙中山电

（1911 年 12 月 28 日）

《民立报》转各报馆、孙逸仙先生大鉴：

　　大驾归国，曷胜钦仰，现正筹备北伐，未敢擅离，敝处谨先后派遣副司令李竟成、参谋总长华彦云到沪欢迎，一切尚祈赐教，江北北伐军正司令徐宝山。佳。叩。（扬州发）

　　　　（《民立报》1911 年 12 月 27 日，"扬州电报"）

浦城县临时议会致《民立报》转孙中山电

（1911 年 12 月 28 日）

《民立报》转孙中山先生热鉴：

　　闻公回国，万众欢迎，本会誓守共和，望迅速组织联邦政府，

以期统一，而促进行。浦城县临时议会叩。青。（自浦城发）

（《民立报》1911 年 12 月 29 日，"浦城电报"）

江苏临时省议会致各报馆转孙中山电

（1911 年 12 月 29 日）

《民立》、《神州》、《时事》、《新闻》、《天铎》、《中外》、《申》、
《时》各报馆转孙中山先生鉴：

临时大总统举定先生，兆众欢腾，云霓望慰，谨祝先生万岁！
民国万岁！组织临时政府刻不能缓，敬请即日莅宁早安大局，企叩
亿万。江苏临时省议会。蒸。

（《民立报》1911 年 12 月 31 日，"祝贺孙大总统电
报"；又见《申报》1911 年 12 月 31 日，"公电"）

许缵曾等致孙中山、黎元洪等电

（1911 年 12 月 29 日）

各报馆，中华民国大总统孙，大元帅黎、黄，苏都督程，沪都督陈钧鉴：

总统万岁！谨先贺。张季公总理盐务，极欢迎。忽闻辞职，骇
甚。盐务关系重大，惟季公能胜其任，乞速慰留，以安众心。驻宁
淮北全体盐商代表许缵曾、汪寿康、施五昌等公叩。蒸。

（《申报》1912 年 1 月 1 日，"公电"）

孙道仁等致孙中山电

（1911 年 12 月 29 日）

中华民国孙大总统钧鉴：

恭读南京蒸电，敬悉我旋乾转坤之大英雄，膺黄胄神州之大总统，旦暮所期，今兹以慰，匪嵩呼岳祝，足伸欢忭之忱，正天与人归，使创和平之局，固宜应运之圣人正位，以司民极。从此人心大定，宇内咸瞻，内政外交，乐观成于一统，用兵防战，取进止于中央。胡虏河山，行看不祚，黄农日月，会使重光。蓄二百余年正气，忽嘘汉火之燃；萃十八行省衣冠，共雪伊川之涕。此日金瓯还我，靡不如初，他年铜像酬功，是真第一。道仁等敬缀芜词，藉抒贺悃，踊跃三百，呼中华民国万岁！中华民国大总统万岁！闽都督孙道仁暨政务院及军、政、学、商界全体同祝。蒸。（福州电）

（《民立报》1912 年 1 月 1 日，"恭贺孙大总统电报"；又见《申报》1912 年 1 月 2 日，"公电"）

孙毓筠致陈其美、孙中山等电

（1911 年 12 月 29 日）

沪军都督陈、伍外交总长、孙中山先生、黄元帅、蒋都督、徐总司令、黎元帅、谭都督、马都督均鉴：

密。昨接柏团长称颍州失陷。应请伍外交长与唐使严重交涉，一面请黎元帅、黄大元帅、各都督确定计画，往皖北抵御北虏。已电柏速筹备，并派北伐队于今日出发，先驻庐州。所有庐、寿原有之兵队，非柏不能统率，请黎、黄两元帅电柏兼任皖总司令，俾柏得随时调遣皖军之权，以厚兵力，兼联络。皖垣原有兵队一协，自朱家宝遣散后，又经变故，存者仅二千余人。本日出发之北伐队，计千人，其余千人军械不足，现拟续募购械，陆续出发。惟饷项无着，焦忧万状，虏以全力赴皖，皖省兵力、财力万难自保，务望中央政府暨各都督统筹兼顾，共保大局，是所叩祷。接蒋、谭、马诸都督电，论载画极为周密，至佩。鄙意此时战备，急宜改守为攻，北军貌如蛮横，其实内部空虚，满、袁互忌，北方志士多思反正，迫乎势力，未敢轻动，我军若抵黄河，彼必自溃。如宜用大枝劲旅，分作三路：一、湘鄂赣桂之兵由荆襄进攻宛洛，联络山陕，并接王天纵军械，使攻开封；一、从浙运军，由临淮、徐州进规济南；一、福建之兵会同海军分作两部，一由烟台进攻济南，一先至秦皇岛、大沽口作为疑兵，后由秦皇岛实力追取。以上三策望祈酌核赐教。若分兵防御，备多力分，深恐中设奸谋，必至应接不暇。以后关于军事要电，请改用密本为要。

（《共和关键录》第二编，第 161～162 页）

各省代表会致《民立报》转孙中山电

（1911 年 12 月 29 日）

《民立报》转孙中山先生鉴：

今日十七省代表在南京行选举临时大总统典礼，先生当选，乞即日移驾来宁组织临时政府，并由本会议长汤尔和、副议长王宠惠至沪欢迎，特此奉告。各省代表会叩。蒸。（南京发）

（《民立报》1911 年 12 月 30 日，"南京电报"；又见《申报》1911 年 12 月 30 日，"要闻"）

江浙联军致孙中山电

（1911 年 12 月 29 日）

孙逸仙先生鉴：

本日各省代表会已举定先生为临时大总统，务希速临，以慰军民之望，江浙联军全体公叩。蒸。（南京发）

（《民立报》1911 年 12 月 30 日，"南京电报"）

林述庆、柏文蔚等致各报馆转孙中山电
（1911 年 12 月 29 日）

《民立》、《神州》、《天铎》各报馆转孙中山先生鉴：

临时大总统选举会，先生当选，述庆等所统各军闻风欢忭，士气倍腾，较之克复金陵尤形鼓舞，人心所归，大局可定，谨遣总参谋长黄家濂趋前致贺，并祝民国万岁！临时大总统万岁！述庆、柏文蔚、徐宝山、李竟成叩。灰。（扬州发）

（《民立报》1911 年 12 月 31 日，"祝贺孙大总统电报"；又见《申报》1911 年 12 月 31 日，"公电"）

清江保安公所致各报馆转孙中山电
（1911 年 12 月 29 日）

各报馆转大总统鉴：

公被举，万姓欢慰。清江保安公所。蒸。

（《民立报》1911 年 12 月 31 日，"祝贺孙大总统电报"；又见《申报》1911 年 12 月 31 日，"公电"）

张謇致孙中山电
（1911 年 12 月 29 日）

孙大总统钧鉴：

敬悉先生当选为临时大总统，共和幸福，永奠邦基，谨为民国前途祝。通州各法团代表、总司令长张謇叩。蒸。

（《民立报》1911 年 12 月 31 日，"祝贺孙大总统电报"）

谭延闿致孙中山、陈其美等电

（1911 年 12 月 29 日）

孙大总统、陈都督、伍外交总长、各省都督钧鉴：

　　和议不成，决开战，十二期满，不能接续再停。敝省已饬湘桂联军准备。乞秩老转告唐使，毋更以此愚我，并祈各省都督整顿军队，克日北伐，万不可稍涉迟疑，致堕贼计，以懈军心。湘都督谭延闿叩。蒸。（长沙来电）

　　（《时报》1912 年 1 月 9 日，"来件·南京总统府电信汇纪"）

谭延闿等致孙中山电

（1911 年 12 月 29 日）

孙大总统鉴：

　　闻公当选，万众欢腾。谨为民国前途贺。湘都督谭延闿同湖南全体人民叩。蒸。（湖南来电）

　　（《时报》1912 年 1 月 9 日，"来件·南京总统府电信汇纪"）

Jas Sadler 致孙中山函

（1911 年 12 月 30 日）

孙逸仙阁下：

　　我已经有一段时间想写信给你了。一个朋友问我："你对孙中山感兴趣吧。"我说："我的整个身心都为他祈祷。"

如人家所希望的那样，全能之神一直引导你渡过多年来的艰难和工作。现在荣誉当归功于她对中国的拯救。我在厦门从事传教工作达四十五年，我理解在中国南方的中国人对你所取得的伟大成就的火一般燃烧的热情。

我碰到一个有名的中国人，他路过伦敦，他信仰过基督教。但在巨大的儒家思想影响下，他的地位大大削弱了。本来所有的中国教徒都支持他的。因为他全力致力于行善。非但如此，在数以千计的基督徒心目中，他被视为反基督教者。愿我们的创世主和救世主支持你抵制那些试图削弱你宗教影响的努力。无疑地，中国所有的基督徒都支持你，整个基督教界都会为你殷勤地祈祷。

现在我在英国，如你给我一些你愿意宣传的观点之类的材料在国外散发，我会以能为你效劳而倍感荣幸。

不久前法国、英国报纸报道，你曾讲过，当共和国的旗帜飘扬在北京上空，妇女将有合法身份，其地位将普遍提高。许多个月来，我曾致力于提高中国妇女的素质，现在我正为建一所女子大学与将在中国中部建立的威廉姆爵士大学联系。如果你能给我有关这方面的介绍或其他影响中国妇女利益的东西，将是非常有价值的。热切希望得到赞同的回话。

Jas Sadler 上

（《临时大总统和他的支持者》，第 137～138 页）

卢信、邓慕韩等致孙中山电

（1911 年 12 月 30 日）

孙大总统：

公被举为总统，扫数千年专制之弊，开亿万年共和之治，四海同忻。同盟会广东支部长卢信、邓慕韩等叩。真。（上海来电）

（《时报》1912 年 1 月 9 日，"来件·南京总统府电信汇纪"）

卢信、邓慕韩等致孙中山电

（1911 年 12 月 30 日）

孙大总统转精卫兄鉴：

　　粤人期公甚切，请即回。同盟会广东支部长卢信、邓慕韩等叩。真。

　　　　（《时报》1912 年 1 月 9 日，"来件·南京总统府电信
　　　　汇纪"）

陆荣廷、王芝祥致孙中山电

（1911 年 12 月 30 日）

万急。上海、南京呈孙大总统钧鉴：

　　大总统神州伟人，共和先觉，重光日领袖河山，我四万万同胞复游于黄帝尧舜之天矣。全国欢倾，五营同声恭祝大总统万岁！民国万岁！陆荣廷、王芝祥同叩。真。印。（上海来电）

　　　　（《时报》1912 年 1 月 9 日，"来件·南京总统府电信
　　　　汇纪"）

李道三等致孙中山电

（1911 年 12 月 30 日）

大总统鉴：

　　中华民国万岁！全粤宏仁演说会、机器总会李道三等叩。真。
（广东来电）

　　　　（《时报》1912 年 1 月 9 日，"来件·南京总统府电信
　　　　汇纪"）

陈雅洲致《民立报》转孙中山电

（1911 年 12 月 30 日）

《民立报》转孙逸仙□鉴：

　　本部部员半在粤军，誓死北伐，枕戈待发，望先生如望岁，请速任事，定大计。陈雅洲。真。

　　（《民立报》1911 年 12 月 31 日，"祝贺孙大总统电报"）

徐宝山致《民立报》转孙中山电

（1911 年 12 月 30 日）

《民立报》转大总统鉴：

　　接南京蒸电，敬悉临时政府成立，莫不欢声雷动，咸庆更生，我大总统素富政治思想，一旦为民国代表，从此河山再造，日月重光，我中华民国将为第二之美利坚，我大总统实为第二之华盛顿。宝山等望风遥祝，三呼我中华民国万岁！大总统万岁！江北北伐军军司令正长徐怀礼率全部叩。尤。

　　（《民立报》1911 年 12 月 31 日，"祝贺孙大总统电报"）

徐宝山致《民立报》转孙中山、黄兴等电

（1911 年 12 月 30 日）

《民立报》转孙大总统、黄大元帅、共和各都督、联军各司令长、各参谋长、于右任、李平书、宋渔父诸公及各报馆鉴：

　　得参谋总长华府〔彦〕云归报，中山先生被举大总统，北伐军士不胜欣幸。抑有贡者，尚望统一全国，不使胡虏窃踞，如逆虏

贪位，乞速以兵力从事，勿使迁延，致失时机。江北北伐军正司令长徐宝山。真。叩。（扬州发）

（《民立报》1912 年 1 月 1 日，"扬州电报"）

霍砺铭、李石泉、区泽民等致孙中山电
（1911 年 12 月 30 日）

孙中山大总统鉴：

总统举公，中国幸甚，薄海欢腾，谨电。旅港南邑□商公局何□琴、霍砺铭、李石泉、区泽民、刘鼎初、招雨田、阮荔邨、关仲□、叶懿□□□等叩。真。电。（香港发）

（《民立报》1912 年 1 月 1 日，"恭贺孙大总统电报"）

澳门镜湖医院及华侨全体致孙中山电
（1911 年 12 月 30 日）

孙先生鉴：

举公大总统，钦服，谨贺。澳门镜湖医院暨华侨全体叩。真。（澳门电）

（《民立报》1912 年 1 月 1 日，"恭贺孙大总统电报"）

高孝炜、谢琦等致孙中山电
（1911 年 12 月 30 日）

大总统孙鉴：

黄州府知事高孝炜、黄冈县知事兼扬子江机器油公司发起人谢

琦，同人属官、绅商军学各界公叩贺。真。（黄州府电）

（《民立报》1912 年 1 月 1 日，"恭贺孙大总统电报"）

孙毓筠致陈其美转孙中山电
（1911 年 12 月 30 日）

陈都督转呈大总统钧鉴：

接代表电，大总统已经举定，中华有主，万众欢忭，黄帝以来无此极盛，本日开全体大会，谨祝大总统万岁！中华民国万岁！皖军都督孙毓筠叩。真。（安庆电）

（《民立报》1912 年 1 月 1 日，"恭贺孙大总统电报"）

吴云、崔法、袁文运等致《民立报》转孙中山电
（1911 年 12 月 30 日）

《民立报》转呈中华民国大总统孙钧鉴：

电悉，各代表公举中山先生为大总统，中华民国万岁。皖芜议会吴云、崔法、袁文运等叩贺。真。（芜湖电）

（《民立报》1912 年 1 月 1 日，"恭贺孙大总统电报"）

姚雨平致《民立报》转孙中山电
（1911 年 12 月 30 日）

《民立报》转孙大总统鉴：

公任总统，万众欢呼，虏骑南侵，议和难信，望迅来宁，统一联军，大举北上。请预示来期，俾列队道左恭迎旌节。粤北伐军司

令姚雨平叩。真。（南京电）

（《民立报》1912年1月1日，"恭贺孙大总统电报"）

姚纪衡等致陈其美转孙中山电
（1911年12月30日）

沪军都督陈转大总统孙鉴：

公任元首，民国攸赖。高邮州民政长姚纪衡同各界全体叩祝。真。（高邮州电）

（《民立报》1912年1月1日，"恭贺孙大总统电报"）

秦毓鎏致陈其美转孙中山电
（1911年12月30日）

陈都督转孙大总统鉴：

闻公当选，欢忻无量，祝公万岁！中华民国万岁！伏乞即日赴宁，组织大纲，以维大局，幸甚。锡金军政分府秦毓鎏叩。真。印。（无锡电）

（《民立报》1912年1月1日，"恭贺孙大总统电报"）

苏州水陆军界全体致陈其美转孙中山电
（1911年12月30日）

沪军陈都督转孙中山第一大总统钧鉴：

闻公推戴元首，凡我汉族无任欢欣，四千年日月重光，亿万兆人民幸福，河山依旧，气象更新，虽泰西之华盛顿，奚以加焉。惟共和之议未成，燕京之地未复，我公雄才伟略，当必有善策，以靖横流。兹特谨贡悦服之表，欢迎之意，乞赐英察。苏州水陆军界全体公叩。真。（苏州电）

（《民立报》1912 年 1 月 1 日，"恭贺孙大总统电报"）

驻宁沪军先锋队同盟会员致《民立报》
转孙中山电
（1911 年 12 月 30 日载）

《民立报》转中山先生鉴：

今晚旅沪同盟本部开欢迎大会于惠中旅馆，因时间太促，不及赴会，特拍电相迎。驻宁沪军先锋队同盟会员全体叩。（南京发）

（《民立报》1911 年 12 月 30 日，"南京电报"）

许崇智、贺贵春、杜持致陈其美转孙中山电
（1911 年 12 月 30 日载）

陈都督转孙中山先生：

闻先生提倡共和主义，奔驰海外，备尝险阻艰难，二十年来始终如一，以致汉族始有今日，思之涕零。兹闻台驾返沪，闽中将士极表欢迎，但惜未能躬亲沪上，即此次议和，乞先生与伍先生一力主持民主，如有委任，无论如何困难，必整军效命也。闽都督司令部总长许崖［崇］智、陆军第一协统领贺贵春、第二协统领杜持叩。

（《民立报》1911 年 12 月 30 日，"福建电报"）

浙议会致《民立报》转孙中山电

（1911 年 12 月 30 日载）

《民立报》转孙中山先生：

公归国，浙□欢跃，祝中华民国万岁！先生万岁！浙议会。（自杭州发）

（《民立报》1911 年 12 月 30 日，"杭州电报"）

松江同盟会致《民立报》转孙中山电

（1911 年 12 月 30 日载）

《民立报》转孙中山先生鉴：

闻公到沪，欢欣无极，共和成立，全赖先生，万望努力。松江同盟会公叩。（自松江发）

（《民立报》1911 年 12 月 30 日，"松江电报"）

伍廷芳致孙中山、黎元洪等电

（1911 年 12 月 31 日）①

孙大总统、武昌黎元帅、南京黄元帅、各省都督、各军总司令、南京代表团公鉴：

顷接滦州来电云：陆军第四十混成协现驻滦州海洋镇、秦皇岛等处，为主张共和政体，全体官兵甚表同情，业已于初十日晚电请

---

① 《共和关键录》原标为"一月十三日"，系"十一月十三日"之误。——编者

清政府，要求共和政体，已有电至贵处，至今未蒙电复。并请电达清政府及各省都督，敝军参入民军之列，请讲和、开战一切速先示知，参谋部派员赶速来滦，以资补助外交、内政等事。施从云等叩。仁。印。等因。特此奉达。伍廷芳叩。文。印。

（《共和关键录》第二编，第 180 页）

江苏水、陆军致《民立报》转孙中山、黄兴电
（1911 年 12 月 31 日）

民立报馆转大总统孙、元帅黄鉴：苏城自程都督光复，军民怀德畏威，帖然安堵，前闻都督有病愈莅苏之信，饮食必祝，望眼将穿，乃忽传代理有人，合城皇皇，如婴儿之失慈母。苏城人心初定，款绌兵单，程都督威信素孚，前者视师移节，宵小乘机窃发，时有所闻，若遽引疾受代，东南半壁，冰泮瓦解，大局之危，不可终日，兹特为民请命，情急事迫，乞我总统、元帅力劝程都督俯践前诺，力疾还吴，以系人心，以支危局。祷切，并盼复示。苏水陆军全体同叩。文。（自苏州发）

（《民立报》1912 年 1 月 1 日，"苏州电报"）

徐宝山致《民立报》转孙中山、黄兴等电
（1911 年 12 月 31 日）

《民立报》转孙大总统、黄大元帅暨各报馆鉴：

宝山武夫也，主速进而不主缓需；宝山国民也，主民主而不主君主。然当虏廷未屋，清酋犹拥之时，而犹驻师淮上，逗留不前者，一以议和停战，未便率兵进攻，致违公约；二以总统未举，统辖无人。惟扬为长江重镇，未敢擅离我守；三以战凶事，兵祸基，

自古有识者，非至至急之秋，必不肯轻试其锋。宝山勒兵淮水，暂缓北伐，盖有待而然也。今总统既已举定中山先生，经略全局，自有伟筹。宝山惟有统率旧部及长江健儿飞驰河洛，直捣燕冀，誓非恢复神州，歼除满清，不敢作停战策画。倘有偷安小子，无耻汉奸，甘媚异族，不审民主共和，阴主君主立宪者，宝山惟有立率江淮英杰，共申忘本之罪，渧灭败类，无怪宝山鲜爱护同胞之谊也。北伐正司令徐宝山。文。（扬州发）

（《民立报》1912 年 1 月 1 日，"扬州电报"）

致公堂慈善团致孙中山电
（1911 年 12 月 31 日）

孙大总统鉴：

闻公被选为中华大总统，阖境华侨欢极，庆国得人，齐祝万岁，款继发。文。致公堂慈善团。文。

（《民立报》1912 年 1 月 1 日，"恭贺孙大总统电报"；又见《申报》1912 年 1 月 2 日，"公电"）

黄商瑚等致孙中山电
（1911 年 12 月 31 日）

孙公逸仙喜鉴：

公膺总统，中华幸福，侨旅欢忭，恭祝民国万岁。金山阳和会馆董事黄商瑚暨全体等贺。文。（美国旧金山电）

（《民立报》1912 年 1 月 1 日，"恭贺孙大总统电报"）

李世璋致孙中山电

（1911 年 12 月 31 日）

孙公鉴：

公任总统，薄海称庆，组织前途，民国万岁。温埠筹军债局董李世璋。文。

（《民立报》1912 年 1 月 1 日，"恭贺孙大总统电报"）

致公堂《大汉报》致孙中山电

（1911 年 12 月 31 日）

孙大总统：

闻公获中华民国第一任总统，同人欢贺。致公堂《大汉报》。文。

（《民立报》1912 年 1 月 1 日，"恭贺孙大总统电报"）

霹雳华侨致《民立报》转孙中山电

（1911 年 12 月 31 日）

《民立报》转呈孙总统鉴：

举公总统，国民之福，侨胞欢呼，敬此电贺。霹雳华侨等叩。文。（南洋霹雳埠电）

（《民立报》1912 年 1 月 1 日，"恭贺孙大总统电报"）

李玉昆、刘杰等致孙中山、黄兴等电

（1911 年 12 月 31 日）

孙大总统，黄元帅，程、汤、陈三都督及伍、张诸公与各报馆均鉴：

闻程雪老病仍未瘳，有推庄思缄代理都督之说，查庄思缄对于民军未有表见，遽代都督，全体诧异。革命动作，专重武力，都督与军人有心臂相联之势，吾等以血肉所成共和，不能听任少数人之意见，事关紧切，用特电恳维持，以安众心，而全大局。宁军第二师团代表，第三、第四旅团长李玉昆、刘杰，第五、第六联队长谢时、柳天鼎叩。文。

（《民立报》1912 年 1 月 2 日，"南京电报"）

江阴军政分府职员暨军界全体致
《民立报》转孙中山电

（1911 年 12 月 31 日）

民立报馆转呈孙大总统鉴：

众望归公，国民有主，无任欢庆。江阴军政分府职员暨军界全体叩贺。文。（江阴电）

（《民立报》1912 年 1 月 2 日，"恭贺孙大总统电报"）

宜兴军司令长、民政长致《民立报》
转孙中山电

（1911 年 12 月 31 日）

《民立报》转孙大总统鉴：

谨悉公举总统，为中华民国第一幸福，谨骧忭电祝民国万岁！总统万岁！宜兴军司令长、民政长暨合县人民联叩。侵。（宜兴电）

（《民立报》1912年1月2日，"恭贺孙大总统电报"）

马毓宝致孙中山及各都督电
（1911年12月31日）

临时大总统孙暨各都督钧鉴：

汉奸李瑞齐不法情形前经通告各省，谅邀台鉴，嗣准黎副元帅电饬解鄂讯办，时值毓宝赴赣，匆促未克解往。兹于蒸日请示办法，旋即复电，称前此战事失利，皆由张彪将我情实尽贡敌人，使其均操胜算，而张彪之所以昧于大义，不克幡然来归，而甘为彼族向导者，皆瑞齐一人作成，乞即行就地正法，除电复并布告外，谨此奉闻。毓宝。侵。（南昌电）

（《民立报》1912年1月2日，"沪军政府电报"）

孙毓筠致孙中山电
（1911年12月31日）

孙大总统鉴：

中华民国壬子年时宪书，会由维持皖省统一机关处于月之删四日电请中央政府刊定颁行。理在腊已将近，我公履位之初，必使天下共见汉家正朔，何况此举最足惹起愚民之倾向，务速刊成多本，飞布全国。毓筠叩。文。

（《时报》1912年1月9日，"来件·南京总统府电信汇纪"）

孙毓筠致孙中山等电

（1911 年 12 月 31 日）

大总统、各省都督钧鉴：

临时政府参议院，皖省派定参议员张继、范光启、固升，参议本部派参谋员赵丹。谨陈。孙毓筠。文。

（《时报》1912 年 1 月 9 日，"来件·南京总统府电信汇纪"）

陈炯明致孙中山电

（1911 年 12 月 31 日）

孙大总统鉴：

沪电政总局电各局称：中华民国改用阳历，以黄帝纪元四千六百九年十一月十三日为中华民国元年。希速宣布各局号数及册款均结至本日为止。云云。此间未奉明文，是否属实，即刻电复，以便宣布。粤都督陈炯［明］。文。

（《时报》1912 年 1 月 9 日，"来件·南京总统府电信汇纪"）

吴祥达致孙中山电

（1911 年 12 月 31 日）

中华民国大总统孙钧鉴：

全国公举，实万国公认。五千年盛会，今日躬逢，海内军民同深鼓舞。□［祥］达于文日璋同军民庆祝万万岁，敬上贺词，藉

伸学慕。广东南韶连镇吴祥达叩。文。（广西电）

> （《民立报》1912 年 1 月 9 日，"贺电"；又见《时
> 报》1912 年 1 月 9 日，"来件·南京总统府电信汇纪"）

陈剑虹致孙中山电
（1911 年 12 月 31 日）

中央政府孙中山先生鉴：

接海电，欣悉公被举为大总统，共和伟极，得公底柱，除虏兴汉，大放光明。虹未能执鞭，孺仰曷极。谨此电贺。粤三水县陈剑虹叩。锡。（广东电）

> （《民立报》1912 年 1 月 9 日，"贺电"；又见《时
> 报》1912 年 1 月 9 日，"来件·南京总统府电信汇纪"）

张集林、王冠英等致孙中山电
（1911 年 12 月 31 日）

民国大总统孙鉴：

北伐广东桂军司令张集林、统领王冠英，率各将士恭贺总统万岁！震。印。（广东来电）

> （《时报》1912 年 1 月 9 日，"来件·南京总统府电信
> 汇纪"）

澳门孔教会致孙中山电
（1911 年 12 月 31 日）

孙总统鉴：

公任总统，举国同庆，谨贡。澳门孔教会全体叩。文。（香港电）

（《民立报》1912年1月3日，"恭贺孙大总统电报"）

杨时杰、马伯援、居正致孙中山电
（1911年12月31日载）

孙中山先生钧鉴：

本日选定先生为临时大总统，请速莅宁，调遣援鄂军队，以解武昌之危，祷切盼切。湖北代表杨时杰、马伯援、居正同叩。彝[?]。

（《民立报》1911年12月31日，"南京电报"）

庇能侨民致孙中山电
（1911年12月31日载）

孙先生荣膺大总统，本埠侨民停市一天志贺。庇能侨民全体叩。（自南洋庇能埠发）

（《民立报》1911年12月31日，"祝贺孙大总统电报"）

李是男等致《民立报》转孙中山电
（1911年12月31日载）

《民立报》转孙大总统：

贺喜。是男、杰亭、伯□□（旧金山发）

（《民立报》1911年12月31日，"祝贺孙大总统电报"）

美洲大埠同盟总会致《民立报》转孙中山电

（1911 年 12 月 31 日载）

《民立报》转孙公中山鉴：

公为总统，国民有庆。美洲大埠同盟总会。（旧金山发）

（《民立报》1911 年 12 月 31 日，"祝贺孙大总统电报"）

旧金山国民会致《民立报》转孙中山电

（1911 年 12 月 31 日载）

《民立报》转孙公鉴：

公为总统，同胞之福。旧金山国民会。（旧金山发）

（《民立报》1911 年 12 月 31 日，"祝贺孙大总统电报"）

葛仑同盟会致《民立报》转孙中山电

（1911 年 12 月 31 日载）

《民立报》转孙公鉴：

公为总统，尽人欢忭。葛仑同盟会。（旧金山发）

（《民立报》1911 年 12 月 31 日，"祝贺孙大总统电报"）

刘冠辰、郑超群致孙中山及《民立报》电

（1911 年 12 月 31 日载）

孙逸仙及《民立报》：

大祝贺。少年中国刘冠辰、郑超群。（旧金山发）

（《民立报》1911 年 12 月 31 日，"祝贺孙大总统电报"）

旅港□会商务公所全体董事致孙中山电
（1911 年 12 月 31 日载）

孙中山先生鉴：

喜闻公选先生为大总统，从此山河光复，专制脱离，民国前途，主持有赖。旅港□会商务公所全体董事恭祝。（自香港发）

（《民立报》1911 年 12 月 31 日，"祝贺孙大总统电报"）

车苹轩等致孙中山电
（1911 年 12 月 31 日载）

孙先生鉴：

公举先生为大总统，中外悦服。万岁。旅港番禺工商公所车苹轩、陈绰卿、黄萌初、朱瑞堂、黄与闻、黄季熙、梁竹园等叩。（自香港发）

（《民立报》1911 年 12 月 31 日，"祝贺孙大总统电报"）

旅港银业行致孙中山电
（1911 年 12 月 31 日载）

孙大总统鉴：

邦旧命新，公实缔造，总统获举，中外翕然，速荡寇氛，宏兹远略，谊关桑梓，良用忻愉。旅港银业行公颂。（自香港发）

（《民立报》1911 年 12 月 31 日，"祝贺孙大总统电报"）

吴振黄致《民立报》转孙中山电
（1911 年 12 月 31 日载）

《民立报》转孙中山先生鉴：

先生归国矣，万众拍掌，欢呼之声，随大江潮流东下，先生其闻之乎。皖芜军政分府吴振黄叩。（自芜湖发）

（《民立报》1911 年 12 月 31 日，"祝贺孙大总统电报"）

福建商业研究所致《民立报》转孙中山电
（1911 年 12 月 31 日载）

《民立报》转送孙大总统鉴：

云霓慰望，寰海讴歌。闽商业研究所全体庆祝。

（《民立报》1911 年 12 月 31 日，"祝贺孙大总统电报"）

《共和宁报》致《民立报》转孙中山电
（1911 年 12 月 31 日载）

《民立报》转孙中山先生鉴：

先生为共和母，敝报组织伊始，驰电欢迎，先生万岁！民国万岁！《共和宁报》同人叩。（南京发）

（《民立报》1911 年 12 月 31 日，"祝贺孙大总统电报"）

顾松庆、王锡荣致《民立报》转孙中山电
（1911 年 12 月 31 日载）

《民立报》转孙大总统鉴：

我华□国，天与人归，恭贺中华民国万岁！总统万岁！杭总商会总理顾松庆、王锡荣叩。（杭州发）

（《民立报》1911 年 12 月 31 日，"祝贺孙大总统电报"）

浙议会致《民立报》转孙中山电
（1911 年 12 月 31 日载）

《民立报》转孙大总统：

一人有庆，兆民赖之，恭祝中华民国万岁！总统万岁！浙议会。（自杭州发）

（《民立报》1911 年 12 月 31 日，"祝贺孙大总统电报"）

潘祖谦致《民立报》转孙中山、黄兴等电
（1912 年 1 月 1 日）

《民立报》转孙大总统、黄元帅、程都督钧鉴：

苏省光复，最为完善，自都督移节江宁，宵小乘机窃发，近日风声益紧，合城皇皇，大局危迫，达于极点。祖谦为民请命，务求速予维持，祷切盼切。丰备仓董潘祖谦叩。元。（苏州电）

（《民立报》1912 年 1 月 3 日，"苏州电报"）

李坚等致《民立报》转孙中山、黄兴等电
（1912 年 1 月 1 日）

民立报馆转呈大总统暨黄大元帅、黎副元帅钧鉴：

昨奉到中华民国正朔，扬州全境敬祝共和政体万岁！大总

统、大元帅、副元帅万岁！中华民国水陆军万岁！中华民国同胞万岁！举行祝典，万众欢呼，但满清秕政，犹有余腥，我中华民军方秣马厉兵，静听命令，此正危急之秋，进取之时，诚刻刻不能忘武备也。但谋武非人才不兴，我扬州军政分府徐宝山自扬遭孙天生之乱，公举代表渡江，推为领袖，光复邦地，嗣光复江浦，不特军声所至，如摧枯拉朽，其爱同胞也挚，其束军士也严，邦军所至，妇孺欢呼，有时雨兴师之慨。加以光复之地，凡一切财政咸清查备册，静候民国政府成立，以裕饷源。自九月十八日以来之饷，毁家为倡，同志乐输，竭蹶图功，昭昭在人耳目。昨北伐之师，前队已经出发，取道清江以遏张贼南犯，不日将亲率六师相几北伐。至所遗军政分府，邦人为生命财产起见，公同会议，已经举定徐君之胞弟宝珍担任接授，庶几萧规曹守，人民咸庆更生。方拟宣布，适逢我中华民军政府成立，我大总统独任时艰，出同胞于水火，用特于举行祝典之后，谨布私衷，伏乞俯顺舆情，准予徐宝珍为扬州军政分府，庶几万众一心，人皆乐业。特此上告，伏乞大总统、大元帅、副元帅裁夺施行，不胜屏营待命之至。扬州民政长李坚暨临时议会各界全体公叩。元。（扬州发）

（《民立报》1912年1月3日，"扬州电报"）

泗水华侨致孙中山电
（1912年1月1日）

转南京大领〔总〕统孙：

　　民国首功，中华万岁！泗水全体华侨祝。元

（《民立报》1912年1月9日，"贺电"；又见《时报》1912年1月9日，"来件·南京总统府电信汇纪"）

伍廷芳致孙中山、黎元洪等电
（1912 年 1 月 1 日）

顷唐使送来袁内阁电报三件如左：廷阅电后即回告唐使，顷接黎元帅文电，尚商量和议条款，决无先开战端之事。而唐使坚以袁内阁来电为言，廷意谁先开战不难立查，而现在议和进行大有解决之望，战事决不宜轻启，已与唐使订定：一面由唐使电告袁内阁停战，一面由廷电请诸公速申停战命令。惟两方同时发电，到有迟速，恐有参差，故复嘱上海英总领代发无线电报至汉口英总领，请其速向两方代传停战，以期息战事而续和议。特此电闻。廷芳。元。

（《共和关键录》第二编，第 36 页）

谢缵泰致孙中山函
（1912 年 1 月 1 日）

尊敬的孙：

这里我给你介绍我的弟弟谢子修，他在 1902 年为中国反对满族统治者的独立运动中出了力。李北先生为运动筹集了资金。

如果我们见面，我将告诉你那次我们力图攻占广州并准备宣布成立共和国的所有情况。

我正等待你的介绍信，所以请直接给我发电报，或者通过我兄弟转告你的决定。

陈少白（Chan Shiu Npok）告诉我，他几天后要去上海。

你收到我 12 月 31 日的电报吗？衷心祝贺你荣任第一届大总统，愿新生的中华民国繁荣富强。

谢缵泰 谨志

附：我刚刚收到我朋友容闳的来信，我装入了一份他来信的副本给你做参考。

我郑重建议你发电报请他回国，他能在制定宪法时给你最大的帮助。

我也郑重建议你设法争取到美国民主党领袖 Jennings Bryan 先生的帮助。

我认识他，如果你愿意的话，我可以写信给他。

（《临时大总统和他的支持者》，第 20 页）

李提摩太致孙中山函
（1912 年 1 月 1 日）

阁下：

首在伦敦，其次在日本，现在上海，上帝的信念将我们带到一起。尽管我们的方法不同，但目的是一个——拯救中国。

祝贺你当选为总统——这是你的祖国赋予你的荣耀。

这使你能够开始重建的工作。愿它真正成为充满众所周知的崇高品质的地上的天国。它将以纯洁、正直的政府成为全世界的样板和所有国家之联盟的中心。

诚致

良好祝愿

李提摩太　谨志

（《临时大总统和他的支持者》，第 135 页）

格林姆里致孙中山函
（1912 年 1 月 1 日）

中华民国总统阁下：

从报纸上得知阁下当选为中华民国第一任总统，请允许我对阁下荣任此职表示祝贺。我正在收集名人的笔迹，阁下可否给我写几个字呢？切望能满足我的要求。

祝新年快乐，恭喜发财。

收款员格林姆里（O·P. Grimley）　谨上

（《海外友人致孙中山信札选》（一），《民国档案》2003 年第 1 期）

黎元洪致孙中山等电
（1912 年 1 月 1 日）

大总统、各省都督、各军政分府并代表团诸公均鉴：

伍公与唐使屡次会议，所议各条极为周到。但事体过大，间不容发，万不可不格外严密，以防万一之败。兹略述管见如左（下）：（一）会场宜仍设上海，万不可移于他处；（二）会期宜速，万不可多延时日；（三）民国代表宜选的确抱共和宗旨者，万不可失人；（四）此会事关特别，宜用记名投票法，并将省分注明，以防流弊。余则乞诸公妥为筹画，以免疏漏。民国幸甚。元洪。元。（武昌电）

（《民立报》1912 年 1 月 2 日，"沪军政府电报"；又见《申报》1912 年 1 月 2 日，"公电"；《时报》1912 年 1 月 9 日，"来件·南京总统府电信汇纪"）

蒋雁行致孙中山、黄兴等电
（1912 年 1 月 1 日）

南京孙大总统、黄元帅、武昌黎元帅、各省都督、各军司令长、各军政分府公鉴：

庆贺元旦新禧。江北都督蒋雁行。元。叩。

（《申报》1912 年 1 月 3 日，"公电"；又见《时报》1912 年 1 月 9 日，"来件·南京总统府电信汇纪"）

华侨书报社致《民立报》转孙中山电
（1912 年 1 月 1 日）

《民立报》转孙总统：

民主出，苍生安，祝共和，庆无疆。恭贺孙大总统万岁。巴城老巴设华侨书报社全体叩。元。（南洋巴城电）

（《民立报》1912 年 1 月 3 日，"恭贺孙大总统电报"）

吴振黄致《民立报》转孙中山电
（1912 年 1 月 1 日）

民立报馆转孙大总统陛下：

今日为我民国纪元元日，振黄率芜埠各界同胞对扬子江下游三呼万岁，九鞠躬，同伸庆贺。皖芜军政分府吴振黄叩。元。（芜湖电）

（《民立报》1912 年 1 月 3 日，"恭贺孙大总统电报"）

扬州仙镇自治所廿乡联合会致
《民立报》转孙中山电
（1912 年 1 月 1 日）

《民立报》转大总统钧鉴：

天诞伟人，肇造区夏，旧邦新命，永绥万民。扬州仙镇自治所廿乡联合会公祝。元。（仙女镇电）

（《民立报》1912 年 1 月 3 日，"恭贺孙大总统电报"）

徐宝山致孙中山电
（1912 年 1 月 1 日）

上海送呈孙中山先生钧鉴：

公膺民国大总统任，宝山全军欢腾。本拟亲至沪上护公莅宁，特以灌扬为江南重镇，未敢擅离职守，故特派一等顾问官彭昌福、总务长韩照来沪欢迎，略表宝山微忱，并请公速临南京建设民国政府，俾同胞有所瞻仰，大局幸甚。宝山勒兵淮上，淊灭胡酋，诸惟公命是听。徐宝山。元。叩。（扬州来电）

（《时报》1912 年 1 月 9 日，"来件·南京总统府电信汇纪"）

徐宝山致孙中山电
（1912 年 1 月 1 日）

大总统钧鉴：

大总统莅宁就位，全国欢腾，由此事权可期统一。惟各军队标号，有改用日本名称，有仍用镇协字样，服制饷费亦未厘定。催请公发定式，全国一致，令可遵循。江北北伐军正司令长徐宝山叩。元。（扬州来电）

（《时报》1912 年 1 月 9 日，"来件·南京总统府电信汇纪"）

中华民国学生军团致孙中山电

（1912 年 1 月 1 日）

大总统鉴：

　　共和底定，全国欢腾。元旦十始，物我一新。特派代表祝贺，并陈一切。中华民国学生军团。东。（上海来电）

　　　　（《时报》1912 年 1 月 9 日，"来件·南京总统府电信汇纪"）

马毓宝致孙中山电

（1912 年 1 月 1 日）

中华民国大总统鉴：

　　接沪电，敬悉大总统十三日早莅宁。大功告成，中华复旦。拔离苦恼，众生仰我佛之威灵；洗涤腥膻，汉族脱满奴之羁绊。天命所归，民心所向。上继唐尧虞舜揖让之风，旁效法国美洲共和之制。一尊既定，万岁同呼。谨奉真杯，藉申贺悃。行辕赣都督毓宝叩。元。（江西电）

　　　　（《民立报》1912 年 1 月 9 日，"贺电"；又见《时报》1912 年 1 月 9 日，"来件·南京总统府电信汇纪"）

□明致孙中山电

（1912 年 1 月 1 日）①

南京大总统鉴：

---

　　①　发电人不清。——编者

民国得主，亿兆欢腾，敬颂元旦大喜。□明。元旦。印。（急电）

（《时报》1912 年 1 月 9 日，"来件·南京总统府电信汇纪"）

邝人瑞等致孙中山电
（1912 年 1 月 1 日载）

孙逸仙鉴：

公膺总统，侨民欢忭，恭祝中华民国万岁。金山中华会馆邝人瑞、□炳棻、李宝湛、黄商瑚、胡祝祥、唐瑞年、麦超英、炳英暨全体华侨等贺。叩。

（《民立报》1912 年 1 月 1 日，"恭贺孙大总统电报"）

黄三德等致孙中山电
（1912 年 1 月 1 日载）

孙大总统鉴：

公为总统，中外庆得人。三德、杰亭、鞠可等叩。

（《民立报》1912 年 1 月 1 日，"恭贺孙大总统电报"）

美洲同盟支部芸苏等致《民立报》
转孙中山电
（1912 年 1 月 1 日载）

《民立报》转孙总统鉴：

公总统中华，普天同庆。美洲同盟支部芸苏等。

（《民立报》1912 年 1 月 1 日，"恭贺孙大总统电报"）

欧阳琴轩致《民立报》、孙中山电
（1912 年 1 月 1 日载）

《民立报》及孙公鉴：

公总统民国，人民幸福。欧阳琴轩。（美国旧金山电）

（《民立报》1912 年 1 月 1 日，"恭贺孙大总统电报"）

致《民立报》转孙中山电
（1912 年 1 月 1 日载）

《民立报》转孙中山：

公任总统，吾侨欣慰，并祝民国万岁。中华叩。（美洲萨克满多电）

（《民立报》1912 年 1 月 1 日，"恭贺孙大总统电报"）

少年中国会致《民立报》转孙中山电
（1912 年 1 月 1 日载）

《民立报》转南京政府孙公鉴：

当选总统得人，欢祝中华民国万岁。少年中国会贺。（澳洲墨尔本电）

（《民立报》1912 年 1 月 1 日，"恭贺孙大总统电报"）

致公堂致孙中山电

（1912 年 1 月 1 日载）

孙大总统鉴：

公任总统，洪门之光。致公堂。（加利福尼亚电）

（《民立报》1912 年 1 月 1 日，"恭贺孙大总统电报"）

中国同盟会致孙中山电

（1912 年 1 月 1 日载）

孙大总统鉴：

贺公总统，民国万岁。中国同盟会。（加利福尼亚电）

（《民立报》1912 年 1 月 1 日，"恭贺孙大总统电报"）

旅智利侨民致孙中山电

（1912 年 1 月 1 日载）

孙大总统万岁！中华民国万岁！旅智利侨民公叩。（自伊圭瓜发）

（《民立报》1912 年 1 月 1 日，"恭贺孙大总统电报"）

檀香山西罗埠致孙中山电

（1912 年 1 月 1 日载）

《民立报》转孙大总统：

恭祝中华民国万岁。（自檀香山西罗埠发）

（《民立报》1912 年 1 月 1 日，"恭贺孙大总统电报"）

郑汉淇等致孙中山电
（1912 年 1 月 1 日载）

孙先生鉴：

公总统中华共和国，众极欢贺。小吕宋同盟会郑汉淇等叩。（自小吕宋发）

（《民立报》1912 年 1 月 1 日，"恭贺孙大总统电报"）

马应彪、林护、欧彬致孙中山电
（1912 年 1 月 1 日载）

孙大总统鉴：

□领民国，中外同钦，谨表贺忱。马应彪、林护、欧彬叩。（香港发）

（《民立报》1912 年 1 月 1 日，"恭贺孙大总统电报"）

翟尧阶致孙中山电
（1912 年 1 月 1 日载）

中山大总统万岁！港翟尧阶贺。（香港发）

（《民立报》1912 年 1 月 1 日，"恭贺孙大总统电报"）

陈席儒、陈赓儒等致孙中山电
（1912 年 1 月 1 日载）

孙中山先生鉴：

　　先生被举为中华民国大总统，万众欢呼，同心推戴。先生二十年革命大志，今庆功成。民国前途定臻发达，旋乾转坤，惟先生是赖，美之华盛顿先生可以当之。谨申贺悃，无任神驰。旅港香山商民陈席儒、陈赓儒等同叩。

　　（《民立报》1912 年 1 月 1 日，"恭贺孙大总统电报"）

卢怡若致孙中山电
（1912 年 1 月 1 日载）

中山孙先生鉴：

　　先生被举为中华民国大总统，同胞受福，中外欢呼，谨申贺。中国同盟会澳门主盟人卢怡若同叩。

　　（《民立报》1912 年 1 月 1 日，"恭贺孙大总统电报"）

瑞祥等致《民立报》转孙中山电
（1912 年 1 月 1 日载）

《民立报》转孙总统鉴：

　　接沪电悉，政□成立，君任总统，□□得人，共和民国万岁！总统万岁！日里同人瑞祥等欢祝。（南洋日里电）

　　（《民立报》1912 年 1 月 1 日，"恭贺孙大总统电报"）

译书文明阁同志致《民立报》转孙中山电

（1912 年 1 月 1 日载）

《民立报》转孙大总统鉴：

公任总统，全国有赖。译书文明阁同志叩。

（《民立报》1912 年 1 月 1 日，"恭贺孙大总统电报"）

王传炯及各团体致《民立报》转孙中山电

（1912 年 1 月 1 日载）

《民立报》转孙中山先生鉴：

闻公为大总统，民国悉赖主持，万众额手欢呼。烟台军政府王传炯暨各团体叩。

（《民立报》1912 年 1 月 1 日，"恭贺孙大总统电报"）

王和顺等致军政府转孙中山电

（1912 年 1 月 1 日载）

军政府转孙文先生：

公任总统，中华有赖，万众庆幸，谨以电贺。王和顺率全体部下叩。（广州电）

（《民立报》1912 年 1 月 1 日，"恭贺孙大总统电报"）

漳州参议会致《民立报》转孙中山电

（1912 年 1 月 1 日载）

《民立报》转孙大总统鉴：

国民幸福，总统得人。漳州参议会公祝。（漳州府电）

（《民立报》1912 年 1 月 1 日，"恭贺孙大总统电报"）

嘉兴同盟会员致《民立报》转孙中山电
（1912 年 1 月 1 日载）

《民立报》转孙大总统鉴：

公首倡共和，中外仰望，今为民国代表，自此外交、内政进步日昭，无任欢祝。嘉兴同盟会员全体公叩。（嘉兴电）

（《民立报》1912 年 1 月 1 日，"恭贺孙大总统电报"）

容闳致孙中山函
（1912 年 1 月 2 日）

阁下：

今你已是共和国总统，具有制定自己的政策尔后提交内阁作最终决定之神圣权力。你面临之关键是：一文共和国军队的问题。

首则英吉利，次则日、俄、法、德，此类除美国之外的掠夺性国家，皆若兀鹰眈眈相视，预备破坏共和，我们知道，这些国家无一是完全对共和国友善者。

为安全计，有关共和国军队应具之规模，军事开支应有之金额，荷马·里先生无疑是最佳建议者。

再者，我建议你挑选有经验的能干的美国人以纯咨询之资格担任我各内阁成员及部门首脑的助手或顾问。

至于资金——美国是最宜寻求外国贷款之地。有关建立一个贷款方式之事，我以为大多数纽约银行家及保险公司的意向是发行或部分发行中华民国公债，宁可违反关税，也要尽可能以一个相对低的利率。

吾子容觐槐，你在纽约见过他，他在纽约国际金融机构有朋友和熟人，比如 J·P 摩根公司，Kuhn loeb 公司以及国家城市银行等。现在事态已向有益于共和国方向发展，他们应毫不犹豫地签订一个有利于共和国的贷款，他们完全能这样做。

吾子是一热烈的共和主义者，窃以为如给其机会，定能为共和国效力。

若你见信后明了此事之可能性，恳望明确电告你希望在纽约贷款之数目，你能支付的利息及能提供之担保，我自会令这年轻人去做。

自你到纽约后，我身体大有好转，当时未能去见你极是遗憾，我很高兴有荷马·里先生陪伴你。

诚挚地祝贺你！我为能活到看到你当选中华民国第一任总统之日而欣喜！

祝你健康！

容闳　谨志

（《临时大总统和他的支持者》，第 14～15 页）

容觐槐致孙中山函
（1912 年 1 月 2 日）

1912 年 1 月 2 日

阁下：

谨让我随众声祝贺您，并愿以任何资格在此或回国为共和国效力。我的履历如下：

容闳之子，耶鲁大学 1902 班毕业生，机械工程师。拥有制造业管理之十年实践经验。32 岁，未婚。在纽约银行家中有一些关系。曾在纽约国民志愿军机动地面部队 1 班 A 中队服役三年——

愿意在军队里服务。

希望为您效劳

容觐槐

（《临时大总统和他的支持者》，第 16 页）

伍廷芳致孙中山、黎元洪及各省都督电
（1912 年 1 月 2 日）

十二日武汉两军因彼此误会致开战端，几令和局决裂。现与唐代表议定，由两方面同时通告各军队，嗣后须得有廷处来电述和议决裂、战事重开，始可发令开战，否则，纵使一方先开战端，此方只宜一面抵御，一面电致廷电以便交涉。和局幸甚，特此电闻。伍廷芳。盐。

（《共和关键录》第二编，第 149 页）

谭延闿致伍廷芳、孙中山等电
（1912 年 1 月 2 日）

外交总长伍、孙大总统、黄大元帅、黎都督钧鉴：

湘桂联军及黎都督先后电告，屡言严守停战约束，昭信中外。惟敌军当溃败劫掠之余，无复纪律，无端寻衅，破大局事必有之，且袁氏狡谲，满廷号令不一，肆意妄为，亦所不免。乞严与唐使交涉。如谈判决裂，此后请勿再与列议，免使文明民军旷日持久，不能收一举荡平满虏之功，早向共和之幸福。又，南京代表既到十七省，此后纵召集国民会议，满廷不得再派此十七省之人，名额亦必按省平均，不得畸异。愚见乞赐裁纳。叩。寒。印。

（《共和关键录》第二编，第 162～163 页）

陈杭致各报馆转孙中山电

（1912 年 1 月 2 日）

各报馆转呈孙大总统鉴：

　　民国成立，下邑忭舞。已遵电改元，并升旗庆贺。民国万岁！宿迁民政长陈杭、军学绅商各界公叩。盐。（宿迁各界电）

　　　　（《申报》1912 年 1 月 3 日，"公电"；又见《民立报》1912 年 1 月 3 日，"恭贺孙大总统电报"）

蒋雁行致孙中山、庄蕴宽等电

（1912 年 1 月 2 日）

各报馆转孙大总统，庄都督，黎、陈都督，各军政分府均鉴：

　　据宿迁张司令官据徐州侦探函报，徐州徐占凤现奉清廷电调北上，所遗马步各营已由张勋派员接统。徐州北方约二百里韩庄地方，清廷第十七标伪统领徐某，率步队一标，马、炮各一营，工程、辎重、卫生各两队，及兖州镇防营一营。韩庄西南十三里郊庄驻有步队一营；庞家渡、沙沟、林城均驻有敌军，兵力未详。查敌军情形，虽无前进之意，而稽查搜索极形严苛。除加派侦探严密搜索监视外，特此奉闻。江北雁行。冬。（清江浦发）

　　　　（《民立报》1912 年 1 月 4 日，"专电"；又见《申报》1912 年 1 月 4 日，"公电"）

陆荣廷、王芝祥致孙中山等电

（1912 年 1 月 2 日）

南京大总统、各部总长、参议院诸君、武昌副总统、各省都督、各军政分府、各总司令官均鉴：

　　谨率全桂国民恭贺新禧！陆荣廷、王芝祥叩。盐。（桂林电）

　　　　（《民立报》1912 年 1 月 17 日，"沪军政府电报"；

又见《申报》1912 年 1 月 17 日，"公电"）

共和建设会致孙中山电

（1912 年 1 月 2 日）

南京大总统鉴：

　　改元已定，请速宣布，商界收账暂照旧历，以安市面。共和建设会。冬。

　　　　（《民立报》1912 年 1 月 3 日，"公电"；又见《申报》1912 年 1 月 3 日，"本埠新闻"）

袁世凯致孙中山电

（1912 年 1 月 2 日）

孙逸仙君鉴：

　　蒸电悉。君主、共和问题，现方付之国民公决，所决如何，无从预揣。临时政府之说，未敢与问。谬承奖诱，惭悚至不敢当，惟希谅鉴为幸。凯。盐。（袁世凯来电）

　　（元月三日晚到）

　　　　（《申报》1912 年 1 月 6 日，"要闻"；又见《时报》1912 年 1 月 7 日，"中华民国立国记"；《民立报》1912 年 1 月 6 日，"紧要电报"）

彭素民、陈拯等致《民立报》转孙中山电

（1912 年 1 月 2 日）

《民立报》转大总统孙鉴：

先生被举，全体欢祝，既多省与举总统，即已决共和，毋许疬支吾。共进会赣支部彭素民、陈拯、刘人炯、黄格鸥等叩。愿。（南昌电）

（《民立报》1912 年 1 月 4 日，"恭贺孙大总统电报"）

扬州北伐各军及军政分府职事人员致
《民立报》转孙中山、黎元洪、黄兴等电

（1912 年 1 月 2 日）

民立报馆转大总统暨黄大元帅、黎副元帅钧鉴：

昨日扬州绅商各界全体电叩，以徐司令宝山行当北伐，公举徐司令之胞弟宝珍接任扬府军政分府，庶几萧规曹随，为保全邗上生命财产起见，此邦人士已表同情，谅邀洞鉴。今日为补祝元旦庆典，各军团聚庆贺，共同磋商，上自官长，下至驭卒，无不欢声雷动，咸以徐宝珍为扬州军政分府满意之举。为此上告，伏乞钧裁，不胜惶悚待命之至。扬州北伐各军暨军政分府职事人员公叩。寒。（扬州发）

（《民立报》1912 年 1 月 5 日，"扬州电报"）

黎元洪致孙中山电

（1912 年 1 月 2 日）

孙大总统钧鉴：

蒸日得代表团来电，知先生被举为大总统，不胜鼓舞欢欣，距跃三百，当即电至金陵，奉尘左右，为四万万同胞恭贺。昨接陈都督来电，知先生改定正朔，与民更始，并于元旦到宁就任，前电谅邀钧鉴。同人正值开会庆祝大总统万岁之际，忽奉先生由沪真电，奖借逾恒，莫名惭悚。伏思元洪才识凡庸，素无表见，此次兴师，皆赖群策群力，共赴事机，元洪何人，敢叨天之功以为己有。先生首倡大义，奔走呼号，廿年如一日，薄海内外莫不钦仰高风，濡沐仁化。西哲云：言论者，事实之母。此次实行，岂惟元洪身受其赐，我黄帝在天之灵，实式凭之。乃至德冲虚，益自谦抑。捧诵之下，感愧交并。武汉独当敌卫，任大责重，深惧弗胜，夙夜孳孳，万不敢稍恃和议，至懈枕戈。尚乞时赐训言，以匡不逮。元洪。冬。印。

（《民立报》1912年1月6日，"贺电"）

陆荣廷、王芝祥致孙中山、伍廷芳电
（1912年1月2日收）

南京大总统钧鉴：上海伍外交总长鉴：

奉伍先生文电，北军第四十混成协主张共和，愿附民军，可见共和二字深入人心。应如何收为我用，藉作北伐先导，请伍先生商承大总统办理，以收众望。陆荣廷、王芝祥。右［？］。

（《共和关键录》第二编，第130页）

致《民立报》转孙中山电
（1912年1月2日载）

《民立报》转大总统孙：

公膺总统，国民欢呼。（萨克满多电）

（《民立报》1912年1月2日，"恭贺孙大总统电报"）

巴城华侨书报社致《民立报》转孙中山电
（1912年1月2日载）

《民立报》转孙公：

功迈华拿，德配汤武，立东亚未有之共和，造汉族无穷之幸福，黄炎后裔，中外欢呼。恭祝孙大总统万岁！巴城华侨书报社全体叩。（巴达维亚电）

（《民立报》1912年1月2日，"恭贺孙大总统电报"）

新加坡致孙中山电
（1912年1月2日载）

孙逸仙先生鉴：

恭祝孙大总统万岁！新加坡。（新加坡电）

（《民立报》1912年1月2日，"恭贺孙大总统电报"）

杨仲明等致《民立报》转孙中山电
（1912年1月2日载）

《民立报》转总统孙中山：

欣悉当选，坚时埠华侨恭贺。杨仲明等叩。（爪哇电）

（《民立报》1912年1月2日，"恭贺孙大总统电报"）

黄上驹致《民立报》转孙中山电

（1912 年 1 月 2 日载）

《民立报》转总统孙中山：

欣悉当选，恭贺。黄上驹叩。（爪哇电）

（《民立报》1912 年 1 月 2 日，"恭贺孙大总统电报"）

致《民立报》转孙中山电

（1912 年 1 月 2 日载）

《民立报》转孙大总统鉴：

宁电到，闽省垣数十万户，率军学商农工各界，高悬欢祝民国孙大总统旗，昨夕数万人由都督府出发，循步至城外租界，计环行四五里，挑灯燃爆，摇旗喊呐，呼万岁不绝于道。洋人□□□□□□庆，直至本晨读复电，随即抄转各署及各□□，谓华盛顿出，民国前途正未可量也。中华幸甚，四百兆同胞幸甚，一生快意，无逾今日，尤幸甚。谨上。（福州电）

（《民立报》1912 年 1 月 2 日，"恭贺孙大总统电报"）

共和促进会致孙中山电

（1912 年 1 月 2 日载）

南京孙大总统鉴：

今日为全球之元旦，为我大总统履新之元旦，即中华共和之元旦。三呼大总统万岁！共和万岁！共和促进会祝。

（《民立报》1912 年 1 月 2 日，"恭贺孙大总统电报"）

纽西峇至公党致《民立报》转孙中山电

（1912 年 1 月 2 日载）

《民立报》转孙逸仙：

恭贺大总统就职。纽西峇至公党叩。（纽西峇电）

（《民立报》1912 年 1 月 2 日，"恭贺孙大总统电报"）

中华共和宪政会致孙中山电

（1912 年 1 月 2 日载）

南京大总统鉴：

前承谕宪纲，佩甚。荣任总统，同人欢跃。共和国体，无可再决。即允唐请，应电袁饬属由民设之新旧政团各选一人后，复选到会，切勿由各伪督抚自派，以符正当舆论。民军各省尤须一律，方免藉口。中华共和宪政会叩。

（《申报》1912 年 1 月 2 日，"公电"；又见《民立报》1912 年 1 月 2 日，"恭贺孙大总统电报"）

旅赣粤人致各报转孙中山电

（1912 年 1 月 2 日载）

《民立报》及各报转孙大总统、各都督暨诸代表鉴：

公举孙中山先生为民国大总统，中外讴歌，华夷悦服。从此军威益振，扫穴犁廷，直指顾间耳。旅赣广东同人叩。祝兴汉孙大总统万岁。

（《民立报》1912 年 1 月 2 日，"恭贺孙大总统电报"；又见《申报》1912 年 1 月 2 日，"公电"）

刘福彪致孙中山电

（1912 年 1 月 2 日载）

南京孙总统鉴：

今吾公担任民国总统，海内外同胞举手庆祝。愿中国为第二之美利坚，吾公为第二之华盛顿。福字敢死队司令长刘福彪敬贺。

（《申报》1912 年 1 月 2 日，"公电"）

龙济光致孙中山书

（1912 年 1 月 2 日载）

中山先生台鉴：

（上略）昨奉大教，知为组织中央政府，急欲赴沪，不果来粤。兹事重大，非公莫属，过门不入，上追神禹博济之功，伟哉先生，甘拜下风矣。粤省光复，光率师以护边疆，敬待共和政成，俾人民得享和平幸福，此乃自尽天职，何敢言功，重承奖借，且感且惭。北伐之行，久有此志，前奉大元帅来电敦促，亦经复电赞成。但敝军现仅得五千人，欲期一战成功，非厚集一二师团，不足以壮军威。兹拟先练精锐万人，惟饷械尚虞缺乏，应由何处担任接济，敬乞先生与黄大元帅及展堂都督筹商示复，以便编定，具领配发。光士卒一心，闻命即行，必不濡滞也。展堂都督同行赴沪，襄赞鸿猷，闻举定竞存副督代办粤事，主持有人，复得毅生、执信、君佩诸君子左右维持，自臻妥善。光日内即有钦廉之行，一俟到彼处将内政外交部署稍安，并将军队组织，敬候电示，即当拔队赴沪，藉聆雅教。龙济光拜复。

（《申报》1912 年 1 月 2 日，"要闻"）

许无畏、陆晏如、萧歎吾致《民立报》
转孙中山电

（1912 年 1 月 3 日）

《民立报》转孙中山先生鉴：

先生归国，率土欢庆，众谋金同，推为总统，敢请坚守盟词，勿惑浮议，董率将士，进讨北虏。至于内政外交，自有主权。鼎革之初，宵人竞进，群口肆咻，勿蛊凶危之名，当防安佚之渐，深慎鸿业，谨陈区区。粤潮州军政处许无畏、陆晏如、萧歎吾。删。叩。（自汕头发）

（《民立报》1912 年 1 月 6 日，"汕头电报"）

张謇致孙中山函

（1912 年 1 月 3 日）

中山总统阁下：

辱书猥承实业部长之属。实业为民生国计之原，轾材良不胜任。况金融困滞，兵革未定，益无可措手。顾临时政府方成，建设伊始，若人推诿，不独有负盛旨，抑无以尽匹夫之责。谨当竭所知能，以酬盱睐。惟行年六十，精力已衰，恐涉颠蹶。比与黄君约，勉任短期，以俟能者。窃申前说于左右，幸赐宏鉴。明更趋诣，敬请德安。

（《张謇全集》第一卷，第 208 页）

谭延闿致伍廷芳、孙中山等电

（1912 年 1 月 3 日）

伍外交长，程、陈都督，孙大总统暨各都督均鉴：

伍外交长寒电敬悉。以国民会议解决此次幸战争 [战争，幸]
能达到共和目的，不独于民国前途增无穷幸福，即世界和平希望实
深赖之。惟袁世凯素以诡谲著称，倘以重大金钱、高官厚禄大肆运
动，至以君治国家决议，其民国内部必有多省分不肯承认，势必再
起战争，惹外人干涉，召瓜分惨祸，以扰乱世界和平幸福，此中危
险，实不可状。观袁欲将开议地方移在北京，无非希图便彼运动，
或于和议不成时，得以抑留代表，其迹显而易见。且临时大总统既
经举定，中央政府成立在即，倘决为君治，何以为情？刻下主张共
和者已达十四省以上，而其他省分亦均跃跃欲试，则全国人心已可
概见，似无庸再开国民会议。至其他项枝节，用再电恳。设法将国
民会议取销，加意防范，极力组织，俾自立于绝对不致失败之地
位，庶免误中奸计，盼祷无量。延闿。咸。印。

（《共和关键录》第一编，第 47 ~ 48 页）

梅布尔·巴克利·康德黎致孙中山函
（1912 年 1 月 3 日）

1912 年 1 月 3 日

孙博士：

我们为您回国受到热烈的欢迎、终于获得您应该达到的成功以
及将摆脱近半个世纪以来的悲惨处境的亿万人民强烈的感激之情而
高兴。上帝承诺了您的愿望，我们祈愿他会全力支持您面临的重
任。没有人能取得更伟大的成就，但我们相信您能如此，并为此而
高兴。这儿的每一个人开始和我们更轻松地谈起您。他们感觉更加
轻松。您的出现第一次令他们大吃一惊。多年来全世界一直在嘲笑
中国朝廷，他们不会处之泰然地失去这种嘲笑的乐趣，我们曾一直
为此而感到悲哀，现在笑了。我们除深切同情外别无他念。当您说
服我们现存的政府必须被推翻，我们就一直支持您。因为我们知

道，智慧与知识不会错。

我只希望袁世凯放聪明些帮助您。帝制拥护者们应该投降以免流血。中国将会统一，更繁荣幸福。

我们最感兴趣的是看到您的新内阁。中国有许多人才，现在他们既然说得上话，您将没有什么麻烦。

这边常有人来希望我们介绍他们，以引起您的注意。我寄上一个绅士哈利肯先生的名片，他想要一张经营照明电器的特许证。他是可以信赖的，打算很快去中国，可能的话，将去拜访您。

另一个人是个裁缝，想要一张介绍信以便做衣服。不过要讲明的是，我们以这样或那样的理由推掉了大多数人。

新年愉快。我们很高兴您的新纪元是我们的元旦。这是一个特殊的日子。我们想发封电报给您。我在 1 月 1 日发电报给您。但我担心您收不到，因为我们不太清楚您的地址。现在我们把电报发往南京。

康博士、柯林、奈尔、坎斯代致问好。愿诸事顺遂

我想您的妻儿该多么感激啊！

最近您会很忙而不能来看我们。我们将一直想念您。

梅布尔·巴克利·康德黎　谨志

（《临时大总统和他的支持者》，第 90～91 页）

陆荣廷、王芝祥致孙中山等电

（1912 年 1 月 3 日）

大总统钧鉴：并交广西全权委员马君武、章勤士暨各省都督鉴：

准代表团蒸电开：据临时政府组织大纲，参议院由每省都督派遣参议员三人组织之。请从速派遣参议员三人，付与正式委任状来宁，等因。敝省参议员即派马君武、章勤士、朱文劭三君，委任状随即邮寄。请大总统先为承认。朱文劭已起程，并闻。陆荣廷、王

芝祥叩。三号。（桂林军政府电）

　　（《申报》1912 年 1 月 12 日，"公电"；又见《时报》
　　1912 年 1 月 11 日，"中华民国立国记"）

孙万乘致《民立报》转孙中山、
黄兴等电
（1912 年 1 月 3 日）

《民立报》转大总统、大元帅暨各省都督鉴：

　　袁贼由皖北进兵，意图占据长淮，居心极为诡谲。敝分政顷已饬参谋部长刘文明率兵驰往颍州与寿州，联合相机防堵。仍乞速拨劲旅前往协助，一面仍乞整顿军备，以为和议后盾，是为至盼。庐州军政分府孙万乘。删。印。（自庐州发）

　　（《民立报》1912 年 1 月 8 日，"庐州电报"）

书报社①致《民立报》转孙中山电
（1912 年 1 月 3 日载）

《民立报》转孙大总统鉴：

　　汇四千，速复。书报社。（自砵特乾发）

　　（《民立报》1912 年 1 月 3 日，"南洋电报"）

梅东星等致《民立报》转孙中山电
（1912 年 1 月 3 日载）

《民立报》转孙大总统鉴：

_____

　　①　据发电地址，应为砵特乾的书报社。——编者

恭贺大哥，民国万岁。澳洲雪梨义兴会梅东星等贺。（澳洲雪梨电）

（《民立报》1912年1月3日，"恭贺孙大总统电报"）

澳洲雪梨埠华侨致《民立报》
转孙中山电
（1912年1月3日载）

《民立报》转总统孙中山：

仰公盛名，同胞推戴。建设共和，欢呼中外。华夏前途，世运安泰。馨香祝公，万民永赖。澳洲雪梨埠华侨同叩。（澳洲雪梨电）

（《民立报》1912年1月3日，"恭贺孙大总统电报"）

致公堂致《民立报》转孙中山电
（1912年1月3日载）

《民立报》转孙大总统鉴：

公任总统，洪门之光。致公堂。（萨克满多电）

（《民立报》1912年1月3日，"恭贺孙大总统电报"）

致《民立报》转孙中山电
（1912年1月3日载）①

《民立报》转孙公中山鉴：

---

① 本电未署发电人。——编者

公为总统，全体欢迎。共和政体万岁。（爪哇热拉尔特顿电）

（《民立报》1912 年 1 月 3 日，"恭贺孙大总统电报"）

少年中国会致《民立报》转孙中山电
（1912 年 1 月 3 日载）

《民立报》转孙公鉴：

现汇四百磅，前汇港千三百磅，统祈速赐债票，雪松、李春、黄柱堪任筹款，欢祝总统万岁！民国万岁！少年中国会贺。（爪哇□□□□电）

（《民立报》1912 年 1 月 3 日，"恭贺孙大总统电报"）

兴化安立间会致《民立报》转孙中山电
（1912 年 1 月 3 日载）

《民立报》转孙大总统鉴：

闻公当选为大总统，欢□□名，特此电贺。兴化安立间会叩。（闽涵江电）

（《民立报》1912 年 1 月 3 日，"恭贺孙大总统电报"）

杭州基督会致《民立报》转孙中山电
（1912 年 1 月 3 日载）

《民立报》转中华民国第一大总统孙先生鉴：

公为总统，民□［国］七［乂］安，中外辑睦。杭州基督会同人公祝。（杭州电）

（《民立报》1912 年 1 月 3 日，"恭贺孙大总统电报"）

秦毓鎏致孙中山电
（1912 年 1 月 3 日载）

南京大总统钧鉴：

皇天眷佑，还我河山，元首得人，万民攸赖。凡属炎黄裔胄，无不鼓舞欢忻。惟念吾国得有今日，非诸先烈断头决项，先仆后起，曷克臻此。抚今思昔，能不怆怀。伏乞即日设坛奠祭，表烈士之墓，恤烈士之裔，以慰英灵，兼励来者，不胜祷切之至。锡金军政分府秦毓鎏叩。（无锡电）

（《民立报》1912 年 1 月 3 日，"恭贺孙大总统电报"）

江阴民党进行社致各报馆转孙中山电
（1912 年 1 月 3 日载）

各报馆转孙大总统鉴：

公当选，众欢忻。江阴民党进行社贺。（江阴电）

（《民立报》1912 年 1 月 3 日，"恭贺孙大总统电报"；《申报》1912 年 1 月 3 日，"公电"）

伍廷芳致孙中山电
（1912 年 1 月 4 日）

南京孙大总统鉴：

初十日与唐使订定自十二上午八时起，苏、皖、鄂、山、陕五省清兵于五日之内，退出原驻地方百里以外，计期至十七上午八时止。清兵是否照约退出，希飞电查复。伍廷芳。支。

（《共和关键录》第二编，第 150～151 页）

陈炯明致孙中山等电

（1912 年 1 月 4 日）

南京大总统、中央参议院、各省大都督鉴：

中央组织参议院为各省代表机关，每省应派三人。现粤已电派王宠惠、薛仙舟、赵士北三君为敝省参议员，委任状续寄。谨此通告。粤代都督炯明。支。（广州电）

（《民立报》1912 年 1 月 6 日，"沪军政府电报"；又见《申报》1912 年 1 月 6 日，"公电"）

罗兰·摩根致孙中山函

（1912 年 1 月 4 日）

尊敬的孙：

我及我的姐妹们衷心祝贺您的伟大运动之成功，并祝您未来诸事顺遂。正如我一直认为的那样，我仍觉得您是唯一能够拯救中国的人。

去年 11 月份您在伦敦的时候为何不来看我们呢。我有好多事要告诉您。

老早以前，两个您的国人送给我两封您的介绍信。我邀请他们来见我，但再也没有收到他们的回信。

我本想给您回信的，但我把您的信和他们的信都弄丢了，也就回不成信。

1910 年 10 月，我办了一个新的周刊，叫《观察者》（The Watchman），主要目的是在这个国家支持中国的事业。它面世的第一天，伯克贝克银行的董事们就指控我犯了诽谤罪，并征得议会的意见，禁止我与银行联系，收回我所有的第一期刊物和广告。由于这个指控我不能出版第二期，所以我的报纸倒闭了。银行的董事答应法院，他们将会尽快于 1911 年 1 月起诉。但他们并没有这样做，一直拖延时间。直到去年 6 月银行停止支付，申请破产。现在，法院撤销原拟进行的起诉，并命令调查我所受的损失。

这场官司引起的混乱和忧虑及筹备出报，令我丢掉了您和您的朋友们的地址。

不能和您在一起参加您的事业对我是一件极大的憾事。如您所知，参与此事一直是我一生的抱负。您是否回想过过去我们第一次在伦敦见面，并常常在一起图谋大计呢。这已是很久以前的事了，但对我而言宛如昨日。

我永远也忘不了 1899 年 11 月的一个清晨，当我到上海时对中国的第一印象。我现在仍能看到只有在这块宏伟而华丽的土地上才能看到的运河船沐浴在阳光里。

看在过去时光的份上，请有暇时写信来。

顺致诚挚问候并祝愿诸事如意。

永远是您真诚的朋友罗兰·摩根

附：报上讲您在上海，我相信这封信会到您手中——不论您在何处，它都能到您手中的。

（《临时大总统和他的支持者》，第 96～97 页）

黎元洪致孙中山等电

（1912 年 1 月 4 日）

南京孙大总统、代表会暨各民省都督鉴：

接代表会三日电，知元洪被举为临时副总统。捧读之下，惭悚交并。伏思元洪才识凡庸，何足仰勷盛业，惟有随大总统后，勉竭心力。待大局底定，元洪得归田里，为一公民，则受赐多多矣。临风翘企，尚望时惠教言，以匡不逮。元洪。支。（武昌黎副总统电）

（《申报》1912 年 1 月 6 日，"公电"；又见《民立报》1912 年 1 月 6 日，"沪军政府电报"）

旅沪广东同人致孙中山暨参议院电
（1912 年 1 月 4 日）

武汉起义，各省以伍、温二公中外信仰，举为外交长，并议和全权代表。今新政府甫成，忽遽易人，中外疑惑。闻王君宠惠力辞外交，可否仍旧伍、温二公担任，以释群疑，而维大局，民国幸甚。旅沪广东团体、广肇公所、潮州会馆公叩。支。

（《申报》1912 年 1 月 5 日，"要闻"）

民党进行社致《民立报》转孙中山、黄兴等电
（1912 年 1 月 4 日载）

《民立报》转孙大总统、黄大元帅、庄都督鉴：

苏危盗炽，军警推诿，无一用命，请速维持。民党进行社。

（《民立报》1912 年 1 月 4 日，"苏州电报"）

马吉朗埠全体华侨致《民立报》转孙中山电
（1912 年 1 月 4 日载）

《民立报》转孙大总统鉴：

中邦有主，侨众全苏。马吉朗埠全体华侨恭贺。（南洋马吉朗埠电）

（《民立报》1912 年 1 月 4 日，"恭贺孙大总统电报"）

巴达事务社致《民立报》转孙中山电

（1912 年 1 月 4 日载）

《民立报》转大总统鉴：

民苦异族专制，公倡民主共和，举公总统，中外胪欢，敬贺。巴达事务社。（南洋巴达电）

（《民立报》1912 年 1 月 4 日，"恭贺孙大总统电报"）

坤甸图存致《民立报》转孙中山电

（1912 年 1 月 4 日载）

《民立报》转大总统孙鉴：

公为总统，同志额手庆祝。坤甸图存贺电。（南洋本堤安纳电）

（《民立报》1912 年 1 月 4 日，"恭贺孙大总统电报"）

利玛格苏中国侨民公会致《民立报》
转孙中山电

（1912 年 1 月 4 日载）

《民立报》转孙中山先生：

缔造伟业，万国同钦，谨祝总统万岁！国民军万岁！利玛格苏中国侨民公会。（南洋利玛格苏电）

（《民立报》1912 年 1 月 4 日，"恭贺孙大总统电报"）

李月池、萧竺史致《民立报》转孙中山电

（1912 年 1 月 4 日载）

《民立报》烦转：

　　贺孙大总统万岁！新政府万岁！李月池、萧竺史叩。（南洋马拉加电）

　　（《民立报》1912 年 1 月 4 日，"恭贺孙大总统电报"）

张鲁等致《民立报》转孙中山电

（1912 年 1 月 4 日载）

《民立报》转孙中山先生鉴：

　　总统当选，同志欢呼，实为进行，毋渝盟约。松江同盟会张鲁等公叩。

　　（《民立报》1912 年 1 月 4 日，"恭贺孙大总统电报"）

钮永建、沈惟贤等致《民立报》转孙中山电

（1912 年 1 月 4 日载）

《民立报》转孙大总统鉴：

　　光复夏土，建设共和，皆公二十年奔走呼号之烈，今者海外归来，俯膺推戴，歼胡奴之丑类，振大汉之天声，万众欢呼，同胞幸福，敬祝中华民国大总统万岁。松江军政府司令长钮永建、副司令沈惟贤、副官卫克强、书记长钱葆珍、参谋处长沈砺、教练处长□夏汾、副长□兆贤、军务处长徐经传、副长兼军需科长钮祺、财政处朱继常、秘书科长程劲、总务科长朱世瑾、筹略科长张国维、交

通科长徐公锡、教练科长梅璜、训育科长陈洪畴、军事科长梅坚、人事科长张家珍、军械科长顾绷、统计科长朱廷扬、收支科长李瑞芝、卫队长殷组军公叩。（松江电）

（《民立报》1912 年 1 月 4 日，"恭贺孙大总统电报"）

民党进行社致《民立报》转孙中山电
（1912 年 1 月 4 日载）

《民立报》转孙大总统鉴：

公任总统，民党之光。民党进行社欢祝。（苏州发）

（《民立报》1912 年 1 月 4 日，"恭贺孙大总统电报"）

伍廷芳致孙中山、黎元洪电
（1912 年 1 月 5 日）

南京孙大总统、武昌黎副总统公鉴：

顷得袁内阁来电，照录于左（下）：顷据段署督咸电称：六镇昨退，今早完，二、四镇继退，明夜可开尽，十七早八点以前，黄陂即可拔队。展期之说，仍请切商。昨据美领函称，黎言违约二统带已罚办云各等因，足见黎三布电之不确，希函转前途。凯。咸。

右（上）电所述退兵情形，确否？即复。伍廷芳。微。

（《共和关键录》第二编，第 40～41 页）

王青奇致孙中山函
（1912 年 1 月 5 日）

亲爱的孙总统：

请您接受我对您最衷心的祝贺。

您成为中华民国的总统我非常高兴，因为您是个好人，愿意为人民做好事。

我是一个华裔小女孩，九岁，生于火奴鲁鲁。现在皇家小学读五年级。我真希望我现在是个大人，这样我就能去帮助中国。

我和我的姑妈惠特曼小姐已为生病的士兵做好很多绷带。我姑妈是上海一所学院的教师。她也是华裔，她对您当选为总统和中国成为共和国感到非常高兴。

我有一面中国军队的旗帜，是张卓（Chang Chow）先生给我的。那天晚上我们参加了庆祝共和国的游行，所以我老想着它。

本星期我卖纪念章赚到 3 个美元，我要把钱给达农（Darnon）先生，请你送给生病的士兵。

我每天都祈求上帝帮助您所从事的伟大而有益的工作。我知道上帝会帮助您的。我希望战争会很快永远停止，"新中国"所有的小男孩和小女孩都幸福。上帝将保佑您。

再见！

　　　　　　　　　　您的小朋友王青奇（Chin-Qi Wong）

　　　　　1912 年 1 月 5 日于夏威夷火奴鲁鲁五街 610 号

　　　（《海外友人致孙中山信札选》（一），《民国档案》2003 年第 1 期）

罗伯特·诺布尔致孙中山函
（1912 年 1 月 5 日）

孙先生：

你们为走向成功迈出了巨大步伐，请允许我向阁下及贵国表示祝贺。希望阁下不久即可完成国家统一大业，振兴邦国。

我国新的金融制度刚刚修订完善，对此我们多有贡献。这个制度会使贵国，应该说会使任何愿意试用的国家获得巨大成功。我们的信息将给贵国带来数亿元的合法收入。若有阁下愉快的合作，这个制度会使贵国立即走上繁荣之道。要立即获得成功，你们会需要我们的帮助和信息的。

我的条件是：每次发行货币，给我们 1% 的提成，为期 3 年，每次所得不用再支付利息；或就货币年流通总量，给我们 3% 的提成，为期 20 年；3% 的提成支付后，该所得不用再支付利息。我们由此得到的收入，三分之二将用在中国。

你可把这笔钱用来种植能带来巨额利润的橡胶林和各种果林，灌溉一切可用之地，在所有河流中修建水坝以便灌溉，增加生产，修建公共工程及民用住房，简直可满足一切需要而无需支付利息、租金或税金。

我们的信息可使每一位愿意正当劳动的公民受益，从而使贵国成为最伟大的成功国家，并且拥有最好的政府。由此而来的繁荣昌盛可使贵国人人和睦相处，心归天国。

我说的一切都是事实，要想证实非常容易。只要派中国人在本市开的一家公司或贵国驻美公使来找我即可。我会用更好的新方式详细解释给你们听。但你必须先在随附的合同上面签字，因为你要使用我的信息，该合同对你就具有约束力。当然如果不用，则不具约束力。我想你一定会用的，因为我的信息是确实可靠的。

我的罐装企业在加拿大是最大的。35 年来，在 1896 年以前历届世界博览会上都夺得最高奖项。我们的罐装水平上乘，曾拥有 32 家厂。

请注意，在你同意我个人想法之前，我不要你的钱。若同意，则只要先交 1000 英磅〔镑〕，然后在你按照当今最成功的商业办法赚得数亿英磅〔镑〕之后再作计算。这一点，您不必多疑。

只要有法律指导、保护，那么一切办妥之后，即可在一月之内开展业务，给贵国带来繁荣。

加拿大人比较富足且过于聪明，因而看不到我主意的妙处。我曾向你们提出过我的想法，只是没有透露其中的秘诀。

先知最初在本国、本家，往往不受重视。

罗伯特·诺布尔（Robert·W. Noble）　谨上

（《海外友人致孙中山信札选》（一），《民国档案》
2003 年第 1 期）

安徽临时议会致孙中山等电
（1912 年 1 月 5 日）

南京大总统、各省都督、各议会、各报馆鉴：

皖省临时议会于正月四日成立。专此电闻。皖临时议会。歌。
印。（安庆临时议会电）

（《申报》1912 年 1 月 7 日，"公电"）

王宠惠致孙中山电
（1912 年 1 月 5 日）

南京孙大总统鉴：

顷奉尊电，以惠承乏外交总长，无任惭悚。惠学识疏陋，且未
尝周旋于外交界，当民国艰难缔造之时，对外交涉关系甚大，非于
外交富有经验之人，不能胜任。浅识如惠，即使一时为服务观念所
迫，勉强担任，亦恐力不称职，贻误邦交。谨沥陈固辞，尚祈鉴
谅。此次民军初起，伍、温两公担任外交使，全国民军对外交涉得
所倚托，而外国舆论亦极表赞成，此时外交总长舍两公外实难其
人。尊意以伍公方驻沪全权办理议和事件，温公参赞其间，一时难
以兼任他项繁剧之职，措置本极周匝，惟惠自顾实不能当斯重任，
请别择贤者，以重邦交，而维大局。不仅惠一人之幸，民国外交之

幸也。王宠惠。微。

（《申报》1912 年 1 月 5 日，"要闻·中国光复史"；
又见《时报》1912 年 1 月 5 日，"中华民国立国记"）

刘蔚等致《民立报》转孙中山、黄兴等电
（1912 年 1 月 5 日）

民立报馆转中山总统、克强元帅暨各都督□□□□□□馆鉴：

民主、君主不能并立，神种、满贼不能两□□□□□□宗旨，近日袁贼行阴险手段，外主议和，内增兵力，老我士气，离间民心，临时国会之招集，迁延时日，罔上空谈。吾辈军人只知持铁血主义，达共和目的。今民国已立，总统有人，满胡残虏已无招集国会之权，诸公早定大计，直捣贼巢，倘有汉奸辈倡议君主者，惟暗杀之。北伐，北伐，纵以吾辈之血染成民国地图，亦所不惜。天寒地冻，正军人破阵之时，乞诸公有以教之。漳州司令官刘蔚率全体军人叩。歌。印。（自漳州发）

（《民立报》1912 年 1 月 7 日，"漳州电报"）

江西军政府等致孙中山、黄兴等电
（1912 年 1 月 5 日收）

大总统、黄大元帅、黎副总统、伍代表、都督、各军司官、各省同胞公鉴：

民军起义，惟一目的即在建立民国，日前十七省代表在宁举定大总统，共和政府业经确定。我同胞渴望民主之意，久已表曝全球，何待再取决于国民会议？北方数省同胞困于专制，甚诸东南，望共和如望云霓，特慑于淫威，未能同举义旗耳。

况纵徇其请，召集国民会议，新疆、甘肃、内外蒙古、前后藏等处，远距万里，交通阻塞，非三五月不能到齐开会，我民国各省何能休兵坐待？袁氏狡诈多端，意在缓延时日，充彼实力，以乘我懈。如堕其术，后患堪虞，万一会议结果表决君主立宪，将来亦为再酿第二次革命之惨。伪清如诚不忍生民涂炭，应逊位归顺，同幸共和幸福，否则惟有速整军旅，联师北伐。至于派国民代表赴会一层，应请作罢论。等因。清廷藉国民会议以便彼党，准备破坏之诡，不如先时制人，速定大局，倘因议案已成，不便翻变，惟遵照议定二十日开会日期，即以是日为国民会议结果之日，无论清廷允否，吾辈惟有决定实行。贵省如表同情，请即电大总统及伍外交总长，并希赐覆为祷。赣军政府暨全体人民公叩。

（《共和关键录》第一编，第 48 ~ 49 页）

淮北全体票商瑞源、裕源等致《民立报》
转孙中山等电

（1912 年 1 月 5 日载）

《民立报》转中华民国大总统孙，大元帅黎、黄，苏都督程及各报馆均鉴：

总统万岁，谨先贺。张季直总理盐政，极为欢迎。兹闻辞职，殊深骇异。季公名誉夙著，于两淮盐务，尤为熟悉。且两淮关系重大，非有情形熟悉，智虑宏深之人，何能胜任。淮北盐政非季公不敢认可，乞速慰留，以符众望，两淮幸甚，大局幸甚。淮北全体票商瑞源、裕源等公叩。（清江浦发）

（《民立报》1912 年 1 月 5 日，"清江浦电报"）

泰州共和会致《民立报》转孙中山电
（1912 年 1 月 5 日载）

《民立报》转孙大总统：

　　我公当选，万众欢洽。泰州共和会贺。

（《民立报》1912 年 1 月 5 日，"贺电"）

佛莱德致孙中山函
（1912 年 1 月 6 日）

孙先生：

　　冒昧写信给您，想讲一讲我在本月 3 号晚上所做的梦。梦是这样的：有个小女孩找到我的办公室，要我画张中国国旗的设计图，接着她就说出设计图的样子（如图所示），并告诉我太阳代表东方；火焰代表自由；太阳的光芒代表各省，国旗的红色代表中国人民为自由所抛洒的热血。瞧，多么有趣的梦啊。

　　真对不起，打扰你了。

佛莱德（Fred）　谨上

　　（《海外友人致孙中山信札选》（一），《民国档案》2003 年第 1 期）

布思致孙中山贺信
（1912 年 1 月 6 日）

孙先生：

　　美联社电称您已抵达上海，并当选为新共和国总统，这一消息是何等令人高兴，谨致以热烈祝贺！

一两天后，美联社又报道了您去南京开始在那里执政的情况。这是完成您计划的另一步。我个人认为，美国公众舆论对您非常友好。而您慎重的对外宣言书又加强了对您的关注和对您的友好情绪。我曾鼓励我所能影响的新闻界对您作出支持，对您的政党的成就做有利的解释，甚少或没有不利的批评。

我已一些时候没有收到荷马·里将军的信了。但您这里的一个朋友告诉我：估计他将在您回国途中与您同行。我希望他身体健康，特别是他的眼疾，当然我知道已有很大好转，能够不妨碍他与您一起走。因为我相信他在诸多方面都有助于您。

我把这里晚报的一篇剪报封入，我想您会感到满意。我知道您会有许多问题要解决，许多困难要克服，然而，我确信您任何时候都能应付这个局势。

我们全家向您和您的家人问候！

布思　谨志

又及：我估计在您收到此信前，会与您的儿子孙科相遇，他给我写了短信说他正在回国途中。

（《临时大总统和他的支持者》，第57～58页）

詹姆斯·戴德律致孙中山函
（1912年1月6日）

尊敬的总统：

我附寄一本《华盛顿国会的行动》 （The Act of Congress at Washington）以表达作为民族国家的美利坚对富有爱国主义精神的中国人民所努力得到的成就的祝贺，且尽可能早地承认中华民国作为国际大家庭的一员。

另附一封 F. J. 戴尔先生寄给 5000 份报纸并通过特别电报发往大量报纸的日常信函，以及一些美国报纸的社论的剪报。

我一直与程璧光统制及海圻舰保持密切联系，会将其任何秘密行动以电报告知你。除非当那两艘兵舰和海圻舰从英国驶出时事情还未完全弄清楚。

你还记得尊敬的吉斯·格兰特，前总统格兰特的儿子，我曾在伦敦将他介绍给你。他目前仍留在伦敦，他愿意支持我。这样你将发现使用我们来效力是恰当的。

致以我的高度敬重和良好祝愿

您的朋友　詹姆斯·戴德律

欧美金融发展公司（E. A. F&DCo）总裁

（《临时大总统和他的支持者》，第 62~63 页）

何亚梅、伊丽莎白·西维尔致孙中山函
（1912 年 1 月 6 日）

1912 年 1 月 6 日

阁下：

真挚地祝愿你成功入主南京。我数周前曾冒昧写信给你，信送到美国。我相信现在已到中国，当时你正在伦敦。现在我更容易和你通信了。我怀着如饥似渴的兴趣一直关注着你的行程和言论。上帝保佑你和你的伟大事业。我羡慕你面前有广阔的天地。

我担心正在北边建立的蒙古省份会给你带来新麻烦和破坏。俄国人和日本人肯定正在支持他们。

他们一定会使坏。中国便是中国。蒙古族只是一个民族。这会扯得太远。在蒙古人之后，我们或许还数得出暹罗人、马来人，日本人、朝鲜人。我的意思是，我们过去习惯看到的中华帝国，不要被分裂成天知道的众多的小国。

除掉满族人必须是每个中国人的誓言。保护我们的子孙后代，种下好的种子给他们收获。

你，孙逸仙，还有你的朋友们，都是播种者。种得好会有丰硕的收获。感谢让我活到能亲历这个伟大的运动！

我必须将我的儿子送到你那里。他必须回到我父亲的人民中。让他来，和你一起工作，为你而工作。

CC 伍知道我，问他我是谁。他或许会说是一个怪异的妇人，但我的心灵是为中国和它的领袖——孙逸仙跳动的。

为孙中山的

祝好运、新年快乐、成功、健康。

伊丽莎白·西维尔

何亚梅

（《临时大总统和他的支持者》，第 178 页）

广肇公所、潮州会馆等致孙中山、胡汉民电
（1912 年 1 月 6 日）

南京孙大总统暨胡展堂都督钧鉴：

江、微电敬悉。本帮认借之款，遵电随收随交伍公代解。广肇公所、潮州会馆公叩。鱼。（上海去电）

（《民立报》1912 年 1 月 7 日，“公电”；又见《申报》1912 年 1 月 7 日，“公电”）

王云华致孙中山电
（1912 年 1 月 6 日）

孙大总统钧鉴：

电悉。卑营管带王锡均，前光复上海时，殉难报国。承赐鼎唁，全体军人均感叩谢。统带王云华谨叩。鱼。（上海沪军营覆电）

（《申报》1912 年 1 月 7 日，"公电"）

蒋雁行致孙中山、黄兴等电
（1912 年 1 月 6 日）

孙大总统、黄元帅、伍外交长、各省都督公鉴：

顷据侦探报告：（一）山东第五镇驻徐州北方百二十里之韩庄约一混成协，但闻该协有归民军之意；（一）张勋现住徐州火车站，军需由段书云暂借，但兵士均无斗志，逃走日多；（一）近日由北京运来进口毛瑟枪一千杆、子弹五千粒。按张贼逗留不去，有违条约。除仍加派侦探严密监视，并密商扬军预行对待外，特此奉闻。江北蒋雁行。鱼。（清江浦电）

（《民立报》1912 年 1 月 8 日，"公电"；又见《申报》1912 年 1 月 8 日，"公电"；《时报》1912 年 1 月 8 日，"中华民国立国记"）

陈炯明致孙中山、陈其美电
（1912 年 1 月 6 日）

大总统鉴、陈都督鉴：

云南所派北洋招抚使曲君同丰昨已抵粤，拟日间北上，先至南京晋谒。谨电介绍。粤代都督炯明。鱼。（广东电）

（《民立报》1912 年 1 月 8 日，"公电"；又见《时报》1912 年 1 月 8 日，"中华民国立国记"；《申报》1912 年 1 月 8 日，"公电"）

鄂军政府致孙中山电

（1912 年 1 月 6 日）

中央政府大总统鉴：

初四日，敝军政府都督暨各都、各协、标人员会议各件如下：民国中央政府应以美国宪法为标准，大总统总握大政，其下只有国务卿，不得设内阁总理，承君主立宪余习。民国中央政府入国务卿，应照美国宪法，由大总统提议，会同各省新举之参议员协定，凡前在保皇党及满清政府、君主立宪之著名党员，中央政府不得任用为国务卿及局长，鄂□办事人员私自逃者，中央政府均不得任用。鄂军政府全体公叩。鱼。（武昌电）

（《民立报》1912 年 1 月 15 日，"总统府电报"）

伍廷芳致孙中山、黄兴等电

（1912 年 1 月 6 日）

南京孙大总统、黄陆军总长、武昌黎副总统、安庆孙都督、北伐联军各司令公鉴：

顷得袁内阁来电，抄录于左（下）：伍代表秩庸鉴：顷接河南府赵统领偶电称：十三日西军分三路来攻我军，当夜二次。时近天明，接陕州信称，运城十三被西军攻陷，敌逼茅津，十四彼又分两翼猛攻灵宝，较昨又悍等语。现方议各自退兵，似此实系显违信约，即希电饬停攻，免致有碍和局。内阁总理袁世凯。铣七。

右（上）电确否？祈速查覆。伍廷芳。鱼。印。

（《共和关键录》第一编，第 59~60 页）

扬州商会全体商人致《民立报》
转孙中山、黄兴等电
（1912 年 1 月 6 日载）

民立报馆转大总统，黄元帅，苏、沪都督钧鉴：

徐司令长宝山应绅民之请，率师来扬，擒获匪类孙天生，地方赖以绥靖，倾囊助饷，保商爱民，众情悦服。近闻率师北伐，群思挽留。本埠临时议会拟请其弟代理，良以淮扬里下河一带，仍非徐司令统筹兼顾，难以乂安。谨代达舆情，仰求俯如所请。扬州商会全体商人公电。（扬州电）

（《民立报》1912 年 1 月 6 日，"扬州电报"）

扬州共和建设会致孙中山电
（1912 年 1 月 6 日载）

临时大总统鉴：

闻举公，敝会无任欢迎。吾四万万同胞，从此当安享共和幸福。扬州共和建设会全体叩。（扬州电）

（《民立报》1912 年 1 月 6 日，"贺电"）

旅呷全体致《民立报》转孙中山、
黄兴、黎元洪电
（1912 年 1 月 6 日载）

《民立报》转送孙大总统，黄、黎大元帅鉴：

列公荣任，华侨极欢迎，电祝中华民国万岁。旅呷全体叩。

（马拉加电）

（《民立报》1912 年 1 月 6 日，"贺电"）

澳洲南新威尔士徒密埠华侨
致《民立报》转孙中山电
（1912 年 1 月 6 日载）

《民立报》转孙中山鉴：

公任总统，国民大幸。澳洲南新威尔士徒密埠华侨公贺。（澳洲徒密埠电）

（《民立报》1912 年 1 月 6 日，"贺电"）

谈满光等致《民立报》转孙中山电
（1912 年 1 月 6 日载）

《民立报》转孙大总统：

追从美法，汉族重昌。谈满光、何崇安、李亚澳、李步雏敬贺。（南洋德门过因电）

（《民立报》1912 年 1 月 6 日，"贺电"）

烟台军政府等致孙中山、黄兴等电
（1912 年 1 月 6 日载）

南京孙大总统、黄大元帅、代表团、上海外交总长、陈都督、山东同乡会及各报馆公鉴：

日昨全埠公开大会，举定倪君承璐为烟台代表，前赴南京。本日已附凉州轮船来沪。烟台军政府暨各团体叩。

（《民立报》1912 年 1 月 6 日，"公电"；又见《申
报》1912 年 1 月 6 日，"公电"）

李坚等致《民立报》转孙中山、黄兴电
（1912 年 1 月 5 日、6 日载）

《民立报》转南京大总统、大元帅钧鉴：

　　查两淮盐政设立扬州，垂数百年，盖扬州为淮南北中心点，地方恃为生计者，近数万人，今阅《申报》、《时报》等纸，两淮盐政总局设立宁垣，淮盐科附之通、泰两属，其淮北西壩各设转运所，惟淮南北中心点之扬州，转无统辖办事总机关，众心惶惑，行将暴动。在两淮盐务，秕政不免，自应力求改良，酌行新法。惟凡事改革，必须先筹经济，并参访现时情形，即如就场征税，在古视为良法，果能持久，绝少弊端，应长此遵行，何又历改，而终定为票运之法。盖易法、立法，创之者未尝不经营苦思，以求永远有济，直视为万全无弊之策矣。殊不知重大事件，即处承平时代，欲改旧章于一旦且不能，况值此新旧绝续之交，商民困苦，群惧失业，而又军务倥偬，饷需万紧，全赖醝务为转移，反急欲改弦更张，不遑计众人之身命财产，仅发抒平日所蕴蓄于中者，汲汲焉见诸施行。表示人以学业当徵诸实用，意非不美也，法非不良也，其如民穷财尽何，其如事机危迫何。要之，凡百实业，其生发可因理想而得，其效果必由经验而收。利增者，费必增，若舍旧谋新，厚利纵可操，巨费谁为先垫？或曰可借外债，以扩经营，两方面比较，势必余利不赀，不数年而债清税溢矣，第昔时铁道收归国有，狂风巨潮，孰非外债激成耶。孔子曰：因民之所利而利之，又曰：百姓足，君孰与不足。盐务生财大道，只须去太甚之积弊，逐件实事求是，剔除中饱，即国家厘税，定较昔时加增，将来过半倍蓰，

亦视承乏。斯事者为何如人耳，坚为蹉业中一分子，当十月中有薛君屏山来扬，晤坚，称与张先生为至交，谈及蹉务，谓张先生已有善策，询坚对于斯事宗旨若何，坚当请至宁转劝张先生：我辈皆年逾五旬，处此时事，应只图世界之和平，不当尽绝从前之权利，目下盐务办法只可暂仍其旧，将来逐渐改良。薛闻斯言，挺然起曰：我当先代张君承认。迨薛二次来扬，复又代达张先生盛意，已徇坚所请，坚甚欣焉。乃报章所载与薛言迥殊，且松盐承政厅，报载即设松江，淮盐又易厅，而科地点且舍去扬州，即通、泰、西壩，又特新添转运所。张先生主持大局，向来一视同仁，未必因通产而独厚于通，转至弃遗扬郡，何况历数百年旧有淮蹉总辖机关之要地耶。此种条章想系报纸讹传，谅张先生不愿为，当亦不忍为，且淮盐税厘甲于天下，为财赋一大宗，军需所系，商民生命所关，当日煞费踌躇，与徐公宝山力任保护扬州，并协助淮北饷粮，此正以保护两淮盐务耳。今如报纸所传，不独地方激变，军备无着，北伐徒区区月饷亦无以支，应恐哗噪近在目前，惟有请张先生一切暂仍其旧，将来逐渐改良，以践前约，而慰众望。最高级总局地点应听张先生主裁，惟切近办事扼要机关应仍设立扬州，洵为不变不移之局。坚于蹉业场运，食之者虽久，而资本甚微，忆十月九日复鄂电，拟请张先生任盐政总理，坚排众议。独首创是举者，亦以淮盐重任，舍张先生其谁与归，万一反汗，必至失业之众，滋生事变，祸莫能测。明知发言过戆，人情所恶，岂不欲稍效寒蝉，但深惧无以对我新国家，更无以对我两淮最敬重、最亲爱同胞、同业之商民耳。伏愿狂言采择，赐予转圜，知我罪我，均非所计。除电请张先生熟思速复，以镇人心，而支危局外，为此电陈，伏乞主持一切，庶可保全百万之生灵，免召目前之大祸，扬州幸甚，蹉业幸甚。扬州民政长李坚暨阖郡绅学商工各界耆老等全体公叩。（扬州电）

（《民立报》1912 年 1 月 5 日、6 日，"扬州电报"）

安德鲁·史文森致孙中山函
（1912 年 1 月 7 日）

孙逸仙医生：

我的朋友和同志，或许我应该称你为阁下，我也很乐意如此。但我更情愿将你当作记忆中当你作为流亡者被拒绝进入这个所谓的自由乐土时在 S·S Korea（高丽号）上的朋友。当时我们就中国的未来谈得很开心，你托我将信交给在商业街的你的朋友和国人中的某位，这是你得以登陆的途径。我本人也是个革命者，我一直观察着迅速影响世界的正在发生的事情的趋向。我最渴切的希望将要实现，所有的国家将要睦邻相处。

那时种族、肤色、宗教及过去所有的偏见将要被消灭，那时人类会自由生活。

我希望你将来会成功，愉快会补偿你过去的忧虑、辛劳、所受的迫害。

热爱你的安德鲁·史文森

美国海关检查员

Room 3，P. O Ferry Bedg.

（《临时大总统和他的支持者》，第 66 页）

孙毓筠致孙中山、黎元洪等电
（1912 年 1 月 7 日）

南京孙大总统、武昌黎副总统、海陆军部、沪伍外交长、各省都督均鉴：

和密。昨寄新历七日共密系用前宁军都督程和密本谱绎，兹奉电询，谨改用沪军陈都督所寄共和民国四种内之和密折，译陈如下：前寄黎、黄元帅、各都督和密蒸电论战时计可代呈钧鉴。和议难成，战端又启。袁□之计，在牵制湖北之师，或经退拔武胜关，扼我北进，然后会合重兵取淮逼宁，以攻我中坚，袁计甚狡。我军作战计画应得统一，拟请电饬在鄂诸军奋力进攻，麋彼入武胜关既谋，制汉阳之敌军。而各省又分途并进，使彼无暇他顾。金陵为根本重地，固宁必先保皖，淮陆半里必用重兵，方资敷布。皖兵单弱，寿州军未经训练，又无枪械，难御大敌。若以镇兵一镇驻寿州、正阳之间，以洪成典一军分□庐、六副之，皖亦竭力分兵会洪军进扎六安，而以一部驻三河尖。此地为淮颍上游，接壤豫省，为自古用兵重地，则北可与镇军连络，规复颍州，西可扼尖、固侵入之师，游击各处，截贼后路，并可出奇以联鄂军，进规河南。游军现至临淮，应即速攻徐州，足召曹、兖，直捣济南，一面由襄阳进规宛、洛，别以海军护送沪、闽之军，一由烟可攻济南，一由秦皇岛进逼直隶，并会合秦皇岛、湾州已经承认共和政体之民军，直入北京，如此则大事成矣。至天长告急，系张勋败兵窥虚轻入，藉以牵制我军，不难以清杨之师行之，万不可中奸计，经［轻］认临淮之众回宁，致变攻为守势七［也］。若淮北军乳［各］路兵站宜设庐州，既<可免>津浦输送之烦，又可免后路抄袭之虑。愚陋之见，敬祈酌核赐行，大局幸甚。毓筹。新历七日。印。

（《共和关键录》第二编，第168～169页）

马毓宝致孙中山、黎元洪等电

（1912年1月7日）

孙大总统、黎副总统、黄元帅、各省都督、各军政分府司令官、各报馆公鉴：

毓宝前承赣省各界推举赣省都督，曾于十月间晋省。嗣因浔事布置未完，乃于十一月仍复回浔。近接省垣迭次来电，谓省中不靖，筹办之事甚多，乃复省组织，现已就绪，定期元月七日回省。已将九江行辕设立卫戍司令部，派朱君汉涛为司令官。嗣后尊处来电，务乞与南昌直接。如应与朱君相商之事，则请电浔为叩。谨此奉闻。赣都督马毓宝。虞。（自南昌发）

（《民立报》1912 年 1 月 9 日，"江西电报"；又见《申报》1912 年 1 月 9 日，"公电"；《时报》1912 年 1 月 9 日，"中华民国立国记"）

广东民主政党本部致孙中山等电

（1912 年 1 月 7 日）①

南京正、副总统钧鉴：

公任总统，虞日本党开会，公祝共和民国万岁！粤民主政党本部叩贺。

（《粤东举行庆典志盛》，《申报》1912 年 1 月 16 日，"要闻"）

爪哇亚打顿华侨致《民立报》转孙中山电

（1912 年 1 月 7 日载）

《民立报》转孙大总统鉴：

欣悉当选，民主万岁。全体华侨叩贺。（爪哇亚打顿电）

（《民立报》1912 年 1 月 7 日，"贺电"）

---

① 根据《申报》1 月 16 日报道确定发文日期。——编者

虞和寅致《民立报》转孙中山电
（1912 年 1 月 7 日载）

《民立报》转孙大总统鉴：

公膺此任，兆民有赖。虞和寅叩。（青岛电）

（《民立报》1912 年 1 月 7 日，"贺电"）

查里斯·B. 琼斯致孙中山函
（1912 年 1 月 8 日）

尊敬的先生：

我深知您在为新兴的共和国考虑实施众多的改革措施，现在要占用您一点时间未免过分。但我知道，您为贵国的福利事业操尽了心。我相信，在众多的改革计划中，没有哪一项比根除鸦片更重要。因此，藉此机会我向您提一个建议，我相信这个建议会得到您的重视。

过去十一年间，我一向致力于医治鸦片和其他毒瘾。花了不少时间和金钱之后，我成功地创造了一种治疗方法。这种治疗方法使吸毒成瘾者在接受治疗四天之内就可以戒除毒瘾。在治疗工作中，我与我国著名的医生们联系，事实上，我的许多病人都是由一些医生介绍，从很远处来求医的。

几年前，我曾在上海、天津和北京开医院，以证明我的治疗效果。数以百计的中国男女到我们的医院求医，他们在医院呆上三至四天，出院时就完全戒除了毒瘾。那些吸毒者来自不同阶层，其中有龙将军、曾大人，他们两人吸毒成瘾已有三四十年之久。我们给许多人治疗只是象征性地收点费用，而对一些人则完全免费。治疗一批病人，中国政府给我 15 比索（墨西哥币）津贴。但是，不说您也知道，在旧政权之下介绍这种治疗方法是多么困难。我遇到来自一些高级官员的巨大阻力，因为有一种药丸可以治疗毒瘾。我们治愈了数以百计各阶层的中国人。在完全证实了这种治疗方法的效果之后，通过那时在上海举行的国际禁毒会议，我把我的治疗方法和处方公诸于世。后来，我重返纽约工作。

我希望您知道，我根本不图利，我只希望通过阁下，能为中国提供帮助。我相信您会认识到，为了使英国和其他国家理解中国是真正主张禁毒的，那么中国就必须在整个共和国范围内，为吸毒提供一种费用最少的、能使他们戒除毒瘾的治疗方法。我清楚知道，新兴的共和国政府还未有条件为此负担巨额开支，但我相信，上海可以提供一座大楼，让我们有地方演示我们的治疗方法，同时培训中国或外国医务人员掌握这种治疗方法，以便将来在政府管理和监督之下，类似的医院可以在各省府开设，这样，每一个吸毒者都有机会花很少钱就可戒除毒瘾。我们在上海医学院的理事会包括余叶青、申顿河和 Y · C. 邓先生，特别是 Y · C. 邓先生，他曾通过电报局介绍病人找我们医治，他会告诉您我们的治疗方法是成功的。

塔夫特总统还是陆军部长的时候，曾对我们的治疗方法和效果作过深入调查，在完成调查并出具医生详细的调查报告之后，他正式推荐在菲律宾群岛采用这种治疗方法。美国国务卿按命行事，塔夫特总统还亲自给菲律宾群岛总督打电报，建议在那里采用这种治疗方法。

我打算在下周或 10 天之内前往华盛顿与塔夫特总统协商。我相信我国政府会欢迎任何改善中国民众深受毒害状况的举措。

顺便寄上一些关于我们在美国工作情况的小册子。希望您知道，我是全身心支持您的戒毒工作的，只要力所能及，我愿意尽一切努力去推动这项工作的开展。相信您一定会考虑接受我们的建议，切盼您的回音。

查里斯·B·琼斯（Chals B. Jowrs）　敬上

1912 年 1 月 8 日

地址：纽约西 81 街查里斯·B·琼斯医院

（专治毒瘾酒瘾）

（《海外友人致孙中山信札选》（一），《民国档案》
2003 年第 1 期）

伍廷芳致孙中山、黎元洪等电
（1912 年 1 月 8 日）

南京孙大总统、武昌黎副总统、南京黄陆军总长、各省都督、北伐
联军总司令、各司令、天津《民意报》公鉴：

自唐使辞职之后，连接袁内阁来电，于唐使所已经签定之条款，
任意更改，廷复电力驳，谓已经签定之条款，毋庸再议。惟于其来
电议开会地点、日期等为唐使未经签定之条款，可以互相讨论。但
廷意彼此以电报往还，情事必多未悉，且会议亦向无此例。故电邀
袁亲来上海一行。前表提议停战展期至阴历十一月二十七日上午八
时止。今袁来上海与否，现尚未定。且会议所余问题，只开会地点
与日期，不妨姑待，以期解决。故廷已复电，允展期至阴历十一月
二十七日上午八时止。请通饬各军队，并请切实申明前约，非接有
和议决裂、战事重开之通告，不可开战，是所切祷。伍廷芳。齐。

（《共和关键录》第二编，第 153 页）

沈秉堃致孙中山、黄兴等电
（1912 年 1 月 8 日）

孙大总统、黄元帅、伍总长、都督、各总司令部均鉴：

敝司令部元月三日出发，六日抵金口。湘桂前进之军已扎近蔡甸及马鞍山、黄陵矶一带，未到军队陆续可齐。作战一切事宜均已准备，一俟通告和议决裂，即行进战，千军立马，翘首以待。湘桂联军总司令部秉塈。庚。印。

（《共和关键录》第二编，第 153 页）

旧金山中华会馆致孙中山函
（1912 年 1 月 8 日）

中山大总统麾下：

民军起义未及三月，河山半壁已归汉有，非我公十数年鼓吹之力，曷克臻此。顷者民国成立，公膺大任，海外闻风，不胜欢忻。开中原未有之历史，倡五洲最大之共和，惟公实赖之。曩者驾临金山，演说革命真理，谨聆伟论，用志弗谖。今新国已成，人材辈出，为国捐躯、效死于疆场者大不乏人，民气如斯，行见扫穴犁庭，指顾间事。然军费浩繁，在在需款，非厚集饷项，将何以善其后耶？

同人等亦国民也，既不能投笔从戎，上马杀贼，至于筹画款项、设法劝募，敢不分任负担？是以前者，一接胡汉民都督饬筹粤债之电，即设局开办。幸赖侨民爱国，踊跃借出，已陆续分批电汇回粤，想胡都督近在南京早与我公述及矣。日前复接电示，委筹组织中央政费，曾将其中情形略为电复，谅邀台鉴。爱乡爱国，同出一心，同人等既为省效力，焉敢不为国效力；省款国款，同时并筹，岂非甚善。惟二事并举，诚恐鄙吝者转多影射，而名称淆乱，稽核良难。况粤债定章，粤借粤还，每借一元还银一元五毫，两年还足；国债未审是否亦照此例，或另有章程？余利较薄，则投款者熟权轻重，必有迁就于其间，国债一门难收大效。有此种种原因，故同人等再四商酌，金云设局开筹反形窒碍，不如请由中央政府将国债票寄下，设法代沽，售去若干，即汇银若干，似较利便。否则由粤债项下，酌量成数，移拨中央，将来仍由粤还。但此层务请与胡都督面商妥善办法，电知粤省，再由粤电知敝处遵办，方有着落。以上二法是否有当，以何法为可行，乞速示复。事关民国前途，同人等凡可为力之处，无不尽力也。肃此。谨颂

福祉

金山中华会馆绅董邝人瑞　许炳桑　唐瑞年

胡祝祥　李宝湛　黄商瑚　麦超英等公启

中华民国元年元月八日

（翠亨孙中山故居纪念馆藏档；又见《孙中山藏档选编·辛亥革命前后》，第429～430页）

张翼枢致孙中山函

（1912 年 1 月 8 日）

中华民国总统先生大鉴：

前上三函，想已早邀青览。

现闻法国因维持同盟计，允俄国在西蒙伸张种种特权，及助其改订一千八百八十一年之中俄条约。至于欧美各国，对于中国民主所商议各节，枢拟尽力调查，俾知其真像，以谋对待，或从中取利。调查之法，不外托人办理。惜枢之相知有不得力者，亦因反对政府无能为力者。现拟设法运动各大报馆政治记者代访，不知办得到否。并定于星期三日往见三点会长，与之谈论一切，此人为上议员，不无势力，或可得其助。现在临时政府已经成立，枢意以从速遣派代表为是，可壮声威，运动亦较易为力。惟国人熟悉德、法、俄、奥、意各国政情者或不甚多，颇觉为难，吾辈为新进人物，凡事必须慎之于始，方不至失人望也。枢不敢以才干自矜，然居留法国已二年余，颇知法国政治情形，其他各国政治亦尝问津，

惟尚欠历练。计以政府名义，由法国起手运动，当能与各国之政客、报界中人及资本家联络。意欲请以半官半私之资格，由政府委任前往各国调查，与各国政府及各色人等交往，并谋开通门路，以备他日探访消息及交涉时有门可入，公使不至有人地生疏之叹。现在清使馆中虽不无可用之才，然绝少应酬者，未必深悉各国政情及运动方法。枢本不愿担巨大责任，然以在法国办事所得之经验论，觉此间之中国人通达各国情形者实所罕见，因敢以一知之愚，竭诚自荐，非有名利之念存于其间也。枢意欲于无用时返国充报馆记者，备可参预订立宪法事务（如能充议员尤妙）。观此愈可见枢之用心矣。

先生被举为总统，法报皆欢迎。（女选举会致电贺先生，确否？此会能为吾人少补乎？合当一查。）半官报如《晨报》亦表赞成。守旧报如《巴黎之回响》（教会机关）亦不反对，盖以先生为基督教徒也。王党报亦尝以是为誉。法政府之地位不稳，月后当被推倒。新内阁总理或为现任海军部长 Delcasse 氏，此君尝以俄国经营远东，可分法俄同盟之势力为惧，而反对之；复为连英派之人物，必可得其助力。目前 Mille 君欲以先生被举事函致俄外务大臣，以证其言，枢已允之，一俟得覆书，即当函达。渠现在《巴黎之返响》充政治记者，欲于枢处得中国新闻，谓曾为吾人出力，望以此报之。此举有益无害，且可得其欢心。枢意欲请先生派人专司传递消息，以便维持欧洲舆论；若能在伦敦或巴黎设立通信机关，或能以比京之远东通讯社为吾人用尤妙。（任报馆记者，到处向中国人探访，必至矛盾。个人与之交涉，则照相、宣言，亦属可厌。）国事未大定时，欧美舆论不与吾人无益。乞酌之。手此。敬请

大安

张翼枢顿首　正月八号

（翠亨孙中山故居纪念馆藏档；又见《孙中山藏档选编·辛亥革命前后》，第 461～462 页）

卢少岐致孙中山函

（1912 年 1 月 8 日）

尊敬的孙：

我用英文写这封信，以免您收不到。

我和其他中国人一样为您当选为第一任大总统而高兴。您是合适的人选。

当革命爆发时，我就从英国回国，以便在革命运动中帮一把。过去的三周我一直在广州，我现在仍不被政府所需要。如果我一点也不参加革命的话我会感到羞耻。如您所知，我在日本接受过军事训练，现在仍然有用。在过去的七年中，我在英国学过国际法、宪法、政治经济学和神学。我能否为中央政府做点事呢？请示知。

此致

如愿

卢少岐　谨志

（《临时大总统和他的支持者》，第 185 页）

孙毓筠致孙中山、黎元洪等电

（1912 年 1 月 8 日）

火急。南京孙大总统、武昌黎副总统、上海伍外交总长、北伐总司令暨各省都督鉴：

据皖北确实急报：朱家宝率兵十五营到亳，倪嗣冲迎之入颍。张勋驻宿，又分兵以据清江等语。议和期内，诸贼举动若此，显系藉议和缓我之师，冀占长淮。速筹方略，饬北伐联军会合战地备攻，一面请责袁贼违约之罪。事急。盼复。毓筠。庚。（安庆电）

（《民立报》1912 年 1 月 10 日，"公电"；又见《申

报》1912 年 1 月 10 日，"公电"；《时报》1912 年 1 月 10
日，"中华民国立国记"）

孙问鹦、高悟卿致《民立报》转孙中山电
（1912 年 1 月 8 日）

《民立报》转鉴〔孙〕大总统鉴：

公任总统，万姓欢洽。苏州古护图祥自卫团孙问鹦、高悟卿。
号。叩。（苏州电）

（《民立报》1912 年 1 月 11 日，"贺电"）

陈骏衡、苏宣球及同盟会员
致《民立报》转孙中山电
（1912 年 1 月 8 日）

《民立报》转南京大总统钧鉴：

昨□粤都督陈真电悉，推举先生为大总统，喜报传来，雀跃奚
似，可为民国前途庆。镇平司令处陈骏衡、电局苏宣球暨同盟会员
全体叩贺。号。（镇平电）

（《民立报》1912 年 1 月 11 日，"贺电"）

桂林议院致孙中山、伍廷芳等电
（1912 年 1 月 8 日收）

孙大总统、伍外交总长、各省代表团暨桂代表顾君武鉴：

现在大总统既已举定，即认定民主国，投票十七省亦属大多

数，国体问题解决已久，何以再须会议？万一各代表把握不定，或暗受奸人运动，竟自取消前此选举大总统之举，不特贻笑外邦，且留第二次革命，目前必致大乱。各代表承认国民大会，究竟因何情形？望即明覆。桂议院叩。

（《共和关键录》第一编，第 45 页）

浙军府致南京转孙中山电
（1912 年 1 月 8 日载）

南京转孙大总统鉴：

唐使撤回，衅端非开自我。先发制人，兵家要着。滦州既经反正，尤应亟为接应。浙军府意宜亟分四路出师，一军自鄂、湘分击汉、渷，一军自皖北进规陈、颍，一军自清江袭击徐州，一军航海自蒲河口附近登陆，接应滦军，横断京奉，以操必胜之势。民国初建，尤宜示威，以表实力。浙人枕戈已久，惟命是听。浙军府叩。

（《浙军府致孙大总统电》，《申报》1912 年 1 月 8
日，"要闻"）

六合士民致《民立报》转孙中山、黄兴等电
（1912 年 1 月 8 日载）

《民立报》转孙大总统、黄大元帅、庄都督钧鉴：

江北支队司令正长李竞成，前率民军光复六合，纪律严明，秋毫无犯，南乡一带居民受惠尤深。进攻浦口，身先将士，奋勇直前，大功克成，邑人感戴，顷闻司令行将辞职，民心依恋，用请挽留，以伸敬慕，乞俯顺舆情。六合士民公叩。（自镇江发）

（《民立报》1912 年 1 月 8 日，"镇江电报"）

严韶致孙中山函

（1912 年 1 月 9 日）

孙先生台鉴：

由于经济原因，我不能电贺，谨以此信祝贺阁下成为中国的华盛顿。阁下的当选，不仅是中国人民明智的选择，也是我们对阁下二十年来艰苦卓绝奋斗的认可。中国人民意识到他们需要一个民有、民享、民治的共和政府。阁下的当选对他们无疑是极大的鼓舞。长期以来，中国人民渴望摆脱满清政府的压制。阁下的当选对他们不仅是极大的喜讯，也为加快结束满清王朝的统治带来了希望。不得人心的满清王朝不仅阻碍了汉人的发展，对世界和平也是一大威胁。简言之，阁下的当选，就个人来说，是人民给您的巨大回报，即对您二十年来艰苦奋斗的认可；就政治来说，对中国人民无疑是天赐的福泽。

中国人民，应当与其他文明国家的人民一样，享有自由、平等和追求幸福的权利。中华民国首届总统，四万万民众当中，舍您其谁？值此中国历史的紧要关头，能给人民带来鼓舞和希望的，四海之内，舍您其谁？像华盛顿一样，阁下是中华民国的国父，阁下的光芒将永远照耀中国大地。我希望，在阁下的统领下，中国会迅速强大起来，繁荣昌盛，人民幸福。

将来一旦军人统治的局面结束，中国就会面临采用哪种共和政府形式的问题。共和政府有直接代表形式即纯民主形式和间接代表形式。前者以瑞士为代表，后者以法国和美国为代表。中国人多地广，不可能采用纯民主形式。至于间接代表形式，则有法国模式和美国模式之分。法国模式为议会制，美国模式为总统制。相比之下，法国模式在很多方面优于美国模式。法国宪法优于美国宪法，原因就在于前者是近代产物。现在的法国宪法是 1815 年制定的，而美国宪法初定于 1776 年，修订于 1783 年。① 就我所知，议会制共和政府形式优于总统制共和政府形式，对此我深信不疑。优点有三：（1）政府集权；（2）内阁负责制；（3）行政与立法部门和谐。而在美国，中央政府的权力非常分散。总统常常受制于联邦立法与各州权利所产生的冲突。围绕加州一所日语学校所发生的分歧就说明了美国政府分权所产生的弊端。人民的愿望若得不到实现，则既难归咎于总统，也难归咎于国会。因为行政和立法部门相互独立，谁也不听命于谁，它们之间的不和谐常常浪费了很多时间和金钱。人民因此受害良多。在法国，总理是行政首脑，总统则与英国君主一样，只是国家元首。总理为议会下院的行为负责。因此，下院必须通过他提出的任何法案。若出现政策分歧，总理可以总统名义解散下院或自己辞职。由于法国政府权力集中，在实现人民的意志时，责任归属明确。而且不会出现美国行政与立法部门之间那样的僵局。由此可见，议会制共和政府形式优于总统制共和政府。我深信阁下也持相同观点。

以前我以为美国的政府形式最好。自从两年前学习了各立宪国家的宪法以来（每周要背诵宪法三小时），我就改变了自己的看法。班上几乎每个同学都与我现在的看法一致，连教授本人也不例外。

上面阐述了我的看法，即中国政府将来采用法国模式益处很多。

另外，若阁下允许，本人还想就国家政府提出以下建议，供阁下参考：

1. 首当尽快组建陆军，中华民国国防最需要的是一支强大的陆军，海军的组建可暂缓；

2. 采用美国民兵制；

3. 确立有固定标准的全国货币；

---

① 此处有误，美宪法 1787 年初订，1791 年第一次修订。——编者

4. 向国外借款以利国家；

5. 尽快铺设铁路干线；

6. 全国土地要植树造林，因为森林是最重要的资源；

7. 小学实行义务教育，言论及出版自由；

8. 通令全国各乡村，拓宽延长其所用公路，良好的公路对交流信息，促进国内贸易和改善农民生活起着重要作用；

9. 开发各种自然资源；

10. 成立移民局：

（1）国内移民：引导民众由关内移居

a. 东北；

b. 蒙古；

c. 西藏；

d. 其他西北地区。

（2）国外移民：

a. 移民墨西哥和其他南美国家；

b. 移民西伯利亚以达政治目的；

c. 移民亚洲南部诸国。

对国外移民，应随后派驻领事、商人、编辑、教师。

对国内移民，应分给建宅地，他们应享有低价或免费交通，并随后派驻教师、编辑和商人。

以上是针对国事提出的建议。下面转谈我个人的情况。身为中华民国一普通公民，我感到非常自豪，热切希望回国效力。我诚信共和，有义务为我们共和国效力——为政府，为人民，为社会效力。因资金缺乏，我回不了国。作为私交，望能寄给我两百元回程路费。

严韶（A·S. Yim） 谨上

（《海外友人致孙中山信札选》（一），《民国档案》2003 年第 1 期）

域多利致公总堂致孙中山电

（1912 年 1 月 9 日）

中华民国大总统孙公电鉴：

前域埠蒙车驾抵埠，又更兼提倡捐助军饷，以成今日之中华民国，使四万万之同胞得享平等之自由，斯功斯德，诚公之所造成者也。后闻羊城起事，同人心欢起舞，以为汉族可兴，河山可复，岂料汉奸泄漏军情，以使各烈士流血于羊城，为民牺牲，同人闻之不胜泣奋而悲叹也。后闻武昌举义，一月之间各省独立，四百兆之汉民同心共胆，数月之间东南半壁已睹重［光］，十八行省均已恢复。同人等于广东独立之前，而继公之大志，复议加捐，以助广东军政府之用，果得万心同一，虽有三四汉奸反对，而吾党之大事必成，此是公之倡道也。后闻大埠中国同盟会、致公堂拳大哥之命统一，而域埠闻此事者而亦继公之志，而与同盟会友统一焉。今者又接大总统来电之喜音，人心万众合一庆祝大典，以是所见之同胞皆齐声欢呼起舞，何乐如之。惟前本总堂所委谢秋君偕公同至各埠筹饷事已经完全，是以今日本堂之谢秋君回国办理，偕翼汉君共为本堂代表，组织一完全政党。故望大总统回念当日花亭之事，须要协力扶持完全政党之事，勿被别人占我等二百余年守一之政党，秘密坚持，一时大哥成功而被别党□夺也。专此。并问义安。阳历一千九百一十二年正月初九日域埠致公总堂叩。印。（域多利发）

（翠亨孙中山故居纪念馆藏档；《孙中山藏档选编·辛亥革命前后》，第 430～431 页）

兴化学界青年会全体学生致时报馆转孙中山电

（1912 年 1 月 9 日）

时报馆转孙中山先生鉴：

恭祝大总统万岁！中华民国万岁！兴化学界青年会全体学生叩。马。（兴化来电）

（《时报》1912 年 1 月 11 日，"中华民国立国记"）

暹罗总商会致中华银行转孙中山电
（1912 年 1 月 9 日）

中华银行转陈都督鉴：转孙大总统：

万岁。黄少岩君到，股份候招，电复。暹总商会叩。马。（暹罗电）

（《民立报》1912 年 1 月 15 日，"贺电"）

伍廷芳致孙中山、黄兴等电
（1912 年 1 月 9 日）

孙大总统、黄陆军总长、武昌黎副总统、北代联军总司令、各司令、各省都督公鉴：

顷接安庆孙都督庚电，述朱家宝、倪嗣冲等违约进兵，已电袁内阁诘责，并促其查办。特闻。廷芳。佳。

（《共和关键录》第二编，第 94 页）

陆荣廷、王芝祥致孙中山等电
（1912 年 1 月 9 日）

大总统钧鉴：外交总长、都督鉴：

赣军政府通电奉悉。袁世凯撤销代表，和局实无把握，端倪已露。沪都督已有通告北伐计画，自请预备，大总统统筹为祷。桂都督陆荣廷、芝祥叩。青。印。

（《共和关键录》第二编，第 164～165 页）

王震致孙中山电

（1912 年 1 月 9 日载）

南京大总统崇鉴：

中华民国纪元改用阳历，业经宣布。惟念各商业向例于阴历年终结帐，设骤改章，实于商务大有妨碍，故拟请即通电各都督转饬商会，晓谕商户，以新纪元二月十七（即阴历除夕）作为结帐之期，嗣后即照阳历通行。王震叩。

（《宣布除夕结帐之电文》，《申报》1912 年 1 月 9
日，"本埠新闻"）

徐荣桂致孙中山等电

（1912 年 1 月 9 日载）

孙大总统及各军政府、军政分府、各报馆鉴：荣桂自十月初十奉命率队安抚徽属，保商安民，勉为其难。兹幸同志胡君孝龄于元月六日督师来徽镇摄，荣桂随即交替动身，谨以奉陈。徐荣桂叩。（自屯溪发）

（《民立报》1912 年 1 月 9 日，"安徽电报"；又见
《时报》1912 年 1 月 9 日，"中华民国立国记"）

浙江议会致孙中山电

（1912 年 1 月 9 日载）

南京孙大总统鉴：

新年元旦，万物皆春，众庶熙熙，恭庆更始！恭祝大总统万岁！中华民国万岁！浙议会。（浙江电）

（《民立报》1912年1月9日，"贺电"；又见《时报》1912年1月9日，"来件·南京总统府电信汇纪"）

袁坦致孙中山电
（1912年1月9日载）

南京大总统睿鉴：

逖闻新命，四百兆洪福齐天；首被皇人，十七省来声动地。恭维我中华民国开辟以来第一次大总统万岁万万岁！即位适归正月元旦，天之历数在谍；受命实惟中国一人，民所归往为王。舜禹匹夫而有天下，无此日期；汤文百里而朝诸侯，逊兹元德。诚生民以来之所未有，抑泰西各国之所未闻。黄帝有灵，素王含笑。谨率十属官军绅商学界全体国民九鞠躬敬贺。江西共和统领袁坦叩。

（《时报》1912年1月9日，"来件·南京总统府电信汇纪"；又见《民立报》1912年1月9日，"贺电"）

浙江共和协会致孙中山电
（1912年1月9日载）

孙大总统：

初哉首基，天时人和。恭贺中华民国万岁！大总统万岁！浙江共和促进协会叩。（杭州来电）

（《时报》1912年1月9日，"来件·南京总统府电信汇纪"）

李煜堂致孙中山电

（1912 年 1 月 9 日载）

孙大总统鉴：

恭祝总统、共和万岁！广东财政部长李煜堂叩。（广东来电）

（《时报》1912 年 1 月 9 日，"来件·南京总统府电信汇纪"）

徽州临时府议会致孙中山电

（1912 年 1 月 9 日载）

申贺孙大总统莅任改元，民国万岁万万岁！总统万岁万万岁！徽州临时府议会全体公叩。（屯溪来电）

（《时报》1912 年 1 月 9 日，"来件·南京总统府电信汇纪"）

美国钵仑埠耶教联会致孙中山电

（1912 年 1 月 9 日载）

中华民国大总统孙逸仙先生鉴：

恭祝新民国大总统履任。美国钵仑埠耶教联会。（美洲电）

（《民立报》1912 年 1 月 9 日，"贺电"；又见《时报》1912 年 1 月 9 日，"来件·南京总统府电信汇纪"）

中华同盟会闽支会驻延办事处致孙中山电
（1912 年 1 月 9 日载）

民国大总统孙钧鉴：

　　中华同盟会闽支会驻延办事处全体庆祝。（福建电）

　　　　（《民立报》1912 年 1 月 9 日，"贺电"；又见《时
　　报》1912 年 1 月 9 日，"来件·南京总统府电信汇纪"）

汤寿潜、蒋尊簋致孙中山电
（1912 年 1 月 9 日载）

中华民国临时大总统鉴：

　　蒸电敬悉。元旦荏新，中原重秀。民国万岁！总统万岁！浙汤
寿潜、蒋尊簋同叩。（杭州来电）

　　　　（《时报》1912 年 1 月 9 日，"来件·南京总统府电信
　　汇纪"）

张炳炎、陈汉超等致孙中山电
（1912 年 1 月 9 日载）

孙大总统中山先生鉴：

　　承公委任。粤城同盟会组织员门生张炳炎偕同志社陈汉超、余
汉宗、丁击楫、丁颂生、侯汉铺、冯纶、维汉、戴汉荣、戴兆祥、
梁湛、郭向蓍、梁焕炳、丁棣福、麦泽民、刘荣彪、许拔卿、张漱
岩、陈勉、罗炯堂、萧达生、曾砚农、曾翰垣、陈锡藩，暨会员军
界二千余人等同叩。中华民国万岁！大总统万岁！（广东来电）

（《时报》1912年1月9日，"来件·南京总统府电信
汇纪"）

黎金进、吕杰致孙中山电
（1912年1月9日载）

孙大总统鉴：

喜悉举公为大总统，民国万岁！黎金进、吕杰电贺。（广东来
电）

（《时报》1912年1月9日，"来件·南京总统府电信
汇纪"）

吴淞军政分府致孙中山电
（1912年1月9日载）

孙大总统鉴：

元旦令节，元首御极，中华万岁！总统万岁！吴淞军政分府全
体悚贺。（吴淞来电）

（《时报》1912年1月9日，"来件·南京总统府电信
汇纪"）

孙毓筠致孙中山电
（1912年1月9日载）

大总统阁下：

各省代表团电钧驾十三日莅宁。共和成立，民国发生，恢汉族

已失之河山，开中华未有之历史，盛德大业，藻乾耀坤。从此民国程度日进无疆，政治文明媲隆欧美，气乐而天麻降，皆阁下之赐也。毓筠羁于职守，不克躬往谒贺，谨代表全皖人民以词电祝，伏维吾民国大总统万岁！皖都督孙毓筠叩。（安徽来电）

（《时报》1912 年 1 月 9 日，"来件·南京总统府电信汇纪"）

杨万夫、王心棠等致孙中山电
（1912 年 1 月 9 日载）

孙大总统中山先生鉴：

广东协字民军军务处统制杨万夫、王心棠，总务长傅寿宜、军需长李谦暨机要长门生张焕堂偕课员军界等同叩。祝中华民国万岁！大总统万岁！（广东来电）

（《时报》1912 年 1 月 9 日，"来件·南京总统府电信汇纪"）

江西教育总会等致孙中山电
（1912 年 1 月 9 日载）

孙大总统钧鉴：

顷接沪电，公举第一次中华民国大总统，我公当选，万姓欢呼，民国幸福，惟公是赖，特此颂祝。江西教育总会、商务总会、共和助进会公叩。（南昌来电）

（《时报》1912 年 1 月 9 日，"来件·南京总统府电信汇纪"）

中国同盟会美国加尼宽省华生城中国
居留民致《民立报》转孙中山电
（1912 年 1 月 9 日载）

《民立报》转大总统孙中山：

中华、民主均万岁！中国同盟会美国加尼宽省华生城中国居留民。（美洲电）

（《民立报》1912 年 1 月 9 日，"贺电"）

鲁道夫·都德致孙中山函
（1912 年 1 月 10 日）

孙先生阁下：

几星期前，我按照您的上海地址给您寄了封挂号信，但愿已安全送到您手上。信里随附我设计的两个方案，一个是中华民国国旗的设计图案，另一个是共和国盾形纹章的设计图案。上次说过，我不是艺术家，也没有合适材料。因此，上述两个图案设计副本都是鲜红色和绿色。

上次还讲到，许多国家的国旗远看很相似，这些国旗不少是相互抄袭的。还有一点要注意，就是盾形纹章的盾形必须独具特色，不能与其他国家雷同。盾牌上的皇冠可用红日代替。这一点上次已提及。国旗和盾牌上的五星可按比例扩大，以便其中的星点数能与中国的省份相同。

顺问泰安

鲁道夫·都德（Rodolph Tudor）　谨上

（《海外友人致孙中山信札选》（一），《民国档案》
2003 年第 1 期）

林礼斌致孙中山函

（1912 年 1 月 10 日）

逸仙大总统鉴：

　　敬启者：前数月足下光临本埠①，瞻丰采，令人崇拜不置。所发挥伟论，亦已一一见之实行。今且公举为总统，登大舞台，演大手段，建莫大之奇勋。去满洲之专制；为吾人谋自由之幸福，此其时矣。他日中华民国可加列强之上者，皆足下所赐也。惜弟以樗栎庸才，不克附骥为国效力，歉甚。

　　西十月二十五号接来电，委筹万元，电纽约生发。② 弟得电即运动同人为筹款接济军饷之举，不料为孔圣诞日开演说会，埠中同盟会少年不商之会馆值理许可，则乘势放下龙旗，欲直升民国旗，殊属轻举妄动，故商家大不满意，筹款之局几因此而破坏。故弟不即覆电于足下者，即是故也。随后弟调停两方面，始和衷共济，幸同胞皆深明大义，踊跃捐输，计共捐得唐银二万三千元，已十二月四号由弟手电汇粤督胡收。十二月二十九号接吧埠转来君电，委筹款项，故众议着弟覆电，浼足下查粤督可有收到该二万三千之项及发军债票事。电后，接李煜堂先生覆电收妥矣。弟即发上电，云已接到粤政府复电，谅邀青鉴矣。

　　本埠及吧埠华侨闻足下被举总统，人心大慰，皆信足下所持三民主义当必次第举行。本埠已于正月一号举行新总统升任之大庆典，合群游街。惟虏廷巢穴现尚负隅，乞足下调兵北上，直抵黄龙，弟虽远处海外，亦当为之痛饮也。

　　张煦兄是年为中华会馆正总理，如有函电者，祈直发至会馆，

---

① 指域多利。——《孙中山藏档选编·辛亥革命前后》编者注
② 生发是商号名，英文为 Sing Fat Co.，当时美国华侨多称作"新发行"。粤话，"新"与"生"同音。——《孙中山藏档选编·辛亥革命前后》编者注

或由弟处转致更为妥适。国债票一项，祈先发来弟处较为郑重，且有所专责。肃此。敬请

筹安

弟林礼斌顿首　一九一二年元月十号

（翠亨孙中山故居纪念馆藏档；又见《孙中山藏档选编·辛亥革命前后》，第 431～432 页）

张平州致孙中山函
（1912 年 1 月 10 日）

扬州　1912 年 1 月 10 日

南京中国总统孙逸仙

先生：

得知在中国新生过程中需要很多有文化的年轻人，我请求为您服务。

我 1908 年夏毕业于上海圣约翰大学之后，一直在扬州两淮中学教科学和英语。为责任所驱，我常感到，我准备为您尽义务。如果您能让我在教育部或外交部提供服务，我将感到万分荣幸。

盼复音。

张平州

（《临时大总统和他的支持者》，第 186 页）

谭延闿致孙中山、黄兴等电
（1912 年 1 月 10 日）

南京大总统、黄陆军部长、武昌副总统、上海伍外交总长、陈都督及各报馆、各省各都督、各总司令官公鉴：

前得伍外交长江、齐各电，深知袁贼狡谋。和议万不可恃，无非充彼战备，懈我军心。正拟联合各省，要请大总统及伍外交长，不再迁延议和，布告开战。适得南昌马都督佳电，以袁世凯来沪与否，及会议地点、日期，限于阴历十一月二十七日内答复，决不再延长停战期限等因，敝省极表同情。务恳伍外交总长即与袁世凯严重交涉，将前次与唐代表所订之两军须得全权代表电报述和议决裂、战事重开始可发令开仗一条，即行更正。若至停战期满，尚未将君主、民主问题解决，即令各路开战。如大总统及各省都督赞成此议，即请伍外交长宣布中外，万勿再与迁延，是为至祷。湘延闿叩。十号。（湘军都督电）

（《申报》1912 年 1 月 12 日，"公电"；又见《时报》1912 年 1 月 12 日，"中华民国立国记"；《民立报》1912 年 1 月 12 日，"湖南电报"）

徐宝山致孙中山、黄兴等电
（1912 年 1 月 10 日）

大总统、大元帅、各都督、各分府暨各报馆均鉴：

袁贼行为狡诈，胆敢蔑绝公理，翻悔和约，一再进兵。祸首惟彼，昭昭然矣。我于此时，若复堕彼奸谋，迁延时日，坐令神州光复之功，渐归水泡，何以对死者？何以对同胞？何以见祖宗于地下？宝山忧愤填胸，待无可待，惟立候中央政府宣示方略，即率部众前驱而北，直捣贼巢。语云："一日纵敌，数世之患。"宝山深痛惜之。乞指教。江北北伐军司令部宝山叩。蒸。（江北北伐军司令部电）

（《申报》1912 年 1 月 12 日，"公电"；又见《民立报》1912 年 1 月 12 日，"扬州电报"）

孙毓筠致孙中山、黎元洪等电

（1912 年 1 月 10 日）

大总统、黎副总统、各都督、各行军司令、各军政分府、各报馆均鉴：

皖炮营吴管带辞职，新委管带段怡照到差半日，该营队官王镇东觎升管带未遂，胆敢枪杀段怡昭，黉夜逃遁。务乞一体严拿，置诸法典，以肃军纪。皖都督孙毓筠叩。蒸。（皖军都督电）

（《申报》1912 年 1 月 12 日，"公电"；又见《时报》1912 年 1 月 11 日，"中华民国立国记"；《民立报》1912 年 1 月 12 日，"安徽电报"）

张振武致孙中山电

（1912 年 1 月 10 日）

大总统钧鉴：

川款闻已允派人解决，感佩无既。现武购军火已到沪，立候此款交价，副总统电催军火甚急，所派何人，恳命即时来沪接洽，立盼电复三马路庆和里九号。振武叩。蒸。（上海去电）

（《民立报》1912 年 1 月 15 日，"总统府电报"）

黎元洪致孙中山、伍廷芳电

（1912 年 1 月 10 日）

南京孙大总统、上海伍外交总长鉴：

准陕西张都督霰电开：前月初十日以来，长庚屡寇敝省，西边长武、永寿等处，战事至今未已，潼关于十月念日被赵偶带领毅军攻破。其后敝军重整队伍，连战三次，始于本月初一再行克复。现闻又添大股，将与敝军死战，袁又攻晋，太原确已失守。似此入寇情形，均在停战期内，袁之诡计百端，防不及防，请公速电外交总长，速与清廷交涉。等因。自和议以来，袁世凯屡次违约，陷我名城，太原既失，秦又两面受敌，势极孤危，万不能缓我甲兵，使关河同胞独遭巨患。请伍先生速电袁世凯，令其明白回答，并望我大总统速催东南义旅，豫备北征，鄂中联军枕戈待之矣。元洪。灰。印。

（《共和关键录》第二编，第 63~64 页）

C·D. 詹姆森致孙中山函

（1912 年 1 月 11 日）

有关部门赈灾事宜

300000 先令和 200000 先令　　　　　上海，1912 年 1 月 11 日

孙逸仙阁下

中华民国　南京　孙总统

尊敬的孙博士：

请允许我感谢您在 9 号给予我的热情接见及您就赈灾工作和我个人在安徽和江苏所做的防护工作所讲的称赞之词。

我昨天早晨乘快车回上海。6 点钟时为回答我的便条，陈锦涛先生到我的房间，我收到了您的信。读完后，我们谈到关于300000 先令的事，陈先生说他不知道有多少钱存入了上海大清银行，但要去查明，他说大清银行即使有的话也不能支付那个数目。一由于他们每天使用的流通经费不超过 100000 元。如果有任何努力提取钱款的话银行就会关门，会导致金融恐慌。他不认识冯孟华先生，但可以想见他能查明到什么等等。

今天早上 10 点钟你的商务兼农业部长张謇走访了我。张先生数年来一直关注受灾地区及在该地区的水利保护和利用计划。

我去年 7 月作为红十字会和美国政府派出的对受灾地区的水利保护的调查员到了北京。孙宫保是 Yu Chuan Pu 的头头，我向他汇报。他将我转而介绍给了解国情的张謇，下令他供给我一切我所需要的帮助。并给他 10000 先令支付我的费用。我告诉您这个以便您明白我同张謇的关系。

我希望见张是以下的事：首先，300000 先令。张先生立即答应此事并说必须得到钱，说他知道冯孟华，并会就此事立即见他，关于他在哪里存的钱，是受何人的指令等。他还要就关于由伍廷芳决定捐给华洋义赈会的 200000 先令这事去见伍廷芳。他还说最大的危险来自想用作其他目的的上海都督，他请我就此事给您发电报，我今天下午这样做了。

今晚我见了陈锦涛先生，他说他今天就 300000 先令的事查询了上海大清银行，被告知没有任何钱存于该银行，但有 100000 先令存于南京大清银行，那个银行被满族将军抢掠，钱就这样丢了。我认为他的消息是不真实的。我要待张謇查明情形后看他怎么说。

200000 先令属于华洋义赈会使用，300000 先令虽不属于华洋义赈会，但是为在安徽和江苏的工作准备的。使用的钱用于有相当重要的意义的工作，这工作主要由灾民来做。这项工作不是由传教士主管，而是由我直接管理，或多或少地管理中国人。至于 300000 先令或其中的任何部分，我想建议由张謇和我联合处理。

200000 先令应该立即通过张謇支付给华洋义赈会。如果您认为这样最好的话，请通知陈都督和张謇。

请原谅这封长信，但这许多事对我在受灾地区的初步的工作有非常重要的关系。

C·D. 詹姆森（C·D. Jameson） 谨志
美国红十字会驻中国调查员

（《临时大总统和他的支持者》，第 122～123 页）

C·D. 詹姆森致孙中山函

（1912 年 1 月 11 日）

关于重新送粮食到受灾地区

尊敬的孙博士：

下面是应华洋义赈会之请求而写的。

义赈会决定以 50000 先令尽快开始在江苏北部的镇江府赈灾。他们的工作主要包括为灾区购买米和谷物。他们希望尽快购买 25000 先令的大米，这米是通过大运河从清江或芜湖运来的。

1907 年和另一个灾年，义赈会和中国政府共同行动，按以下方法安排粮食运输：

在运货码头——常常是清江，义赈会交付粮食——通知某个由总督指派的人粮食什么时候装运到运河上来及有多少粮食。当运达时由一位义赈会的人和那位总督委派的人检查数量和质量。然后由总督的人负责此事，在镇江府或义赈会代表所指定的运河上的任何地点进行移交，在此地再由赈灾代表接受并办理最后的发放。中国政府支付人工和运输费用。这种方式大大简化了工作。因政府能比义赈会更便宜更妥善地处理运输问题。

委员会请求我问您能否考虑今年作同样的安排？

将需要一个政府官员在：

浦口—芜湖—清江

淮河北岸的一些火车站、镇江府

运河上至少需要两只强马力的拖船。

可能的话，镇江府以北地区所需的粮食不应该再转运。应继续在同一条船上运到最后的交接处。

如果您同意的话，我认为张謇应该负责此事。

治安——

当着手赈济工作时，灾区的治安必须很好地维持。因为无论做多少工作，无论有多少谷物发放，都只有少数灾民能得到照料，会发生轻微的骚乱。

来自地方当局的建议：应该获得所需要的一定数目的警力，以及运送时运粮船必须有人看守。

关卡——

免除所有运往灾区的谷物的关税和厘金。这应该实行，如果可能的话，不只是义赈会运输的谷物，包括所有在受灾地点移交的商品粮。应注意只有在灾区交货的粮食才能免税。

应该给所有赈灾的粮食一种关卡通行证，可以将粮食从装货地点到交货地点，不会在中间的关卡中发生暴乱和拖延。

从安徽西部来的粮食——

最好能够免除所有通过淮河及其怀远以西的支流而下的粮食的关税和厘金，所有经过涡河及其他河流北上进入灾区的，或通过洪泽湖到镇江府的粮食的关税和厘金。这种免除应提供给所有粮食，无论是商业上的还是其他的。

所以，应该有严格的命令不准粮食从镇江府往南运。

这些运送粮食的措施和绝对禁止从大运河往镇江府以南运粮将大大有助于降低粮价，提高灾区的粮食数量。

当然，上述这些安排中最重要、紧急的是安排运输。那是很紧迫的。不论就这个问题作如何的安排，应该立刻决定。

希望所建议的安排会在一定程度上得到您的赞同。

C·D. 詹姆森（C·D. Jameson） 谨志

美国红十字会驻中国调查员

（《临时大总统和他的支持者》，第 124～125 页）

孙毓筠致孙中山、黎元洪等电
（1912 年 1 月 11 日）

万急。南京孙大总统、武昌黎副总统、上海伍外交总长暨各都督鉴：

接寿州急电，袁世凯以议和为缓南攻北之计，倪嗣冲于十月念四夜攻颍，屠杀极惨，朱定宝率十五营驻颍、太，会倪兵共二十余营，意在围攻寿合，牵动安庆，一面联合张勋，以夺长江。朱家宝假安徽巡抚名义，恐吓愚民，人心易动，江浙援兵虽至，恐力薄难以抵御。自来守江必先守淮，务乞俯念皖北要地，速拨大军助战，俾不致梗塞北伐孔道，破坏江南大局。至倪嗣冲违约破颍，前承认伍公已电诘袁氏，究竟如何解决？祈速电复。皖都督孙毓筠叩。真。印。

（《共和关键录》第二编，第 15 页）

黎元洪致孙中山、伍廷芳电
（1912 年 1 月 11 日）

孙大总统、伍外交总长鉴：

准长沙谭都督十号电开：适得南昌马都督佳电，以袁世凯来沪与否，及会议地点、日期，限于阴历十一月二十七日内答复，决不延长停战期限等因，敝省极表同情。务恳伍外交总长即与袁世凯严重交涉，将前次与唐代表所订之两军须得全权代表电报述和议决裂、战事重开始可发令开仗一条，即行更正。若至停战期满，尚未将君主、民主问题解决，即令各路开战，等因。查袁世凯屡次要求停战展期，无非缓我甲兵，遂彼进攻，违约之诘责频加，狡诈之手段如故。务乞伍外交总长查照马、谭两都督所请施行，若期限一满，议尚未谐，惟有迅疾出师，大张挞伐而已，并乞大总统赐照。元洪。真。印。

（《共和关键录》第二编，第 155～156 页）

致《民立报》转孙中山电

（1912 年 1 月 11 日）①

《民立报》转孙大总统鉴：

临时政府既已成立，望速颁行法律，俾各省遵守是盼。衕安叩。漾。（自厦门发）

（《民立报》1912 年 1 月 12 日，"厦门电报"）

国民协会致孙中山、伍廷芳电

（1912 年 1 月 11 日）

南京大总统、伍代表鉴：

我华合五民族而成一大国，不意俄启野心，胁蒙外向，近竟正式要求蒙土将归俄有。均势之局一破，瓜分之惨立至。乞电袁速从民愿，早定大局，免致沦胥，中华幸甚。国民协会叩。真。

（《民立报》1912 年 1 月 12 日，"公电"；又见《时报》1912 年 1 月 12 日，"中华民国立国记"）

飞南第致孙中山贺信

（1912 年 1 月 11 日）

亲爱的孙先生：

从你离开这个地方，我们最后一次握手，至今已有 18 年了。你对摆脱满族束缚的伟大斗争满怀勇气和乐观，在那期间，我经常试图给你写信，但我不可能做到，因为你的地址无可查问。

---

① 发电者不详。——编者

现在，对你的成功和成为中华民国总统致以衷心祝贺。有一件事，我必须承认，就是做梦我也没有想到有机会如此快地听到最终趋于胜利的消息，并感到兴高采烈。

你的恒心、顽强和无止境的勇气享誉全世界。你是一个全能的富于给予人类革命动力的特殊人物。

然而，在你面前，还有一个伟大的任务，但我相信为了中华民族翻身的这个最终目的，你将不会怜惜精力而继续前进。在你身边的荷马·里将军正是帮助你实现这一目的的人。况且差不多到处都听到日趋胜利的凯歌。

目前，我的愚见就是必须在广州制止那些强盗头子们以民军的名义继续招募新兵。因为他们将会把任何事情搅得一团糟。

我限制自己只写这几行字给你，因为我还未确信这封信是否平安地送到你手上。现在我已是参议院的老人。我恳求能尽自己的力量帮助你，或提供对你伟大事业可能有帮助的情报。从个人和国家立场看，我希望我们亲密的友谊再重新开始。葡国和中国这对亲密的友国在一年内成为共和国。

真是好极了！

请告诉我你是否共济会的成员及我这封信是否可以最妥善的方法转递给你。

同时，对你宏伟计划的实现，请接受我最诚恳的祝愿和对你最良好的问候。

飞南第谨启

1912 年 1 月 11 日于澳门

（《孙中山与澳门》（林华煊译），第 88 页）

中华国货维持会致孙中山电

（1912 年 1 月 11 日载）

南京孙大总统钧鉴：

前呈谅达。各省光复，服制自应议改。惟绸货滞销，工商交困。军衣已颁呢制，其礼服礼冠，请定国货，便帽常服，听民自由，以维商业，而杜漏卮。提议礼服时，可否准商等公举代表面陈意见？乞电复。上海钱江会馆内中华国货维持会全体叩。（致实业总长电与此略同）

（《中华国货维持会致孙中山电》，《申报》1912 年 1 月 11 日，"公电"）

南汇士绅致孙中山电
（1912 年 1 月 11 日载）

窃以革命本义，意在扫尽专制，崇尚共和，为民长者，尤须以公仆自任，清明治事，开诚布公，与吾民相亲相爱，俾脱惨境而享幸福，断不能以旧时官界恶习虐政妄为也。本邑民政长赵瑾琪莅任以来，于地方事毫不顾问，以官自居，藐视各界，一切行为专制独断，不问是非，颠倒黑白，出入仍用房廷仪仗，并反对剪发，致无识之徒群起附和滋事，酿成捣毁自治所、劝学所、商会店铺等之惨剧。该民政长于事前既迷心一往，不思防微杜渐之方，事后又置若罔闻，不筹消患平乱之策，实属肇祸罪魁，共和民国岂容有此等民长，遗笑中外，为我邑羞。请谕上海民政总长将赵瑾琪速行撤换，另简贤良，否则任其毒害生灵，势必祸乱之作愈接愈厉也。谨此电陈。

（《南汇士绅致南京孙大总统电》，《申报》1912 年 1 月 11 日，"本埠新闻"）

佛兰克致孙中山函
（1912 年 1 月 12 日）

中华民国总统阁下：

祝贺阁下成为世界伟大民族的总统。

现随送一本由我主编的《国家矿工》杂志。内有我一篇文章，对您所进行的光荣奋斗和取得的光辉成就，阐述了我的观点和看法，我为您所开展的运动及其一切有关活动感到高兴。那篇文章，我在给您的杂志里作了标记。祝你们一切顺利并成为世界上最好的政府。

佛兰克·里尔（Frank Reher）　谨上

（《海外友人致孙中山信札选》（一），《民国档案》2003 年第 1 期）

陈炯明致孙中山、黎元洪等电
（1912 年 1 月 12 日）

大总统，副总统，伍、温议和总代表，各省都督，各总司令鉴：

袁氏阳托议和，阴图聚兵，在在皆有证据。停战期万不可再展。应请伍、温两公发最后通牒，限袁氏于阳历十五日以内，将前议各项确实覆答。如无确答，或所覆不尽如民国所主张，即当开战。炯明已准备大兵两镇，率赴前敌，共捣虏巢。幸毋迁延，堕袁奸计。粤代都督炯明。文。（广东陈都督电）

（《申报》1912 年 1 月 14 日，"公电"；又见《时报》1912 年 1 月 14 日，"中华民国立国记"；《民立报》1912 年 1 月 14 日，"沪军政府电报"）

蔡锷致孙中山电
（1912 年 1 月 12 日）

南京孙大总统鉴：

接各省代表蒸电，知公衰然举首，可为民国前途贺。神州光复已十五省，扫荡北庭，可计日待。惟蜀独立后，军府分立，成都先有蒲、朱，后罗、尹；重庆有张、夏；泸州有温、刘；北川有李；雅州有傅，各称都督，党竞势分。土匪复假同志会名，四出劫掠，全川糜烂。滇省毗连蜀境，警告频来。又闻北虏袭取太原，潜窥秦、蜀；英于卫藏日益添兵。设蜀乱纷纭，日久未定，内为民祸，外启戎心。滇、蜀唇齿相依，未敢漠视。先于赵尔丰盘踞成都时，派一师团赴援，本拟蜀平赴鄂。乃蜀难未已，不能不暂留以相援助。惟滇本瘠壤，筹饷维艰，而逼处强邻，不宜稍疏防守。现在出省军队已及万余，兵力亦难再分。且蜀中方割据纷争，于援兵转生疑忌。故滇军援蜀，亦种种困难，诚恐祸势蔓延，妨害大局。拟请尊处通电各省，妥筹办法，以期川乱早日肃清。川虽一隅，关系全局，有可尽力，滇纵竭蹶，不敢告劳。前曾电请苏州程都督回川主持此事，当易收束，请尊处一敦促之。如何？希卓裁赐复。滇都督蔡锷。敬。印。

（《天南电光集》，第23电）

宋嘉树致孙中山函
（1912年1月12日）

孙先生：

　　中国传教士团体的普遍意见是赞成我们的共和事业的，除了现为尚贤堂成员的那两个传教士以外。

　　自我上次见到你后，我和许多传教士作过交谈，据我所知，各国列强不会干涉我们的运动，除非我们的部队损害外国之生命财产。

　　请顺便查明 J. W Qroot 先生写的一篇文章，他是一个居住在上海的美国传教士，其文章表达了中国传教团体的共同愿望。

我将到南京拜访你，不知能否携女儿同行，她渴望见到你向你致敬。听说见你需要一张通行证。为此，你能向我们提供必要的证件吗？我们在1月24号之前不可能来，因我女儿在排练业余戏剧，23日晚将在一家中国戏院上演。她每天要指挥排练，必须在场。纯收入将用于帮助军政府。演出要用英语。那些可望参加演出的人都在美国受过教育，非常适合演这样的戏。这种表演即使在上海也完全是新潮的，此事之新奇，我想不会不吸引这个城里的中国人和外国人。

我女儿在大学里是戏剧俱乐部成员，在国外她搞过大量她称为"戏剧技巧"的东西，不过她觉得我们的群众不会欣赏"为艺术而艺术"，且即使在上海这也算太高雅。所以你可以想像当她宣布打算组织一场音乐会并演出一两个戏剧时我是何等惊讶。我告诉你这些想必令你感兴趣，并令你得知我们这个城市里女共和者们的热情和才智而高兴。

·希望这次见到你身体健康、精神愉快！

查理·琼斯·宋（宋嘉树）

（《临时大总统和他的支持者》，第28～29页）

孙毓筠致孙中山、陈锦涛等电

（1912年1月12日）

南京孙大总统、财政部长暨各省都督公鉴：

皖为北伐进兵要地，全国兵力注重于此。而财政困难，达于极点，非组织金融机关，无以集资而裕饷源。现省城组织全皖银行，定于正月内开办。总行设芜湖，支行设安庆、沪镇、临淮。此外尚待扩充，已饬卢监督恩泽函致中外银行，联络汇划，以便全国交通。乞分饬各银行，一体接洽，竭力维持，是所至祷。皖省都督孙毓筠。文。（安庆孙都督电）

（《申报》1912年1月14日，"公电"；又见《时报》
1912年1月14日，"中华民国立国记"；《民立报》1912
年1月14日，"沪军政府电报"）

谭延闿致孙中山、黄兴等电

（1912年1月12日）

大总统，黄陆军部长，王、魏外交长统，李总司令，各省都督，各
路司令，各埠报馆均鉴：

袁贼议和，无非肆其狡猾狼毒之手段，舞弄民军。敝省原不
承认，早经迭请外交总长，请将条文改正，国会取消，未蒙复
答。固知开战艰困，未便通□诘难。但君主、民主问题，必非从
容坛坫所能解决。况以袁贼阴险，房性刁顽，必须决胜疆场，乃
可以登同胞于共和幸福之中。以伍总长之高明练达，岂不知是，
而必强与羁縻，实所不解。近日连接各处来电，不胜隐忧。曾于
蒸日电恳大总统，将议和事件截至阴历十一月二十七日止，决不
再延长停战期限，致误军机。顷得江北蒋都督蒸电及安庆孙都督
真电，知袁贼节节进兵，是彼已破坏和局。扬州徐总司令宣布袁
贼罪状，的是至言。惟各省都督既明知和议不可恃，何必再与开
议，而不直切宣战，一扫膻腥？大总统原有主持和战全权，不待
延闿一人私议，特事机日迫，不敢缄默，用是披沥愚忱，再请各
都督合恳大总统，饬令外交总长与袁世凯严重交涉，无论所订若
何条件，以二十七日以前解决，过后只有开战二字，万不承认议
和，自堕全功。幸赐方略。不尽区区。湘都督延闿。文。（湘军
都督电）

（《申报》1912年1月14日，"公电"；又见《时报》
1912年1月11日，"中华民国立国记"；《民立报》1912
年1月14日，"湖南电报"）

陆荣廷、王芝祥致孙中山、黄兴等电
（1912 年 1 月 12 日）

急。南京大总统、黄军政总长、武昌副总统、上海伍外交总长、各省都督、各总司令官均鉴：

谭都督十号电计达台览。国体已定共和，袁世凯尚欲以会议解决，其狡诈人所共见。无论如何结果，必至于战，惟作战计画必须统筹。皖都督蒸日密电，其三策究属奚若，应请大总统亟备实行，以为和议后盾。祥潜即率队赴鄂，已开之队并陈。陆荣廷、王芝祥叩。十二号。印。

（《共和关键录》第二编，第 156 页）

苏州参谋厅致孙中山、黄兴等电
（1912 年 1 月 12 日）

南京孙大总统、黄陆军总长、上海程内务总长、沪军陈都督、江北蒋都督、皖军孙都督转顾荩臣先生及江苏各军政分府公鉴：

苏州光复伊始，承程雪老允邀同志设立参谋厅，以备联络而资计画。现在庄都督莅苏，各机关均已统一，经在厅同志公决，禀请庄都督于阳历一月十五号除在苏先锋第三营禀请留苏教练外，其余一律解散，谨此通布。苏州参谋厅公叩。文。（苏州参谋厅电）

（《申报》1912 年 1 月 14 日，"公电"；又见《时报》1912 年 1 月 14 日，"中华民国立国记"）

汤寿潜致孙中山、黎元洪等电
（1912 年 1 月 12 日）

南京孙大总统、各部长、武昌黎副总统、上海伍总长、各民省都督、各总司令、各军政分府、各民事长暨各团体鉴：

寿潜误浙两月，愧对父老，今谬任交通，才益不胜，辞又不获，尤滋惶甚。浙都督已由邦人士公推蒋军总尊篆，真日公决，众情一致。日内赶办交卸，事竣即赴宁，敬希亮察。寿潜叩。侵。（杭州汤总长电）

（《申报》1912年1月14日，"公电"；又见《时报》1912年1月14日，"中华民国立国记"；《民立报》1912年1月14日，"沪军政府电报"）

张炎致孙中山电
（1912年1月12日）

大总统赐鉴：

炎真日到苏谒庄帅，而总统蒸电未到。江北饷期已迫，危急万分，千乞总统设法维持，拨款接济。保江北之藩蓠，即所以固江南之门户。况徐有张勋，鲁犹负固，万一有变，不特贻大局之忧，且亦招满廷之笑，惟总统鉴之。江北财政次长张炎叩。文。（张均致南京大总统电）

（《申报》1912年1月14日，"要闻"）

马桐致孙中山电
（1912年1月12日）

南京孙大总统崇鉴：

叠据成都商会各商号函电，咸称成都独立后，于阴历十月十八日，防、陆两军全体哗变，焚劫商市两日之久，各银行、票庄、典当、商号、居民、公馆搜括一空，损失约二千万，经同志会、民团追捕，夺获现银三百余万，货物不计，除缮禀缕陈外，恳先电饬四川军政府将已获原赃勿令星散，妥筹善后，藉偿损失，川民幸甚。成都商会旅沪代表马桐叩。文。（上海去电）

（《民立报》1912 年 1 月 13 日，"公电"）

黟县商会致《民立报》转孙中山电
（1912 年 1 月 12 日）

《民立报》转孙大总统鉴：

公任总统，商民欢跃，特电敬贺。黟县商会叩。文。（屯溪电）

（《民立报》1912 年 1 月 14 日，"贺电"）

王孝祥、余旭升、余绍曾致《民立报》
转孙中山电
（1912 年 1 月 12 日）

《民立报》转孙大总统鉴：

公膺总统，国利民福，敬祝。黟县商学界王孝祥、余旭升、余绍曾。文。（屯溪电）

（《民立报》1912 年 1 月 14 日，"贺电"）

徐自华致孙中山电
（1912 年 1 月 12 日载）

南京孙大总统鉴：

革命功成，中原有主，敬贺万岁。然追维义烈，则侠女秋瑾断头流血，实与有力。前华为营墓西湖，卒遭虏廷毁灭，心实痛之。今拟就原址建风雨亭，并改亭旁刘祠为秋社。特闻。石门女党员徐自华叩。（《徐女士请修复秋墓》）

（《申报》1912 年 1 月 12 日，"要闻"；又见《时报》1912 年 1 月 11 日，"中华民国立国记"；《民立报》1912 年 1 月 12 日，"公电"）

冯泰致《民立报》转孙中山电
（1912 年 1 月 12 日载）

《民立报》转孙中山先生：

此间闻公归国，被举大总统之职，万众欢呼，乞公速筹殄灭建虏之策，以成东亚第一富强之民国。澄海民政长冯泰。（汕头电）

（《民立报》1912 年 1 月 12 日，"贺电"）

杨兆鳌等致孙中山电
（1912 年 1 月 12 日载）

南京大总统钧鉴：

汤都督已任交通，浙督自应另举，军政时代，宜推军界健者，蒋军统尊簋，统率浙军有年，威望夙著，军心爱戴，且曾督粤，近又代汤继任浙督，众议佥同，用敢推举，伏乞大总统主持，除电浙江议会外，谨闻。湖州旅沪同乡会杨兆鳌、庞元济、张宝□、刘锦藻、□□、黄晋绅、凌祖寿、王树□、蒋汝藻、许鑫等全体公叩。

（《民立报》1912 年 1 月 12 日，"公电"）

伍廷芳致孙中山、黄兴电
（1912 年 1 月 13 日）

南京孙大总统、黄陆军总长鉴：

昨按黎副总统尤电云：现恐和议决裂，竭力准备，尚未完全。自二十七日起续延三日，请速复等语。又接袁世凯敬电云：讨论旬日，迄未就绪，然本政府必愿达和平解决之目的，以免生灵涂炭。现在停战日期瞬将届满，是否尚须展限，以便彼此协商，希酌定速复等语。未知尊意何如？尚须延期，则三日恐必不足，请尊处酌定日数，迅即电复，以便转致前途。伍廷芳。元。

（《共和关键录》第二编，第 154～155 页）

陆荣廷致孙中山、黄兴等电
（1912 年 1 月 13 日）

孙大总统、黄元帅、上海伍代表、陈都督并探送桂省司令官陈裕时、武昌黎副总统、广东陈都督、各省都督、桂林王都督均鉴：

伍代表、陈都督江电敬悉，袁贼居心狡计，和议万不可恃，薄海早皆见及。兹忽撤回唐使，将议就之事全盘翻异，我万不可再受其愚，应请各省都督同心协力，拨［拔］队继进，其已发各军并促令星夜赴商，切勿稍存观望。桂省援军先后四发，荣廷尚有防边旧部万人，皆悍勇惯战之士，徒以桂省孱弱，饷械无着，未敢轻举。现在中央政府已成立，粤沪尤交通便利，财赋亦充，务恳大总统通盘统筹，能拨小口径枪一万杆、川资服装九十万两，先汇来桂，饷则到沪以后，全恃接济，果能如是，即乞飞电见示，荣廷当立刻驰回邕铜，分途招集，亲率北征。区区愚忱，有死无退，必以灭贼为止境。迫切待命，伏希谅察。桂都督陆荣廷。十三号。（广

西电）

（《民立报》1912 年 1 月 15 日，"沪军政府电报"；
又见《共和关键录》第二编，第 173 ~ 174 页）

李燮和致孙中山、黄兴等电
（1912 年 1 月 13 日载）

孙大总统、黄陆军总长及《民立报》并转伍外交长、各省都督、各军司令、各报馆鉴：

袁贼世凯，屡假和议，缓我攻北，而彼则于停战期内违约进攻，掠杀民军，光复军地，阴谋叵测，实我寇仇。敝军前奉电示，不得率行轻战，只为顾全和约，不得不遵。迩因袁贼撤回和使，破坏和局，岂容再屯兵马，坐误时机。应请贵代表于停战期限旧历二十七日早八句钟以前，宣布特令，以便北伐。敝军除由黎天才领第一队赴鄂助援外，现在驻扎宁、沪计十三营，均已准备出征，届时如仍未奉战令，亦视当停战期满，即当亲督所部，分途出发，直捣黄龙，破釜沉舟，誓不荡尽虏氛不返。此物此志，当与日月共揭矣。光复军总司令李燮和叩。（自南京发）

（《民立报》1912 年 1 月 13 日，"南京电报"）

伍廷芳致孙中山、黄兴电
（1912 年 1 月 14 日）

孙大总统、黄陆军总长鉴：

顷接袁内阁来电，以停战期限转瞬又满，提议延期。廷以讨论旬余无效果，本不能允其所请，惟昨接旅沪洋商团来函，以商务损失，渴望两方不再开战，早日和平解决，并电催清帝退位以顺人心。是则想望和平，尽人所同。今袁既提议延期，似不必过于固执，以失天下之望，顷奉来电照尊意续停战十四日，已电致内阁务于十四日之内，将提议各条，从速解决，恳通告各军队为祷。廷芳。盐。

（《共和关键录》第二编，第 157 页）

伍廷芳致孙中山、黄兴电
（1912 年 1 月 14 日）

南京孙大总统、黄陆军总长鉴：

密。顷接唐君绍仪来言，得北京确实密电，现在清廷正商筹退处之方，此后如何推举，苟不得人，则祸变益巨。前云孙君肯让袁君，有何把握，乞速详示云云。廷即告以孙君肯让已屡经宣布，决不食言。若清帝退位，则南京政府即可发表袁之正式公文。至此后两方政府如何合并，可由两方协商决定。特闻。廷芳。盐。印。

（《共和关键录》第一编，第 71 页）

丁义华致孙中山函
（1912 年 1 月 14 日）

孙先生阁下：

很荣幸数年前在檀香山便认识您，并和您谈及您为中国进行的伟大的运动。现在目标已经达到，我祝愿您在建立一个强大的新中国的伟大事业中诸事顺遂。恐怕您没有注意到，我曾写有一封信给您，表明我对这场争取自由解放的运动的观点与信心。我相信满族王朝已绝对失败，中国会成为一个富强的共和国，但我尤急切地希望毋须更多的战争与流血而达到此目的。由于来自俄国及其他国家对我们领土的威胁，为国家的利益计，我们必须尽快统一。我认为共和国所给予的非常慷慨的优待已使皇室差不多准备完全放弃皇位了。

我希望目前应尽一切努力来防止敌对情绪重新抬头。如果和平谈判破裂，是否在3月份之前致一道强硬的最后通牒给北京更有效？并向满族王公重申承诺，承认如果他们无条件放弃皇位、并在规定的10天或15天之内离开北京的话，就能获得慷慨的保护与津贴。这样，外国政府就比较容易承认新共和国，因为它将是根据人民的意愿而建立的，满族人是害怕最后通牒的，我相信会在限定时间内离开北京的。

为中国的利益而祝福。

丁义华　谨志

（《临时大总统和他的支持者》，第108~109页）

谭延闿等致孙中山、黄兴等电
（1912年1月14日）

长沙。万急。大总统，黄陆军部长，武昌副总统，上海王、魏外交长，伍议和代表，各省都督，各路总司令均鉴：

顷接伍代表盐电，续停战十四日，是否曾受大总统命令，不得而知。然各省先后举义，抱民国主义同意进行者，无非欲即逐满奴，早享幸福。正在长驱扫北，忽停战议和，已大为袁□所误，停之又停，及今已四十余日，仍未使溥仪退位，更取消唐绍怡，翻废所订条约，是曲在彼，原无可开议之理由。今复与停战十四日，待彼械齐兵足，列阵待我，然后开战，试铸九州之铁，能铸此错乎？且来电云，将提议各条速速办决，又不将条文宣示，足使国民怯疑、军人阻气，此等无条理之议和、无效果之停战，敝省未便苟同；况停战愈久，将来流血愈多。欲谋和平幸福，必须从根本解决，敝省惟有如前次各电，整队开战而已。如各省都督、各路司令肯表同情，即请一面电陈大总统，一面合力进兵。敝省鱼日和密所陈进兵方略，均已齐备前驱，誓与决胜疆场。特此电闻，不尽愚忧，鹄候示复。湘军政府延闿等全体公叩。盐。印。

（《共和关键录》第二编，第158~159页）

王传炯致孙中山、黄兴等电

（1912年1月14日）

南京大总统、陆军总长、武昌副总统、上海外交总长、陈都督鉴：

探得袁□确耗，实于停战期内运兵筹饷，节节进攻，和议期内略我山陕，阴险诡谲，罪恶昭彰，议和一举，实欲制我死命。君主存在，和于何有？坐失机宜，后患何极？恳勿再缓战期，急筹攻取，免馁军心，是为至祷。王传炯。寒。印。

（《共和关键录》第二编，第166页）

赵德全致孙中山、伍廷芳等电

（1912年1月14日）

孙总统、伍外交长、各都督鉴：

袁贼狡诈异常，政体交国民会议一节，窥其意，必潜派汉奸运动，达君主立宪目的，苟不如意，再开战端。适接湘电，音〔言〕常已随唐使到沪运动。袁贼诡谋已露，严立范围，免中袁计。诸公眼明，当已见及。然事关紧要，特此奉闻。黔都督赵德全叩。寒。（贵州电）

（《民立报》1912年1月24日，"沪军政府电报"；
又见《时报》1912年1月24日，"中华民国立国记"；
《申报》1912年1月24日，"公电"）

自由党致孙中山电

（1912 年 1 月 14 日）

恭贺大总统万岁！民国万岁！除派代表面陈外，谨电闻。自由党全体叩。寒。（上海去电）

（《民立报》1912 年 1 月 15 日，"贺电"）

黎元洪致孙中山电

（1912 年 1 月 14 日）

大总统鉴：

接成都军政府来电云：川局大定，尹自〔昌〕衡为都督，陆军已成四镇，赵贼伏诛，满人缴枪毁械，各属一律安定，请总司令官将云南援川之兵撤回，以释群疑。不然人心惶惑，恐生意外之虞，致失和好，等因。元洪已电川、滇，援川滇军不必撤回，速至宜昌，经襄趋河南唐府，并派川军速出汉中，以援秦晋，谨奉闻。元洪。寒。（武昌电）

（《民立报》1912 年 1 月 16 日，"总统府电报"）

中华共和宪政会致孙中山电

（1912 年 1 月 14 日载）

南京大总统鉴：

蒙古独立，俄破中立，日、英将继起，实由停战延长，袁贼得从容布置，造此恶孽。请速饬外交总长严行交涉。北伐尤不可缓。中华共和宪政会叩。（上海去电）

（《民立报》1912 年 1 月 14 日，"公电"；又见《时
报》1912 年 1 月 14 日，"中华民国立国记"；《申报》
1912 年 1 月 14 日，"公电"）

怀邑士民致《民立报》转孙中山等电
（1912 年 1 月 14 日载）

《民立报》请转大总统、大元帅、江、安大都督、华洋义振诸大善
士并各报馆鉴：

皖北七年六次水荒，全赖华洋义振保全，怀远九月念四光复，
念九突来土匪二万余众，火焚西门，势甚危急，只得开炮抵敌，毙
者九百余名，卧龙邑又被伤八百多名。（安徽电）

（《民立报》1912 年 1 月 14 日，"安徽电报"）

怀邑士民致《民立报》转孙中山等电
（1912 年 1 月 14 日载）

《民立报》请转大总统、江、安大都督、华洋义振诸善士并各报馆鉴：

前电谅达，再该土匪均因饥寒所迫，现仍麇集，决非兵力所能
了结，再不筹赈，巨患必□，故特哀告义赈诸善士，我国民热心父
老伯叔兄弟姊妹速救皖北怀远之急。怀邑士民公叩。（安徽电）

（《民立报》1912 年 1 月 14 日，"安徽电报"）

叶先圻等致孙中山电
（1912 年 1 月 14 日载）

南京大总统钧鉴：

赣省临时议会经谘议局呈明前都督彭，召集原有议员开会，旋因至者无多，由在省绅民公呈今都督马，请由各属旅省绅商学界等各就本县先行选出三人，再由各府用连记投票法，每县选出一人，加入旧有议员内，合为临时议会议员，其选举规则亦经呈明都督。嗣因政事部长贺赞元多方阻挠，意图把持政柄，破坏共和，延压逾月。适都督因公赴浔，军政府公事由高等顾问吴代拆代行，即经电询九江都督行辕，得覆电，内开：临时议会如能速开极好，请照办，等因。讵贺又托词宕阻，万不获已。遂援照江、浙等省办法，得于法定时期内，由人民自由会集议会。因于本日集合初选，当选人在谘议局内举行正式复选举大会，预举代表五人，请高等顾问吴莅场监督，吴君面称贺部长不允照办，未便莅会。议员等窃维世界文明各国莫不有立法机关，在共和国视此犹重，况赣省光复后政局屡更，若不迅开议会以定基础，纷乱何有终极，又不获已。令全体公决，由原有谘议局议员四十八人监察投票、开票，选定新议员八十人，加入旧有议员，共百二十八人，刻日开会。除电陈都督行辕外，谨此奉闻。至贺赞元不法之处应如何处置，并乞钧裁。赣省临时议会全体议员叶先圻等叩。（《赣议会电控民政长》）

（《申报》1912 年 1 月 14 日，"要闻"；又见《时报》1912 年 1 月 16 日，"赣省要闻种种·部长违法"）

章太炎致孙中山函
（1912 年 1 月 15 日）

辱书以旧恩相励，同盟之好，未之敢忘。况下走于执事，昔在对阳，相知最夙。秦力山所以诏我者，其敢弃捐。顾念墨子练丝之诮，杨朱歧路之辈，私以齐桓、唐玄方拟执事。丙丁之际，一二倾危之徒随附左右，以执事令名早著，一朝为宵人玩弄，被其恶名，斯不能不为执事惜也。

天佑汉宗，武昌倡义，曾未二月，南纪肃清，首发难者，不敢居功，而况吾侪鼓吹之士。执事高远西去，超然不涉于禹域者十有余年矣。曩日促膝私谈，本以破坏相期，不敢以建置相许，不图便嬖在旁，偷假名势，令执事戎马之间，亦无以展其方略。临时政府将设，群情允同，虚大总统以待北方之英，树大元帅以顺南军之志，名号既就，无所改图。执事乐与观成，惠然远至，浙都督汤公驰电，以欢迎相属，先马橄席之劳，非下走所能胜任。且谓嫌疑应避，遂以固辞。选举议起，仆以都督府代表，不系国民，不当有选举临时总统之柄，力辞代表，亦已载在简书。吾侪初志，岂有所图，在翦灭北虏而后朝食，于是建设共和政体耳。隆冬之令，南军绵薄之驱，非能径破幽燕也。和议可成，北廷将覆，而一二沾沾自喜者私自建树以召北军之怒，是为曲徇一人，而令虏延其余命，即与光复之志背驰。纵复幸成，则生灵涂炭已甚，所以悼心失图不敢从命者，岂歉然于执事一人哉。苟举成事不说之义，辅全南纪，大布德音，仆亦尝与人言，孙君今日莅中国而总群黎，非复曩日秘密结社时也。宜屏去幸人，委心耆秀，东西从者三数浮浪之人，一切资遣归国，无令杂处，然后搏精一志，劳来四民，南方虽弱，足勉自成就。尝传达其言于汪兆铭，终不见听；迄于今日，摽心扼腕，而议执事之短长者，非独一二人也。栋折榱崩，身将被压，箴规不听，不得不著之报章，以冀执事之一晤，而岂反对新政之云。

执事就职半月，新政未行，仆何所容其反对。乃如改历定官诸议有所指摘，此自平议之常。令新政府所行，庶政事无美恶，权无当否，徒以新政之名禁人訾议，度执事亦不谓然也。私衷过虑，以为天下恒少善人，况承满政府腐败之余，贪墨生心，奸欺得志，非督以威刑，格以绳墨，旧染将不可涤除，独于执事尊重纠察一权，有所未择，亦以救弊宜然耳。苟讳国恶以避外交之责言，彰虚美以淆邦人之观听，身遇开明之世所不敢出也。若执事能翻然改图，推诚黄发，萦怀万民，仆方优游缓带，以扬德美，复何讽议之有。若其不改，能持论者，岂惟一人，其天下实将藉藉。盖闻恃旧不虔，许攸所以致戮；进言见却，张昭为之杜门。仆虽浅拙，亦尝涉历世变矣。死生之分，一系于执事耳。书此，敬问起居万福。

章炳麟白 （1912 年 1 月 15 日）

（《章太炎书信集》，第 417～418 页）

汤寿潜致孙中山等电

（1912 年 1 月 15 日）

南京总统、各部长、武昌副总统、上海伍总长、各省各都督、各总司令、各军统伟鉴：

顷奉伍先生盐电，袁某续请停战十四日，虽即勉转浙军，限内幸勿衅自我开，心实不能无惑。袁某有英雄资望，而乐做奸雄，谲诈以为能，信义素非所尚，狡变以为奇，人言向所不恤，中外共知，无待赘述。即此次议和备战，其不信有十四，请历陈之。明授唐使全权，议件必须电商，名实先已不符，不信一；停战期内攻娘子关，不信二；进占太原，不信三；河南大戮志士，不信四；捏登蒙、回、藏不认共和之报，不信五；暗令倪嗣冲陷颍、亳，不信六；张勋聚溃卒于徐州，一再接济饷械，不信七；滦军要求立宪，围攻诛杀，不信八；即鄂地援兵大集，请让武汉，不信九；一闻代表举总统，而不审上有临时字样，即于限内炮击，不信十；遣使议和，清廷已明认民军之国家，默许共和为政体，其亲贵之明达者亦知国民实行优待，密请退位，袁必强待国民会之议决，在斗满汉为鹬蚌，彼将收渔人之利，不信十一；滥借滥抵，宁亡中国而必速其臆，竟忘其家族庐墓亦隶于中国，不信十二；国民地点已明言北京或天津及南京矣，袁自任接议，不敢南来，复强伍总长来京，不信十三；各款由全权唐使电商而后定，忽有取消之说，并迳撤唐使，不信十四。叠次违约，仅予电诘，推诿抵赖，本其惯技，直令国际战时神圣之公法，听其蹂躏而不顾。其意无非诱和备战，并力江北，注重南京，此十四日内，又可偷借外债，强迫内帑，大增饷械，节节进攻，迳出不意，渡江而南，噬脐何及？外人损失，例须成立之国家担任，滥抵滥借，以累民国，不满汉同尽、南北同尽不止。此十四日之约，名为息壤，实等商□。管见不应续认，迅与决一行战，庶不再受其愚。寒□气涌，诸求赐教。寿潜临卸叩上。删晨。

（《共和关键录》第二编，第 22～23 页）

汤寿潜致孙中山等电
（1912 年 1 月 15 日）

南京大总统、各部长，武昌副总统，民各省都督、各军统、各司令，浙江各军政分府民事长转各团体鉴：

浙省公举军统蒋尊簋为都督，侵电已呈，潜于今日交卸。谨闻。寿潜。删。（杭州电）

（《民立报》1912 年 1 月 17 日，"沪军政府电报"；又见《申报》1912 年 1 月 17 日，"公电"；《时报》1912 年 1 月 17 日，"中华民国立国记"）

孙毓筠致孙中山、黎元洪等电
（1912 年 1 月 15 日）

孙大总统、黎副总统暨中央部总长、民各省都督、各总司令、各军政分府、各军队长、各府州县行政厅均鉴：

今日补行庆祝元旦大典，国旗焕采，百度维新。筠谨率所部祝大总统以及共和万岁。皖都督孙毓筠叩。咸。（安庆孙都督电）

（《申报》1912 年 1 月 17 日，"公电"；又见《民立报》1912 年 1 月 17 日，"沪军政府电报"）

陈作霖、朱佩珍等致孙中山、黎元洪电
（1912 年 1 月 15 日）

南京孙大总统、武昌黎副总统钧鉴：

　　本日上海工商全体休息一天，升旗悬灯，公贺总统履任，补祝纪元，敬驰电贺。民国万岁！总统万岁！上海商会陈作霖，商务公所会长朱佩珍、林世杰、贝仁元暨工商各界全体叩贺。咸。（上海去电）

　　（《民立报》1912 年 1 月 15 日，"贺电"；又见《申报》1912 年 1 月 15 日，"本埠新闻"）

王震致孙中山电
（1912 年 1 月 15 日①）

　　我民国新建，大总统履任，改元易朔，与民更始，黄帝子孙同享共和幸福。沪上南北商务总会、商务总公所及各商家谨于十五日举行庆祝礼，一律悬旗点灯，共伸诚意。谨肃电陈。

　　（《申报》1912 年 1 月 16 日，"本埠新闻"；又见《民立报》1912 年 1 月 16 日，"贺电"）

徐□宗、朱惟馨等致孙中山等电
（1912 年 1 月 15 日）

各报馆暨南京大总统、杭州蒋都督钧鉴：

　　百货厘捐早经通饬裁撤，独绍经济部派员复立，捺货勒捐，商

---

　　①　此系《申报》说明之发电日期。——编者

民共愤，临浦、百官等卡均已捣毁，曹娥仍设，强责各行代客认捐，万难承认，乞速电绍分府撤销。曹娥绅商徐□宗、朱惟馨暨自治会全体□塘行。删。

（《时报》1912 年 2 月 3 日，"中华民国立国记"）

赵鸿喜致《民立报》转孙中山、黎元洪等电
（1912 年 1 月 15 日）

《民立报》转孙大总统、黎副总统、中央各部总长、各省、各都督、各总司令、江防外海水师章统制、各省水陆统制、各军队官长、各军政分府、各府州县行政厅钧鉴：

补行庆祝元旦大典，百度维新，国旗焕彩，鸿喜率同所部全体，共和大总统、副总统万岁，民国万岁，共和万岁。瓜洲镇守官赵鸿喜叩。咸。（瓜州电）

（《民立报》1912 年 1 月 17 日，"贺电"）

谭延闿致孙中山等电
（1912 年 1 月 15 日）

南京大总统、各部长、参议院诸君、武昌副总统、各民省都督、各路总司令均鉴：

全湘国民恭贺新禧。谭延闿。咸。印。（长沙）

（《民立报》1912 年 1 月 18 日，"沪军政府电报"）

李岳蘅、张淦清等致《申报》等转孙中山电
（1912 年 1 月 15 日载）

《申报》、《时报》、《共和报》、《民立报》、《神州报》转南京大总

统均鉴：

中华民国共和政府成立，划除二千余年之专制，恢复五万余里之河山，灌输二十世纪之文明，公谋四万万同胞之幸福，诚为我黄帝子孙改革政治之第一大纪念，欢忭无量。谨于元月十五日悬灯升旗，并举行提灯会，庆祝大总统万岁！副总统万岁！陆海军雄飞！东亚中华民国共和万岁！泰州民政长李岳蘅、司令长张淦清暨市乡商学各法团全体叩贺。（泰州各法团电）

（《申报》1912 年 1 月 15 日，"公电"；又见《民立报》1912 年 1 月 15 日，"贺电"）

中华国货维持会致孙中山、黎元洪电
（1912 年 1 月 15 日载）

孙大总统、黎副总统钧鉴：

国基巩固，庶事维新，实赖两总统万钧之力。恭值新岁，恪致颂忱，并叩多福。中华国货维持会全体叩。（上海去电）

（《民立报》1912 年 1 月 15 日，"贺电"）

张应兆致孙中山电
（1912 年 1 月 15 日载）

大总统钧鉴：

公为民主，同省幸福，万众欢呼，普天同庆。广东大浦民政长张应兆公贺。印。

（《民立报》1912 年 1 月 15 日，"贺电"）

陈惠普、梁峙亭等致孙中山电
（1912 年 1 月 15 日载）

孙大总统鉴：

七长恭贺大总统就任巨典，普天同庆。广东国民团体会及各属分会二十余万人代表陈惠普、梁峙亭、黄介眉、李三、何君光、何友泉、陈季灼等叩。（广东电）

（《民立报》1912 年 1 月 15 日，"贺电"）

梁扩、凡侠致孙中山电
（1912 年 1 月 15 日载）

大总统鉴：

恭祝民国万岁！大总统万岁！潮汕铁路局梁扩、凡侠叩。（汕头电）

（《民立报》1912 年 1 月 15 日，"贺电"）

黄绶、袁延闿、祝宝书等致孙中山电
（1912 年 1 月 15 日载）

临时大总统钧鉴：

奉赣军政府转来蒸电，欣悉公已被举，合境欢呼，决公必能扫除丑虏，以确立共和政体，与列强揖让于廿世纪之大舞台，兆众同心，东望倾祝。江西建昌府知府黄绶暨南城县知事袁延闿、南丰县知事祝宝书、新城县知事傅维新、广昌县知事钱佩青、濑溪县知事欧阳保福同叩。肃。印。（江西电）

（《民立报》1912 年 1 月 15 日，"贺电"）

杨吉、吴二郎致孙中山函

（1912 年 1 月 16 日）

孙逸仙仁兄：

我们博浪沙兄弟会（Bow Leong Sha Brothers）全体同仁，一听到仁兄当选为中华民国第一任总统，就联手给你拍了封就职贺电。我们真是兴奋不已。经过近 16 年艰苦卓绝的奋斗，革命终于取得成功。我们兄弟会一贯支持你的革命计划，向美国许多城市寄去信函介绍你，因此，人们以爱国热忱欢迎你。静候回音，祝一切顺利。

执笔人杨吉（Jim·Young）和吴二郎（Yee Lang Wo）

（《海外友人致孙中山信札选》（一），《民国档案》2003 年第 1 期）

张平州致孙中山函

（1912 年 1 月 16 日）

1912 年 1 月 16 日

先生：

万分高兴与感谢收到您 11 号的回信。这是一个总统所能授予给普通人的最大的荣耀。

有关服务的事，我的意思是提供自愿的无偿的。我知道中国希望每个年轻人都尽他的职责。我想我必须实现我长期的愿望。所以我能否冒昧向您问一下在我被允许服务之前是否有某种基本的考试。

等收到您的介绍信，学期结束后我会出发去南京。

张平州

（《临时大总统和他的支持者》，第 186 页）

甘锡泽、高正中等致孙中山电

（1912 年 1 月 16 日）

南京孙大总统鉴：

　　顷据《字林西报》载：升允于停战期内，统兵数千，已由长武至距西安百六十里之地，省城危急万状。现虽与袁世凯议和，彼贼素顽，万难守约。乞速发兵援救，不但数千万生灵引领翘盼，且西北失败，恐难免牵动东南大局也。陕西代表甘锡泽、高正中泣叩。铣。

　　　　（《民立报》1912 年 1 月 17 日，"公电"；又见《申报》1912 年 1 月 17 日，"公电"；《时报》1912 年 1 月 17日，"中华民国立国记"）

马毓宝致孙中山、黄兴等电

（1912 年 1 月 16 日）

南京大总统、陆军部长、沪伍代表、鄂黎副总统、湘谭都督并各省都督均鉴：

　　接长沙谭都督来电，以续停战十四日，湘省未便苟同，拟请照前次各电，整队开战等语，敝省极表同情。查敌人屡次请议停战，各省所以约束拒敌诸军，不令开战者，无非为静候和平解决，不忍涂炭生灵起见。今和议既无效果，而袁世凯又无切实答覆，停战之期至再至三，谓非充彼军实，懈我军心，谁实肯信。况敌军已购飞艇多架，增兵运械，时有所闻，且不待停战期满，而寿、颍、亳诸州警信叠传，即其背约开战一端，已应兴问罪之师。今我又允其停战之议，彼则得尺得寸，而我则一让再让，旷日持久，劳师糜饷，安极生懈，士气沮丧，失计之大，孰有过于此者。万一事机中挫，深堕奸计，误国误民，孰执其咎，此尤不可不深虑及者也。毓宝筹之至再，以为解释此问题，除开战以外无别法，惟有合请大总统、伍代表克日宣布开战。一面由各省饬令前敌诸军合一进攻，敝省无论兵财支绌，决不因此稍存推诿也。各省如以为然，请即迳电大总统、伍代表为荷，并恳速行赐覆，以便转饬敝省在前敌诸军知照，不胜迫切待命之至。赣军都督马。十六号。（南昌马都督电）

　　　（《申报》1912 年 1 月 19 日，"公电"；又见《民立报》1912 年 1 月 19 日，"沪军政府电报"；《时报》1912年 1 月 19 日，"中华民国立国记"）

陆荣廷、王芝祥致孙中山、黎元洪等电
（1912 年 1 月 16 日）

大总统、副总统、陈都督、外交长、谭都督、徐司令长、各省都督、各路总司令均鉴：

　　谭都督、徐司令盐电均奉悉。袁贼狡诈，和议迁延，居心叵测。谭、徐两电，敝省极表同情。荣廷、芝祥叩。铣。（桂林电）

　　　（《民立报》1912 年 1 月 18 日，"沪军政府电报"；又见《申报》1912 年 1 月 18 日，"公电"；《时报》1912年 1 月 18 日，"中华民国立国记"）

陆荣廷致孙中山、黄兴等电
（1912 年 1 月 16 日）

孙大总统、黄元帅、黎副总统钧鉴：

　　军队服章，关系国体，边防密迩，［赅］南越尤为外人注意。应如何酌定，祈迅示遵。桂都督陆荣廷肃。十六号。印。（桂都督

致南京电）

（《时报》1912 年 2 月 5 日，"中华民国立国记"；又见
《临时政府公报》第六号，1912 年 2 月 3 日，"电报"）

余鹤松、刘世均等致孙中山、黎元洪等电
（1912 年 1 月 16 日载）

大总统、副总统、各都督、各报馆鉴：

　　萍乡煤矿大半为盛宣怀私产，又在江西境内，理宜归赣管理，
前已由马都督通电在案。湖南以光复在南昌先，遂据萍矿为湘有，
至今未还，并在各口岸设分售处。不知如田家镇、华阳镇及其他各
处，凡为浔军光复者，虽耗费饷项甚多，事后仍概拨还鄂、皖，不
敢藉天下一家之美名，遂攘他人之物为己有。今湘省所为，殊不合
公义，若因此起冲突，又足为天下笑。应请中央政府及各省都督电
湘都督，凭依公理，捐弃私利，速将该矿拨还。况江西贫困，一切
饷项均极支绌，若骤失此大利，更难支持。故今日之争，诚有不得
已者，尚希公谅，并电复为盼。卫戍司令官兼参谋长余鹤松、第二
标统带刘世均暨九江军学商界全体公叩。（九江军学商界电）

（《申报》1912 年 1 月 16 日，"公电"；又见《民立
报》1912 年 1 月 16 日，"江西电报"；《时报》1912 年 1
月 16 日，"中华民国立国记"）

浙嘉中学全体学生致《民立报》
转孙中山及各都督电
（1912 年 1 月 16 日载）

《民立》转各报馆及大总统暨各都督鉴：

袁贼狡猾，和议万不可恃，祈速北伐。浙嘉中学全体学生叩。
（自嘉兴发）

（《民立报》1912年1月16日，"嘉兴电报"）

秦毓鎏、孙保圻、吴廷枚致《民立报》
转孙中山电
（1912年1月16日载）　　　·

《民立报》转各报，呈大总统钧鉴：

　　神州光复，万象更新，天生伟人，同登衽席，恭祝共和民国万
岁！大总统万岁！无锡军政分府秦毓鎏、孙保圻、吴廷枚叩贺。
（无锡电）

（《民立报》1912年1月16日，"贺电"）

蒯际唐、张安卿致《民立报》转孙中山电
（1912年1月16日载）

《民立报》转各报及孙大总统鉴：

　　补祝纪元，国基巩固，民国万岁！总统万岁！社会军务团长蒯
际唐、张安卿同叩。（苏州电）

（《民立报》1912年1月16日，'贺电"）

李岷琛、赵熙、萧湘等致孙中山电
（1912年1月16日载）

大总统鉴：

阅真电，派熊克武、黄复生接收川款，组织蜀军北伐队，同人等不胜惊骇。按此款系全川脂膏，现在川乱吃紧，甚于北伐，应组织军队回川救援，同人等已稍有头绪，乃熊、黄擅朦混总统，接收显系意图侵蚀，我川同人抵死不认。李岷琛、赵熙、萧湘、焦直、黄桢祥公叩，乞复三马路望平街重庆同发森。

（《民立报》1912 年 1 月 16 日，"总统府电报"）

四岸盐商致孙中山、张謇电
（1912 年 1 月 16 日载）

南京分呈孙大总统、两淮盐政张总理钧鉴：

昨电想已呈览。季直先生治标之策，窒碍难行之处，前电未尽，请再详之。

湘鄂西皖本系淮盐引地，本由商等循环转运，近来之所以停擘者，一由金融之太阻滞，二由运道之未全通。前已将各种困难情形，陈请扬州盐政科长方泽山君转请会商各省都督筹议办法，但能通行，即当开运。今以招商为辞，则是旧日运票之名义已一举而废之，岂不曰运商盐票系清政府所颁，未便沿用于民国之新政府？然民军起义，首重保商，淮南运票，固明明商业也，况中国商务何一不由清政府，此次之肇祸，即以川粤铁路收归国有，股本减折发还，以致大失人心。今当民国政府成立之初，岂可蹈其覆辙。

若谓先尽四岸运商，运商不愿，始招新商，似运业未尝遽废。殊不知四岸本运商行盐之地，何云不愿？其所以有不愿之说者，特以旧商各有票本，不能不计利息。若每引在栈先缴银廿四五两，益以办运水脚到岸，出售之后，几于无利可图，新商则无票运盐，获利稍厚，是名为先尽运商，实则迫运商以万不能遵，而仍不居废票之名。姑无论商等营业所在，巨本所关，万难甘受，即为新商计，亦未必能应召而来，盖在栈买盐，每引银廿四五两，概须先缴，仍须另筹运本，较昔日之大宗盐厘，各项加价悉俟盐运到岸出售之后再行拟收者，成本重轻相悬甚远。当此大局未定，银根奇窘之时，筹款之难，新商亦与旧商相等，此时设竟有人能以巨资办运，恐不免有洋商影射其间，此端一开，我中国完全主权之盐法利源，又将外溢，尤不可不虑者也。

况往日盐运到岸，各有督销局卡挨轮售盐，按票发款，概由官中维持秩序。即光复以后，各省都督亦皆已循照旧规，派员经理，其所以不惮烦劳者，以售盐之后，各有应得之款，足以济其饷需也。今一律在栈先缴，统收分拨，比及到岸售销，已与各省无丝毫关系，谁复过问？商人各自为谋，权力不足，奸贩贫民难保无欠价抢盐，横来侵欺情事。其或销盐之处，别有诛求，商人亦何力抗拒。

在季直先生之意，殆以到岸收厘，权在各省，在栈收价，权自我操。然政府既立，各省如何分用，应不难商定饬遵。不特此也，向来湘票销湘，鄂票销鄂，推之西皖，莫不皆然。界划鸿沟，不容逾越。故道路有远近，厘课有重轻，加价有多寡，售价有贵贱。今在栈买盐，则定价一律，运销何地，则悉听自由，章程非不简单也。然自此以后，运道便而销路畅者，势必人人争趋；运道险而销路滞者，势必人人裹足。盐多时则跌价抢售，虽亏本而不能顾；盐少时则抬价居奇，虽病民而不能禁。他如湘岸辰州等处，滩河险阻，转运艰难，势必无人肯往。民难淡食，滋事堪虞。且湘鄂西皖既已无所区分，淮界藩篱亦必因之尽撤，邻私竞进，全局将隳，彼新商亦岂肯以巨万血本投诸不测之渊？纵或初次不知深浅，而一经失败，势必相率不前，非若商等之以票为业，无从诿卸也。

以上种种情形，倘不幸而言中，则公家岁得厘课加价等项，出诸淮盐之千数百万，其将何所取偿？商等为保全票业起见，固但求循照旧章；即为民国计之，外债既早经承认，军需更较前倍增，即此外各种政策，均待设施，无一不需财孔亟。盐务为入款大宗，必一切仍照旧章，庶克期可以进行，而巨款不忧无着。稍一改变，匪独岁入之盈亏毫无把握，恐尚非旦暮之间所能集事。民国当此之时，又岂能停待耶？

商等资本约二千万，倚盐为生者不下亿万人，性命身家关系重大，不得不披沥上陈，务求实行保商之策，明颁命令，将淮盐运销诸务概循旧章，俾商情稍安，即人心可定。他如各项细目，冗员如何裁汰，弊端如何剔除，杂捐如何减停，名目如何归并，不妨从容讨论，似于恤商灶、益饷需，皆非无可着手。商等亦当联合四岸，组织公所，改散为整，以期统一。至民国临时政府成立，各省需饷孔殷，商等亦国民一分子，本应竭其棉力，稍效涓埃，惟自季直先生意见书发表后，运票咸有失业之惧，在商界中信用骤失，虽欲筹措运本，亦已告贷无门。倘蒙伟力保全，商等人非木石，自无不因感思奋，一经起运，稍通转输，壤流之助，惟力是视，伏维昭鉴，环求训示祗遵。淮南湘鄂西皖四岸全体运商公叩。（扬州电）

（《民立报》1912 年 1 月 16 日，"公电"；又见《时报》1912 年 1 月 18 日，"中华民国立国记"）

致孙中山电
（1912 年 1 月 16 日载）

孙大总统钧鉴：

昨日四川李岷琛等一电，赵熙、萧湘并未与闻，特叩。（上海去电）

（《民立报》1912 年 1 月 16 日，"贺电"）

法兰西斯·史蒂文森致孙中山函
（1912 年 1 月 17 日）

总统阁下：

请允许我对你们革命成功和阁下当选为中华民国总统致以衷心的祝贺。我们作为西方伟大的共和国以满腔热情问候东方新兴的伟大姐妹共和国。我们热爱实行共和国的中国。我们希望能为中国办以下三件事：

1. 坚持现行的禁烟政策直至取得最后成功。

2. 对烈性酒、烟草尤其是香烟制定类似的政策。禁烟政策实施顺利且近乎大功告成，一旦酒和香烟在中国站稳脚跟，则禁烟政策所带来的成效就会化为乌有。另外，我们美国也准备开展一场运动，旨在禁止烈性酒、鸦片、吗啡和香烟贸易。欧洲则有可能在近期彻底禁止，鸦片贩子又会利用其他易上瘾的毒品继续榨取东方民族的血汗。这样，以前那些鸦片受害者又会沦为其他毒品的牺牲品，除非你们制定法律，禁止毒品贸易来保护他们。

3. 制定移民政策，让足够的人移居关东，以便能开发那片辽阔富饶的土地，利国利民。阁下可能会觉得很奇怪，我们竟然对这事如此关心。我们确实非常关心。关东属于中国，中国也需要那片土地来造福人民。最后我们祝阁下身体健康，祝中华民国繁荣昌盛，国泰民安。我们为如旭日东升的中华民国在阁下的统领下走向成功而祈祷，为你们所取得的成就而欢呼。

长老会牧师　法兰西斯·史蒂文森（Francis B. Stevenson）　谨上

（《海外友人致孙中山信札选》（一），《民国档案》2003 年第 1 期）

孙毓筠致孙中山等电

（1912 年 1 月 17 日）

急。南京孙大总统、各部总长、武昌黎副总统、上海伍外交总长暨各省都督均鉴：

以民国新成，满廷已覆。推袁□一人把持权势，障碍和平，似不必再与协议，牵掣大局。宜将待遇皇室、处分满人及安置北方军官军队办法，由中央妥速筹议，订列条款，宣告中外，并通牒袁□，限期答复，如再抗议，即行继续开战，以便从速解决，而清内乱，而防外变。事机危迫，略陈管见，伏候公决，并祈电复。毓筠。霰。

（《共和关键录》第二编，第 167 页）

旅沪山东绅商学界致孙中山、黄兴电
（1912 年 1 月 17 日载）

南京孙大总统、黄大元帅钧鉴：

鲁事阽危，大局急迫，现徐君心镜联合登州军队已经反正，诸事大有转机，然操纵无人，进取殊艰。惟胡瑛先生德望素著，我鲁人士均深感服，兹特公议推举，担负都督重任。乃胡君以事未克，即行故权，请杜扶东君代理一切，已于今日与北伐军队同赴烟台，以后筹备。恳祈力为主持，并促胡君速莅山东，不胜祷盼。旅沪山东绅商学界公叩。（上海去电）

（《民立报》1912 年 1 月 17 日，"公电"；又见《时报》1912 年 1 月 17 日，"中华民国立国记"）

致《民立报》转孙中山电
（1912 年 1 月 17 日载）①

《民立报》转呈南京大总统钧鉴：

---

① 发电者不详。——编者

接伍外交长盐电，又停战十四日，鄂省军民闻之，惶恐万状。盖袁贼狡诈素闻，一在攻我北方民军，一在懈我军心，恐以和议而贻误大局。且此次停战展期要求，出于各国商团，该商团等既以保商为辞，尽可请之各该公使，即与清廷断绝外交关系，则我民国脚根乃定。该商团等不出于此，而竟直接要求我外交长，外交长亦允其请，殊非外交手续。应如何主持之处，尚希赐复。鄂中军士皆秣马厉兵以待公报。（自武昌发）

（《民立报》1912年1月17日，"湖北电报"）

蔴坡华商致《民立报》转孙中山电
（1912年1月17日载）

《民立报》转：

孙大总统荣任，共和国万岁！蔴坡华商全体电贺。（南洋电）

（《民立报》1912年1月17日，"贺电"）

曹运鹏等致《民立报》转孙中山等电
（1912年1月17日载）

《民立报》转大总统、大元帅、江苏、江北两都督均鉴：

孙中山廿年运动，黄长沙八次磨折，铁血铸成共和民国，同胞共庆，合县欢呼。今日补行庆祝，公祝万岁。赣榆民政长曹运鹏、参议事会、商学各团公叩。（青口电）

（《民立报》1912年1月17日，"贺电"）

卡尔博士致孙中山函

（1912 年 1 月 18 日）

中华民国总统阁下：

中国为自由而奋斗终于取得成功，世人沉浸在一片欢乐之中。此时此刻，上苍也把中国的未来交给了阁下。若不嫌弃，我愿为阁下效劳。

本人在多所大学从事过研究，并到世界各地游历，作为政治经济学学者，一直从事国际贸易问题的研究，愿为阁下的商贸部效劳或出任在欧洲的代表。我在多数欧洲国家生活过，关系颇多。至于我的能力，我可寄给你最好的证明。本人组织能力强，有信心并乐意承担阁下交给我的一切任务。切盼早日回复。

卡尔博士（Dr·Karr）　谨上

（《海外友人致孙中山信札选》（一），《民国档案》
2003 年第 1 期）

伍廷芳致孙中山、黄兴电

（1912 年 1 月 18 日）

南京孙大总统、黄陆军总长鉴：

密。今晨唐君送阅密电如左（下）：雨一电悉。第一款"世世相承"四字改为"统系相承"，如公不以为然，则改为"仍存不废"，若必细细声叙，则动皇族之疑，且恐愈缚愈牢，反留痕迹。第二款"或仍居宫禁"五字，实难删去，太后发第二次帑金、金锭，云："予必死于宫内不动。"此事如有勉强，必生枝节，请将"仍"字改为"暂"字。平心论之，腐旧宫殿，毋论公署私宅，皆不适用，将来以午门外为公园，交通车马，三和殿为国粹陈列馆，与民同乐，则乾清门内听其暂居，亦奚不可？第三款改为"优定大清皇室经费，年支若干，由国会议定，惟至少亦须三百万两"。第五款改为"德宗崇陵未完工程及奉安经费，仍照实用数目支出。"希切商。再，带五电系商明皇族及阁僚乃发，酉刻始接，雨一电不及会商，谨先奉复。谄。雨。

清王公等于明日会议决定，此条件之交付，万不可再迟，前此往返筹商，以明尊意，故廷照尊意开交条件如左（下）：

优待皇族条件：

一、大清皇帝改称让皇帝，相传不废，以待外国君主之礼待之；

二、暂居宫禁，日后退居颐和园；

三、优定让皇帝岁俸年支若干，由新政府提交国会议决，惟不少于三百万两；

四、所有陵寝宗庙得永远奉祀，并由民国妥为保护；

五、德宗崇陵未完工程及奉安经费，仍照实用数目支出；

六、保护其原有之私产。

优待满蒙回藏人条件：

一、满、蒙、回、藏人与汉人平等，均享受一切权利，服从一切义务；

二、保护其应有之私产；

三、先筹八旗生计，于未筹定以前，原有口粮暂仍其旧；

四、从前营业之限制，居住之限制，一律蠲除；

五、所有王公世爵概仍其旧。

以上条件列于正式公文，电达驻荷兰华使，知照万国和平会存贮立案。

右（上）条件更正之处，无甚出入，彼方约可允从，现已开交，不可再改。特闻。廷芳。啸。

（《共和关键录》第一编，第72~74页）

伍廷芳复孙中山、黄兴电
（1912 年 1 月 18 日）

南京孙大总统、黄陆军总长鉴：

　　密。电悉。唐不能来，有万不得已之故。一、唐已与北京往返电商，一入南京，诸多耽搁。二、唐入南京，无论如何秘密，必为人知，将为北京外人所疑，居中调停，不能得力。如公必不能来，请俟清帝宣告退位之后，再商办法。廷芳。啸二。

（《共和关键录》第一编，第 74～75 页）

哈同致孙中山函
（1912 年 1 月 18 日）

总统阁下：

　　请允许我代表我自己及太太感谢您在上个星期一的邀请及在南京热情的款待。此行我们非常愉快，也相应地感谢您的好意。

　　等您家人到上海时，请赏脸由我们在我们这里欢迎他们。我们有宽敞的地方供他们住宿。哈同太太一定会尽力使他们感到舒适。我们的房子也随时供您使用，如果您能惠顾来访，我们将感到十分荣幸。

　　关于以南京的不动产抵押贷款的事，我发现这里的银行家目前不愿意考虑这种打算。我会把这事放在心上，等有适当的机会出现。

　　致以良好祝愿。

哈同　谨识

（《临时大总统和他的支持者》，第 98～99 页）

庞子钊等致孙中山电

（1912 年 1 月 18 日）

孙大总统钧鉴：

政府成立，公为总统，薄海欣欢，同胞幸福，民国万岁。广东北海洋务委员庞子钊等巧叩贺。印。（北海来电）

（《临时政府公报》第十号，1912 年 2 月 8 日，"电报"）

蒋雁行致孙中山、黄兴等电

（1912 年 1 月 18 日）

大总统、陆军部总长、伍外交长、各省都督、各行军总司令、徐司令、各报馆均鉴：

顷据徐州方面急报两则：（一）张勋于十六日杀其帮带，全军大哗，遂派崔洪鼎为营务处，竭力取拾人心，声言不日南攻蚌埠、东攻宿迁，誓必克复，并有北来旗兵二十营相助；（一）睢宁之耿千总，实系勾合张勋攻睢，勋虽未来，而民心惶惶。等语。查张勋盘据徐州，并未遵约退兵，复于停战期内，任意勾结，声言进攻，殊属违约。现已饬驻宿迁张支队长严密防堵，并密拿耿千总外，拟请电饬扬镇各军迅赴宿迁，协同预备抵抗，并请外交长严重交涉，请其退出徐州。事机危迫，万望速示机宜，无任盼祷。江北雁行。巧。（江北蒋都督电）

（《申报》1912 年 1 月 19 日，"公电"；又见《民立报》1912 年 1 月 19 日，"清江浦电报"；《时报》1912 年 1 月 19 日，"中华民国立国记"）

陕军政府致孙中山、黎元洪等电
（1912 年 1 月 18 日）

孙大总统、黎副总统、黄内阁总理、民各省都督、重庆都督、襄阳军政分府鉴：

清军第六镇由洛阳西上，乘势猛攻，敝军不支，溃退潼关。省中兵均赴西路与升允相持，势难分顾。祈火速救援，保全西北大局。否则敝省有失，黄河流域全入虏手，大局不堪设想。再，和议万不可恃，恐中袁贼缓兵之计，尚祈详察。陕军政府叩。啸。（西安电）

（《民立报》1912 年 1 月 27 日，"沪军政府电报"；又见《申报》1912 年 1 月 27 日，"公电"；《时报》1912 年 1 月 27 日，"中华民国立国记"）

蒋尊簋致孙中山等电
（1912 年 1 月 18 日）

南京大总统、各部长、参议院诸君、武昌副总统、各省都督、各路总司令均鉴：

谨率全浙国民恭贺新禧！蒋尊簋叩。巧。（杭州蒋都督电）

（《申报》1912 年 1 月 20 日，"公电"）

龙州商会致孙中山电
（1912 年 1 月 18 日）

孙大总统钧鉴：

经十七省举定总统，民主多数已占，我□优胜，纵稍流血，肯弃万载幸福？勿迁就复开全国投票再决，恐蹈袁计，恃票取决，列

强藉口，遗恨难追。龙州商会叩。巧。（龙口商会电）

（《时报》1912 年 1 月 26 日，"中华民国立国记"）

李烈钧致孙中山、黎元洪等电
（1912 年 1 月 18 日载）

孙大总统、黎副总统、黄陆军部长、伍总长、各省都督、各司令官、淮上国民军司令官、各报馆鉴：

顷接武昌转庐州来电敬悉。袁世凯以停战议和为缓兵之计，欲充其军备，缓我军心，其理易明，其事已见。乃我当道诸公一再允其停战要求，究竟是何居心，有无特别缘故，虽难遥揣，要之，欲求早日平和，即须早日决战，能用最多之铁血，方能解决最后之问题。若终始堕其术中，恐宋襄之仁，匪仅无辞以谢天下，大局亦将不堪设想矣。现敝处据确实谍报：袁世凯在河南一带招集捻匪三万余人，已发给枪械，编组成军，并已派一部进占光山、宣化店等处。此岂诚心议和之举动乎？况河南业已起义，北数省望我军若云霓，我若不前，彼何以应？千钧一发，守败攻成，是在诸公采择之。除商谘本军各司令官外，特先电达。第二军总司令官李烈钧叩。（葛店李司令电）

（《申报》1912 年 1 月 18 日，"公电"；又见《时报》1912 年 1 月 18 日，"中华民国立国记"；《民立报》1912 年 1 月 18 日，"湖北电报"）

厦门教育会、南声报馆致《民立报》
转孙中山电
（1912 年 1 月 18 日载）

《民立报》转孙大总统鉴：

先生以建造民国之伟人，履临时大总统之伟任，恭祝民国万岁，大总统万岁，厦门教育会、南声报馆同祝。（厦门电）

（《民立报》1912 年 1 月 18 日，"贺电"）

伍廷芳致孙中山、黄兴电

（1912 年 1 月 19 日）

南京孙大总统、黄陆军总长鉴：

密。顷接唐送来密电如左（下）：来电悉。因带二电云：即可称大清皇帝云云。已经奏明及遍告皇室，乃勉允退让。今改称让皇帝，满人向爱虚名，必生变动，且彼等必虑已允者复改，将来皆可更改，满腹疑团更生枝节，且蒙古、伊犁、呼伦贝尔等处纷纷独立，呼伦贝尔且声明排汉扶清。我辈于南北合一之后，有此一大问题不易解决，不知当如何费力，更不知能否挽回。姑留大清虚号，尚可藉此操纵，希冀满蒙离而复合。若并去之，直无可与交涉之词。谋大事者，宜争实际，不得惜此虚号，而贻国家分裂之祸。并非拘守尊君之义，专为皇帝计也。务乞切商办到，以全大局。又，蒙古王公现正合谋反对，方极力设法排解，拟将优待满皇回藏人条件第一条仍照原议改为一与汉人平等六字，以释其疑。且除满人外，蒙藏程度实不能与汉人有同一之权利义务。此时定得太呆，必为将来行政一大阻碍，不如删去末二句，其余各条尚可照办。诏来一。

前途对于宫廷及皇族力以保全皇号自任，今忽改为让皇帝，此字类于谥法，又近于诙谐，皇族必大起反对。且此等称谓，直是闭门自尊，盖我辈既是民国，本无君臣，其所谓皇帝，断不至牵连到民国。况上句明待以外国君主之礼，更与中华民国无干。务乞代恳，勿争此一字。诏来二。

清王公于今日下午会议，明日可宣布。时机甚迫，且来电所言，亦在情理之中。故从权允许删去"让"字及"均享一切权利、服从一切义务"二语，以期早定大局。廷芳。皓。印。

（《共和关键录》第一编，第75~76页）

伍廷芳复孙中山、黄兴电
（1912年1月19日）

南京孙大总统、黄陆军总长鉴：

密。巧一电悉。细译尊意于辞职推袁二者均已决心。但虑袁被举后，即北京设临时政府，强全国服从，则必不能收全国统一之效。故改一、二、四、五诸条，以为防闲，用意至为深远。接电后，即转达唐君。唐谓清帝退位后，北京必不即设临时政府，此层可以无虑。但全国统一之政府，必不可不迅为成立。否则，北方陷于无政府之状态，而统一政府虽举袁为总统，决不能由袁一方组织。故孙公辞职，袁公被举之后，两大总统为交替起见，对于组织统一政府，必须直接筹商。唐所以屡欲孙公来沪，即为预筹统一政府办法，免致临时仓猝。

至于通告外国，要求承认。既不必待各国之回章，自不必列于条件。盖成立在我，承认在人，今宜先求其在我者，清帝虽退位，而统一政府尚未成立，外人无从承认也。总之，清帝退位一层，若能办到，则以筹设统一政府为第一，如此事与唐、汪等商议，意见俱同。特闻。廷芳。皓二。

（《共和关键录》第一编，第78~79页）

伍廷芳复孙中山、黄兴电
（1912年1月19日）

南京孙大总统、黄陆总司令鉴：

密。孙君巧二电、黄君巧电均悉。前见孙君复直、豫谘议局电，闻于清帝之待遇有崇以尊号之语，且致汪函有云宜称让帝，或称清帝亦可，故与唐交涉。初谓宜称让帝，继因磋商仍许称清帝，既有以待外国君主之礼待之一语，则此空名，直与王公世爵等，同为废物，似不必重视。仍居宫禁，改为暂居宫禁，将来迁移，势在必行，所争只在迟早。至德宗崇陵云云，是为寡妇孤儿，为其夫与父请求。在我许之甚微，在彼求之甚切，前代鼎革，对于胜朝帝王常从丰殡葬，今我民国，何必吝此。唐来言，清王公今日下午会议，即可决定，欲急将条件议妥。廷见无所出入，为早定大局起见，已从权允许。总之，今日万国注目，甚望和平了结，皆谓中国不宜再有战事，而吾党所流血以求之者，只在共和。若清帝退位，则共和目的已达，其他枝节，似可从宽，彼所要求之条件，诚如黄君之言，未免可笑，然将来之措置，国会固有全权，即已交和平会存案，亦非绝对不能更动，以廷愚见，此时不必操之过急，且此次协议转折过多，由袁转唐，由唐转廷，由廷转致尊处。意见偶有参差，即致全盘阻滞，既易致误会，尤易坐失事机，故廷于大体无甚差池，及与尊意无大出入者，先为允许，无非欲及早定议，以便进行。汪等意见相同。尚希监察为幸。廷芳。皓三。

（《共和关键录》第一编，第79～80页）

黎元洪致孙中山、伍廷芳电

（1912 年 1 月 19 日）

南京孙大总统钧鉴：上海外交总长伍秩庸先生鉴：

顷接西安张都督凤翙电称：得伍外交总长宥电云，袁世凯电称北方土匪蜂起，民不聊生，又云现虽互允停战，而该匪徒［苟］骚扰如故。查袁世凯居心虽狡，妄冀破坏民军，故谬为此言，以惑乱天下人心，虽与贵军立有停战议和之约，其分东西两路进攻敝军及晋军如故，现已陷娘子关，夺据太原，冀西犯，如此奸谋昭著，前已请速筹北伐之策，推翻满政，令袁□无所依附，并可以绝观望各省之念。今既多日未闻旌麾所指，联师北伐是否实行。敝省与毅军相持月余，现彼将军驻扎灵宝，请速进兵，与敝军相会河洛间，为直捣燕京之计，不然太原已失，晋力疲矣。敝省东敌豫军，西当甘军，久持邠、凤间，兵单械绌，饷复告乏，恐不能久持，民军前途不可问，等情。似此和议万不可恃，乞速示机宜，以免贻误大局，民国幸甚。元洪。效。

（《共和关键录》第二编，第 174~175 页）

陈炯明致孙中山及各省都督电
（1912 年 1 月 19 日）

南京大总统、民国各省都督鉴：

　　中央参议院参议员，粤前派王宠惠、薛仙舟、赵士北三人，惟王君现任外交，薛君任组织中央银行，于性质上均不能兼任参议。兹特派委钱树芬、丘沧海两君。丘现既在宁，钱君新自美洲归，亦将首途赴任。谨此通告。粤代都督炯明。效。（广东都督电）

（《申报》1912 年 1 月 21 日，"公电"；又见《民立报》1912 年 1 月 21 日，"沪军政府电报"《时报》1912年 1 月 21 日，"中华民国立国记"）

蔡锷致孙中山、黎元洪等电
（1912 年 1 月 19 日）

南京大总统、武昌副总统、各省都督鉴：

　　临时政府成立，内政外交主体确定，无任欢欣。惟造端闳大，正费经营，非集群策群力，一致进行，不足以巩固国基，而恢张国势。我国幅员既广，省界夙严，势涣情疏，每多隔阂。此次武昌倡义，各省响应，已除往昔秦越相视之弊风。惟改革之初，事权莫属，不能不各设军府以为行政机关。然宜有通力合作之谋，不可存划疆而守之势。设用人行政，省自为谋，恐土豪寝起割据之思，边境又有孤立之虑，于国家统一障碍实多。今中央政府成立，缔造经营，当先从破除省界入手。此宜注意者一。我国人士，蜷伏于专制政体之下者数千年，几以谈论国事国是为厉禁。自外力内侵，清廷穷蹙，国人激于时势，急图改良，于是革命、立宪，君主、民主各党竞出，虽政见不同，而谋国之心则一。今政体确定，歧论自消，全国思想将冶为一炉，即平日政见稍殊，果系杰出之才，皆可引为我用。现值肇造之初，万端待理，只宜惟贤是任，不必过存党见，使有弃才，益自树敌。此宜注意者二。清廷朽腐，弊政相沿，诚宜扫荡廓清，与民更始。惟外鉴世界之趋势，内察本国之舆情，必审慎周详，节节进步，庶全国得以按弦赴节，不致有纷扰滞碍之虞。若期望过高，变更太骤，恐事实与理想不相应，而人民未易奉行；或法令与习惯有相妨，而急切难生效力。故新旧递嬗之交，目光固宜高远，而手法则不妨平近。此宜注意者三。锷才识无似，惟坚守以上三义，与滇中士夫循轨进行，不无微效。卑无高论，聊备甄采。尊处必有伟画远谋，尚希随时电告，用资圭臬。滇都督锷叩。效。印。

（《天南电光集》，第 29 电）

王芝祥致孙中山、黎元洪电
（1912 年 1 月 19 日）

大总统孙、副总统黎、各部长、各都督、各军司令部鉴：

续订停战日期，瞬即届满，各路联军亟应继续增加，以厚我军威力。桂省续派联军前队，昨过全州，已令各队继进。陆都督二十号到桂，祥准于念一号起行，兼程赴鄂，勉随各军之后，以效驰驱。作战方略，仍乞随时示教。桂副都督王芝祥叩。十九号。（桂林电）

（《民立报》1912 年 1 月 22 日，"沪军政府电报"；又见《申报》1912 年 1 月 22 日，"公电"；《时报》1912年 1 月 22 日，"中华民国立国记"）

柏文蔚致孙中山、黄兴等电
（1912 年 1 月 19 日）

大总统、陆军部总长、谘议局、参谋团公鉴：

顷查前日有敌兵一千五百人至宿，今早又有兵车三十辆由徐至宿州，恐敌南下等因，谨此电闻。文蔚叩。效。（浦口电）

（《时报》1912 年 1 月 26 日，"中华民国立国记"）

孙道仁、彭寿松致孙中山等电
（1912 年 1 月 19 日）

至急。南京大总统暨各都督、各司令官、上海外交总长均鉴：

武汉起义，全国响应，二月间即光复过半，现辽、燕、鲁、汴虽扼于暴力，不得速，然无时不谋反正，国民心理已大可见，何待开会始决？袁□赋性残忍，见利忘义，汉口、汉阳之间，糜烂我无数同胞，已属罪无可逭，及至情见势绌，又假和议以缓我师，幸我宽大姑容，犹复节节失信。荷蒙大总统仁慈，复允展议十四日，然其居心叵测，别有所图，已属路人皆知。今各省挞伐之师云屯淮汉，闽亦即日先出一标，余更陆续继发，犁庭扫穴，共振大汉天声。所议条件如未能迅速解决，期间一满，应请即行宣战。现在举国盼望共和，妇孺皆知大义，人心所在，即天心所在，胜负存亡之数，不卜可知。若过于延缓，任逞狡谋，借款卖地，转恐有妨将来大局。区区之见，幸惟察亮。闽都督孙道仁、政务院总长彭寿松。效。叩。

（《共和关键录》第一编，第 133 页）

唐牺支致孙中山、黄兴等电

（1912 年 1 月 19 日载）

南京孙大总统、黄总长、武昌黎副总统、各省都督、各司令部部长钧鉴：

宜昌拾日查获汉奸孙鸿猷，假慈善会会员名义，由京赴蜀，挟有伪清振捐簿据多张，显系为满奴暗筹军需，并带有匿名国民实利意见书多本，专主君主立宪破坏民主共和为目的，语言狂谬，实为民国罪人。除由牺支按律拘禁，严罚惩办外，此种书本关系甚大，且羽党甚多，各处散布，应请钧处饬下严密查禁，以免国民误入迷途。司令部唐牺支叩。印。（宜昌唐司令电）

（《申报》1912 年 1 月 19 日，"公电"；又见《民立报》1912 年 1 月 19 日，"沪军政府电报"；《时报》1912 年 1 月 19 日，"中华民国立国记"）

张振武致孙中山电

（1912 年 1 月 19 日载）

孙大总统鉴：

前电敬悉，军火各件，武既受钧谕于前，复再四呈报于后，已有成约，而川款绝望，以致前与汉商订定之约，至期无款可交，几致决裂。且闻有人报告，武身肩重任，久不归鄂，各情伏思。此次来沪，系因汉阳失后，鄂省军械不敷应用，奉黎公命令来沪会商筹办。幸川路一款稍有头绪，今又奉命提作他用，鄂中又无此巨款，与汉商订定之约，又难解除，以致武进退失据，此武身肩重任，久不归鄂之实情。武既受外人之催迫，复遭宵小之播弄，虽牺牲一己，于事无益，惟有恩恳乞我公设法筹款六十万，以备兑交军械之用，免既订之约至期违爽，不胜感激待命。振武叩。

（《民立报》1912 年 1 月 19 日，"公电"）

李燮和上孙中山书
（1912 年 1 月 19、20 日载）

窃维民国初建，基础未固。凡有举动，外之系列国之观瞻，内之关生民之休戚，至重且巨也。况复北虏未灭，胡幕犹存，袁氏更出其诡计，以劳我师而觇我隙，不足则乞援外国以济其凶顽，今俄警又见告矣。若乃苟安旦夕，燕衎湖山，则外交之纠结愈多，内部之纷裂愈甚。岂惟中华民国无复建设之望，恐更有土崩瓦解之患。此燮和之所为拊膺长叹，日夜忧惧，而不知所措者也。今日民国之前途，系之于临时政府，而临时政府之责任，系之于公之一身，故民国而能建设，则其功公实尸之；民国而苟破坏，则其咎公实负之。燮和从事军旅，本无规画大局之才，但以谫陋所及，有不能不为我公进一言者，乞垂听焉。

一、和战之局，势宜早定也。一月以来，最足为失机误事之尤者，莫如议战议和一事。夫和有何可议者，民主君主，两言而决耳，岂有调停之余地。战亦有何可议者，北伐北伐，闻之耳熟矣，卒无事实之进行。坐是抢攘月余，势成坐困，老师匮财，攘权夺利，凡种种不良之现象，皆缘是以生。若天下之大局不定，湖山之歌舞依然，我恐洪氏末年之覆辙将于今日复蹈之也。夫袁氏之不足恃，岂待今日而后知之？溯彼一生之历史，不过一反复无常之小人耳。甲午中东之役，戊戌之政变，庚子之拳乱，合之此次之事变，凡国中经一次之扰乱者，即于彼增加一绝大之势力。彼盖乘时窃势、舞术自恣之人耳，安知所谓尽力民国，又安知所谓效忠满廷？凡其竭智尽技、纵横捭阖而为之者，无非为彼个人之计。夫为个人者，但思乘时窥便，以弋个人之利益，而无丝毫公众之利益置其眼中。故其所为，恒不可以常情测度。岂惟不可以常情测度，即彼身居局中者，亦无以测度己身之所为。何则？彼以术驭人，而不悟彼乃为术所驭也。故袁氏者，断不可恃者也。恃袁氏无异恃袁氏之术，袁氏之术，乃其所以自欺欺人者也。彼自身且不可恃，独奈何欲率天下之人，以依赖袁氏之术乎？故今日者，必先去依赖袁氏之心，而后可以议战。以神圣庄严之大总统，奉之于袁氏之足下，而袁氏蹴尔而不屑，宁非神州男子之奇辱耶？顾犹有持慎重之说者，以为战限延长，非吾民之福，南人北伐，非地势所宜。燮和独以凡事之可以平和解决者，则以平和解决之，凡事之不能平和解决者，则战争者，所以促进平和，而断非扰乱平和之具。假令两军相持不决，前途之平和，可希冀乎？不能希冀，而犹欲假和议之美名，以涂饰天下人之耳目，吾未见其可也。今日之所恃者，在能战耳，在能战而后能和耳。若夫抢攘纷扰于不和不战、忽和忽战之间，则人心之恐怖，靡有已时，商业之壅滞，犹如昔日，岂必杀人流血，而后为损失耶。况夫相持愈久，则外交之枝节愈多，此次各国所以取不干涉主义者，尊重人道耳，敬畏舆论耳，非有爱我之心也。我内部而稍有可乘，彼必不肯牺牲自国之利益，以曲徇我为事。今俄之于蒙古，其明征矣。是故无论自对内对外言之，民主、君主之解决，宜速而不宜迟。而其解决之手段，不外于平和与武力二者。然就今日之时势观之，断非平和可以解决。则徒讲一时弥缝之策，希冀战争之不再开者，名虽尊重人道，实则违背人道。何则？以其迁延愈久，而损失愈大也。故今日之战，为人道而战，决非破坏人道之举也。

近者和议屡有破裂之势，然袁氏犹时出其诡计，或谓派梁士贻莅沪，或传派唐绍怡续议，无非欲以迷离惝恍之手段，以懈我已固之人心，而支持其破碎之残局。幸我国民翻然知袁氏之侮我，于是有誓师北伐之举。燮和不才，今已秣马厉兵，从诸君子后，若公犹迟疑不决，当机不断，或且误听袁氏再求和议之举，则误我神州大局，沦胥我炎黄胄裔者，公将不能辞其咎矣。

至于南军北伐，泥于历史之见者，徒见西北可以制东南，而东南不能制西北，遂谓地利实然，恐徒劳而无功。不知汉高起于丰沛，明太起于濠泗，在历史上已有其事。矧夫此次倡义，非徒恃兵力也，尤在人心趋向。东南之人，趋向共和，固已成为事实，即西北之人，其表面虽仍服从满州〔洲〕，其精神早已趋向民国。其尚持君主之顽见者，不过少数顽迷之官僚派耳。北方义士，无拳无勇，困于专制之积威，兵力之蹂躏，方且屡蹶屡起，以为我南方民军之响应，而我顾对岸观火，若秦、越人之视肥瘠，其谬者且倡为南北分治之论，以离间我南北之人心，破坏我神州之统一。呜呼。其何以对我北方同胞矣。且夫混一南北，以建设共和国家者，亦视夫我国民之决心何如耳。我国民若无此决心，则虽已破坏之各省，不必其能建设，若其有此决心，则吾谓天下之事，何事不可以期成？区区北虏，又奚足当吾人之一撼者。乌乎。国家之基础，建于国民心理之上，我国民而为畏难苟安之国民，不欲收混一之功，则亦已耳；不然者，以武汉一隅，振臂一呼，天下响应。今日乃以十六省之疆土，而受制于贼虏，此燮和所大惑不解者也。夫武汉之事，起于国民之决心，今日之北伐，亦诉之于国民之决心而已。而所以日讨国民而训之儆之者，则公之职务也。此所谓急定和战之局势者一也。

一、共和之基础宜确定也。夫吾人日夜希冀良政府者，无他，唯良政府乃能产出良政治耳，满洲政府之不良，固为万国之所公认，是以吾人必推倒之，以发生一新政府。今日之共和政府，岂非吾人所认为最良者哉？若徒冒一良政府之名，而无良政治之实现，则亦何必费无数之头颅血肉，以购此政府为也？故夫今日共和政府中人，当思今日之所以有此基础者，皆我先烈义士以头颅血肉购得之，决非一二政客以口舌刀笔之力所可幸获，则今日之所以奠定共和之基础者，必有其道矣。夫吾非对于我新政府之成立，而预期其不良也，吾唯期望之者愈切，斯所责备者愈深，吾岂敢逆亿我新政府，谓其必不良，吾抑岂敢阿谀我新政府，谓其必良。良与不良，责在新政府诸人。而公者，新政府之领袖也，故公者实握良与不良之枢机也。

以燮和之见，凡国于地球之上者，无论其为何种政体，要必有法焉。此所谓法者，所以齐一天下人之心志，而使之向于国家之目的，以为有节制之动作也。一国之人，苟有愈越法之范围者，则其国立蹶，矧夫军政时代，法纪散佚，一切造作，皆以意行之，令人民无所适从，于是浮躁浅薄、浅中弱植之徒，蜂然并起，口含天宪，躬行悖谬，以人命为儿戏，等法律如弁髦，政府无从施其干涉，社会无从加以制裁。于是中央政府，乃成一坐拥虚名之势矣。虽有议决之法律，谁与行之？虽有颁布之文告，谁与遵之？彼参议院诸人，终日摇唇鼓舌，以议论天下之大计，其于国家有何裨益哉？夫中央政府之所以能成为统一机关者，不外能统一财政与军政耳，今各省财政，多患匮乏，往往只图自保，而不顾及中央之行政，则中央统一财政之谓何矣？各省军政，亦无统系，往往夸示其兵之多，而不顾及兵之能战与否，则中央统一军政之谓何矣？夫此二者，非不能统一也，徒以人人有挟以自重之心，而不顾虑国家之大局，驯至饷源匮竭，兵士有哗变之虞；军队增多，异日有流冠之患。涓涓不绝，将成江河，瞻念前途，不知涕之何从也。夫所贵乎共和者，必人人自尽其义务，自识其所遵循其途，而后乃能达共和之目的。今人人攘臂以言共和，无丝毫相让相谅之心，是共乱也，非共和也。吾民苦满清苛政久矣。一旦得脱离其羁绊，方且伫足拭目，以睹太平之盛治，今则军政时代，丝毫未为吾民谋建设，而攘夺吾民权利之举，则无日无之。吾民虽忍其无量之苦痛，以待吾辈之建设，而返之吾辈出民水火之初衷，又安忍以军政时代为藉口，而不措意于民政乎？况夫今日之革命，大非昔比，昔日之革命时代，只知有破坏，而不知有建设者也。今日之革命，则必一方破坏，一方即着手于建设，庶足以内谋民生之安奠，外杜各国之觊觎。所谓建设者无他，恃有法而已矣。国家之基础，在于人民之心理，而人民心理之表现，又以法为特征。故法者，实人民心理之反映也。人人既制此法，以为率循之标准矣，则人人必先守法，而后法乃行。欲人人守法，必大总统先守法，昔美国革命时代，以华盛顿之英杰，富兰克林之老练，均遵十三州联合会之议决以行。无他，守法故也。今正当国民会议之机关尚未成立，各省代表所组织之参议院实为法令所从出之地。愿公尊重其决议，并裁制天下之不守法者，则人人知国家有法，不敢以私意成见，败天下之事，庶国家可收统一之效，而共和之基础，乃确定矣。若乃漫无秩序，彼此水火，攘名夺利，徇私忘公，则匪为民国前途之梗，抑亦人心风俗之隐忧也。新政府诸公，其可以不谋所以挽之，而甘为亡清之续乎？此所谓确定共和之基础者二也。

以上二端，不过略举其切要者言之，其他关于建设诸事，条理万端，非一纸所能罄，亦非一二人所能断言。虽然，若此二端者不举，则其余必无着手之方，治丝而棼，恐将贻大局以无穷之危险，故今日之急务，莫急于此二者。此二者之干既立，则其余诸事，皆可迎刃而解矣。燮和赋性戆直，不敢以阿好者误我国民，故为公切直言之，惟公鉴其诚而俯纳一二，幸甚幸甚。

（《光复军总司令兼吴淞军政分府李燮和上孙大总统书》，《时报》1912 年 1 月 19 日、20 日，"要件"）

杨高致孙中山函

（1912 年 1 月 20 日）

孙先生：

对您当选为中华民国总统谨表衷心祝贺。祝您事业成功。

我听说，吴齐昂（Woo Ghi On）先生很快就要去南京。

相信您还记得吴先生与先父过从甚密，因而我们关系密切。我托他转告您所要的个人有关情况等等。遗憾的是，虽久闻先生大名，却未能亲睹先生丰采。见信后，希望能象先父杨库万（Young Ku Wan）那样受惠于先生。

杨高（Geo Young）　谨上

（《海外友人致孙中山信札选》（一），《民国档案》2003 年第 1 期）

胡孝龄致孙中山等电
（1912 年 1 月 20 日）

《民立报》转南京大总统、陆军部、武昌副总统及各省都督、各军政分府均鉴：

龄承邦人不弃，公推为军政府长，固辞不获，勉为其难，已于十三号视事。敬祈时赐教言，以匡不逮。徽州军政处胡孝龄叩。号。（自屯溪发）

（《民立报》1912 年 1 月 21 日，"安徽电报"；又见《申报》1912 年 1 月 21 日，"公电"）

赵德全致孙中山等电
（1912 年 1 月 20 日）

孙总统、各省都督均鉴：

有日马都督沁电谓联军统一各节，敝省赞成。乞即采收。黔都督赵德全。号。（贵州电）。

（《民立报》1912 年 1 月 26 日、30 日，"沪军政府电报";又见《申报》1912 年 1 月 26 日、30 日，"公电"；
《时报》1912 年 1 月 26 日、30 日，"中华民国立国记"）

陈其美致孙中山、黎元洪等电

（1912 年 1 月 20 日）

南京大总统、海陆军部长、卫戍总督、武昌副总统、各省都督、各军政分府鉴：

停战议和一再展限，劳师糜饷，忧愤交深。敝虑竭力经营，原期扫穴犁庭，驱除残虏。此次续行停战，美本不愿，讵料又展至十四天之久，殊深叹惜。然成事不说，惟有静以待之而已。但此期限中，无论如何，定须议决。如再藉故延缓，美万难承认，当率所部，驰赴前敌，一决胜负，断不容再事偷安，贻误全局。为民国计，为同胞计，诸公谅不以美言为非，如蒙赞成，乞先电复，俾续停期满，立刻出师，分道直取，灭此朝食，不胜盼切待命之至。其美叩。号。（上海去电）

（《民立报》1912 年 1 月 22 日，"沪军政府电报"）

柏文蔚致孙中山、黄兴等电

（1912 年 1 月 20 日）

孙大总统、黄陆军总长、江苏谘议局、参议团、上海伍外交长、安庆孙都督均鉴：

顷接临淮电，据寿州确实报告，涡阳被敌占领，马步六营，大炮四尊，势欲南下，寿、蒙危急，望速命兵抵御，等语。谨闻。文蔚叩。号。

（《共和关键录》第二编，第 114~115 页）

包道平致孙中山、黎元洪等电

（1912 年 1 月 20 日载）

各报馆暨孙大总统、黎副总统、黄部长、各司令官均鉴：

顷接清内阁袁电，延长和期十四日，闻之不胜愤懑，足见袁氏奸狡。彼以军备未整，军需无着，藉为时日，待理诸端，然后进行。此计此谋，路人共知。我军北伐计划已定，岂可再从所请，况前度议和，固当彼此停战，而袁氏乃令张勋陷我徐州，倪嗣冲攻我颍、太，犹且诬我民军，指为土匪，肆意攻击，伤残无数，破坏条规，违背公例。此固天理所不容，人神所共弃。斯时未申诛讨，已属姑息，乃复续和期，再堕奸计，懈我兵心，阻我雄图。俟彼军备已整，军需已足，而乃与战，某虽至愚，亦不知其可也。且袁氏果使有意议和，何以忽将唐代表议决各条，力图翻案，并许辞职。其居心为敌，不问可知。凡我民国，固当秣马厉兵，分道进攻。而乃犹豫不决，坐失戎机，贻误大计，不惟无以副北省同胞之渴望，且何以慰九泉同志之灵魂。道平一介寒儒，满腔热血，奔走国事，历有年所。今幸天公佑我，人心思汉，时集同志，光复江靖，正行组织大军，力图北伐，乃忽屡闻和议，狂骇狼狈，不知所谓。伏愿公等坚持宗旨，勿误和议，自老雄师，道平亦当执戈跃马，以与袁氏决一雌雄，使异族恶劣专制之政府早日推翻，则我北省同胞早见天日，幸甚。江阴军政分府参谋官兼秘书官包道平叩。（江阴军政分府包参谋电）

（《申报》1912 年 1 月 20 日，"公电"；又见《时报》1912 年 1 月 20 日，"中华民国立国记"；《民立报》1912 年 1 月 20 日，"公电"）

鄂军务部致孙中山等电

（1912 年 1 月 20 日载）

南京大总统、各省都督、各总司令官、上海各报馆公鉴：

兹有湖北蕲州凌元洲派充鄂省兵站总参谋，忽然逃去，形迹可疑。祈一体转饬所属严拿解来。鄂军务部。（自武昌发）

（《民立报》1912 年 1 月 20 日，"湖北电报"；又见《申报》1912 年 1 月 20 日，"公电"；《时报》1912 年 1 月 20 日、26 日，"中华民国立国记"）

陈其美致孙中山电
（1912 年 1 月 20 日载）

南京孙大总统钧鉴：

川人顾鳌，前经同盟会中多人告发，坚认顾为汉奸，且称周代表系顾鳌至戚，以私谊误公等情。既据程总长函称各节，尚希尊处详细查明电示，以凭核办。沪都督陈其美叩。（沪军都督去电）

（《申报》1912 年 1 月 20 日，"公电"；又见《时报》1912 年 1 月 26 日，"中华民国立国记"）

格莱特致孙中山函
（1912 年 1 月 21 日）

亲爱的孙逸仙先生：

我希望您收阅到此信。我听说您是基督徒，我很高兴，因为我是个女基督徒。我今天去过教堂了，听到牧师当众说到您。他说孙逸仙作为领袖，对中国千千万万的民众关系重大。所以我想对您说，不要辞职。我为您能掌握政府而祈祷，您是唯一合适的人选。我们加拿大人和英国人都在关注此事，希望您会留任。我们希望看到中国重振雄风，在世界民族之林占有一席之地。不要让别国干涉内政，我们希望美好的和平将会到来。我衷心祝愿您和您的共和国。

您真诚的格莱特（Glater）

1912 年 1 月 21 日于温哥华

另：请让我知道您的决定。

（《海外友人致孙中山信札选》（一），《民国档案》
2003 年第 1 期）

A. 鲁迪致孙中山函

（1912 年 1 月 21 日）

中华民国大总统阁下：

首先衷心祝贺您的战略部署和武装斗争的伟大胜利。

我是一个美国公民，北卡罗来纳州农业机械技术学院的一名讲师，我希望能有机会去展现我的使耕地平均亩产增长五到二十倍的方法。

对于中国这样一个人口众多的国家，这个计划是非常有利的。作为开拓者，若能在权益上得到充分的保护并且得到政府的帮助，我十分愿意到中国去。

中国有超过四亿人要吃饭，共和国成立后又会吸引外来移民促使人口增长。因此，中国农业的地位相当重要。既然共和国希望开创一个进步繁荣的新时代，在贵国迅速增加耕地面积的建议应该得到阁下的认真考虑，我希望能与贵国政府达成共识，以便展现我的方法而不致于失败。

我在菲律宾呆过三年时间，到过上海和香港。

A. 鲁迪（A. Rudy）博士　敬上

1912 年 1 月 21 日

北卡罗来纳州农业机械技术学院

（《海外友人致孙中山信札选》（一），《民国档案》
2003 年第 1 期）

伍廷芳致孙中山、黄兴等电

（1912 年 1 月 21 日）

南京孙大总统、黄陆军总长鉴：

　　密。今日唐氏送来密电如左（下）：冠三电悉。本拟赶促进行，初三日即可发表，今孙所开四条，多与前言不符，此事关键。所最重者，在接气与不接气，如帝已退位，而孙未退，是全国只有一南京政府，袁既不得更设临时政府，又已脱去清政府所授之政权，则手下兵队听谁调度？北方秩序谁任维持？北京驻使向谁交接？所谓不接气也。且最可虑者，是时袁则有受为南京政府部下之势，北方军士必出阻力。孙电第三条云向院辞职，则院可挽留，定期解职，则期可延缓；与春一电伍致孙电即可发表让袁一语不符，与帆电孙即日解职一语不符，与第二电孙复伍电文即可正式宣布解职一语不符，又与议定降旨之日孙即行解职一语不符，北方各界谣言、阻力日益繁多，迟则大碍。总之，大劫当前，四万万人只差三十点钟便成熙皞之民，忽接孙电四款，将今日进行次第全行紊乱，此后四万万人必死一半而后已。且项城为一时人杰，岂必欲争此总统，若疑其有莽操之志，尤不直一噱，不过为四万万同胞谋幸福而已。尚有挽救之法否？乞速电示。冬。

　　廷今日通告，乞察核。廷芳。马。

　　　　　　　　　（《共和关键录》第一编，第 82 ~ 83 页）

伍廷芳致孙中山等电

（1912 年 1 月 21 日）

孙大总统、国务各总长、参议院长公鉴：

　　日来与袁内阁切实筹商清帝退位办法，本定于初三日即发表清帝退位之谕旨，后因发生难问，以致稍滞。此难问之发生，在清帝退位后对于北方如何处置，清帝统治权已经消灭，而我临时政府，事实上尚不能直接统辖北方，则北方将陷于无致府之状态。据目下情形，是北方各官吏将士赞同共和，对于组织统一全国之政府宜得其同意。故廷芳以为清帝退位宜由袁世凯君与南京政府协商，以两方同意组织统一全国之政府。如此，则统一政府成立之后，于内必能统一全国之秩序，于外必能得各国之承认。廷芳受议和全权代表之委任以来，往复筹商，以为惟此可期解决。今日有陈都督其美、温参议宗尧、汪参议兆铭在场赞成，已告唐君绍仪转电袁内阁。特此奉闻。廷芳。马。

（《共和关键录》第一编，第 83 页）

犬养毅致孙中山函
（1912 年 1 月 21 日）

孙大人阁下：

毅谨再白：毅窃谓阁下如忧列强启瓜分之端者，而袁亦以此一事巧冲动革军诸台之意，以驯致妥协之势，然是不可有之事也。敝邦政府已决不干涉之方针矣。而国论之所向，阁下已然知之。敝邦已如此，列国谁能有干涉之力？阁下断勿顾虑。今日之事，只有勇往迈进而已，断断乎勿迟疑，北京已在阁下之掌中矣。

一月廿一日

（翠亨孙中山故居纪念馆藏档；又见《孙中山藏档选编·辛亥革命前后》，第 453 页）

吴鼎元致孙中山电
（1912 年 1 月 21 日）

南京大总统孙钧鉴：

元赞同共和，前已联名电奏，并联名电致吴代表，兹复电请从速发表，以谋同胞幸福。奉复电，一俟优待条件议定，即可解决。等因。昨由熊派员至宿州，并备文请贵司令部派代表相与接洽，即乞电致宿州。彼此既表同情，务须和衷协商，各守信约，不胜盼祷。山东陆军司令部兼会办山东防务吴鼎元。个。

（《临时政府公报》第十三号，1912 年 2 月 11 日，"附录·电报"）

招商总局致孙中山、黄兴电稿
（1912 年 1 月 22 日）

南京。孙大总统、黄陆军部长鉴：

奉沪都督陈转行文开：军需紧急，即日将该局抵押一千万两暂借于中央政府，即由政府分年偿还本息，限四十八点钟内回复。等因。此事非常重大，非董事所能解决，且今日到会之董事，除粤省二人赞成，余未莅会者。即行通告应恳先由中央政府速觅此项银主受押，一面由董事等电各省股东来沪，于十日之内开大会共同决议，以表一致欢迎之诚意。招商总局叩。养。

（《临时政府拟以招商局产抵借日债史料》，《历史档案》1983 年第 3 期）

伍廷芳复孙中山电
（1912 年 1 月 22 日）

孙大总统鉴：

个一电悉。目前停战期限将满，袁电请展期，适接黎副总统电亦嘱再展期三日。廷以若尚须展期，则彼此停战命令须传达各处军队，三日断难周遍。曾电尊处询问可否展期，旋接来电，有展期十四日之命，而同时清帝方有退位之说。廷以有此期间必可磋商就绪。屡接北京传来消息，退位之事颇属可靠，而尊处迭电嘱转敢[致]袁，如能使清帝退位，则大总统之任，以功以能必推袁氏，此言大可以安北洋将士之心。廷既服公之雅量，且庆共和之目的可以圆满无憾。往复筹商，务祈早日定局。迨清帝退位之诏已定于初三日发布，而尊处巧电忽添入五条件，与前电不符，使廷失信，处两难之势。而袁意倘各国来能即时承认民国，斯时北方诸省清帝统治权既已消灭，南方临时政府事实上又不能统一，便成无政府之状态，何以维持秩序，对付外人。以此之故，所筹之事，一时停滞进行。廷意凡议和必得两方之同意始为公平。故马电谓清帝退位之后，由袁与南京政府协商，以两方之同意组织临时政府，大总统已有推袁之说，则国务各总长亦必以两方同意，始得发表。廷以为舍此办法无以解决目前难题。如尊处承认此办法，则大局可定，似无须告北方另派正式代表以续和议。廷对于此事心力已尽，自维受事以来，夙夜尽瘁，寝食不安，只为欲完全达到共和目的，不期于将近成局之时，又生此波折，进退维谷，不知所可。如马电所陈办法不以为然，则此后变故滋生益难逆料，惟有请另派贤能接议和全权代表之责，俾廷得奉身而退，以免愆尤。是所至祷。廷芳。养二。

（《共和关键录》第二编，第 24～25 页）

谭延闿致孙中山、黄兴等电

（1912 年 1 月 22 日）

宁大总统，陆军部长，申伍外交长，武昌副总统，各省都督，金口、长沙各路总司令公鉴：

　　昨接陈都督效电及南昌马都督巧电、福州孙都督号电，以停战议和，务在此期限内议决，一切勿再迟延，敝省全体极表同情。万

乞于阴历十二月十二以前，取决宣示。若再延时日，敝省无论如何，决不承认。特此预闻。延闿叩。祃。（长沙来电）

（《临时政府公报》第三号，1912 年 1 月 31 日，"电报"；《申报》1912 年 1 月 25 日，"公电"；又见《时报》1912 年 1 月 25 日，"中华民国立国记"；《民立报》1912 年 1 月 25 日，"沪军政府电报"）

犬养毅致孙中山函
（1912 年 1 月 22 日）

孙大人阁下：

毅谨白：如闻者袁有妥协之意，而阁下亦颇欲之。夫不衄一兵，而能成共和政体，贵国之福莫大于此。第袁谲诈百端，心术不测，若陷其计中，大事去矣。毅谓南北协商，宜于南京，不宜于天津。我苟见致于彼，蛊惑胁迫，势之所必。至阁下往天津，犹入羿之彀中，毅为共和危之。愿阁下勿寸步去南京也。忧忧耿耿，不暇待下问，请谅察焉。毅恐惧再拜。

一月廿二日　犬养毅再拜

（翠亨孙中山故居纪念馆藏档；又见《孙中山藏档选编·辛亥革命前后》，第 453 页）

那文（罗伯特·斯·诺曼）致孙中山函
（1912 年 1 月 22 日）

中国　南京

中华民国总统　孙逸仙博士

先生：

作为自我介绍，我请您回想数年前当地方移民局不公正地拒绝您入境时我曾由《自由中国新报》的唐琼昌先生聘请作过您的律师。我很高兴和满意因您以前在夏威夷的居住权和公民身份而从华盛顿当局获得认可您入境权利的裁决。

作为同唐琼昌先生交往很久的朋友，作为一个新的中国政府的热烈同情者，并对新共和国的未来利益及其同我们的关系深感关注的人，我谨述如下：

我盼望进入领事馆工作，随后，看是否我的工作称职于新共和国的外交事务。我非常清楚那些更有经验且为革命事业作过重大牺牲的人比我有更多的物质要求。另一方面，我不是在要求任何高的职位，我会很满意地接受诸如即将建立的旧金山领事馆的职位，以使我有机会向您及您的政府证明我有能力，值得信赖，适合更重要的使命。

我清楚地知道现在不可能有任何物质报酬。而将来，忠于职守是有回报的。

至于个人履历，我提醒您我有赚钱的法律业务，在别的方面也是一流的。我在国外接受教育，除本国语言外精通两种外国语，常去旅游，观念上是世界主义者，习惯上倾向于自然随意，对麻烦事有应变性（我相信这一点）。

我数年前已放弃移民局的工作。但我获得的经验仍是新鲜的。现在我不处理移民案件的事实使我在与当局往来协商移民问题时有一个更恰当的身份。这样我处理这问题时将毫无个人动机。

移民问题很重要，不得不仔细机智地处理。但其他重要的更广范围内的问题也同样需要机智、精细、知识和通材。

促进中美两个共和国的关系，在两国之间建立强有力的联系，是一个崇高的理想。但它可以通过勤奋、耐心、忠诚的工作来达到。

如果建立领事馆的条件还不成熟，我乐意以除上述所提及的其他任何方式为你效劳。

如果您肯慷慨地回一封信给我，我会很感激。这将是一份神圣的信任。唐琼昌会担保这点。不管您的答复如何，我对您的高度尊敬和钦佩一点儿也不会减少。

请接受我对您和共和国的良好祝愿。

罗伯特·斯·诺曼　谨志

（《临时大总统和他的支持者》，第 67～68 页）

罗炳生致孙中山报告书

（1912 年 1 月 22 日）

本委员会就下面的关于目前饥荒状况提请您的注意，并请您的政府对于赈济受灾人口之计划的实施给予帮助。

1. 受影响的地区和人口

共有七个省受影响，人口约二百七十万人，受灾面积达三万平方公里。经过仔细调查，义赈会得出了以下的在未来几个月中需要救济的预算：

江苏:(北部)	1000000
（中部)南京　溧阳	100000
安徽:(北部)南宿州　泽州　五河、怀远	500000
中部　芜湖、无为州　滁州	300000
山东:掖县、平度	100000
浙江:绍兴	30000
江西:九江附近地区	70000
湖北:包括汉口损失中无家可归者	500000
湖南:常德府	100000
	2700000

2. 革命对受灾地区人民的影响

（1）撤去一般的治安管理，使整个国家进入一个无法纪状态。平时日子比较富裕能助其贫穷邻居的人被洗劫，许多很贫穷的人失掉了仅有的财产，财产的再分配相对来说暂时于穷人有利，但这种帮助不是永久性的。灾难已是巨大的了。

（2）人们失去了用于过冬的粮食。即使是最穷的几乎难以度过冬天的农民，也不敢保留自己的收成，而不得不用低价卖掉，以免被偷走。尽管灾区的粮价还算合理，但仍不可避免地会上涨。和平被破坏时，农民不得不用高价买回所需食物。

（3）使贸易瘫痪，难于从外国人和中国人中获得捐助。

（4）因为汉口的动乱，平时在安适环境中生活的人流离失所，并失却了如非全部则至少是大部分财产。在南京鞑靼城中的居民比以前的生活水平也降低了。

3. 义赈会所筹集到的资金

至目前为止，义赈会收到总捐款为 55543.73 美元。这一数字已送到商务部及在欧洲、美国的知名人士。今年本会将尽力筹集巨大的资金，尽管这只是一个非强制性的责任。本会觉得相对于巨大的需求而言，仅能提供 10% ~ 15% 的援助。

4. 义赈会的目标

既救灾又预防——为长远利益而工作。

5. 义赈会会员向您呼吁：赈灾不仅仅是慈善事务部门的工作，它更多地需要政府的支持。

（1）对运往灾区的粮食和款项及参与救援工作的人员提供足够的保护。现在天气很冷，困难很大，尽快开展赈灾工作是很重要的。本会坚持从苏北和皖北的 7000 ~ 10000 个家庭中雇人来提供这些保护。只要资金允许，应尽快增加人数。

（2）给所有主管关税和厘金的官员写介绍信，要求免税并毫不拖延地放行所有赈灾物品、食物。

（3）政府答应派人负责运送义赈会从购买地扬子江至散发地点的粮食来提供帮助。

如果可能的话，运输费用由政府承担，如同 1906 ~ 1907 年间及 1910 ~ 1911 年间的做法一样。

（4）政府免除所有运往苏北、皖北灾区商用粮食的厘金、关税，同用于赈灾的粮食一样。尤其是从扬子江到苏北、皖北及从成阳关（Cheng Yang Kwan）附近沿淮河而下的谷物。

（5）政府向委员会提供 20 万元，这是由和谈代表唐绍仪和伍廷芳向委员会许诺的，除此，帮助那些由于饥馑和严寒而已面临死亡的大量的贫困的人民。

（6）政府保护灾区使用的有 30000 先令，由雇佣的帝国灾区长官冯煦负责，现在大部分灾区在共和制之下，你们该派出自己的长官负责，分配这些和所有的政府援助。

义赈会乐于将其机构置于为政府服务方面，在其权力许可范围内尽力效劳。

（7）显然，除非有大规模的保护工作或现居住在低地的大部分人口给了土地并在其发展期被公众予以支持。

义赈会并非没有意识到您面临的诸多困难的任务。但是这种需求是如此普遍如此紧迫，就算有其他事要优先考虑，这也不能忽略。义赈会请求政府开始这项工作，向灾区人民表示他们没有被遗忘，且中国新政府不仅是一个民治政府，也是一个民享的政府。

委员会代表
罗炳生（E·C. Lobenstine）名誉干事

（《临时大总统和他的支持者》，第 126~128 页）

张培爵、夏之时致孙中山、伍廷芳等电
（1912 年 1 月 22 日）

大总统、上海伍外交长、各省都督鉴：

迭接陕西十万火急警电，称袁贼借口议和，阴谋进取，实行远交近攻策。迭次清兵猛攻秦晋，太原业已失守，危在旦夕。清兵携有大炮数十尊，枪精子足，凶猛异常。秦晋二省，势且不支。急电一日六至，西北大局，危如累卵。若西北各省为虏所得，则南北对峙之局势危，成子平功败垂成之复辙可鉴。袁贼炫和缓兵，以备彼党准备破坏之诡计，逆迹昭彰，万人共睹。和议决无可信之理，我军万不可听该贼诡词，稽延迟滞，贻误事机，破坏已成之局，致为外人所笑。愚昧之见，亟应取销和议，联合各省军队，陆续分进，直捣虏廷，擒斩袁贼，早定大局。至于派充国民代表赴会一层，应请罢论。蜀军都督张培爵、夏之时叩。养。（重庆来电）

（《临时政府公报》第六号，1912年2月3日，"电报"；又见《共和关键录》第二编，第70~71页）

蒋雁行致孙中山、黄兴等电
（1912年1月22日）

南京大总统、海陆军部长、卫戍总督，武昌副总统，上海伍外交总长、陈都督，民各省都督，各北伐司令均鉴：

议和一再展限，各省多不赞成，人心所趋，举国一致。在外交一方面，事机秘密，当局或别具深心；在军事一方面，濡滞迟延，将士恐闻而解体。现敌军盘踞徐州、台庄、韩庄等处，皆有重大兵力，既不遵约退兵，近复增兵增械，意图南下。议和万不可恃。敝处已竭力准备，拟加派步队一标、炮队两队，开往宿迁。请外交总长于停战期内，将重要条件一律解决。如敌再借故延缓，万难承认。雁行当率全部，驰赴前敌，进攻徐州。如敌攻临淮，即请淮上各军迎头痛击，敝军攻其两侧，俾敌首尾不能相应。并请扬、镇各军于议和期内，急速开往窑湾、睢宁等处，以便联络，而壮声援。区区愚忱，敬祈谅察。江北雁行。养。（江北蒋都督电）

（《申报》1912年1月24日，"公电"；又见《时报》1912年1月24日，"中华民国立国记"；《民立报》1912年1月24日，"沪军政府电报"）

张凤翙致孙中山、黄兴等电
（1912 年 1 月 22 日）

孙大总统、黄陆军部，鄂副总统暨各省都督，各军政分府鉴：

敝军败退，潼关复失，邠、长、洴、陇相继沦陷，所有重兵尽在西路。省城空虚，四无援救，残败虽支，死在目前。万望重庆、襄阳就近速调精兵来援，并恳各处，火速设法接济，俾可保此一线生机，盼切，祷切。凤翙叩。祃。（陕西电）

（《民立报》1912 年 2 月 5 日，"沪军政府电报"）

蔡锷致孙中山、黄兴等电
（1912 年 1 月 22 日载）

大总统孙、黄元帅、黎元帅并马都督暨各民省都督鉴：

马都督电悉，备多军队，先筹饷械，望黄、黎两公，决定进行，滇军牵于川乱，未能会师，现更挑选精兵组成第上梯团，添配机关枪械，专事北伐，已饬到前途，受两元帅指挥调度矣。都督锷。（福州电）

（《民立报》1912 年 1 月 22 日，"沪军政府电报"；又见《临时政府公报》第八号，1912 年 2 月 5 日，"电报"）

伍廷芳复孙中山电
（1912 年 1 月 23 日）

大总统鉴：

祃电敬悉。所开办法五条，廷已嘱唐转袁。以廷愚意，如不催袁速使清帝退位，以为与满洲政府断绝关系之实证。清帝退位之后，袁同时宣布政见，绝对赞同共和主义。如此则尊处践约推袁。而关于组织统一全国之政府，必须彼此协商出于两方之同意，则第五条所定亦已包括于其中，似此则在我无食言之嫌，而前后交涉皆持一贯之方针，庶易就绪。否则所开条件，逐日变易，使廷亦茫无所措，而前后不符，受人疑驳，更无以取信于天下。恳请尊处筹一定之办法，始终坚持，不可随时更变。总之，若清帝退位，全国有统一之共和政府，则我辈目的已达。总统如何选举，国务总长如何委任，似皆容易商量。若以此复起战争，使天下流血，岂国民之福？廷所夙夜筹画者，无非欲早定大局，以免生民涂炭。尚希谅察。廷芳。漾。

（《共和关键录》第一编，第 89 页）

黄兴致孙中山函
（1912 年 1 月 23 日）①

　　岛田经一君系旧同志，此次于购武器一层已有头绪，只待款事有着落，即可决定。兹带三井一函，想系关于盛借款事，于岛田无关也。请赐接见为幸。

　　中山先生大鉴。

弟兴顿首　二十三日

（翠亨孙中山故居纪念馆藏档；又见《孙中山藏档选编·辛亥革命前后》，第 189～190 页）

旧金山致公总堂致孙中山函
（1912 年 1 月 23 日）

中山大总统麾下：

---

① 此函由日本人岛田经一持交孙中山。原函未署月份，据函中内容酌定为 1 月。——《孙中山藏档选编·辛亥革命前后》编者注

飞电传来，公膺大任。民国成立，曷胜欢忭。中国之华盛顿，非公其谁乎。刻接墨国莱苑致公堂来函，据云：墨政府因莱苑华侨损失赔款三百一十万元，订期六月一日交付。清张使与保党数人从中取巧，意图渔利。窃思此次赔款，为被害华侨血肉之代价，岂容私人中饱，若不设法干涉，何以慰被害同胞之灵乎？同人等开会公议，金云发电我公，请新政府主持为正当办法。且据公法家 John P. Qrish 氏之言，新政府得以电告墨京，请将赔款延拨，并派员前往与墨政府交涉，如此办法可冀挽回。故同人等于元月二十一日特发专电于我公，想早在洞鉴。本堂唐君琼昌熟悉外交，善于词令，允合代表资格，用特保荐。是否有当，谨乞尊裁。务祈示复。诸惟为国珍重。

中华民国元月二十三日　金山致公总堂谨上

（"金山正埠致公总堂印"）

按：右（下）附录元月二十一日所发专电原文乙件：

孙总统及外交长鉴：

墨华侨函称：墨政府允赔款三百十万，定六月一号缴清。张使串同保党意图中饱，可否与墨交涉延交赔款，并派唐琼昌代表赴墨办理，请酌覆。余函详。致公总堂另夹附墨国莱苑埠致公堂原函乙件，统呈备查。"

（翠亨孙中山故居纪念馆藏档；又见《孙中山藏档选编·辛亥革命前后》，第 432～433 页）

李炯致孙中山函

（1912 年 1 月 23 日）

逸仙先生大总统鉴：

别后甚念，□□为慰。弟近日在砗仑开创一《中华民国□□

报》。该报宗旨，已有砵仑华侨学堂总教□□君梓材所作《本报缘起》一篇，说明一切，刊□□□。兹将本报首出版一张寄呈，请公一览，便口□□。君为弟知交，常与弟运动革命事业，亦蒙他出力，以助吾党。其人文学优长，才识练达，品性笃实，堪以任用。弟等已劝他回国效力。他定于阳历二月初三日由砵仑起程，取道过英属云哥华埠搭船归国，直赴南京。弟特为介绍，恳公因材委用为祷。梅君乔林、黄君芸苏与弟及梓材君好友，祈一查便知。弟因办英文报及本会职务，及一切商务羁身，未能与黄君同时回国。待各务稍暇，即行归国效力。稍有余闻，容后再报。敬请

筹安

中华民国元年元月二十三日

由砵仑埠同盟会会长　弟李炯上

（翠亨孙中山故居纪念馆藏档；又见《孙中山藏档选编·辛亥革命前后》，第 433～434 页）

蒋雁行致孙中山、黄兴等电

（1912 年 1 月 23 日）

大总统、陆海军部长、卫戍总督、副总统、各报馆、各都督、各北伐司令均鉴：

综合北方各处侦探报告，敌军驻兵地点及官长姓名如下：第二镇第十标全标，标统唐天喜；炮三标三营中队，队官王得福；马三标二营工队，队官刘寿五；禁卫军步一协、炮一标，标统宋王珍；均驻北京。毅军六营，统领张殿儒，驻南苑。二、六两镇现共有四营，协统鲍贵卿，驻保定。第三混成一协，统领卢永祥；步标统汪学谦、王立用；炮两营，标统刘学信；马一营半，标统王；驻正定、石家庄、五陉县等处。第二镇马队三营，标统高；驻郑州。二镇炮二营，统带崔滞；步五营，统制王占元，标统唐仲仁、吴金

标；驻信阳州。第四镇全镇统制陈先远；六镇一协统领李纯及段祺瑞；驻孝感县。第十二混成协，统领周符麟，驻潼关。第三镇，统制曹锟，驻太原。第五镇，统制张永成，驻山东。第十九协，又新招二十营，统领张士钰，驻河南。毅军五营，驻通州。禁卫军大营、毅军四营，统制何宗莲，驻大同府。京旗全旗，保护京汉铁路。等语。特此电闻。江北蒋雁行。梗。（江北蒋都督电）

> （《申报》1912 年 1 月 25 日，"公电"；又见《时报》1912 年 1 月 25 日，"中华民国立国记"；《民立报》1912 年 1 月 25 日，"清江浦电报"）

陆荣廷致孙中山等电
（1912 年 1 月 23 日）

南京大总统、各部总长、武昌副总统、安庆孙都督、民各省都督均鉴：

皖都督霰电所论一节，极为扼要，敝省赞同。请大总统定夺宣布，以安人心，而维大计。桂都督陆荣廷叩。漾。（桂林电）

> （《民立报》1912 年 1 月 26 日，"沪军政府电报"；又见《申报》1912 年 1 月 26 日，"公电"；《时报》1912 年 1 月 26 日，"中华民国立国记"）

甘锡泽、高正中致孙中山电
（1912 年 1 月 23 日）

南京孙大总统鉴：

陕西光复为中原先，张都督力任艰钜，秩序井然，清政府诬指为匪，屡次进攻，为自守计，不能不战。而饷械两缺，犹能率师东出，收地河洛，其能安民用众，已可想见。现闻以胡瑛为经略使，入陕以后，非但事权不一，且武昌议和时，胡瑛为外交长，停战条件误陕尤深，陕人岂能尽忘，冲突更为可虑，务请速派援兵，筹济军火，即取消经略之名，以全大局，而副民望。陕代表甘锡泽、高正中叩，漾。（上海去电）

（《民立报》1912年1月24日，"公电"）

张树侯等致《民立报》转孙中山、黄兴等电
（1912年1月23日）

民立报馆转大总统、大元帅、各省大都督、各军政分府暨各报馆均鉴：

寿州司令王龙亭于元月五号托故远行，久无音问。其密友李隋然代理，深居简出，不办一事，及涡阳被围，人心风鹤，竟于月之十九夜，席卷逃去，军帐一空，民情惶惧万状。适淮上倡义元功张孟介至自宁，同人遂公推为总司令，再三辞让，幸北伐参谋官管昆南、淮上参谋长徐迂亭，责以大义，张君始肯亲事。人心大定，市面如常，恐未周知，谨电以闻，并请查办。参谋张树侯、孙旨美、周佐卿、耿咐俐，军官毕少帆、廖海粟、彭卓甫、张会要、孙鹤堂等三十二人公叩。元月廿三号。（南京发）

（《民立报》1912年1月25日，"南京电报"）

湖南南路士民致孙中山等电
（1912年1月23日载）

大总统、各省军政府均鉴：

和议屡展，士气已衰，开会投票，尤属至危。共和民国，已经

中外承认，若待再议，则前举总统、组织政府等事皆戏耳。既凭票决殊难预卜，现今反正止十四省，满人范围尚有十部，以每部三人相较，我只多十二人，若满人转得七人，君主即定。我代表持论堂皇，众所深信，设持之不坚，君主多得一二票，天翻地覆，何堪设想。各省军士云屯，既无战警，恐生内衅。祈速决战，取消国会，毋堕敌计，免误大局。湖南南路士民公叩。（湖南南路士民电）

　　（《申报》1912 年 1 月 23 日，"公电"；又见《时报》1912 年 1 月 23 日，"中华民国立国记"；《民立报》1912 年 1 月 23 日，"沪军政府电报"）

泰州共和会致孙中山电
（1912 年 1 月 23 日载）

《民立报》转孙大总统鉴：

　　现各军政务，人自为政，易滋纷扰。请召集国会，以统一法。今参议院已立，暂将各省临时议会以建众议院，国会即成。事迫难缓，德国国会北部先成，我南省宜效法。泰州共和会。（自泰州发）

　　（《民立报》1912 年 1 月 23 日，"泰州电报"；又见《申报》1912 年 1 月 23 日，"公电"）

许子麟、林镜秋致《民立报》转孙中山电
（1912 年 1 月 23 日载）

《民立报》转中山总统鉴：

　　抵闽，承孙督挽留，筹办实业银行，南京实不能来，乞为国自珍。许子麟、林镜秋叩。（自福州发）

　　（《民立报》1912 年 1 月 23 日，"福建电报"）

林正良致孙中山函

（1912 年 1 月 24 日）

阁下：

尽管我目前还无与阁下相识的荣幸，但我一直对国家的革命者抱有强烈的同情，并如我们大多数人民一样，希望他们成功。

这里，我冒昧地请阁下允许我提出下述尽早结束悬而未决的争端的建议。因为，当我想到如拖延解决，革命政府不得不如费时一样花费大量金钱，且商业和工业的损失都将很沉重时，委实感到焦虑不安。特别是当我想到列强的干预，我就觉得必须和平了结目前的动乱。列强的干预可能首先带来俄国在蒙古的活动。如果俄国获得了在蒙古的霸权，英国将同样对西藏提出要求，德国是山东，法国是云南。日本也许会同样要求满洲，所有其他列强或许会采取同样类似的步骤。这将导致中国更大的动乱。为此，我决定冒昧向阁下提出我以下的意见。

在国民议会决定采取君主立宪制还是共知制已是毫无疑问的了。最明显的是，整个中国超过 80% 以上的人民是后一种政府的支持者。我想，这也是被列强所承认的事实。或许以下建议会引起北京政府的注意，使他们同意建立共和国：

（1）将满洲、蒙古、西藏、新疆划分成数州，委任现在的蒙古和满族王公为这些州的都督，这可以称为"北中华共和国"。如果皇帝愿意给这些州一定程度的自治权的话，可让他作为中国北部的总督。

（2）让这些主要是反对组成共和国的蒙古王公明白，如果他们建立起一个独立的国家或置身于俄国的庇护之下，他们将一定沦为世界上的三等甚至劣等国家，他们将不会比现在拥有更多的自由。很显然他们的地位将比现在更糟。但是，如果他们加入共和国，不久他们将有极大的可能被培养成名列于第一等的强国之中。

我想他们反对共和主要归因于他们害怕失去其地位或生计。如他们被任命为都督，每个都督可以有一个副都督，这可以是你们自己的人，可以实际管理这个州的事务。每个州的要塞的主要的官员诸如将军和大多数军队官员（可能的话包括士兵）都应该是革命者。上述的总督应该当然地置于中央政府的控制之下。在重新选举中他们可能会失去自己的位子，但将来他们中的任何一位也可能成为总统。

同时，我希望阁下能向列强宣布革命政府将采取必要的措施统一币制和度量衡。这在满族政府下搞得很不规范，已经抑制着在中国的贸易的发展，引起居住在中国的商人的并非细微的不便。我想这样的宣告一定会令列强高兴。

如被允许的话，我还有许多建议想提。但我不想在此时提及它们，因为我觉得这或许是无益的。因为我想在你的幕僚中一定有许多有才智的受过良好教育的绅士。

我冒昧提出的上述建议对阁下而言或许是毫无价值的，或是很愚蠢的。因为我的意见完全是基于我从报纸上报道中得来的知识。我可能对事情的真实情况完全无知。但，由于我非常渴望看到争端的完满解决和一个美丽的中华合众共和国的建立，我斗胆冒言，相信阁下能宽宏地允许我这样做。

祝阁下身体健康、早日解决争端。

林正良　敬上

附：如果他们不满意总督的位置，最好是给他们炸药。

（《临时大总统和他的支持者》，第 172～174 页）

蒙塔古·哈里斯致孙中山函
（1912 年 1 月 24 日）

先生：

我直接向你在中国政府中申请一个行政职位。如同你在封入的文章中所看到的，我在相当长的时间内写过说过赞同中国共和主义者的思想。事实上，我的文章在革命前三周就出现在《大陆报》。

我的父亲是一个有独立主见的绅士。在我母亲方面，我的两位亲戚本杰明·福迪尔·菲利浦斯爵士和乔治·福迪尔·菲利浦斯爵士一直是伦敦市长。一位亲戚皮尔布莱特勋爵是一位内阁部长，另一个是本哈姆勋爵，目前伦敦《每日电讯》的业主。

我在英国牛津圣基督教堂的 Harrow 学校接受教育，毕业于1898 年。我学习过古希腊罗马史（Honour History）和古典文学。我还学习过法语，法语像英语一样讲得好。我在德国海德堡大学读过书，讲德语像德国人一样流利。我能像讲马来语一样讲英语，会一点儿日语。我相信如在日本呆半年，我就能流利地操日语。

我是一名由 Inner Temple 法学会授权的律师。推荐我作为其成员的是 Justice Bray 先生，他是目前主持伦敦高级法庭的法官之一。

我曾就中国法律问题写过一些文章，在 1910 年 6 月 25 日和 29 日、7 月 5 日、12 日、19 日的《信使》报（Mercury）上发表。

我与传教士们或与此地的商业势力毫无联系，所以我毫无宗教的偏见，也不会被作为金融派系上的工具。

如果你能够任命我以政府中的某个职位，你会发现我会像约翰·福本森或李佳白一样能干。后者以"茶壶高级牧师"著称不是不合适的，他是妇女茶杯俱乐部的活跃天才。

如果你同意我的话，我将非常荣幸地去拜访你。自从你在伦敦被捕并被关在中国公使馆时起我就一直关注着你的事业。你应相信如你能就近安排我，我将在无论好或坏的情况下都忠实地支持你。

忠实的蒙塔古·哈里斯

（《临时大总统和他的支持者》，第 179～180 页）

黎元洪致孙中山电

（1912 年 1 月 24 日）

孙大总统鉴：

哿电悉。宜昌盐厘抵借英德商款，原每年系一百万两。嗣因收不敷解，满清部议改为七十五万两，余数大约系由中央指拨凑足。然此项抵款，名虽就近解交税务司，其实清政府仍于别项收款拨补盐厘，以济鄂用。至淮盐总局应交之款，系由督销局将应解鄂厘拨交税务局，而鄂省又将应解宁省一半川盐加课扣除互抵。现在民国对于满政府债约，在义师未起以前者，自应承认。但鄂省川淮盐厘，名义上为抵押品，实际上仍不失为鄂省进项。将来筹议归还，仍请中央政府统筹全局办理，所有欠解数目，皆系各该局就近拨解。关于宜昌川盐欠解数目，已电饬委员查复。其淮盐督销，本系宁省管辖，即请饬令调查。承询特复。元洪。敬。印。（武昌来电）

（《临时政府公报》第四号，1912 年 2 月 1 日，"电报"；又见《时报》1912 年 2 月 5 日，"中华民国立国记"）

刘朝望致孙中山、黎元洪等电
（1912 年 1 月 24 日）

南京孙大总统、武昌黎副总统、各省都督、各处司令官、各军政分府钧鉴：

川南自阴历十月初五日宣布独立，其时成都尚为赵尔丰盘踞，是以经绅商士民各界会议，公推朝望任军都督，以期共保公安。朝望深恐才力薄弱，屡次宣布辞职，经二十五属代表再三挽留，不得已暂膺重寄，一面抚绥地方，一面即设统一之法。会成都独立后，遭乱兵之变。重庆组织，尚未大定，故迟迟未能画一。而川南财绌兵单，土匪未靖，事事棘手，两月以来，心殚力竭，幸大局尚无扰乱。现在秦晋被兵，时局危岌。川省非亟谋统一，不足以谋进行。窃念重庆张、夏两都督，首举义旗，苦心经营。现在规模完备，具有统一之能力，是以决计归并，电商张、夏两都督，将此间事权规画统一。朝望本系皖人，家有老亲，现复积劳致疾，归心已决。现当众宣布，即日卸职，俾川省统一之大计及早底定，而朝望保民之苦心，亦可告无罪于天下。谨陈梗概，伏维鉴察。卸职川南军都督刘朝望叩。正月念四号。（泸州来电）

　　（《临时政府公报》第八号，1912 年 2 月 5 日，"电
　　报"；又见《申报》1912 年 2 月 1 日，"公电"；《时报》
　　1912 年 2 月 1 日，"中华民国立国记"）

张培爵、夏之时致孙中山、黎元洪等电
（1912 年 1 月 24 日）

孙大总统、黎副总统、各省都督鉴：

　　前奉代表会代理参议员三人，付与正式委任状，刻日到宁，组织参议院等语。本省特委熊斐然、李肇甫、黄树中三人为蜀军政府参议员，即由上海赴会，以尽联劲〔职务〕而免迁延。除另电委及续寄委任状外，特此奉闻。蜀军都督张培爵、夏之时叩。敬。印。（蜀省来电）

　　（《临时政府公报》第八号，1912 年 2 月 5 日，"电
　　报"；又见《民立报》1912 年 2 月 1 日、20 日，"沪军政
　　府电报"；《申报》1912 年 2 月 1 日，"公电"）

林震致《民立报》转孙中山、伍廷芳电
（1912 年 1 月 24 日）

《民立报》转孙总统、伍代表鉴：

　　敌在任桥一带，出没无常，显欲寸占尺取，粤军愤□，请速宣

布战令，以便进剿。粤第一协协统林震叩。鱼。（自下关发）

（《民立报》1912年1月26日，"南京电报"）

广东医学共进会致《民立报》转孙中山电

（1912年1月24日载）

《民立报》转南京孙大总统鉴：

卫生关系内政外交，中央官制宜立为专部，以为世界倡。广东医学共进会叩。（广州发）

（《民立报》1912年1月24日，"广东电报"）

威廉·罗林斯致孙中山函

（1912年1月25日）

阁下：

恕我冒昧直接给您写信。我对您及贵国非常感兴趣。得知战乱在贵国蔓延的消息，我很难过。希望战乱能得到迅速平息，天下太平，人人充满善意以及拥有一个公正的政府，对人们不仅仅是精神的补偿和满足。我是英国陆军的一位中士，服役近十二年，负责新兵和通讯兵的队列操练、射击和纪律训练以及指导他们安排日常生活。我有志晋级，因此请求您让我现在或不久能为您及贵国效劳。您将被中国人民视为伟大的改革家，您的贡献将为世人认可，祝您事业成功，幸福愉快。

威廉·罗林斯（Willian Rollins）　谨上

（《海外友人致孙中山信札选》（一），《民国档案》2003年第1期）

招商总局致孙中山电稿
（1912 年 1 月 25 日）

南京。孙大总统鉴：

　　奉陆军部黄总长廿四电，谨悉。除已电复仍恳展限至阳历二月一号股东大会期为止，并一面请政府觅押主，等因在案。现应恳中央政府许有确实担保并相当利益，俾可有词宣告各股东不致临期反对，候令施行。招商局叩。径。

　　　　（《临时政府拟以招商局产抵借日债史料》，《历史档案》1983 年第 3 期）

蔡锷致孙中山电
（1912 年 1 月 25 日）

南京孙大总统鉴：

　　前上敬、效各电，略陈黔、蜀匪乱情形，想蒙注意，未识计划如何？近闻匪势益张，两省蹂躏殆遍，而蜀则军府林立，黔则公口遍开，方以争权夺利为图，决难望其荡平匪乱，不惟民罹涂炭，恐将为外患所乘。请饬中央参谋部速筹平乱之方。如得程雪老回川主持，或王正雅君分兵援应，俾匪乱早平，庶不至牵动大局。今北虏未灭，军事方殷，援蜀救黔，滇军宜专任此责。然滇军兵力尚强，而饷项奇绌，若旷日持久，财力实有不支。现拟借外债一千万元，藉以扩充实业，并分济黔、蜀军糈，亦未识能否如愿。惟有请中央政府统筹全局，指示机宜，滇军当勉为其难，不敢卸责。滇都督锷。有。印。

　　　　　　　　　　　　　（《天南电光集》，第 36 电）

吴鹏翱、萧恭寅呈孙中山报告赴海
参崴招降义勇等情事书
（1912 年 1 月 25 日）

派往关东义军招抚使、鄂军都督府外交员、旅沪商团联合会代表吴鹏翱，鄂军都督派赴海参崴代表、旅沪商团联合会会员萧恭寅谨报告。

大总统钧鉴：

鹏翱、恭寅自鄂军发难，同时起义，于阴历十一月初五日奉黎副总统札委，代表鄂政府赴俄领海参崴一带，宣布民军德意，并招降义勇军。等因。奉此，鹏翱等即由鄂起程至申，航海至大连，乘汽车经奉天、长春、哈尔滨而至海参崴。自至大连后，沿途虽盘诘甚严，尚未遇险。抵海后，即将民军倡起之宗旨剀切宣布，该埠商民极为欢迎。同时晓义勇军步队头目张凯、马队头目张忠昌等，晓以大义，劝其招集旧部，为我民军效力。该头目张凯等遂听之余，欢声雷动，均愿招集旧部听候调遣。查该军约可招集步兵五千名，马兵五百名，均系土生北地，体气强壮，能御寒冷，且久经战阵，熟悉地理，倘能收抚，使之效力疆场，必可立功异域。惟该军原有枪械多不齐全，形式不一，机关朽坏，断不能作临阵之用。又有前朝鲜国宰相李洎等韩民约一万人，因国亡流离海埠，务农为业，既未入日籍，亦不归俄辖。李洎等闻鹏翱等到海，自来投效，愿为前躯〔驱〕。并非希冀利禄，其意不过能于此时为我民军效力，将来或可为其复国雪耻起见。再鹏翱等前在黑省办理矿务与电政暨英文翻译等，与该埠巨商富贾素有往来，今闻我民军起义，驱逐满奴，改立共和，商民等颇具热诚，情殷报效，约可劝募商捐俄金三十万元之谱，以作军饷。鹏翱等以事关大体，未能擅专，当嘱义勇队头目张凯等亲身来申，会同韩民李洎等举代表前来报告黎副总统，酌夺办理。此鹏翱等到海埠招降义勇队之情形也。当留同去委员张其冀在海埠等候张凯等起程，鹏翾等于阴历十一月十八日由海埠乘轮返申。适关外都督蓝天蔚正在上海布置北伐，当将以上情形详细面陈。据云：俟张凯、李泊等到申后，再行报告大总统暨黎副总统妥酌办理，渠在大连等候会商等语。鹏翾等昨将情形电呈黎副总统，奉到复电，令鹏翾等陈大总统察核批示施行。近张凯等已起行来申，鹏翾等理合先行报告，仍候公决。

　　附录黎副总统复电：上海经武公司转吴鹏翾鉴：来电据萧恭寅所称等情已悉。此事当禀请中央政府施行。印。电。

中华民国元年元月二十五日呈

　　（翠亨孙中山故居纪念馆藏档；又见《孙中山藏档选编·辛亥革命前后》，第 608 ～ 610 页）

陆荣廷致孙中山等电
（1912 年 1 月 25 日）

大总统、各部总长、武昌副总统、西安张都督钧鉴：

　　张都督号电敬悉。清兵于停战期内，侵略秦晋，轻蔑成约。张都督请联军北上，覆其巢穴，早定大计，自是切要之图。请大总统定夺施行，使西北同胞早登衽席，不胜企望之至。桂都督陆荣廷叩。廿五号。（桂林来电）

　　（《临时政府公报》第十三号，1912 年 2 月 11 日，"附录·电报"）

云南国民会致《民立报》转孙中山电
（1912 年 1 月 25 日载）

《民立报》转逸仙先生鉴：

各省举公为大总统，人民无不欢悦，特电大总统万岁！中华民国万岁！滇国民会叩。（云南发）

（《民立报》1912年1月25日，"云南电报"）

陈涛、茹欲可等致孙中山电
（1912年1月25日载）

南京孙大总统鉴：

据各报载，委胡瑛为西北经略使，安抚四川、陕西、甘肃，但经略安抚对于未光复地则可，陕光复已久，何待经略？人民安堵，何用安抚？现在陕东东受敌，所求者军火，所乞者援师。今设经略使，何异以未光复地视陕西？况胡瑛前为武昌外交长时，于议和条件，公然置山、陕于法外，陕人对于胡瑛，不无异词。人既不宜，名复不正，陕人决不承认经略陕西之名。请即速派援兵，筹济军火，以全大局，不胜急切待命之至。旅沪陕人陈涛、茹欲可、李岳瑞、王炳灵、王玉书、柏惠民等叩。

（《民立报》1912年1月25日，"公电"）

蔡锷致孙中山、黎元洪等电
（1912年1月26日）

孙大总统、黎副总统、各都督鉴：

护①都督咸电，鄙意极为赞同。现民国中央政府已成立，大总统已举定，民主君主问题无得有研究之价值，此其一。国民会议，袁世凯欲于北京开议，又欲各省州县皆举代表，无非为狡展播弄之

---

① 应为谭，据《民立报》——编者

地步，以充彼战备，懈我军心，此其二。主张共和，殆全国一致；所反对者，惟少数之满清奴隶耳。设开会议而堕袁之狡诈，守定君主国体，则各省必不肯承认，战祸终无已时。仍拥戴满清为君主，固理所必无；即别以汉人为君主，亦事势所不容。故君主国体，为中国今势所万不能行，必强留存此物，将来仍难免第二三次之革命，此其三。唐使签定之约，而袁不承认，方在停战期内，而北军袭取颍州，进攻陕州，在清廷亦并未决议和洽其中，故此时直无和议可言，惟有诉诸兵力耳。至作战计划，孙陈各都督所见甚是。滇处僻远，未敢遥度。惟有亲率精兵结合黔鄂，长驱河洛，期共戮力中原。进止机宜，敬候中央指示。滇都督锷。宥。（滇省来电）

> （《临时政府公报》第十号，1912 年 2 月 8 日，"电报"；又见《申报》1912 年 2 月 5 日，"公电"；《时报》1912 年 2 月 5 日，"中华民国立国记"；《民立报》1912 年 2 月 5 日，"沪军政府电报"）

蔡锷致孙中山、黄兴等电

（1912 年 1 月 26 日）

大总统孙、上海黄元帅、武昌黎元帅、九江马都督暨各省都督鉴：

马都督电悉。备多力分，伟筹极佩。望黄、黎两公，决定进行。滇军牵于川乱，未能即刻会师。现更挑选精兵，现成第三师团，添配机关枪械，专事北伐，已饬到前途，受两元帅指挥调度矣。滇都督叩。宥。（滇省来电）

> （《临时政府公报》第八号，1912 年 2 月 5 日，"电报"；又见《申报》1912 年 1 月 22 日，"公电"）

伍廷芳致孙中山、黄兴等电

（1912 年 1 月 26 日）

孙大总统、陆军部总长黄、黎副总统、各省都督及北伐联军总司令公鉴：

顷接唐代表转段芝桂[①]来电如下：阳电悉，瑞与各路统兵大员，于今晨联衔电奏，请定共和政体。都中已有布置，切告各路民军，万勿稍有冲突，以免贻误大局。瑞。齐。特转电奉闻。廷芳。宥。（上海来电）

（《临时政府公报》第二号，1912 年 1 月 30 日，"电报"；又见《申报》1912 年 1 月 29 日，"公电"；《时报》1912 年 1 月 29 日，"中华民国立国记"；《民立报》1912 年 1 月 28 日，"沪军政府电报"）

社会党长沙支部致社会党本部转孙中山等电

（1912 年 1 月 26 日）

社会党本部转孙总统暨各报馆鉴：

联合会函达支部男女二百余人顷假教育会开会，谭都督绝对禁止。请维持，速覆。长沙。庚。（长沙电）

（《民立报》1912 年 1 月 28 日，"公电"；又见《时报》1912 年 1 月 28 日，"中华民国立国记"）

黎元洪致孙中山、伍廷芳电

（1912 年 1 月 26 日）

南京孙大总统、上海伍外交总长鉴：

---

① 据《共和关键录》第二编第 126 页伍廷芳致孙中山、黄兴等电文，此为段祺瑞之误。——编者

停战期限将满，和议尚未告成。闻满清已简放张勋为南京总督。揆此情形，显系满清不愿意共和，徒废时期，以疲我军士。此停战期满，彼方若不决定退位，共同组织共和民国，再议展期，决不承认。曲实在彼，即前次所提待遇从优之条件，一律取消。鄂中全体军士均已预备作战，誓不愿与满清共和。再不可听其狡展，致遏我军义勇之气。请大总统外交总长将种种情形，通告各国是幸。元洪，二十六号。（武昌来电）

（《临时政府公报》第一号，1912 年 1 月 29 日，"电报"；又见《共和关键录》第二编，第 25 页）

黎元洪致孙中山、伍廷芳电
（1912 年 1 月 26 日）

孙大总统、外交总长伍秩庸先生均鉴：

顷接西安张都督谏急电二道，一称停战期内自应双方俱守要约，不擅进兵，长、升二贼与虏廷消息本极灵通，乃明知故犯，与敝军死命战争，蹂躏西边，鄜、邠、乾、凤几无完土，西安戒严已二十余日，危在旦夕，似此猖獗无忌，不可理喻，比及议罢，秦已早为戎有，其为虏廷奸计无疑。一称清廷第六镇由洛阳西出，猛攻我军，敝省力单械疲，势已不支，退至灵宝矣，袁世凯阴险狡诈，以和议为远交近攻之计，若联军不谋北伐，但欲以议和为名，坐失机宜，中原大局不堪设想，请急改变方针，合谋北伐，既解敝军之危，兼成不世之勋云云。又接陕军政府万急电称，清军第六镇由洛阳西上，乘势猛攻，敝军不支，溃退潼关，省中兵均赴西路与升允相持，势难兼顾，祈火速救援各等情。而袁世凯反以占领京汉铁路自祁家湾至汉口一带入我掌握相诘，查该铁路因中外商人为利便交通而保生命财产起见，由汉口商会与各国领事会同办理，以维中外商务，我军决无干涉情节。似此屡次违约，而反诬我军违约，种种狡赖，和局万不能成，请速解决，以免贻误大局，是为至祷，乞速复。元洪。二十六号。

（《共和关键录》第二编，第69~70页）

杨鼎如、陈柏鹏等致孙中山函
（1912年1月26日）

中华民国元年元月二十六日敬呈

孙大总统钧鉴：

敬禀者：敝同人于民国元年元月□□日因询公债办法发去一电，兹将是日电文照录呈鉴：孙总统钧鉴：公债期限抵押息折，请电示办法。巴城书报社杨振中、钟幼珊、黎公耀、陈柏鹏同叩。

迄今既达二星期，未蒙复示办法，敝同人不胜盼望之至。而公债一节，同人已集有万元之则，不日可由上海银行电汇汇行，届期当另电禀报可也。至公债票，未卜大总统寄行于敝埠与否？荐敝埠之公债票尚未寄行，请直寄敝同人五万或十万元前来，同人当效犬马，分布各埠售之，以尽国家一份义务。至本埠商会及中华会馆，此次对于武汉事起，始则多方破坏，后我民国声势日振，稍暂息声。查该团体中虽有同志在其间极救，无如彼党素染康梁之毒，深入骨髓，卒之顽性□□□变。甚至于近来所接中央政府及各□□□□□□电饬办各要事件，均置之不理。而且□□□□□□本埠中华会馆既接有大总统来电，竟不发表，至今无人知其内容。即此数端，概可想见矣。至彼谓为中华代表也者，实为满清之走狗也。始后如有关系之电，恳与敝同人直接，实为公便。临楮不胜景仰之至。谨此。敬请

崇安

吧城中国同盟支会职员杨鼎如
陈柏鹏　钟幼珊　黎公耀同叩

（翠亨孙中山故居纪念馆藏档；又见《孙中山藏档选编·辛亥革命前后》，第 434～435 页）

劳佩华、李娇等致孙中山函
（1912 年 1 月 26 日）

大总统孙先生钧鉴：

窃维武汉起以来，接应者十余省，惟是满洲未灭，北京未破，此则心腹之患。而各省俱起北伐之师，誓破胡虏之巢，建为共和之国，而需款孔殷。为我中国人民，应皆担一份子义务。然星洲一埠，侨居中国之民亦应担一份之义务。而男界有广东救济捐、福建保安捐，然我女界亦中国一份子，同人等故持倡女界救济捐。自倡捐以来，以达二万余元。经在前月以汇港纸二万元交广东陈都督收，现仍有四五千元，及上月藉演戏筹款约有四千元左右，内有二千左右元系要买国债票。两款约多零天汇至上海中华银行转交大总统收，为北伐之用。今承暹罗陈载之君返国，修上片草。恭祝中国共和万万岁！

　　　　劳佩华　李娇　赵陈氏　卢子珊同人等顿

　　　　中华元年元月二十六日（辛亥十二月初八日）

如蒙复音，寄至星坡宁阳会馆便妥。

（翠亨孙中山故居纪念馆藏档；又见《孙中山藏档选编·辛亥革命前后》，第 435～436 页）

孙毓筠致孙中山等电
（1912 年 1 月 26 日）

南京大总统、各部总长、参议院长，武昌黎副总统，各省都督，各总司令，皖省各军政分府均鉴：

皖参议员范君光启，现任铁血军司令，不能兼顾他事，来电辞职。所遗参议员一席，已委王君善达接充，不日即赴宁任事。特闻。皖都督孙毓筠叩。宥。（安庆来电）

（《临时政府公报》第二号，1912 年 1 月 30 日，"电报"；又见《申报》1912 年 1 月 28 日，"公电"；《时报》1912 年 1 月 28 日，"中华民国立国记"）

蒋雁行致孙中山、庄蕴宽电
（1912 年 1 月 26 日）

大总统、苏州庄都督钧鉴：

前奉大总统寒电，江北民政总长一席，应由尊处地方公举。当即通电淮、扬、徐、海、通海各县，各派代表来浦，准于元月二十八日公举。兹奉总统宥电，择江苏参议员凌文渊等来函，江北民政总长遗缺，如何选举或委任，请与庄都督交涉。而最近之海门、睢宁、宿迁及阜宁、山阳、海州、清河、安东等县，业已遵示，各派正式代表投文到浦。计二十七日，到者更多。拟展期二日，候示举行。乞庄都督电后，再行投票公举，以符各县渴望共和之盛心。江北蒋雁行。宥。（清江来电）

（《临时政府公报》第四号，1912 年 2 月 1 日，"电报"；又见《时报》1912 年 2 月 4 日，"中华民国立国记"）

孙毓筠致孙中山、黄兴等电
（1912 年 1 月 26 日）

南京大总统、陆军总长、参谋本部总长、参议院，武昌副总统，各省各都督，各军总司令，及皖省芜湖、大通、太平、屯溪、宁国、池州、殷家洲、太湖、桐城、庐州、镇阳关、凤阳、寿州、六安、亳州、颍州各军政分府均鉴：

皖军政府成立之始，本分司令参谋军务之部，各设部长。现司令部长胡万泰，已任北伐总司令，即日出发。所有军政组织，又复更改。司令一部，不另设立司令总长，即由都督自任。添设副司令一人，委孙荣充任。其原属司令部之考功、执法、训练三科均改隶军务部。特此布闻。皖都督孙毓筠叩。宥。印。（安庆来电）

（《临时政府公报》第五号，1912年2月2日，"电报"；又见《申报》1912年1月28日，"公电"；《时报》1912年1月28日，"中华民国立国记"）

□敬川①、罗镎致孙中山电
（1912年1月26日）

南京大总统鉴：

敬川、罗镎编合一标，勤调北伐。如何，请复。敬、镎叩。宥。（广东来电）

（《临时政府公报》第十七号，1912年2月20日，"附录·电报"）

唐绍仪致孙中山电
（1912年1月26日）

孙大总统鉴：

---

① 疑为邝敬川。——编者

顷接项城复电，其文如下：逸仙足下：鄙人衰病侵寻，敢冀非分，区区此心，可质天日，所望国利民福，免资渔利，斯愿足矣，祈公亮之。凯。等语。怡代转。宥。（唐绍怡致南京电）

（《时报》1912 年 1 月 31 日，"中华民国立国记"；

又见《申报》1912 年 2 月 1 日，"要闻"）

蔡锷致孙中山、黄兴等电
（1912 年 1 月 26 日载）

大总统、黄元帅、武昌副总统、各省都督鉴：

据援蜀滇军来电：［联］豫、凤山傅嵩李［炑］等纠合兵数千，由西藤进据雅州，现攻新津，成都危急等语。当饬滇军各部队联合蜀军，分道援剿，谅不致于蔓延。惟北虏以和缓兵，彼则兔突狼奔，我乃老师糜饷。若不迅扫其穴，恐大局终难底定。如何？希覆。滇都督锷。（云南电）

（《时报》1912 年 1 月 26 日，"中华民国立国记"）

赵法全致孙中山、黄兴等电
（1912 年 1 月 26 日）

南京大总统、黄元帅，武昌副总统，〔电〕云南蔡都督，各省都督鉴：

现接滇电，据援蜀滇军来［电］：联豫、鱼［凤］山傅嵩禾［炑］等报告，清兵数千由西藏进据雅州，现攻新津，成都危急等语，当飞饬援川黔军，协同滇蜀各军，务速援剿。惟袁贼一方以和议缓兵，惰我朝气，一方乘我久虚，图取西南。虽幸有备无患，其狡诈之至，已见诸实事，请速振战备，立捣幽燕，无失事机，致中奸计。蔡都督主张甚是，祈即采行。黔都督赵法全叩。宥。

（《民立报》1912 年 2 月 6 日，“沪军政府电报”）

伍廷芳致孙中山、黄兴等电

（1912 年 1 月 27 日）

至急。南京孙大总统、黄陆军总长，武昌黎副总统，各省都督、北伐联军总司令公鉴：

寝电想已达览。段祺瑞现统北洋第一、第二黎［军］驻扎孝感，为武汉前敌。今既联合各路统兵将帅赞同共和，似宜就近由黎副总统派员与之接洽。再，寝电祺瑞二字，误作芝桂，合并更正。廷芳。感。（上海来电）

（《临时政府公报》第二号，1912 年 1 月 30 日，“电报”；又见《申报》1912 年 1 月 29 日，“要闻”；《时报》1912 年 1 月 29 日，“中华民国立国记”）

陈其美致孙中山电

（1912 年 1 月 27 日）

南京大总统钧鉴：

接黄县电内开：沪军政府转南京大总统鉴：清管带裕震违约，围我黄县，力战始解。初六、七两日，又邀同沪军与裕军血战□北马，敌大败，杀其统领，获其队官，夺其枪械，死伤其兵士百余人。惟敌军扰害我地面，残杀我良民，惨无人理；现虽略退守，然犹未艾，我军为保护地方治安，自不得不以战为守。惟彼满人奚负约，请转知外交部长，可向清廷严加责问。山东军政府连、徐、刘公电。等因。合亟照转。其美叩。感。（上海来电）

（《临时政府公报》第二号，1912 年 1 月 30 日，"电报"；又见《时报》1912 年 2 月 2 日，"中华民国立国记"）

黎宗岳致孙中山、黄兴等电

（1912 年 1 月 27 日）

大总统、陆军部总长黄、黎副总统、各省都督、各军总司令、上海各报馆公鉴：

接议和代表伍廷芳君寝电：北军统兵大员，联衔奠定共和政体，各路民军勿稍冲突等语。和议展期，已非一日。共和者为铁血之共和，非哀求之共和。应请伍代表切实质问袁世凯：如力求共和，即与民军一致进行，推倒奄奄待毙之满政府，当易如反掌；如反对共和，即定期宣战，不必再以支吾相延宕。各军义愤填胸，总祈早为解决，以全大局，而定人心。敝军枕戈以待，毋任焦灼。大通军政分府黎宗岳叩。沁。印。（大通来电）

（《临时政府公报》第二号，1912 年 1 月 30 日，"电报"；又见《民立报》1912 年 1 月 29 日，"大通电报；《申报》1912 年 1 月 29 日，"公电"）

孙道仁致孙中山、黄兴等电

（1912 年 1 月 27 日）

大总统钧鉴：陆军部长黄鉴：

全国光复近三月矣，幸赖福威远播，而各界亦极赞成，将士用命，诸事现已颇有头绪，道仁实无建树也。昨将编成军队，陆续开进，由沪赴宁，听候调遣，俾得稍尽义务。惟查停战期内，袁世凯又纵兵在山西进攻。似此不遵公法，涂炭生民，不胜焦愤。窃愿再选将士，亲率赴宁，请命赴敌。大局一日不定，誓牺牲此身，达我共和目的。如蒙俯允，伏乞颁发电令，仁当即日起程，恭听指挥。临电不胜盼祷。闽都督孙道仁叩。沁。印。（闽省来电）

（《临时政府公报》第二号，1912年1月30日，"电报"；又见《时报》1912年2月2日，"中华民国立国记"）

黄钟瑛致孙中山函

（1912年1月27日）

大总统钧鉴：

钟瑛自到部以来，肝痛与咳血之疾时作，累书引退，辄荷慰留。未尝不念时事方艰，力图自效，顾病势日剧，精神远不如昔，菲才当此，实多丛脞。故部务组织迄今未能就绪，尸位之愧不足以间执烦言，旦夕疚心，徒增疾痛。自维承乏海军廿余年，起居饮食视舰中为习惯，每遇登岸，则外感侵寻，动辄遭病。故此次虽勤调养，迄未告痊。诚就舰中使复其生理之常，于病躯当得少裨。且战事复亟，舰队之调遣必有司令以为之率。钟瑛虽力疾从公，断不能粉饰因循，必求于事实上有裨者。窃愿以司令之役移驻于海筹船上，承受机宜，以指挥江海诸舰，黾勉图功，庶几获济。

至海军部长之任，则有钟瑛之师刘冠雄者，以福建船政学堂生留学英国多年，历充海琛、海天、飞鹰各舰长，德州机器局总办，广东水师营务处各差，其资望才学，中外共知，实足以表率海军，餍服众望。此次海军归顺，曾经全军推举为海军司令，其时刘方回籍省墓，乃以钟瑛承之。今者息居沪上，盱衡时局，亦甚愿宣勤民国，以尽其能。夫以俊杰魁伟之才，而令其有置散投闲之叹，毋亦盛时之阙事也。因举之以为总统告，并请宣之于参议院，即公举以承海军部长之任。倘议者或持异论而未能遽相深信，则钟瑛愿以八口保之，而决不负我国民委任之意。且钟瑛之引贤自代，徒以大局故耳，非有所私意于其间。如其不蒙见谅，则海军前途将坐误于钟瑛一人，殊非我总统为事择人之初心，国民其谓我总统何哉。临颖迫切，祇请

大安，敬候示复。

黄钟瑛谨上　元月二十七日

（翠亨孙中山故居纪念馆藏档；又见《孙中山藏档选编·辛亥革命前后》，第73~74页）

郑汉淇致孙中山函
（1912 年 1 月 27 日）

大总统大人钧鉴：

昨奉电谕，谨悉。前书仰邀垂览。本月二十四日电汇上海银行洋银七千五百两，计蒙收察。敢恳饬下财政部迅给收条，俾同侨咸知大信，踊跃输将，实于捐务前途有益。北伐月捐，现已办有端绪。国债票乞从速发下，以便分别筹办。肃此。恭请
崇安

飞律滨中华同盟会会长郑汉淇叩
阳历元月二十七日

（翠亨孙中山故居纪念馆藏档；又见《孙中山藏档选编·辛亥革命前后》，第436页）

魏紫维致孙中山函
（1912 年 1 月 27 日）

致南京中华民国总统

阁下：

　　非常感谢当我同万国改良会会长丁义华牧师来见你时所予以的接见。

　　当我今天返上海时，我碰到我在滁州的老朋友亨特牧师。他在中国已达 26 年。

　　他告诉我一些有关临淮关的严峻局势的重要讯息。他在那里做传教工作。

　　或许你不知这些情况。我想自己作为一个共和主义者，我应该让你知道这些。

　　下面是亨特牧师的准确的叙述：

　　"共和军队的基地

临淮关

距南京 222 英里

蚌埠的前哨

　　张勋的警戒部队

25 日在新桥

共和军的警戒部队在新桥遭遇 2500 名帝国士兵

与敌人交战后退回临淮关。

张勋重新从山东和安徽北部纠集大量军队枪炮众多

最先派出少量的部队作为引诱。

　　清军的作战计划：——攻占由徐州府到滁州铁路沿线的车站以及保护城镇和山区。"

　　"迫切需要输送大量新兵力去临淮关，用骑兵和枪支。

　　安徽北部相信袁世凯和直隶、山东的将军秘密帮助张勋。所有能打仗和靠抢劫为生生活在这些城市南部的人都是好的兵源。

　　估计，敌人兵力有 25000 人。

　　从临淮关、新桥到固城有 52 里。"

　　亨特先生对当地道路、山势知道得很清楚。他是个热心的共和支持者。如果你愿意的话，他会很乐意去见你，告诉你更多的消息。你想见他的话，可写信给我。

我也碰见在南京的美国军队的军官。他告诉我，他们已经制作了我们的共和国旗并已准备升起并鸣礼炮21响来承认中华民国。但两小时后，他们接到华盛顿的电报指示他们等待。

这表明外国都已准备承认我们。

祝你诸事顺遂，祝共和国不久将有一个巩固的基础。

魏紫维（Zee Vee Wai）　谨志

（《临时大总统和他的支持者》，第138～139页）

托马斯·哈维德致孙中山函
（1912年1月27日）

致孙逸仙医生

上海　中国1912年1月27日

南京　中国

阁下：

我对革命运动非常关注。作为一名传教士，我觉得像你本人这样的人若是上帝子民，信仰并请求他的引导，你会为中国做更多的事。

我注意到《大陆报》上的一则消息（我封入了剪报）。我一直怀疑你们共和党的领袖是否准许诸如出售妇女的行为，这是否是她们走向奴隶制的第一步？

相信我能得到你的回信，相信这样的事不会玷污共和政府。

忠实的努力将中国人引向基督的耶稣之仆：

托马斯·哈维德

政信箱箱第872号

上海　中国

（《临时大总统和他的支持者》，第145～146页）

陈炯明、黄世仲致孙中山电
（1912 年 1 月 27 日）

孙大总统鉴：

从前缴尊处所发南方委任状，乃运动革命权内之计。今各省已反正，自应统受各该省都督号令，方成政体，不应援昔日委任状为词。即祈电粤，将从前委任状称某某部都督者取销，以免有恃无恐。即盼。粤都督陈炯明、民军总务黄世仲。感。（广东来电）

（《临时政府公报》第四号，1912 年 2 月 1 日，"电报"）

吴铁城、蔡公时、黄席珍致孙中山电
（1912 年 1 月 27 日）

孙大总统钧鉴：

昨已陈述赣省困难情形，无同志者佐理其间。蒙面允介绍军政各种人材，以资臂助，感佩无极。铁城等即赴沪编制细则，希即示下，并请通知胡汉民君，以便随时指示方针为祷。吴铁城、蔡公时、黄席珍叩。感。（下关来电）

（《临时政府公报》第四号，1912 年 2 月 1 日，"电报"）

孙道仁、彭寿松致孙中山电
（1912 年 1 月 27 日）

火急。大总统钧鉴：

闻参议员陈承泽辞职，经道仁等公同推举，直电张继君充任此职。查参议员资格，不必配定本省之人。张继为闽中人士所推服，举以代表闽省，实符众望。谨此奉闻，应赐查照。闽都督孙道仁、

政务总长彭寿松叩。沁。(福州来电)

　　(《临时政府公报》第四号，1912 年 2 月 1 日，"电报")

杨家彬、邓邦植等致孙中山、黎元洪电
(1912 年 1 月 27 日)

万急。宁、武昌孙大总统、黎副总统鉴：

　　川滇原为唇齿，滇军援川，大义所在。现已来川者，将近一镇，嘉、宝、叙、泸及永宁、自流井等处均为滇军兵线所集。成都军政府见及滇军所到处，均有轻于杀戮，据地自守举动，大生疑虑，已出重兵到资五一带，将有战事。近日连得警报，潼破汉失，援陕问题，大为吃紧。应请滇川联军北伐，早定大局，救陕之危，较诸援川尤急。虽川乱未平，不过土匪骚扰，而客军重累，反开衅端，实于大局有碍。特恳火速电饬解和，早图会师北伐，毋起内讧，川滇幸甚。川南军政分府杨家彬、邓邦植、卢俊、金鉴等叩。感。印。(泸州来电)

　　(《临时政府公报》第八号，1912 年 2 月 5 日，"电报")

蒋尊簋致孙中山等电
(1912 年 1 月 27 日)

大总统、各省都督鉴：

　　浙省现派定王正廷、陈毓川、殷汝顾三君为中央参议员，祈察照。浙都督尊簋叩。感。(杭州蒋都督电)

　　(《申报》1912 年 1 月 29 日，"公电"；又见《时报》1912 年 1 月 29 日，"中华民国立国记"；《民立报》1912 年 1 月 29 日，"沪军政府电报")

社会党本部致孙中山电

（1912 年 1 月 27 日）

南京大总统鉴：

　　得湘电，谭都督禁止开会，请电饬还我集会自由。社会党本部。青。（上海去电）

　　　　（《民立报》1912 年 1 月 28 日，"公电"；又见《时报》1912 年 1 月 28 日，"中华民国立国记"）

山本条太郎致孙中山函

（1912 年 1 月 27 日）

1912 年 1 月 27 日　　上海

孙逸仙博士尊鉴：

　　谨向阁下征实下列来往电报：

　　一九一二年一月二十五日中午十二时二十分发往尊处下列电报：

　　"接东京电，阁下致盛电未切要害。敝处已电复东京云：阁下已授全权予三井与盛谈判，请遵行。如本月底各项条件未能为盛所接受，谈判即作破裂论，贵政府即可对汉冶萍及盛氏产业采取必要步骤，请阁下将此点电盛、何。三井。"

　　一九一二年一月二十六日上午八时五十分收到尊处一月二十五日下午八时二十五分发出之下列电报：

　　"已遵来示各点电盛。"

　　一九一二年一月二十七日下午三时发往尊处下列电报：

　　"接神户来电，一、二日内可签草约，请转知南京［政府］。"

　　最后一电发自盛宣怀的私人秘书，我揣度盛宣怀希望将签订草约的情况转知阁下。

汉冶萍业务经理王阁臣于一月初即在日本，今晨返沪，午后曾来访。王急于了解中日合办汉冶萍公司的想法是如何产生的。我告诉他，阁下与胡汉民先生均曾提及此事。汉冶萍中日合办的设想，是去年十二月底我与阁下晤谈，议论到浙江铁路时提起的。当时我曾经谈到，假使阁下能同意浙江铁路由中日合办，也许能以该路为抵押，设法借款。若仍保持为中国铁路公司，恐难罗致借款。

山本[①]谨启

（《辛亥革命前后·盛宣怀档案资料选辑之一》，第 237 页）

蓝天蔚致孙中山、黎元洪等电
（1912 年 1 月 27 日载）

关外民军驻沪机关部转上海各报馆及孙大总统、黎副总统、黄陆军部长及各都督均鉴：

登黄之捷，我军以马杰所部五十人胜敌五百人，勇敢精锐，为各军冠，如不尽行招练，恐资盗粮。除委任妥员将已经联络各部迅速编练外，尚乞诸公竭力协助饷械，俾成劲旅而扫虏廷。蓝天蔚叩。（烟台蓝天蔚电）

（《申报》1912 年 1 月 27 日，"公电"；又见《时报》1912 年 1 月 27 日，"中华民国立国记"）

中华民国宣导会致孙中山等电
（1912 年 1 月 27 日载）

南京孙大总统暨各部总次长钧鉴：

---

① 山本，即山本条太郎，原力井上馨秘书，时兼三井洋行上海分行经理。——《辛亥革命前后·盛宣怀档案资料选辑之一》编者注

蒙、藏告警，原于和议之迁延，若不速决，恐招异变。本会见和议之不足恃，又接各地支会函电，均主张速战，乞停战勿再延期，以堕狡计，大局幸甚。中华民国宣导会叩。（上海去电）

（《民立报》1912年1月27日，"公电"；又见《时报》1912年1月27日，"中华民国立国记"）

伍廷芳致孙中山、黄兴等电
（1912年1月28日）①

至急。南京孙大总统、黄陆军总长、武昌黎副总统、各省都督、北伐联军总司令公鉴：

顷唐君绍仪送来段君祺瑞电文如下：三电均悉。某国欲渔利，又岂止一某国，尚有怂恿外蒙独立，为吞并计者。祸机之发，不知胡底。兄弟阋墙，分梗御侮，谋国利民福者，似宜远瞻近瞩，审慎出之。瑞夙抱宗旨，不忍地方再有糜烂，涂炭生灵；且公使俱在都门，秩序一乱，是将授以干涉之柄也。联奏昨夜半已到京，今日未知如何。况两军相持太近，时有冲突，已拟稍退，民军不可再进，致生恶感。孙黄两公，统祈代为致意。瑞。青。云云。观此电，段君洞明大义，廷已屡电黎副总统，请速派员与之接洽。黄陂等处，两军尤为接近，更须妥为处置。并望大总统、陆军总长，致电段君，与之联络，以期一致进行，完全达到共和目的，是所切盼。廷芳。俭。（上海来电）

（《临时政府公报》第二号，1912年1月30日，"电报"；又见《申报》1912年1月29日，"要闻"；《时报》1912年1月29日，"中华民国立国记"）

---

① 此电据《中国革命纪事本末》第三编页252校正。——《近代史资料》1961年第1号编者原注

伍廷芳致孙中山电

（1912 年 1 月 28 日）①

孙大总统鉴：

沁电敬悉。停战之期，至明日上午八时为满，不再展期，已经决定。惟段祺瑞现与北京四十二将校联名电奏清廷，速行宣布共和。段现统第一、第二两军，处武汉前敌。如黎副总统与之接洽，则明日武汉方面可联为一，不致复有战争之事。至张勋一军，唐君绍仪屡电劝其赞同共和，张回电反对。唐君又电袁内阁，嘱其严饬张军，勿得暴动。倘明日停战期满，张果然跳梁，则兵衅非自我开，更可令天下万国，知曲直所在。此处得袁内阁来电，据唐言皆系表面文字，其实袁运动清帝退位，未常少辍。廷昨致袁电，谓若停战期满，尚未得清帝退位之意，以致兵衅再开，再行发表。如是则清廷以争一君位之故，不惜流全国之血，必为人道所不容，而我民国政府希望和平之意，更昭著于天下。对外可得友邦之同情，对内可激同胞之义愤，似尤为妥协。特奉复。廷芳，俭二。（上海来电）

（《临时政府公报》第二号，1912 年 1 月 30 日，"电报"；又见《时报》1912 年 2 月 2 日，"中华民国立国记"；《申报》1912 年 2 月 3 日，"要闻"）

沈秉堃致孙中山、黄兴等电

（1912 年 1 月 28 日）

孙大总统、陆军部总长、上海伍代表、武昌黎副总统、各省都督、各总司令钧鉴：

---

① 此电据《中国革命纪事本末》第三编页 256 校正。——《近代史资料》1961 年第 1 号编者原注

敌人不守信约，停战期内，利用交通梗塞，进攻西北各省，意在固守西北，控制东南，狡谋诡计，尽人能知。今太原既已失陷，陕西又在垂危，呼救电文，声嘶力竭。民国政府既已成立，倘不统筹全局，派兵救援，不独黄河以北，将非汉有，贻害不堪设想。且何以表示南北联为一气，促人民反正之心。鄙意无论和议如何，停战与否，当即出师应援，以慰西北人心之望。事机迫切，专望统筹见示。沈秉堃。勘。（金口营来电）

（《临时政府公报》第二号，1912 年 1 月 30 日，"电报"；又见《共和关键录》第二编，第 175 页）

马毓宝致孙中山、黄兴等电

（1912 年 1 月 28 日）

孙大总统、陆军部长黄、武昌黎副总统鉴：

顷接伍代表寝感两电知悉，清军段祺瑞联合各路统兵大员，于二十六号电京，请定共和政体，未识日内有无发布。惟段祺瑞等既赞成共和政体，则于我军宗旨相合，各路清军应退百里以外。又清廷诸亲贵未必赞成共和，似应彼此联合，阖众兵力，进驻北京，始有实行改革之望。若段军不允是约，诚恐又是诈变。钧意以为何如？请即赐复。赣毓宝。剑［俭］①。（南昌来电）

（《临时政府公报》第二号，1912 年 1 月 30 日，"电报"；又见《时报》1912 年 2 月 2 日，"中华民国立国记"）

江绍贻、刘祝波致孙中山电

（1912 年 1 月 28 日）

孙大总统钧鉴：

---

① 俭——《近代史资料》1961 年第 1 号编者原校

京保团体阑举程家柽、刘幸到宁面禀。江绍贻、刘祝波。灰。
（天津来电）

（《临时政府公报》第四号，1912 年 2 月 1 日，"电报"；又见《时报》1912 年 2 月 2 日，"中华民国立国记"）

陈其美致孙中山电
（1912 年 1 月 28 日）

大总统钧鉴：

接即墨官立小学堂班①电知该处业已光复，合亟转闻。其美叩。俭。（申来电）

（《临时政府公报》第三号，1912 年 1 月 31 日，"电报"）

刘之洁致孙中山、黄兴电
（1912 年 1 月 28 日）

大总统、陆军部长鉴：

辱电褒勉，并派李君来苏慰问，感愧交萦。之洁何人，敢谓热忱爱国。惟平日心迹坦白无他，名誉固不愿牺牲，责任尤不敢放弃。知我罪我，并无居心。既受一次之虚惊，或可增一分之胆力。此后益当坚忍自励，冀消疑忌，仰副厚望。谨此鸣谢。苏军统制刘之洁叩。俭。（苏州来电）

（《临时政府公报》第四号，1912 年 2 月 1 日，"电报"；又见《时报》1912 年 2 月 1 日，"中华民国立国记"）

---

①　民军首领班麟书——《近代史资料》1961 年第 1 号编者原注

蒋雁行致孙中山、黄兴等电
（1912 年 1 月 28 日）

十万火急。孙大总统、黄总长、上海伍外交总长鉴：

顷接宿迁确实电报，敌军已占领窑湾，派人监视电局，民军电报不通，正在南下。除饬前敌敝军竭力抵抗外，用特飞报。江北雁行。勘。（清江来电）

（《临时政府公报》第五号，1912 年 2 月 2 日，"电报"；又见《时报》1912 年 2 月 4 日，"中华民国立国记"；《共和关键录》第二编，第 11 页）

陈古香致孙中山电
（1912 年 1 月 28 日）

孙大总统钧鉴：

军务广东为交通繁盛之区，内治外交，均难稍忽。非得一行高望重之人治理，诚恐内讧卒起，外患乘之。一发全身，关系非鲜。今日汪公①不回，非陈公②不能肩此都督重任。总统主持大局，眷爱故乡，想早洞见此情。务恳电陈，切勿恝然舍去。一人之去留，大局之安危系之也。古香为大局计，为两广计，故恳切陈词，伏祈鉴察。广西右江军政分府总长陈古香。（二十八号）（广西来电）

（《临时政府公报》第五号，1912 年 2 月 2 日，"电报"）

---

① 汪精卫——《近代史资料》1961 年第 1 号编者原注
② 陈炯明——《近代史资料》1961 年第 1 号编者原注

高要县长等致孙中山、黄兴电
（1912 年 1 月 28 日）

南京大总统孙暨黄大元帅钧鉴：

　　肇庆北伐军举定启军统领颜启汉为正司令长、前肇庆民政长梁祖训为副司令长、罗莲舫为正参谋长、陈泽民为副参谋长、许梅山为誓死队长。高要县长、高要县议会、肇城自治会、肇庆商会、实业分所、高要教育团公叩。勘。印。（肇庆来电）

　　（《临时政府公报》第六号，1912 年 2 月 3 日，"电报"；又见《时报》1912 年 2 月 5 日，"中华民国立国记"）

章太炎致孙中山函
（1912 年 1 月 28 日载）①

逸仙总统执事：

　　据潮州光复会人来言，同盟、光复二会，日益轧轹，前由张继等公函劝告，卒无所效。迩者，几有贵族、平民之分矣。详考光复会初设，实在上海，无过四五十人；其后同盟会兴于东京，光复会亦渐涣散。二党宗旨，初无大异，特民权、民生之说殊耳。最后同盟会行及岭外，外暨南洋；光复会亦继续前迹，以南部为根基，推东京为主干。仆以下材，同人谓是故旧，举为会长，遥作依归，素不习南州风俗，惟知自守礼教而已。

　　同盟、光复初兴，入会者，半是上流，初无争竞，不图推行岭表，渐有差池。盖被习文教者寡，惟以名号为争端，则二会之公咎也。然自癸、甲以来，徐锡麟之杀恩铭，熊成基之袭安庆，皆光复

---

① 　录自《大共和日报》1912 年 1 月 28 日——据《章太炎书信集》编者原注

会旧部人也。近者，李燮和攻拔上海，继是复浙江，下金陵，光复
会新旧部人，皆与有力。虽无赫赫之功，庶可告无罪于天下。侨民
虽智识寡陋，其欣戴宗国，同仇建庑，亦彼此所同也。纵令一二首
领，政见稍殊，胥附群伦，岂应自相残贼。仆以吴、楚之人，教令
不能行于南国。迩以中华民国联合会事，精力俱殚，不遑远及。执
事挺生岭海，习其旧常，登高一呼，众山皆应，惟愿力谋调处，驰
电传知，庶令海隅苍生，咸得安堵。兼闻同盟会人（指在广东者）
有仇杀保皇党事。彼党以康、梁为魁帅，弃明趋暗，众所周知；然
附和入会者，尚不能解保皇名义，赤子陷阱，亦谓无罪于人。今兹
南纪肃清，天下旷荡，虽旧染污俗，亦当普与自新。若以名号相
争，而令挟私复怨者，得借是以为名，无损于庑，徒令粤东糜烂，
此亦执事所当谨饬者也。

章炳麟白（1912 年）

（《章太炎书信集》，第 418~419 页）

皖军界致孙中山、黄兴等电
（1912 年 1 月 28 日载）

大总统、陆军部总长、参谋本部总长、参议院、副总统、民各省都
督、各军总司令及本省各军政分府、各军政长钧鉴：

皖省军政府司令部长胡君万太，顷即率师北伐。此后司令总
长，由都督兼任，而添设副司令一人。兹查有寿州孙君榮，晓畅戎
事，声望素孚，业由同人推举为全皖副司，兼请都督委任，以重军
政。特闻。皖军界全体公叩。（安庆电）

（《民立报》1912 年 1 月 28 日，"沪军政府电报"；
又见《申报》1912 年 1 月 28 日，"公电"；《临时政府公
报》第二号，1912 年 1 月 30 日，"电报"）

孙科致《民立报》转孙中山等电
（1912 年 1 月 28 日载）

《民立报》转孙总统、美同志：

芸苏、孙科等十余人乘地洋丸回国，二月三日抵沪。科。（自横滨发）

（《民立报》1912 年 1 月 28 日，"日本电报"）

《共和急进报》致《民立报》转孙中山等电
（1912 年 1 月 28 日载）

《民立报》转大总统、各省都督鉴：

　　《共和急进报》于廿八号在安徽出版，凡有致皖各处公电，本报社愿代转发表，文件亦可代登。《共和急进报》叩。（安庆发）

（《民立报》1912 年 1 月 28 日，"安徽电报"）

伍廷芳致孙中山、黎元洪电
（1912 年 1 月 29 日）

孙大总统、黎副总统鉴：

　　顷得袁内阁蒸二电如下：据汉口商务总会全体商人电称：汉口为华洋荟萃之区，汉阳乃各厂林立之所，商务繁盛，甲于中国。自经此次兵燹，汉口房屋，几被烧尽，汉阳财产，亦多损失，糜烂情形，惨难言状。嗣因停战议和，北兵撤退，各商陆续回汉，深望和议早成，各谋善后，以图振兴。乃停战期迫，和议尚未发表。未来者率多裹足，已来者咸有戒心，商业凋残，华洋交困。且值此年关伊迩，正商人清理帐务之时，若再展延，则房屋既失于前，帐款又耗于后，摧残殆尽，祸有不堪设想。为此商等一再集议，拟请仿照欧西市政办法，转恳两方政府，汉口、汉阳，东至长江，西至蔡甸，南至沌口，北至滠口，划作中立地点，不再开战。至保护治安，则由市自募巡警，妥为办理。俾在汉各商，得以安业，市面亦得流通，庶阳夏商民，或尚有一线生机。伏思大总理素以恤商爱民为怀，再不忍阳夏生灵，再受涂炭之苦，用特冒渎钧听。倘蒙俯念商艰，准如商等所请，将汉口、汉阳分划界限，作为中立地点，不再在此开战。并求速赐电达驻沪唐代表，即日宣布，以苏商困而惠民生等语。应即转达，希查照见复为盼云云。廷意段君祺瑞联合各路统兵大员，主张共和。廷已屡电请副总统派员与之接洽，尚未得复，至为廑系。如彼此接洽妥协，则武汉方面，当不至再有战事。至允许该处中立，由市自办巡警，于军事之计划有无妨碍，请速酌复，以便转电袁氏为盼。廷芳。艳。（上海来电）

（《临时政府公报》第五号，1912 年 2 月 2 日，"电报"；又见《共和关键录》第二编，第 55 ~ 56 页）

温士泉致孙中山、黄兴等电
（1912 年 1 月 29 日）

孙大总统、黄内阁陆军部长、黎副总统暨各省都督、各军政分府均鉴：

敝省自九月八日起义后，即联合吴禄贞攻取北京。奈兵单械少，吴又被害。袁贼远交近攻之策，阳与晋议和，暗调第三镇全部及第六镇混成协，于十月十八日晚猛攻娘子关。连攻四日夜，终以兵单弹完，败归太原。清军乘势，进迫省城，大事杀伤。阎都督因顾全民命，分路退出。阎率兵四千余，北占大同，与巡防义军协攻归化城，以作根据。彭蝠龄带兵二千余，南攻河东地，已克复潞城，与秦军连合，不日进攻河南。此太原失守后之情形也。清军有意违约，袁贼居心奸险，望早日联师北伐，除彼妖孽。再晋省枪少弹完，即乞顾全大局，伏赐接济，寄由陕西转递河东为盼。晋军军务部长温士泉叩。真。（河东来电）

（《临时政府公报》第一号，1912 年 1 月 29 日，"电报"；又见《时报》1912 年 2 月 1 日，"中华民国立国记"）

蒋雁行致孙中山、伍廷芳电
（1912 年 1 月 29 日）

孙总统、上海伍外交总长鉴：

昨奉转到段祺瑞电称：北军各路统兵大员联衔电奏，主张共和，已抱定宗旨，不忍生灵涂炭，致招外人干涉。拟稍退却，民军不可再进，致生恶感。又接我军宿迁确报，敌军已占领窑湾，正在南下各等话。前敌各队，游移观望，著著落后，请将最近交涉情状，速行宣布，以便正式作战。江北雁行。艳。叩。（清江来电）

（《临时政府公报》第五号，1912 年 2 月 2 日，"电报"；又见《时报》1912 年 2 月 5 日，"中华民国立国记"。）

黎元洪致孙中山电
（1912 年 1 月 29 日）

急。宁孙大总统鉴：

接伍总长感电宥电，即于二十七日派员至孝感，与北军接洽联络，一致进行。段祺瑞派员接待，据称段对于共和政体，允有同意。此次军队退却，实不愿与民军冲突，损伤元气。至进行方法，现已规定，请民军不必前进，致生误会云云。敝处已通饬各军，驻扎原地，暂不前进，所有一切准备，亦不得稍懈，致受老师费财之害，庶共和政体，得早日告成。下游各军请黄总长通知，相机动作是盼。元洪。艳。印。（武昌来电）

（《临时政府公报》第三号，1912 年 1 月 31 日，"电报"；又见《申报》1912 年 2 月 3 日，"要闻"；《时报》1912 年 2 月 3 日，"中华民国立国记"）

域多利致公总堂等致孙中山函
（1912 年 1 月 29 日）

孙大总统大鉴：

公为中华民国总统，同人庆祝得人，十分踊跃，齐呼民国万岁。各界竖旗恭祝。但党举义武昌，一呼百应，天人同心，各省独立，此皆孙先生历年奔走鼓吹之力也，亦内地同胞万众一心、各都督苦心毅力、民军义勇之功。敢死军舍生取义、决死队杀身成仁，同人等愿牺牲公产为民国军用，求大总统早日北伐，直捣幽燕，生擒建酋以祭众烈士之墓，斩灭胡□以报九世之仇，此同人等之所仰望也。故特命谢君秋、梁翼汉君回国见大总统，办理政党事宜。望大哥念花亭之秘密、高溪歃血之盟，况且大总统是洪门总领，正宜成政党以慰陈近南、郑成功之灵，慰同人仰望之心。况外洋汉奸极多反对革命之筹饷，各人名一该交二君带回中国，交军政府办他们汉奸可也。况今时域埠各界人等亦为政府筹借公债，各公堂牺牲公产报效，现已开办，特字禀知。近来本加奈大各处保妖常时买办炮火，付入内地，扰乱治安，亦将妖巢变卖，内地虽要命侦探查察为好，切勿疏防，是为至要。

梁君翼汉为同盟会之一分子，亦本堂之热心人也。自筹饷时，牺牲平日之工往各处劝捐，后闻广东失败，竟乃吐血如盆。故今时革命成功，同人特命他回国。域埠之汉奸与云埠之汉奸常被翼汉君驳斥，梁君有舌辨，惟少言，独斥汉奸。《大汉报》自冯君自由回国，则张汉君与梁君主持矣。爱国热诚无如谢、梁二君矣。谢君为总统所知，梁君则先生未知也，故特志之。肃此

域多利致公总堂上

同盟会高云山顿同人等同叩

中华民国元年元月廿九日、黄帝纪元四千六百零十年

西历一千九百一十二年正月二十九

（翠亨孙中山故居纪念馆藏档；又见《孙中山藏档选编·辛亥革命前后》，第437～438页）

O·M. 格林致孙中山函
（1912 年 1 月 29 日）

孙文阁下：

我的朋友肯尼迪告知我，他接到美联社兼路透社驻南京记者的报告，告知他他发现衙门试图拒绝向他提供消息。他所能肯定的是，其原因在于肯尼迪先生被怀疑在发表时将你关于与袁世凯谈判时的声明删改得残缺不全。且写了或授意写了今日见报的在我们的栏目中报道一周前南京士兵的无组织无纪律的状况。

关于有关您的声明，情况是，肯尼迪先生给了我那份声明，无论他还是我都不知道，您建议要一字不漏地发表。且仅仅因为版面上我们要在下面排版您给伍廷芳的电报的原因，我自己压缩了整个声明，在结尾我还加了一条进一步的声明，有关我在这里得知的您主动地在和平谈判过程中提出的声明，但最后一段，在 1 月 24 号我们刊物之第 8 页的第一版头条，绝对与肯尼迪先生无关，就我记忆所及，除非他看到报纸，他绝对不知道它或类似的东西会见报。

第二，关于南京军队无秩序的报道，出现在我们刊物 1 月 22

日，星期一的报道，我以个人名义向您担保与肯尼迪无关，我的消息来源者如报道中所讲的，是一个在南京居住了相当长的时间，直到发起围攻前的最后一刻的人。这之后他回来了。况且，我情愿我没有发表过他告诉我的东西，因为我发现他的态度有变化，从强烈的拥护革命，到我不愿说反对革命，但至少是对他在日常生活中看到的现象的不满。

总之，从此你可见，我已经与两种消息来源有关。两种都不是源于肯尼迪的。他与以上两则报道都无关。除了他将你的声明全部给了我外。我相信这是通过你的。但我很无知地压缩了它。我不能告知我消息来源者的名字。但我相信，没有比我个人担保更能让你相信肯尼迪与除我上述所言之外的其他任何事无关。

我写信向你解释这些是为了做到对他公平合理。并为这长信抱歉。我的主要目的是澄清有关对肯尼迪先生曾背叛过你的任何怀疑。但我想加一句，任何试图封锁像美联社、路透社这样两个通讯社的信息渠道的做法都是不明智的。

O·M. 格林　谨志

（《临时大总统和他的支持者》，第 140～141 页）

唐绍仪致孙中山、黄兴电
（1912 年 1 月 29 日）

孙大总统、陆军黄总长鉴：

维密，顷接段芝帅来电文如下：二蒸电悉。武昌代表易来孝，已令幕僚接洽。瑞昨晚移驻广水，为保平和，不意下车遇放火药二次，车虽无大损，因之稽迟，致与后车相触，死伤二十余人，士气大愤。此等举动，能否严禁，勿使瑞过于为难也。已派混成一标又步五营赴京，又商拟令第二镇斛保相机进止。虽然如是，未能一蹴而就。瑞。真。等语。请迅速电黎副总统查照饬禁。怡。艳二电。

（上海来电）

　　（《临时政府公报》第三号，1912 年 1 月 31 日，"电
　　报"；又见《时报》1912 年 1 月 31 日，"中华民国立国
　　记"）

同盟会广东支部致孙中山电
（1912 年 1 月 29 日）

孙总统鉴：

　　来电敬悉。岭南同盟会并无于光复岫轧轹事情。谨复，以慰廑
念。同盟会广东支部谘叩。艳。（广东来电）

　　（《临时政府公报》第四号，1912 年 2 月 1 日，"电报"）

马毓宝致孙中山电
（1912 年 1 月 29 日）

南京大总统钧鉴：

　　现在各省都督府官制已否由中央政府订定，应请从速颁发通行，
以期划一，即乞示电遵行。赣都督马毓宝。艳。印。（江西来电）

　　（《临时政府公报》第八号，1912 年 2 月 5 日，"电
　　报"；又见《时报》1912 年 2 月 2 日，"中华民国立国记"）

江西临时议会致孙中山电
（1912 年 1 月 29 日）

大总统钧鉴：

此间议会业由马都督布告，定新历二月一日开会，昨日选举正副议长，按照公定议会章程，各以过半数为当选。刘君景烈被选为议长，宋君育德、陈君鸿钧被选为副议长。谨此奉闻。江西临时议会。艳。（江西来电）

（《临时政府公报》第八号，1912年2月5日，"电报"）

张培爵、夏之时致孙中山、黎元洪等电
（1912年1月29日）

孙大总统、黎副总统、伍外交总长鉴：

重庆税司称夹总税司札开，拟将所收海关税项解上海汇丰存储，以偿债款一事，已详删电。盼复至切，迄今未奉回示。究竟宜昌等关，是否如该税司所称办理。全国财政不容授人以柄，诸公深谋远虑，必有周妥办法，迫请速复，以便交涉。蜀军政府张培爵、夏之时叩。艳。（重庆来电）

（《临时政府公报》第十一号，1912年2月9日，"附录·电报"）

尹昌衡、罗纶致孙中山等电
（1912年1月29日）

南京孙大总统、各省都督鉴：

成渝决定合并，机关设成都，其余条项议决续报。陕屡告急，已议定川、滇、黔会师北伐。杨军向汉中，滇军向兴安，本军一镇分出广元、龙李，先定秦陇，次图进攻。望各军协力，直捣燕京，破其巢穴，民国幸甚。成都都督尹昌衡、罗纶叩。艳。（成都电）

（《时报》1912年2月9日，"中华民国立国记"；又

见《申报》1912 年 2 月 9 日，"公电"；《民立报》1912
年 2 月 8 日，"沪军政府电报"）

唐绍仪致孙中山、黄兴电
（1912 年 1 月 29 日）

孙大总统、陆军黄总长鉴：

　　勘两电悉。已分袁转段矣。张勋处已再电，劝勿坚执，尚未得
覆。怡。真。（唐绍仪致孙总统电）

　　（《临时政府公报》第五号，1912 年 2 月 2 日，"电
报"；又见《时报》1912 年 2 月 4 日，"中华民国立国记"）

沈剑侯致孙中山等电
（1912 年 1 月 29 日）

孙大总统、各部长、参议院鉴：

　　都督统治军民财政，江北为苏属一隅，不宜割治，请并沪督一
例撤销，以昭统一。沈剑侯叩。艳。（沈剑侯致南京电）

　　（《时报》1912 年 1 月 21 日，"中华民国立国记"；
又见《民立报》1912 年 1 月 31 日，"公电"）

豫晋秦陇协会致孙中山电
（1912 年 1 月 29 日载）

南京孙大总统鉴：

　　袁世凯托名议和，薄我秦晋。今停战期满，万无可忍，祈速宣

战，以解西北之危。如再不顾大局，续行停战，四省人民，死不承认。豫晋秦陇协会泣叩。（上海去电）

（《民立报》1912年1月29日，"公电"；又见《临时政府公报》第二号，1912年1月30日，"电报"）

甘作培等致孙中山电
（1912年1月30日）

孙大总统鉴：

顷闻贵政府拟将招商局产抵押巨款，广州港澳股东闻之骇异。现集议均不公认，请将抵押一事取销，以恤商艰，而彰贵政府名誉。幸甚。广州港澳股东甘作培、唐安等叩。

（《南京临时政府拟以招商局产抵借日债史料》，《历史档案》1983年第3期）

Y·H. 史密斯致孙中山函
（1912年1月30日）

亲爱的先生：

自从您就任刚成立的中华民国的总统以来，您一定收到了很多贺信、贺电和口头祝贺。但我料想——我相信这不无道理——大多数的贺电都来自全世界各国政府或驻外领事机构的官员，而极少是来自普通百姓的，这些普通百姓在美国这里有时被称为"庶民"、"下人"。

我相信您不会认为我这是十分冒昧地为着某些个人目的、一时冲动给您写这封信。这里我谈一些坦率的看法，凭着您的学问、您的智慧和您的政治家的才能和资格，您可以确定这些观点是否有价值，用不着担心过高或过低评价。在美国这个共和政体里，每一个公民都是统治者——至少在理论上是这样。一个平民百姓觉得，了解政府职能及其处理国务的指导思想是自己的职责，而事实上这也确是每一个平民百姓的责任，因此，他觉得能毫不顾忌地提出自己的观点是一种特权，而事实上每一个平民百姓都享有这种特权。我想，这对您当然不是新闻了，因为我知道您对这些完全了解。

您成为中国第一任总统，在这种意义上来说，成为中国的乔治·华盛顿，为此，我向您表示最衷心的祝贺和致以最诚挚的敬意。尤其要祝贺中国亿万人民的无与伦比的勇气、爱国主义和进取心，中国人民的这些优秀品质在他们反对满清政府的成功革命斗争中得到了证实。满廷残喘，腐败无能，对人民疯狂掠夺，横施暴政，人民怨声载道，忍无可忍。同时还祝贺中国人民建立了共和国，并有了一个稳健、开明的爱国者、学者和政治家作为第一任总统。我确信，我的祝贺道出了大多数美国人的心声。

我觉得，如果中国能够在世界文明和世界民族之林获得并保持自己特有的地位——我对这些毫不怀疑，我将比世界上任何人都要高兴。我特别感到欣喜的是看到又一个共和国象灯塔一样屹立在地球上文明、自主的民主国家之中。

虽然我非常珍视自己是美国的自由公民，未觉察会有哪种因素会促使我去改变它，然而我却不由自主地希望自己可以暂时变成一个中国公民，从而也许能直接或间接地协助起草和制订一个国家的根本大法——宪法。这部宪法必须结构严密、措词严谨以确保"民有、民治、民享政府"的实现，并尽力地保护当今人民及后人所享有的天生权力，豁免权和其他不可剥夺的权力，反对侵犯这些权力的特殊利益集团。在中国，这种特殊利益集团象在美国一样，正诡计多端和不择手段去谋求控制政府，从而搜刮民膏，施以暴政，达到占有财富、地位和权力的目的。世上人性皆如此。

我怀着极大的兴趣和喜悦注意您关于共和国政策的声明，您清楚地表示，中国人民从此以后将是统治者——人民的愿望就是国家法律。如果您和协助建设政府机构的助手能够使政府的理论和宗旨的永久基石毫不含糊和坚不可摧，不给敌人留下任何颠覆民国政府的薄弱环节，那么，您就确实是英明地、完满地制定了宪法。我祝愿您的爱国智慧和神灵的启示会指导您和您的助手们进行这项非常重要的基本工作。

在制定宪法的过程中，您将毫无疑问地要同曾在美国同道们制定宪法的时候困扰过他们的势力那种作斗争。您熟悉各国历史，因此您知道这种势力，并知道这种势力的动机。在制定我国宪法的斗争中，托马斯·杰斐逊和站在他一边的人为建立有宪法依据的民主作出了艰苦的努力，然而他们不得不向与他们对立的保皇势力作出许多让步，这些势力是千方百计地妨碍乔治·华盛顿和他的同胞们以及阻挠美国独立的成功的保守势力。因此，最后通过的美国宪法作为民主宪章和根本大法还远不尽人意，虽然已制定过不少修正案，现在还有一个修正案尚悬而未决，但作为一个根本大法来说是非常不完善的。我相信您和您的同事能够战胜当今政府的敌对势力并吸取美国宪法制定者的经验教训。

然而不论您的宪法如何不完善或者如何尽善尽美，与政府针锋相对的反对党总是会有的。就象这里或其他国家的代议制政府一样，中国人民必须懂得要自由就必须保持警惕。政府掌握在当时得势的政党手里。那些特殊利益集团决不会明争，而总是暗地里耍诡计，去威胁利诱，谋求控制执政党，因为只有控制政党，才能控制政府，只有控制政府，他们才可以冠冕堂皇地去搜刮民脂民膏。这些特殊利益集团永远不会承认自己自私自利的目的，而总是声称他们所鼓吹的政策都是为人民的利益。他们所支配的政治舞台好象莎士比亚的"双头两面神"那样，惯于见风使舵，那些特殊利益集团提名的候选人就会心甘情愿地听从特殊利益集团的指挥。一定要保卫好司法机构，因为那些特殊利益集团会不遗余力地控制这些机构。

我开始写这封信时并没有打算要写这么多，但这个问题是那么意义深长，使我难以下决心停下笔。

祝愿孙逸仙总统阁下和同事长寿，获得正义的勇气和神圣的指引！愿中华民国永存和繁荣，愿一个自由独立的人民民主国家屹立于世界！

一个普通公民 Y·H. 史密斯（Y·H. Smith）
1912 年 1 月 30 日
写于美国南达科他州利来恩斯市

（《海外友人致孙中山信札选》（一），《民国档案》2003 年第 1 期）

伍廷芳致孙中山、黄兴电
（1912 年 1 月 30 日）

南京孙大总统、黄陆军总长，武昌黎副总统鉴：

顷唐君绍怡送来段君祺瑞真电如下：二蒸电悉。武昌代表易来孝，已令幕僚接洽。瑞昨晚移驻广水，为保和平，不意后来之车，忽放火药二次，车虽无大损，因之稽迟，致与后车相触，死伤二十余人，士气大愤。此等举动，能否严禁，勿令瑞过于为难也。已派混成一标又步五营赴京，又商阁府部拟令第二镇旋保，相机进止。虽然如是，未能一蹴而就也云云。特为转闻。廷芳。世。

（《申报》1912 年 2 月 1 日，"要闻"；又见《时报》1912 年 1 月 31 日，"中华民国立国记"；《民立报》1912 年 1 月 31 日，"紧要电报"）

唐继尧致孙中山、黎元洪等电
（1912 年 1 月 30 日）

南京孙大总统、武昌黎副总统暨各省都督均鉴：

云南北伐军组织就绪，旧历真日出发，取道黔、川，会同援川大军北上，共扫燕云。一切进行方略望先行指示。司令官唐继尧。文。（云南阳林营电）

（《申报》1912 年 2 月 8 日，"公电"）

伍廷芳致孙中山等电
（1912 年 1 月 30 日）

孙大总统、国务各总长、参议院、武昌黎副总统、各省都督、北伐联军总司令公鉴：

自阴历十月二十八日，廷芳与清内阁袁世凯所派全权代表，开议和事，所议定者：一为湖北、山西、陕西、山东、安庆、江苏、奉天各省，一律停战，彼此不得进攻。一为开国民会议，解决国体。迨既经订定国民会议选举法，而袁氏忽撤销代表，自与廷芳直接电商，并欲取消其全权代表所已经签定之条款，廷以议和非可电商，已定之条款，尤不能更动，始终坚持不允。迨停战期满，解决无期，袁复提请继续停战。廷芳适接驻沪等处洋商团希望和平解决之忠告，复得临时政府之同意，再允展期十四日，并声明此后决不再展战期，以误时日。适此期内，清帝有退位之议，彼此切实筹商，先由廷以清帝退位后优待清皇室条件及优待满蒙回藏人条件，正式通告清内阁，以示民国政府优容之度。继由孙大总统以参议院之同意通告袁氏，谓袁氏若能于清帝退位之后，发表赞同共和之政见，由驻北京外交团通告临时政府，则孙大总统当即解职，由参议院公举袁氏为大总统。凡此皆足表明民国政府希望和平之诚意，只求共和目的完全达到，别无私意于其间。乃清廷少数亲军，把持反抗。屡接北京内阁来电。谓禁卫军极力反抗，虑北京秩序扰乱，牵动外交，已密为布置，未可与于停战期满前相逼云云。是则未能在停战期内和平解决者，咎在清廷，非民国政府始料所及也。目今段君祺瑞，联合各路统兵大员四十二人，奏请清廷早日宣布共和，以定大局。段君现统第一、第二军队武汉前敌，廷已屡电黎副总统与之接洽。如能联为一致，则武汉方面，当不复再有战事。至于陕西、皖北、徐州等处清军屡攻，违约而反以违约责我。迭经诘驳，袁已允饬张勋、倪嗣冲勿得暴动。陕西方面，袁亦允派员绕道持函赴升允军前，禁其前进，并饬进逼潼关之军，不可再进，未知能否实行。总之，现在停战期限已满，若彼先行决裂，则非衅自我开。民国政府，外对于友邦，内对于国民，均可昭示此意。谨将始末大略情形电陈，尚祈鉴察。廷芳。陷。印。（上海来电）

　　（《临时政府公报》第六号，1912 年 2 月 3 日，"电
　　报"；又见《申报》1912 年 2 月 1 日，"要闻"；《时报》
　　1912 年 2 月 1 日，"中华民国立国记"）

伍廷芳复孙中山、黄兴电
（1912 年 1 月 30 日）

孙大总统、黄陆军总长鉴：

　　顷唐送来京电如下：

　　一、诏一电悉。升允前因电报不通，未知彼处情形，顷已设法绕道函嘱停进。至潼关，本为我军驻守，民军在停战内攻取。今我军抵潼，已令不再西进。此间深盼和平，致伍真二电又声明必彼此通告和议决裂、重开战事，方可进攻等语，足为确实证据。请转达孙、伍，万勿疑虑。

　　二、初二夜，忙甚险甚，各电均未复。今日召见皇族，均不反对，亦不便遽言共和，上意亦活动，拟明日先觅一密旨，如可得，即与伍作正式谈商。稍迟数日，乃宣布。因禁卫军反对极力，冯不能制，前途现正添兵布置也。余稍暇当详复。

　　三、黎、段接洽停战事，段复电，当与黎接洽矣。民军先攻固

镇，张还击之，并未进攻，希告伍阻民军进攻。

接此三电，若遽正式宣布开战是否有碍？且段虽赞共和尚为袁用，若我正式宣战，段之态度当如何？亦须筹及。顷遵照尊处沁电报告和议始末，详陷电。如果欲正式宣战，照通例应由总统宣布也。廷芳。卅第二电。

(《共和关键录》第一编，第 91～92 页)

陈光甲、沈薪萍等致孙中山、黄兴电
(1912 年 1 月 30 日)

孙大总统、黄大元帅鉴：

徐州光复、宿为最早，凡有治理，悉守民国范围。张贼北溃，占徐，宿以弹丸小邑，恃有民国保护，故对于浦兵到宁防堵，倚若长城。讵张贼于停战期内，猝派军队攻占宿之窑湾镇。浦兵昨忽退去，致北军拟分路大进。宿城危在旦夕，商民万分焦急。窃思宿邑既为光复之地，民国即负有保护之责。他县闻风，亦恐解体。惟有吁恳总统、大帅，即日遴派得力援军，星夜驰至，以保宿城而顾大局。宿迁绅商士民陈光甲、沈薪萍、叶蔚、张鸿鼎、胡光、季学源公叩。三十号。(宿迁来电)

(《临时政府公报》第七号，1912 年 2 月 4 日，"电报")

清江浦致上海《民立报》转孙中山等电 [①]
(1912 年 1 月 30 日)

万火急。上海《民立报》转南京孙大总统、黄总长、武昌黎副总

---

① 该电发电者不详。——编者注

统、上海伍部长、各省各军政分府、各军各司令长、各报馆鉴：

议和期满，奉命北伐，浦地各军无统一机关，深恐不便。乃于昨日在江北都督府开军事会，公举陆军部札委江北孙总参谋长岳为浦镇扬联军总司令，即日出发。于阳历二十六号，浦军张统领长林，率一混成协驻扎宿迁。二十九号，续开一标，系吴统带带领。三十号，扬军米统领占元又开一协进发。三十一号，镇军臧统带在新，率兵一标，机关枪二队、炸弹两队，会合扬军李统带蒲共成一协，均归孙总司令岳统率指挥。浦地仍余防营及盐务二十营，暨扬镇两标，统归张统领性节制。所有后方接应，公推镇军张统领性、陈参议伯盟驻浦，与蒋都督就近筹商军备事宜。清江浦公叩。陷。（清江来电）

（《临时政府公报》第七号，1912 年 2 月 4 日，"电报"；又见《申报》1912 年 1 月 31 日，"公电"；《时报》1912 年 1 月 31 日，"中华民国立国记"）

孙道仁、彭寿松致孙中山电
（1912 年 1 月 30 日）

南京大总统钧鉴：

奉宥电开：据诏安保安自治会电禀等语。遵查诏安县前因乏人，由该管汀漳龙道委陈为姚暂代，一面呈省另委，案经叙官局铨叙，政务院议决，呈请批准饬赴，已至口头。该会旋电阻止，语多要挟，不成事体。盖彼等多误会共和义意，以为共和政体成立，人人皆有用人行政之权。光复之始，即纷纷各举州县，或自称堪为某县，至于冒认省派州县，亦数见不鲜，均经批驳始止。即如此案，诏自治保安等会既坚陈令，而该处保安局又有电谓此事各社会均不与闻。党派纷歧，议论毫无标准。道仁等之意，以为监督之权归于人民，用人行政之权归之政府，政权始能活动。且陈接任不及一月，何以有此深感？林甫至半途，何以遽知其非？此中难保无故。

致叙官局长等皆廉明公正，不可干以私之人，万无受人运动之理。当此大局草创，时事方艰，道仁忝负一方之责，讵敢成心自用？徒以地方风气未开，言论复杂，不能不审慎从事，以副我大总统之望耳。远承麈念，惭感交并，诸希谅察，无任盼祷。谨复。闽都督孙道仁、政务院总长彭寿松叩。陷。（闽省来电）

（《临时政府公报》第八号，1912年2月5日，"电报"）

张怀芝致孙中山电
（1912年1月30日）

万急。南京大总统孙鉴：

艳电敬悉。段公联衔奏请共和，芝已认可，并非固执己见。但自武汉起事以来，南省商民被扰甚多，地方糜乱不堪。良由具政治思想者意在改革政治，而假托者则以掳掠为事，此固毋庸深讳。想公之才识，人所共仰，试将吾国人民程度细加体察，自非有正当办法不可。窃谓中国今日，推倒清政府易，而平乱难，抵制列强尤难，一或不慎，则瓜分之祸立见。明公自海外归来，原为同胞谋幸福，设因此而召瓜分之祸，公岂肯出此。且兵连祸结，已非一日，若再迟延，不惟中国商民窘困不支，洋商损失亦巨，外人干涉，自在意中。审时度势，颇觉危险。当此莫若留君之口，以备化除满汉；留袁公之手，以备削平扰乱。来电谓但图救同胞于水火。芝亦国民也，固惟以救民为急，别无他意。迩见生灵涂炭，不胜焦忧，敢布区区，惟公鉴察。所陈利害，请熟思之。公既知袁内阁为难，陷于危困，即请代筹切实办法，尚祈示知，再行商酌。帮办直东防务大臣张怀芝。文。（天津电）

（《临时政府公报》第四号，1912年2月1日，"电报"；又见《时报》1912年2月2日，"中华民国立国记"；《申报》1912年2月3日，"要闻"）

刘祺致孙中山、黄兴等电

（1912 年 1 月 30 日）

孙大总统、陆军部总长黄、黎副总统、孙都督、陈都督、民立报馆公鉴：

祺自莅芜以来，忝司军令。今值停战期满，北伐在即，率同第二营管带陈步义、第三营管带郑乃成、第四营管带傅家珍，暨参谋官李铎、陈承经，筹备员齐俊卿组织步队一标、炮队一队，克期北伐。先以电闻。皖芜北伐军司令官刘祺叩。三十号。（自安徽发）

（《民立报》1912 年 2 月 1 日，"安徽电报"；又见《临时政府公报》第七号，1912 年 2 月 4 日，"电报"）

王芝祥致孙中山、黄兴等电

（1912 年 1 月 30 日）

南京孙大总统、陆军部黄总长、武昌黎副总统、长沙谭都督、桂林陆都督、湘桂联军沈总司令均鉴：

沈总司令艳〈电〉敬悉。和议中梗，联军北伐，断不容缓。全国军事惟黎副总统、黄总长统筹兼顾。湘桂各军将领多系沈公旧部，作战计划、后方勤务，均赖沈公统筹，务乞沈公勉任其难。桂军须祥临阵指挥，到鄂后只能勉效前驱，即请大总统、副总统、军部总长、谭都督、陆都督、沈总司令，始终共维大局，幸甚。桂副都督王芝祥叩。三十螃。（广东来电）

（《临时政府公报》第十号，1912 年 2 月 8 日，"电报"）

伍廷芳致孙中山、黎元洪电

（1912 年 1 月 30 日）

孙大总统、武昌黎副总统鉴：

旅沪豫晋秦陇士绅组织红十字会长王麟编偕同医生等二十人赴秦豫战地，实行双方救济。请通告各路统领，照章护送，以重人道。并祈迅复，以便定期出发。伍廷芳。卅二号。

（《共和关键录》第四编，第4页；又见《临时政府公报》第七号，1912年2月4日，"电报"）

蔡锷致孙中山、黄兴等电
（1912年1月30日收）

南京大总统、武昌副总统、上海外交总长、黄元帅、长沙谭都督、各军总司令、各省都督鉴：

谭都督盐电，想均注意。我军乘此朝戎，何敌不摧。乃甘受袁氏之愚，一再停战，旷日持久，糜饷老师。试问彼于停战期内，西占秦、晋，南攻颍、亳，朱家宝又已兵寿州，连锑遭山，纠党立号，我再持守议和，大局必为所误。伏乞大总统赫然震怒，长驱急进，直捣虏廷。滇军北伐师团业已出发，现在厉兵秣马，预备战事。滇都督锷叩。

（《共和关键录》第二编，第169～170页；又见《临时政府公报》第六号，1912年2月3日，"电报"；《时报》1912年2月5日，"中华民国立国记"）

梁慕光、夏重民等致孙中山电
（1912年1月30日载）

孙总统鉴：

竞存出发在即，精卫归期无定，执信避地香港，主持无人，粤局岌岌。各同志公推徐桂、冯自由、卢信三公，均堪胜此重寄，乞

择委任，以维大局，幸甚。旅沪粤省同志梁慕光、夏重民、谭民三、张元抱、容尚、容卓生、叶竞生、易次乾等叩。（上海来电）

（《临时政府公报》第二号，1912 年 1 月 30 日，"电报"）

伍平一等致孙中山电
（1912 年 1 月 30 日载）

南京大总统转汪精卫君鉴：

君任总理，庆得人。窝州同盟总会伍平一等叩。（旧金山来电）

（《临时政府公报》第二号，1912 年 1 月 30 日，"电报"）

松毓致孙中山书
（1912 年 1 月 30 日载）

中山大总统阁下：

南北遥隔，不获攀企，日月在天，曷胜仰望。昨吉林代表赵学田书来，道及公于接见赵君时殷殷以毓为念，并以满人贤哲相推许，过情之誉，增愧弥深，承嘱规画东事，敢不竭勉。但三省屡经兵燹，富藏已罄，加以新政烦扰，官吏暴横，蚩蚩之氓，生机已绝。毓十余年来既屡谋苏息之道，不惟无成，而身遭摧折，殆濒于死，专制毒祸，思之真寒人心也。武昌起义，公归而造新政府，四海响应，功已过半。奈袁贼再起，舞其爪牙，转瞬间北方大势竟入其手。三省督抚皆其走狗，助饷助兵，承旨以行。毓屡有所图，咸不能就，现虽组成一会，然无实力以盾之，亦恐无补近日，焦急万分。而三省之倡勤王邪说者又纷纷起，张作霖、冯麟阁辈以胡匪之魁，妄言忠义，其结果必流为盗贼，扰害人民，三省前途不堪着想。我公吊民伐罪，其何以救东省之火热水深耶？赵君寄来各件非不可行，但此间无外交之才，而袁贼狡猾，难必其不先防我，故不敢行，总以我公去袁之策为最上。李芳、杨策沉勇尚可为，拟日内令赴宁谒我公，先定妙策，协以进行。苟能去张、冯二贼，则三省事即可为，去袁则大局定矣。肃请尊命，专叩伟安，请希教示，不宣。吉林松毓率子承志、裕康顿首。

（《吉林旗人之共和热》，《申报》1912 年 1 月 30 日，"要闻"）

皖都督府秘书科致孙中山电
（1912 年 1 月 30 日载）

大总统钧鉴：

仪征刘光汉累世传经，髫年岐嶷，热血喷溢，鼓吹文明。早从事于爱国学校、《警钟报》、《民报》等处，青年学子读其所著书报，多为感动。今之共和事业得以不日观成者，光汉未始无尺寸功。特惜神经过敏，毅力不坚，被诱金壬，隳节末路。今闻留系资州，行将议罚。论其终始，实乖大法；衡其功罪，或可相偿。可否恳请赐予矜全，曲为宽宥。当玄黄再造之日，延读书种子之传，俾光汉得以余生，著书赎罪，某等不啻身受大法矣。谨此布闻，伏待后命。皖都督府秘书科邓艺孙、洪海闾、汪津本、李德膏、陈仲、卢光诰、冯汝简、吕嘉德、李中一、龙炳等谨叩。（安庆来电）

（《临时政府公报》第二号，1912 年 1 月 30 日，"电报"；又见《时报》1912 年 2 月 2 日，"中华民国立国记"）

王敬祥等致《民立报》转孙中山电
（1912 年 1 月 30 日载）

《民立报》转大总统鉴：

康梁运动失败，日人多数赞成共和。王敬祥等叩。（自东京发）

（《民立报》1912 年 1 月 30 日，"日本电报"）

詹姆斯·坎斯致孙中山函
（1912 年 1 月 31 日）

孙先生：

你一定很忙，无暇回复私人信件。不消说，英国人人都为你们取得的进步感到高兴。人们不断要求我们发表有关消息，若你能用电报或书信给我们提供消息，会有很多好处。我将充分利用这些消息来有效推进你们的事业。如果你不时需要公布某一观点或纠正某一错误印象，只要将有关情况送给我，然后我再将它拿到有利渠道发表。你闲暇时，我会告诉你很多趣事。我收到很多申请信，其中有裁缝，他们想出国，同时希望引荐给你并给你们制作服装，以此作为广告；有军人，他们想去为你作战；有摄影师，他们则希望和自己的妻子一道去；有女孩子，她们想成为你的私人秘书；还有一个人想为中华民国制造新纸币；另外，也有退伍海军军人，他们想去指挥贵国的舰队。诸如此类，不一而足。曼德（Mande）上校说他召集了最优秀的官兵，可和他一起去。我每天都接到电话或报纸读者的询问是否有消息。

你抵达上海的照片登在报纸上。英国人人都支持你。一位小说家说，任何人的经历都没有你这样富有传奇色彩。我和我夫人共祝贵国及总统阁下好运。

詹姆斯·坎斯（James Canthe）　谨上

（《海外友人致孙中山信札选》（二），《民国档案》2003 年第 2 期）

陈炯明致孙中山等电
（1912 年 1 月 31 日）

大总统，外交部长鉴：

美国驻广州总领事面告粤外交部员李君，谓美国南支那舰队曾受政府命令，倘遇中华民国军舰下驰施礼时，应一体回礼。请约定期日，以一军舰对美军舰施礼，俾得回礼，以为承认我国之先声等语。据美领意，美海军认吾国旗后，法、德、日、葡等国必随之。此事关系甚大，未悉钧处有无此项通告，应由中央，抑由粤省先施？恳速复。炯明。三十一号印。（广东来电）

（《临时政府公报》第六号，1912 年 2 月 3 日，"电报"；又见《时报》1912 年 2 月 5 日，"中华民国立国记"）

蔡锷致孙中山、黄兴等电
（1912 年 1 月 31 日）

云南简练精兵为北伐队，唐继尧为司令官，韩凤楼为参谋长，计干部学兵一大队、步兵四大队、骑兵一中队、炮兵一中队、机关枪二中队及宪兵、卫生、辎重、弹药、纵列各队。已于阳历勘日出发，取道黔、湘。军饷先发十五万元。特闻。

（《蔡松坡先生遗集》（四），第 6 页）

陈锦涛致孙中山、王鸿猷电
（1912 年 1 月 31 日）

南京孙总统、财政次长王均鉴：

密。苏路款内，已由中华银行解现值日金三十万元。今再由中华银行解捐款十万元。计二十天，共解六十余万元。现存沪款无多，请撙节。锦涛。卅一。印。（上海发）

（翠亨孙中山故居纪念馆藏档；又见《孙中山藏档选编·辛亥革命前后》，第 190 页）

姜桂题致孙中山电
（1912 年 1 月 31 日）

孙文先生鉴：

艳电悉。仆忝领军队近二万人，均系乡里子弟之军，历经战阵，幸无怯懦。所以不愿终以武力竞争者，亦不过爱惜同胞，不欲自相残害之意耳。仆虽武人，尚明情理，毋待再思，因与段制军联请袁宫保具情代奏。幸亲贵意已转移，北方一带当无他虞。但愿彼此尊重人道，笃守信义，终可永享和平幸福。专此奉复。希并转南京各都督将领为荷。姜桂题。元。（北京来电）

（《临时政府公报》第七号，1912 年 2 月 4 日，“电报”）

温宗尧致孙中山函
（1912 年 1 月 31 日）

阁下：

这封信向你介绍戴维·福莱萨。他数日前从北京来这里，随身带来莫里逊先生给我的信。

据莫里逊先生的信，福莱萨若干年前即开始同《泰晤士报》有联系，曾为其在全世界与世隔绝的地方如波斯、土耳其、Kashgaria、西藏和满洲工作。他写过一本有关土耳其、波

斯革命的重要著作，正写一本《印度斯坦人的进军》。他陪同
Tashi 喇嘛从印度返回西藏的日喀则（Shigatse）。他具广泛的知
识，现作为《泰晤士报》的随军记者来这里。我相信你会很高
兴地接受他的来访，给他任何你能给的与我们的伟大运动相关
的帮助。

温宗尧

（《临时大总统和他的支持者》，第 144 页）

施维森致孙中山函
（1912 年 1 月 31 日）

总统阁下：

我很乐意封入江南实业学堂毕业班学生姓名及地址名单，从右
至左排列，我推荐根据他们的学历担任将来可能出现的职位。我也
乐于推荐一些学生于任何可能有的特别工种。

在我们昨天的谈话中，我谈了我准备离开中国的打算。因我正
和日本的同行联系，正待他们正式接受。不过，我想说的是，我计
划离开中国仅仅因为我觉得由于政治局势的动荡，将在一个相当长
的时期内是毋需我的效劳的。从我们的谈话中我得到了鼓舞，相信
或许我错了。我也借此机会向新政府申请任何适合我学历和经验的
工作。……我附上我的履历和若干封推荐信。

我知道我这个申请不是时候，但这是必须的。因为我已部分地
同意去日本建立一个长期联系。为改变我的计划，这个申请必须在
我接到他们的批准前生效。我估计从写这信算起时间至少要八天。

同时，我将继续留在南京听你的指示。

施维森上

（《临时大总统和他的支持者》，第 181～182 页）

唐绍仪致孙中山电
（1912 年 1 月 31 日）

孙大总统鉴：

顷接段制军电文如下：昨电计达。京保须有重兵，弟现派员与黎商定后，拟即北上。惟顷又接倪藩来电，南军攻颍州甚急，请兄速为阻止，以免破坏平和。切盼。瑞。元。等语。特闻。怡。三十一号。（上海来电）

（《临时政府公报》第六号，1912 年 2 月 3 日，"电报"；又见《时报》1912 年 2 月 5 日，"中华民国立国记"）

温宗尧致孙中山等电
（1912 年 1 月 31 日）

急。南京孙大总统、外交部、陆军部、武昌黎副总统鉴：

顷据驻沪意大利国领事面称：奉驻北京公使电开：据驻在湖北老河口主教电告朝阳地方教会，被匪劫抢，会中教士亦甚危急，速请设法保护等语。务乞迅饬查明保护，以重外交为要。温宗尧。三十一号。（申来电）

（《临时政府公报》第六号，1912 年 2 月 3 日，"电报"；又见《时报》1912 年 2 月 5 日，"中华民国立国记"）

陆荣廷致孙中山、黄兴等电
（1912 年 1 月 31 日）

急。大总统、陆军部黄总长、武昌副总统、湘桂联军总司令沈都督、长沙谭都督，探送桂军行营王都督均鉴：

　　沈都督艳电、王都督南电，均已奉悉。全国军事惟黎副总统、黄总长统筹兼顾。湘桂战事孔急，正宜戮力同心杀敌。至于沈都督威望，素为湘桂军所推服，仍请始终维持，勉任其难。王都督百战身经，愿效前驱，毅力热诚，具足感佩。廷以桂事羁绊，未能躬临其盛，伫盼捷音，无任鼓舞。荣廷叩。三十一号。（桂林来电）

　　（《临时政府公报》第八号，1912 年 2 月 5 日，"电报"）

孙毓筠致孙中山等电
（1912 年 1 月 31 日）

南京大总统、陆军部、各民省都督、浦口柏军统、上海各报馆均鉴：

　　昨得前敌确报：颍州倪军，后路已虚，势成孤立。其兵队缺饷，亦将哗溃。已由敝处派员前往设法招抚。今日亳州来电言：全境光复，人心安靖。特此布告。皖都督孙毓筠。卅一。（安庆孙都督电）

　　　　（《申报》1912 年 2 月 2 日，"公电"；又见《时报》1912 年 2 月 2 日，"中华民国立国记"；《民立报》1912 年 2 月 2 日，"安徽电报"）

张俞人致《民立报》转孙中山等电
（1912 年 1 月 31 日）

《民立报》转南京孙大总统、黄大元帅、武昌黎副总统暨民国各省大都督及北伐总司令钧鉴：

　　沪军到鲁，北郡人士莫不欢迎。乃于昨日，山东都督连承基会同沪军北伐总司令刘基炎，督率民军与满贼战于北马，满军大败。
我军已夺回北马，复占领黄山馆，满兵溃逃而去。连都督欲乘胜而
进，刘司令以休养士卒为言，既率兵退回黄山馆，又退回北马，再
退回黄县，翌日更退回登州，现又束装将回烟台，以致登黄父老惶
恐异常。连都督兵队力弱，扼守危城，无可如何，伏乞我民国大总
统、副总统、陆军部长、各省大都督及北伐总司令顾全大局，设法
急救，俾登黄人民不致□遭满清之屠戮，登黄土地得保为民军北伐
之根据，则山东幸甚，民国幸甚。天津《民意报》驻鲁观战记者
张俞人叩。（自登州发）

（《民立报》1912年2月3日，"山东电报"）

叶兆松致孙中山等电
（1912年1月31日）

大总统、陆军总长、柏军团长、第一军团经理部暨申家巷铁血军范
总司令钧鉴：

　　修造科李君白在沪赶制炸药，毙命，伤一人，同志哀悼，请存
案，并希登报。第一军经理部叶兆松叩。三十一。（上海去电）

（《民立报》1912年2月3日，"公电"）

黎元洪致孙中山、伍廷芳电
（1912年1月31日）

南京孙大总统、上海伍外交总长均鉴：

　　电悉。段君祺瑞已派员与之联络，彼军既退，我军自不得复
追，致生恶感。业已严申禁令，但显为民军者禁之自易，而隐为民
军者防之实难。查河南地方人民及北军之内赞成共和、亟思响应者

比比皆是，段君下车所遇之炸药，决非显为民军者所能为，或隐为民军者之急图一逞也。段君如能改用民军旗章，庶可以免危险而早立奇功，此意已令联络员婉达，祈尊处转商唐代表，再为婉劝，尤觉妥洽，祷切。元洪。三十一号。

（《共和关键录》第二编，第 134～135 页）

季雨霖致孙中山、黄兴等电
（1912 年 1 月 31 日载）

南京大总统、总理黄、武昌副总统黎钧鉴：

清廷议和，展限再三，袁贼狡诈，别有企图。初次议和，乘隙败约，破我山西，攻我陕西。今又加精兵三千，开花炮十二尊，猛攻陕军，潼关垂危。升、长二贼，扰害凤、陇。陕西三面受攻，兵寡力疲，万急三电，请援兵，求枪弹，迭有警报。窥敌阴谋，远交近攻，意以南京方锐，缓兵以老其师，北省消息隔绝，民军薄弱，若集全力攻取静阳得手，南方共和之局，日久变多，内部或生意见，彼得伺隙而图。时日濡滞，冬尽冰合，我军艰于北伐，彼可壹意略定北部。陕西不守，则四川可危，鄂省襄樊，亦生警变。外交难恃，误我正多。敌于和期内，分道四出，牵制我军，扰乱各处，我独困守不出，谁操胜算之权。纵然即一心求和，亦当分途北伐，海陆并进，使敌军不敢妄动，然后和局可成。若坚守小信，坐误时机，前途不堪设想。明公统筹全局，必有深谋，尚乞速定大计，勿堕狡谋，民国幸甚。安襄郧荆招讨使季雨霖叩。（襄阳来电）

（《临时政府公报》第三号，1912 年 1 月 31 日，"电报"；又见《申报》1912 年 2 月 3 日，"公电"；《时报》1912 年 2 月 3 日，"中华民国立国记"）

蔡锷致孙中山、黎元洪等电

（1912 年 1 月 31 日载）

大总统、武昌黎副总统、黄元帅、各省都督鉴：

本省爰派参谋李佃庚、雷风二员赍文赴宁，日内起程。先电陈。滇都督锷叩。（滇省来电）

（《临时政府公报》第三号，1912 年 1 月 31 日，"电报"；又见《民立报》1912 年 2 月 12 日，"沪军政府电报"；28 日，"公电"；《时报》1912 年 2 月 27 日，"公电"）

陆荣廷致孙中山等电

（1912 年 1 月 31 日载）

大总统、各部总长、副总统、张都督均鉴：

年都督号电敬悉。清兵于停战期内，侵虐秦晋，轻蔑成约，玩视民国。张都督请联军北上，覆其巢穴，早定大计，自是切要之图。请大总统预为施恤，使西北同胞，早登衽席，不胜企望之至。桂都督陆荣廷叩。（桂省来电）

（《临时政府公报》第三号，1912 年 1 月 31 日，"电报"）

豫晋秦陇协会致孙中山、黄兴电

（1912 年 1 月 31 日载）

孙总统、黄陆军部长鉴：

接陕电及西教士金谓清六军攻陷潼关，升允久寇乾、邠，竭力秦军功力，① 危急万分。望顾念西北同胞，速派得力，分道赴援，并即日北伐，以解秦危，而维大局。豫晋秦陇协会及旅沪全体陕人乞命。（上海来电）

（《临时政府公报》第三号，1912 年 1 月 31 日，"电报"）

蓝天蔚致海军部转孙中山电
（1912 年 1 月 31 日载）

海军部转大总统钧鉴：

和密。宥电悉。沪军全部均开往登、黄，海军轮番游弋登州、龙口各处，该地战况甚佳，详情由该军直接报告。蓝天蔚叩。（烟台来电）

（《临时政府公报》第三号，1912 年 1 月 31 日，"电报"）

张承槱致各报馆转孙中山等电
（1912 年 1 月 31 日载）

各报馆转大总统、各部长、各都督、各军司令鉴：

第闻无约而言和者，谋也。今清廷与我求和，既无约于前，复失信于后，迁延至今。政府之基础未立，军民之心志未定，大局之危，何堪设想。孙子曰：无恃其不来，恃吾不有以待也；恃其不攻，恃吾有所不可攻也。又曰：久暴师则国用不足。我所恃者如何？师老财竭将如何？承槱之意，如清廷果欲以和平解决，当互相为质，两面弭兵。若一面议和，一面备战，为日弥久，必

---

① 以上几句有误——《近代史资料》1961 年第 1 号编者注

兆瓜分，同归于尽。时迫势急，望共图之。张承榴叩。（下关张
承榴电）

（《申报》1912 年 1 月 31 日，"公电"；又见《民立
报》1912 年 1 月 31 日，"南京电报"）

左庆余等致《民立报》转孙中山、黄兴电
（1912 年 1 月 31 日载）

民立报馆转南京孙大总统暨黄陆军部总长钧鉴：

驻淞江防步队第一协一标成立数月，而统带一缺，尚未得人，
刻下军务吃紧，统带关系綦重，未便一日虚悬。查有北伐司令黄汉
湘，自光复狼山、福山、崇明等处，功绩卓著，居民安堵，鸡犬不
惊，其后编练军队，筹饷练兵，尤具热忱，军官等深为钦佩。拟公
举兼任本标统带，以待北伐之命，全标军士皆无异词，敬公电禀
陈，是否有当，静候钧电，赐复。队官左庆余、周杰，排长徐瑛
师、楚强、胡桂林等叩电。（吴淞去电）

（《民立报》1912 年 1 月 31 日，"公电"）

陕西三原县勤公社致《民立报》
转孙中山电
（1912 年 1 月 31 日载）

《民立报》转呈孙中山先生鉴：

公任总统，全国欢欣，敝社同人特申庆贺，恭祝中华民国万
岁！大总统万岁！陕西三原县勤公社全体同叩。（自三原发）

（《民立报》1912 年 1 月 31 日，"陕西电报"）

旅沪潮州会馆致孙中山电
（1912 年 1 月 31 日载）

南京大总统钧〔接〕鉴：

商会赖君等由香电称：潮司令十多处勒捐扰民，省□派陈宏尊君到潮宣抚编制，人心渐安。奈张立村、梁冠三不归编制，又不出发，日事害安。电局员梁纪梅助虐，凡潮州要电，阻误机关。嘉应林激真称统兵来潮，大局益岌。乞电大总统，电饬林专嘉防，张、梁速出发，即撤梁纪梅，以利交通等语，请迅夺，安桑梓，幸盼。旅沪潮州会馆叩。（上海去电）

（《民立报》1912 年 1 月 31 日，"公电"）

飞南第致孙中山函
（1912 年 1 月）

孙医生：

我昨天寄了一信祝贺您当选为中华民国大总统。现在乘您大哥孙眉离开此地的机会再写几句。从广州流传到这里的消息一天比一天糟。必须严加小心稳定广州的秩序，使列强没有任何干涉调停的借口。

应该尽快下令停止招募女兵（Chinese Amazons）。如同您也意识到的，她们毫无作用的，只能把事情搞乱。

请您注意《晨报》社论对《纽约先驱报》发表的有关英国调停的文章的答复。"树立一个偶像然后推翻它极其容易"。这种简短答复对中国革命党人一方而言是发人深思、值得留意的。

即此，祝诸事顺遂，盼复音。

飞南第　谨志

（《临时大总统和他的支持者》，第 102 页）

陆秋杰致孙中山函

（1912 年 1 月）

孙文医生

中国临时大总统：

　　我寄给您一则《海峡时报》以及此地摄政的信作参考。这对您的活跃的党员有严重的控告，我担心这极其有害。

　　当承认收到汇款时，我建议您写一个真的收据并附一个假的。如果必要的话就用假的那张。假的收据应当包括募款的特别理由。基于这种考虑，我认为你可以〔比〕讲已经送去帮助红十字会做得更好。

　　我可以告诉你当地人的财力和慷慨已经被课以重税，所以每个人捐款两到三次。

　　我对将来能否筹到更多款项不抱希望，尽管我知道目前正是唤起人们爱国心的时候。

　　据报告，广东的情形变得极度失控，我相信你将设法使秩序恢复。

　　这里的人很感失望，我或许说得过激：情形远非改善而是恶化了。

　　我非常明白现在要把事情办好是多么困难，但你明白人们很无耐心，认为事情在一天之内就能办好。

　　在本地，现在的意见是赞成尽快解决，如果情况拖下去，将不会改善我们的处境。

陆秋杰

（《临时大总统和他的支持者》，第 171～172 页）

连承基致陈其美转孙中山等电

（1912 年 1 月）

沪军政府陈督转大总统、各省都督钧鉴：

本日早三句钟，陆军司令官姜炳焱率民军三百人恢复取消独立，黄县全境兵不血刃，万民欢迎。北伐事谨遵删电，暂停进行。顷据烟台电谓，济南伪官指使烟台防营数百人扰乱烟埠全境，有意破坏停战议和之约。请转外部长伍公速诘伪政府背约之罪，以免鲁民更受第三次毒荼，山东幸甚，全国幸甚。连承基及蓬黄人民全体哀恳。

（《共和关键录》第二编，第 75～76 页）

马良密陈孙中山论收税办法等事专折[①]

（1912 年初）

……

谨又密陈者：

一、前奉第一条批答，遵即密函四国借债团总理矣。

二、前已托人转禀，俟政府成立无论公私各地，地必有契，换契必有税，第一次（以言第一次者，因以后契税，中央政府只收印花税、契纸税足矣）普换共和新契。设如一县一百万亩（此以最少数计），田一亩征换契税二角，地一亩（即房圃基地）征换契税四角，合计每县可得三十万元。以一千六百余县计之，已达四万万八千万元。况满、蒙、回、藏之地，两三倍于兹，以折半征之，亦应有五万万（一切契纸费尚在外）。即此一项，已足供义军之饷而有余。此财政一部分之完全成立，可预期者也。至换契办法，俟届期密陈。

三、中央政府收税之法，自当则效文明国制度。如中央政府只

---

①　原折前一部分已佚失。写作时间不详。据文中提及袁世凯被炸，而清宣统帝尚未退位，则当在 1 月中旬至 2 月上旬之间所写。——《孙中山藏档选编·辛亥革命前后》编者注

取特别税，而普通税则属之地方。特别税项中，即就盐税一项而论，以每人食盐年十斤，斤征税二分，计岁可得八千万元。况盐可提碱，以供别用。故盐务能从根本上改革，其税断不止如曩之所入。异日押抵国债，虽万万可也。

四、袁被炸后，人咸惜其不死。袁之为人，前极反对，今颇爱惜之，爱惜之者欲利用之也。窃谓袁有不测，北方必糜烂。北方既糜烂，得此糜烂之北方，则生聚之而培养之，民国之国力何堪？民国之物力何堪？袁子克定，亦明物力艰难之意。黎宋卿之不毁京汉铁路、汉阳铁厂，外人赞其能爱恤国有物，有主人风。要之，今日合此旨者皆民国之新人物，背此旨者皆民国之公仇也。

五、更有迂拙一言，言人所忌者：孺子婴欲为总统，总统应公举，乃以此为要求，是极可笑。但利用其可笑，而佯与以虚名，则皇室名义可以永消，皇室禄养可以减为总统廉禄（永消皇室，其价万万。不然皇室之名犹存，名存而思利用其名者，难保无人。且迁之热河，恐或有会稽之祸。不如请其移驻南方，由民国择地而居之）。皇室既消灭，则皇室所有应随之消灭，作为共和国有矣。一出一进，国民大可利用以省无数负担，暗中且有朝三暮四之利焉。专折谨请总统荃察。

马良谨又呈

（翠亨孙中山故居纪念馆藏档；又见《孙中山藏档选编·辛亥革命前后》，第 188～189 页）

弗兰西斯·爹文致孙中山函
（1912 年初）

中国　南京　中华民国总统孙文

尊敬的总统：

我想我不至于太冒昧地以个人的非正式的方式衷心地祝贺您

在上天格外庇佑之下，完成了上帝赋予您的为中国而承担的重任。当我念及自我们第一次相识这么多年来，您一直如此郑重地致力于您面前的重任，并积极投身于伟大的革命运动，我是多么感动和激动。在这儿，中国人，还有许多美国朋友，都一直以极大的兴趣及深深的同情追随您的事业。在遥远的太平洋彼岸宜人的岛屿上的居民们，将永远怀着爱意怀念您，将永远祈祷上帝保佑您！

当我回顾过去，我唯一的遗憾是，在那些您致力于您投身的伟大事业的漫长而暗淡的岁月里，我没能够做更多的事来鼓舞和帮助您。

我一直对您满怀同情和友谊，我很高兴为您做过点事，但现在我觉得我本能够做得更多，我相信您能原谅我没有为您做更多的事，可能的话，我愿意竭诚为您和您的家庭效劳，我相信您能让我显现，我的同情和忠诚是何等郑重和诚恳。

和您的儿子孙科相处了两周，是一件令人愉快的事。他是一个很守信用的年轻人，他的沉静、谦虚的性格，热心的男子汉的精神给所有见过他的人留下深刻的印象。我感到他的远大的前程。他的教养很好，他常热衷于思考人生的重大问题，我相信他不久就能完成大学学习使自己适应将来的用途。我很高兴把他介绍给当地的上层人物。最近我们拜访了这个地区的长官费瑞尔总督，他亲切地接待了您的儿子。我很高兴地看到孙科在会面中举止自然而优雅。我们不久拜访了莉莉奥卡拉莉王后，她很高兴约见您的儿子。在中国人中间，他表现得安详而绅士般高贵。在他离开回中国的前夜，一个国际性的招待会，将在火奴鲁鲁举行。

和我们所有在夏威夷的中国朋友保持密切接触，联系为红十字会筹集资金，及在中国在其他方面长期和中国人保持密切的接触，我们都觉得已成了他们民族中的一员，更甚于我们属于不同的民族。特别是最近这段伟大而奇妙的日子这种感受更加真实。

我觉得我的责任是在这里和在夏威夷的中国人在一起，运用我的力量领导和指导他们，否则，我更愿意马上去中国参加红十字会的工作，然后从事教育。我知道，我的工作是在这儿，我和妻子都感到，在这儿为中国人工作，也同样是为中国工作。中国的发展有极好可能，这个由您领导的国家，有着美好的前程，这些人民的进步的时机是不可阻挡的。愿上帝引导和帮助你们打开新的大门，随之而来的是真理和阳光！也许有一天您会送学生到我任校长的中太平洋学院来，它将敞开大门热诚欢迎所有种族的代表，但将特别欢迎中国的年轻人。

在中国教堂（火奴鲁鲁 Fort 大街）最近举行一次仪式中，孙科和我们一起出席，所有观众都起立静立，当我们的中国牧师向上帝祈祷，信赖您。我们基督教徒向您表示衷心的致意！

爹文太太同我一道向您及您的太太、您家里的两个年轻女性表示最诚挚的崇高的情谊！孙科也将转达我们的问候。我想您会原谅我写一封这么长的私信。它发自一颗诚挚而热烈的心灵，充满着对您和您所代表的事业的忠诚。每天我们将向上帝祈祷保佑您不断成功、进取。

弗兰西斯·爹文　　谨志

（《临时大总统和他的支持者》，第 39~40 页）

叶桂福致孙中山函

（1912 年初）

先生：

尽管我无任何政治权力，但作为一个共和国公民，我希望就有关中国的属地问题提点建议，该不会讨人嫌吧？

报纸上讲如果满人、蒙古、西藏和新疆人忠于共和的话，他们将有公民权。有谁能保证这些地方不会宣布自己独立或者因不赋予政治权力而反叛共和呢？

认真考虑一下这个问题，仅仅是授予他们公民权是不能够使他们忠实地归于一个共和国的。

毋须更多，若把这些所谓的藩地法定为省，让他们同拥有公民权一样拥有政治权，这意味着，让他们有权利选举和被选进新政府的任何位置，这样就能掌握他们。

这计划将最大地招致上述属地成为我们强大的永久的资源丰富的合作者，否则的话，早晚要成为我们可畏的劲敌。如果我没有搞错的话，中华民国只意味着18省所谓中国本土。这儿，我建议将共和国称作联省，将这些藩地作为省，同那些构成"中国本土"的地方一样。没有理由不让这些属地拥有我所建议的权利，革命的目的就是平等、博爱、自由。

的确，就人口数量而言，上述属地只是"准州"，但在新政府的支持下，农业、林业、矿业及制造业等科学技术将很快引进到这些地方，这样将导致人口大量从密集的省份移民，这样，人口就毫无问题了。

我们清楚地知道，中国人口众多，不像美国或美洲要叫它的属地为"准州"，因为美国只是中国人口的五分之一。

我上述建议的唯一目的是使国内有一个真正的和平，以能集中精力反对满族政府。

我的姐姐郑金·玛丽要我把您的地址给他，您能否给我一个最方便的地址给我姐姐？

我的姐夫郑金，已病了两年，至今尚未完全恢复，我从姐姐处得知，他可能没治了。

阿强（En chang）两年前已去世。

郑照在檀香山度日颇艰，他要供养一大家子人。

草草而书，请原谅。

愿竭诚为您效劳。

叶桂福（出生于火奴鲁鲁，叶胜宵之子，叶桂芳之弟）

（《临时大总统和他的支持者》，第41～42页）

特丽萨·威尔科克斯致孙中山函

(1912 年初)

孙逸仙医生：

　　近祺！祝贺您的成功。

　　我是特丽萨·威尔科克斯公爵夫人，上届议员的遗孀。您的好朋友、第一届国会议员罗伯特·威尔科克斯及夏威夷州火奴鲁鲁市的农场主杨亚然先生都一同请求阁下赞同我们的呼吁，并在美国国会及其议员中活动，以在将来废除苛刻的排华法案。这样，您所领导的新中华民国就能为全人类的利益计，打动古老的美利坚合众国。这就达到了您青年时代就开始完成的改良中华帝国状况、废除"不公平的排华法案"的目的。

　　夏威夷人民与您同在。

　　同上帝亲善，他会一直护佑您。

　　我们希望您来火奴鲁鲁，您的朋友们渴望见到您。记住，这里有您的朋友们。

　　告知我们您的近况。

　　写信给我或杨亚然。

　　我的两个孩子希望您还记得他们。

特丽萨·威尔科克斯

(《临时大总统和他的支持者》，第 44～45 页)

詹姆斯·戴德律致孙中山函

(1912 年初)

尊敬的总统：

　　您的许多朋友一直关注着您在欧洲和美国的个人声誉。

　　您离开这儿不久，北京的特派通信记者们便颁发了大量中伤您和您的政党的谣言。为您的名誉起见，我在伦敦和华盛顿组织了一个新闻通讯社。令人满意的是，我们刊行了事实真相。不久，所有的报纸停止了谣传，开始站在您的一边写社论、时评，这完全使《纽约先驱报》和支持满族统治者的英国报纸苦恼不堪。好朋友弗兰西斯·约翰·戴尔，一位在华盛顿的能干的通信记者。他每周送信给 2000 家以上的报纸。他还每天致电给美国西部的报纸。

　　戴尔先生是巴拿马—加尼福利亚博览会的特派员。他的地址是：美国华盛顿南方大厦 405 号房间。如果您同意的话，您能否写信或让您的秘书给戴尔先生写信感谢他通过给新闻界的电讯天天给予您和您的政党有力的支持。

　　我将留在巴黎一段时间，我希望您能让我为您做点什么，您深知我有过外交训练，能处理任何琐事，极乐意以任何方式为您效劳。

　　请写信给上述地址或以上述电报地址致电给我。

　　致以崇高敬意，我妻子也致以最衷心的祝贺。

詹姆斯·戴德律

欧美金融发展公司（E. A. F&D Co）总裁

（《临时大总统和他的支持者》，第 61 页）

黄来旺致孙中山函

（1912 年初）

上海

中华民国

孙逸仙总统

阁下：

　　做为一个同志兼这里同盟会里的一个活跃分子，我谨向你所取得的伟大成就表示衷心的祝贺。我必须感谢你过去所做的一切，感谢你正在为我们国家所做的一切。作为一名基督徒，我每天为你及我们革命军队的胜利而祈祷。感谢上帝，他回应了我们的祈祷。

毫无疑问，当这封信到达你手中时你会很忙。但我希望你能原谅我告诉你若干有关我们这儿人的事。同盟墨尔本分会一直非常成功地筹款帮助你的运动。我们已派出一名代表黄树平去帮助你在上海的同志。他是一个非常热心的人，坚定的忠心的共和主义者。请找到他，他会直接告诉你在澳大利亚发生的各种事。如果你觉得我能以何种方式为国家效力，我会极乐意为之。请允许我报告你我给你能干的同事伍廷芳先生写了信，这里我装入我给他信的副本及其他一些我想可能有意义且对你的政府有用的材料。现今不多打扰你，我必须再次感谢你为中国所做的一切。我们对你不能来澳大利亚访问并看望你在这里的同志很感失望。但这不要紧，当我们读到满族政府失败的电讯时我们也正日日与你分享快乐。愿上帝引导并降福于你及你的内阁部长们。不久我们的国家将成为一个永远强大的国家。

你在革命运动中的忠诚同志

黄来旺

附：黄来旺所提十条建议

1. 如果中华共和国建立，我们应该承认上帝为我们的主。在所有共和国学校和机构中将他视作至上的统治者。还要采用西历。

2. 为防止其他列强利用我们目前的困难，我们应该至少说服一个欧洲列强与我们建立一个攻防联盟。尽管美国目前不想与任何一个国家结盟，我们也要首先努力争取它。

3. 将来应该在所有学校进行共和的观念和利益的教育。儿童应强制进入公立免费学校。

4. 要求所有在家或在外的人参加海军、军团。

5. 所有阶级的人都拥有宗教信仰自由和言论自由，包括汉人和满人。

6. 由于这个革命运动是由海外中国人推动的，我们的政府应在一切国家尽所能保护他们的利益。有能力的中国基督徒应被派往各个信基督教的国家作为他们国人的代表。原因是在欧洲各国的基督徒会对这样的代表所说的东西更感兴趣且更注意。

7. 政府应该鼓励所有那些接受西方观念和教育的中国华侨回国帮助管理国家的所有事务。

8. 很可能日本或其他列强会利用我们目前的困难，和意大利对付土耳其一样。我们应该立即尽我们所能，加强我们的海军和军事力量。

9. 在实行议会政治时，可以学习澳大利亚联邦管理其不同的州，如同美国管理它的州。

10. 鉴于目前我们的大多数人民不能读和写，每个省应派一个团，包括一定数量的有能力的人去讲授共和主义的原则，并建议人民他们怎样才能更好地为祖国服务，帮助将我们的国家建立成一个伟大的强国。

（《临时大总统和他的支持者》，第 166～168 页）

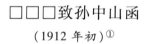

□□□致孙中山函
（1912 年初）[①]

中山大总统台鉴：

别后返沪，翌日往晤温钦甫，当将详细情形告知。适钧函同时递到。现由敝处查明，前沪道刘燕翼移存比国领袖领事署官款计：库银三百二十六万三千五百五十两零一钱二分一厘；又规银八十八万八千六百四十三两五钱五分六厘；洋例纹银二万零五百二十两。另上任沪道蔡乃煌移交时，实短三百七十余万两，以押款暂抵。以外尚有苏州浚浦等款，俟查明再行送去。温君业已接洽财政长陈

君，则由温君转商办理矣。前议合办银行之代表雷同君，抵沪之日，即行详函寄英伦矣。知关垂念，谨以奉闻。

杭州西湖敝庄被抗军政府没收，前蒙钧处函知杭督查办，曾否回复，便祈示悉。尤为感祷。专。敬请①

（翠亨孙中山故居纪念馆藏档；又见《孙中山藏档选编·辛亥革命前后》，第 205～206 页）

宋教仁致孙中山函
（1912 年初）

大总统鉴：

顷会交外交部所拟《通商交涉使驻沪办事分设厅科任职章程》，着职等审查。查通商交涉司设置之目的及其职掌范围如何，职等无从悬断。又"通商交涉使"宜改为"通商交涉"，因"通商交涉使"官制于法理上不妥故也。请查核函示，以便有使［使有］依据。敬颂崇安

教仁顿首

（翠亨孙中山故居纪念馆藏档；又见《孙中山藏档选编·辛亥革命前后》，第 65 页）

穆邦荣上孙中山乞调所部赴鄂参加北伐书
（1912 年初）②

逸仙同志大总统鉴：

---

① 原函似缺页。——编者
② 原件未署时日。书中提及贵州独立时称"本年"，即阴历仍属辛亥年，则此书当为阳历 1912 年 2 月中旬以前所写。——《孙中山藏档选编·辛亥革命前后》编者注

东京奉命，入粤会同陆君荣亭〔廷〕调查龙州枪械。当即会商杨颖波君及贵州平绍黄君，绕道奉天会合已故保宰平君，即抵香港，得与中环德辅中三〇一日报馆冯君自由相遇，因知陆君尚赋闲家乡。又因贵州同志函招，回黔组织革命事业。数年来东奔西驰，千难万险之中，以尽天职。本年九月十三夜，革命事业幸告厥成功，十四日早宣布独立。今平君绍黄举充贵州全权代表，想已抵鄂，吾黔一切情形自能面述。现贵州土匪渐次平静，惟军火饷项在在空虚，恐有不堪设想之一日。荣管带中路巡路巡防队第二营，分驻瓮城桥，今又移防平越州城。每阅新闻纸并各省电告，谓清庭尚未推翻，黄兴同志北伐之军胜负未定。荣有志来鄂，灭北朝食。如同志许我，乞即电告贵州巡防务各营队总统黄弗青同志，调我营北伐。荣查所部二营军士，久经训练，颇著战功，来鄂亦可资臂助。惟与贵州援鄂都督意见不合，调时乞另筹节制为祷。谨肃。恭颂伟安。敬祝

大总统万岁！民国万岁！

　　　　　贵州中路巡防队第二营管带穆邦荣立正举手

（翠亨孙中山故居纪念馆藏档；又见《孙中山藏档选编·辛亥革命前后》，第 112～113 页）

摩呈孙中山改良佛教办法文

（1912 年初）①

今之天下，一宗教自由之天下也。有宗教者，其国强；无宗教者，其国弱。支那凤宗周孔之道，自唐虞以至三代，政教合一，其道大行，而世运独盛。秦汉以降，政与教分，人心日变，世风亦每

---

①　本篇标题原作《大乘教改良规则纲要》。原件未署时日。当为 3 月以前所写。——《孙中山藏档选编·辛亥革命前后》编者注

趋愈下，孔教如一发系千钧，而人心之犹不至于灭绝者，实赖我佛教补助之力为多。盖人虽不畏生前之刑，未有不惧死后之苦，佛家以因果报应之说辅政教之所不及，日提撕而警觉之，此人心之所以尚存也。惟是佛教自汉传入中国，不见其盛而日见其衰者，此何以故？则皆由学佛者袭佛之貌，遗佛之神，裨贩如来，迹近鸟鼠，生无补于世，死无补于己，无惑乎！古今通儒，目沙门为生民之蠹，而为社会所鄙弃。粤稽我佛本旨，欲令一切众生，离诸苦恼。其始为权施实，其继开权显实，其终废权立实。因心运法，即法明心，心法圆融，四大斯彻，任心遗法，妙造何期。试参《莲华经》，火宅、穷子、药草诸喻，如来大事因缘，皆吾僧人唯一之担负。是知众生一日未安，即僧人之担负一日未尽。岂知焚顶受戒、坐禅习静即为满足，僧家行业而有升天成佛之望乎。

方今强权时代，无界不争，优胜劣败，天演有例。将来国势之安危，必视宗教上战争之胜负为标准。惟宗教虽足辅政府之不逮，而提倡之权则端赖乎政府。摩谨就管见所及，酌拟改良宗教办法十条，呈请大总统藉赐览观，且资采择焉。谨列目如左（下）：

第一，法师位僧侣文凭

查东西洋各国，靡不以布宪政、兴宗教为急。盖宪政以法律治人之身，宗教以道德感人之心，兼而行之，是为最善之举。泰东西各国提倡宗教，咸慎择说法师以专其职，有任军队说法者，任监狱说法者，有对于上等社会而布教说法者，有对于下等社会而布教说法者，有惠施教养而说法者，有救医治疗而说法者，务以救世慈爱主义。《法华经》普门品中云：或现宰官身而为说法，或现将军身而为说法，或现长者、居士、童男、童女身而为说法者。又有牢狱、枷锁，或称诵圣号或闻法自能脱罪，云云。故拟制法师位文凭，分别等级、责任，其实而成佛门完全之制。

第二，方丈位僧侣文凭

昔舍卫国有维摩居士，抱病坐于方丈，诸大菩萨皆至而致问，其间能容纳无数狮座。居士曰：为众生病，故病也。丛林主席曰：

方丈由此起，谓咫尺地能容纳广大之海众耳。佛在日，聚千二百五十人，内有富贵贫贱、鳏孤寡独，均置于给孤独园，一一致问，去其嗔嫌。此为调御师统理大众之楷模。当今主席名称曰方丈，掌持一寺，专养蠹僧，贩卖如来，实无普救众生之资格，诚有违背统理大众之责，故而应授以方丈位文凭。列为四等：曰优，曰上，曰中，曰次。核以道行之高低，门庭之大小，海众之多寡，不动产之丰薄，常住之资格，随宜定级，给予文凭，示明渡众生之责任。方丈三年为任，证券任满一易，俾免贪争，以起恶感，而败清规。

第三，庵主住持位僧侣券

每寺院、庵堂当家住持，一例颁给合级住持位文凭一纸。无论或祖遗、或师传、或法传、或私自授受、或交付，皆当先领文凭，然后进院接任。其接任人之年貌、籍贯，详为登载，以合重任。文凭分为九级：曰上品上等、上品中等、上品次等，曰中品上等、中品中等、中品次等，曰下品上等、下品中等、下品次等。按级而给，俾终其身。若须更换新住持，当再领证券，庶免竞争之衅。

第四，普通位僧侣券

凡礼忏诵经，欲赴超度家虔敬之请，应行志诚追悼之心，理宜三藏广阅，五课熟诵。凡合此资格者，给予普通券一纸，就地领给，他徙作废。每年更换一次。券内注明年貌、籍贯。无券不能担经师之任。

第五，沙弥入位券

凡收薙徒时，先当请领沙弥券一纸，以证入位。并将该沙弥年貌、籍贯、履历、三代详载券内，并及其入位之志愿若何。若私自落发染衣无券者，必不能承认受戒。

第六，戒牒

戒牒为度僧莫大之要素。拟由本部拟定格式，一律按省支部办理。十方梵林开期传戒者，可向支部领牒注册，牒费由戒子任之，由该梵林筹垫之。查昔日戒牒，都由恩赐考收给牒度僧。所以戒律精严之释子，层出不穷。今各寺自由刻板印刷，随意招收薙徒，而一般下等社会之人遂滥列僧侪，假佛敛钱，视为利途，莫此为甚。伏查佛制，戒律分作四分戒。一曰五戒：杀（止杀心）、盗（止盗心）、淫（止邪淫心，娶一正妻不涉他色，即谓不邪淫）、妄（止妄语心）、烟酒（不嗜烟酒）是也。又曰八戒、曰十戒、曰二百五十条满分具足比邱僧戒。乃俗僧往往受戒时，则二百五十条俱认，及验其行持，则大相径庭，于妄语戒已犯，尚何他戒之足云。是应使之各自承认何分戒，即给以相当之戒牒。或按年限认领：凡年在三十岁内者，可认领五分戒；年在四十岁内者，可认领八分戒；年在五十岁内者，可认领十分戒；年达六十岁者，可认领二百五十条满分具足大戒。而五分、八分、十分等戒，只须坚其信行，勿论僧俗，兼可奉为。如年达六十，受持满分具足大戒者，应不问世事，一意焚修，所需衣食等资悉由以上三等戒中人供给之，以广信行。

第七，古圣、名刹、梵宇、寺庵不动产保护证

凡寺刹不动产，或遗传，或置助，一律注册。预备保护证一纸，填明寺产若干，并某住持保守字样。若更换新住持，即另易一证，以昭郑重。

第八，化除僧徒眷属

佛本无我无人，僧岂有徒有眷。往往僧家因顾徒眷之私，生出种种偏见，放弃普度众生之旨，专事收揽薙徒，以为子孙眷属。某徒自认为某祖某派某师所流传，把持寺刹，胡行妄为，大妨教体，自应急予改革。考释迦如来拈华灵山，迦叶尊者微颜一笑，心印相传。故无论何界种人，但能明佛法、行佛事者，均可通称善友。其有实行焚修、志在利生者，则以尊者称之。

第九，更制旅行袈裟等级一律格式

佛制袈裟有九等之别，总名曰"解脱衣"，又名曰"福田衣"。今僧人所服都非佛制，系是我朝前古之服。僧众都将袈裟藏于佛殿，惟礼拜时一披之。大都嫌其袈裟宽大，不便于旅行披着，因之藏于殿上。岂知僧侣原有布教之责，以体我佛普度之旨，此项旅行袈裟，自不得因时制宜。拟改制"卍"字徽章以代袈裟，便以悬

挂，使人一望而知其为慈善家、说教家。盖佛出世时，胸中自然涌现"卍"字，直则竖穷三际，划则横遍十方，四点则曰四智：一大圆镜智，二成所作智，三妙观察智，四平等性智。故谨取"卍"字，以为佛家之表记。应请由部将上项"卍"字徽章分别酌定，列为九等，以符西方九品莲台之意。庶几名副其实，而僧侣咸知以慈善利生为汲汲矣。

第十，行教、布教本旨

释迦世尊成道后，降诸魔道于鹿野苑中，转四谛法，念生老死病之苦，现慈悲心，行方便事。集给孤独园中，聚千二百五十人，凡老幼、士女、贵贱、贫富、智愚之属，皆缘得度而成。《大阿罗汉经》云：遇佛出世，见佛便能成佛。去佛去〔？〕年，则禅定成佛；去佛二千年，则闻法成佛；去佛三千年，则念佛成佛。查日僧研究佛学有两大问题：曰自力成佛，曰借力成佛。自力成佛者，用禅定力离欲寂静，坐脱立亡，生死自由。借力成佛者，行念佛事，用观音法从闻思修，由耳根探听鼻声呼吸，呼则"阿弥"，吸则"陀佛"，每日行持二小时，习惯自然，能消除烦恼及一切妄想，大限临期，自能作主。比〔此〕行教之要一也。人生在世，应担世务，岂可放弃。但从幼至老，随声流转，无有停息，实于卫生心理学大有阻碍。每日二十四小时为一昼夜，应当排匀时点：卧八小时，饮食、家务、起居四小时，散步、游嬉二小时，外交、正务八小时，自修心理学二小时。能如此行持，即是佛种。世间法与出世法并用，生死自能了脱。此行教之要二也。又凡为佛子者，应当行持方便慈悲，宜组织养老院、孤儿院、病院、感化给食所，并任军队说教、监狱说教等事，以体我佛救度众苦之心，而稍尽国民一分之义务。则宗教之与社会关系既深，庶不致为他教所战胜，惟如是，有大乘教之倡议也。盖佛有大、中、小三乘，小乘仅能自载，中乘半为己而半为人，唯菩萨为大乘，能运载无边，度尽一切众生，为最上乘。故知佛家本旨，乃专以普济群生为主义，不仅以焚香顶礼、参禅说教即足为修道之证果也。

今幸逢政府建设共和，为生民谋幸福之时代，亦吾佛教建设大乘部，振兴教务；普济群生之时代。然组织大乘部，必先以振兴教务；而提倡教务，不能不仰赖于政治家。是政治可以挽教务之重兴，而教务亦可以辅政治之不逮也。兹故深望于政教合一，有以维持于弗替也。

（翠亨孙中山故居纪念馆藏档；又见《孙中山藏档选编·辛亥革命前后》，第 360 ~ 364 页）

摩呈孙中山拟设大乘部办法简章

（1912 年初）

谨将拟请组设大乘部办法简章开呈钧鉴采择施行。

计开：

一、定名

一、佛义有大、中、小三乘，小乘仅能自载，中乘半为己半为人，惟菩萨为大乘，能载无边，度尽一切众生。故以倡导佛教普济群生为主，因定名曰大乘部。

二、宗旨

一、大乘部之设也，以赞助共和，昌明佛教，辅助行政，维系人心，并实行一切慈善事业。

三、组织

一、大乘部设部长一员，副部长二员，部员若干员。部长、部员务以政治家或哲学家，素有道德，极有声望之博学家、内典家任之。

一、大乘部分设七科：

甲、总务科：发给僧侣一切凭券、戒牒之事，及不属于他科诸务；

乙、教务科：掌理布教、行教以及军队讲演、监狱讲演诸务；

丙、调查科：调查一切文凭、证券及有关教务各事宜；

丁、慈善科：掌理救济会、十字会、感化院、给食所、医院一切事宜；

戊、教养科：掌理孤儿院、贫民教养院、养老院、盲哑学校各事务；

己、会计科：专司出入款项、预算、积算事务；

庚、文牍科：掌理一切往来文牍，并附编辑事宜。

以上各科，因事务之繁简以定科员之多寡，分别经理，各有专责。

四、处所

一、南京为国都之地，应请组设总部，以期统一机关。

一、各省省会之地设一支部，以便与行政官长交接联络。

五、责任

一、本部专司提倡宗教并办一切慈善事业，各科长、科员禀承部长、副部长命令而行，并按科承办一切各事，以专责成。

六、经费

一、大乘部经费范围甚广，开支浩繁。以目今世代，建设共和，实行宪政，于养老院、孤儿院、感化院等均属刻不容缓，庶臻文明之实境。本部虽有征取僧家凭券各项经费，并同旧有之慈善家相辅而行，而劝募一层仍不可少。本部俟成立后，即行组织劝募团，分赴内地劝募，以期多多益善。至于开办经费，暂由政府先为筹垫，集有成数，即行归还。

一、大乘部拟收僧侣凭券费项，分别等级如下：

甲、方丈位僧侣文凭（分四等）；

乙、法师位僧侣券（分四等）；

丙、住持位僧侣券（分九等）；

丁、普通经师券（一级）；

戊、沙弥入位券（一级）；

己、戒牒（分四等）；

庚、名刹、梵宇、寺庵不动产保护证（无等级，以产业之多寡、出息之繁减另行酌定）；

辛、旅行架裟之徽章（九等）。

应如何酌收之处，俟成立后再行确定详章。

一、商店、丐头捐，请照旧有章程劝收。革除丐头名目，通称之曰慈善捐。

七、办法

一、本部成立后，凡交通便利、权力所到之处，先设贫民教养院，其余次第举行。务将就地之乞丐，不论老幼，悉数收罗，分别安置教养。查其稍可造作者，教以一切工艺；其实在年老癃病，亦授以轻便手工，庶予不致闲费。

一、旧有之仁济堂、育婴堂等仍协同各善绅循旧进行外，其养济院，系官款办理者居多。又有商店月捐辅助，名曰丐头捐。而商店所出月捐，多为丐头乾没，入于养济院者甚微。苦无官绅监督，又无征信录可考，虽有养济之名，而无养济之实。故乞丐横遍道途，无人顾问，良可叹也。嗣后本部成立，将养济院名目废去，调查官款，并仍劝商捐助，改设贫民教养院、孤儿院、盲哑学校、养老院以及工艺厂。庶几款归实在，而与地方有益。

一、贫民教养院等，每院设院长一员，会稽一员，专司一院出入事务。本部设有派员调查，务将帐目呈核，并须一一指明，以期办理之完善。

八、奖劝

一、本部设支部于各省，征收僧侣凭券各费，暨庵观寺院不动产注册保护费项，及种种慈善事业，必赖有地方民政长、警察长辅助。设有庵观寺院伟力佛子独行创办慈善事业，应由本部会同民政长官奖劝之，或给予匾额，或奖予徽章，再行酌定。

九、宣讲

一、佛家宗旨本有军队讲演，本部亦拟星期日作为讲演日期，解说佛法，参以爱国保种应尽义务之大旨，开社会之知识。

十、详章

一、大乘部拟办之初，谨具纲要，其间尚有未尽事宜，陆续增补。内有未妥之处，亦请诸大政治家修改为祷。

（翠亨孙中山故居纪念馆藏档；又见《孙中山藏档选编·辛亥革命前后》，第 365～368 页）

甘华黼呈孙中山关于中国同盟会黑龙江
支部秘密通讯处及重要会员名单
（1912 年初）

黑龙江同盟会秘密通讯处：江省广信公司胡同维新报社经理周祉民代收（按：周号亚伯，现任本会秘书员）。

重要会员如左（下）：

匡　一　号群观，湖北人。前充东京会长。现＜任＞江省高等检察官。

薛　良　号晋贤，四川人。现任江省交涉总局东文翻译官。

李士伦　号常午，湖北人。现任法政学堂管理员（学堂停办）。

刘文嘉　号云甫，湖北人。现任财政局科长，任临时宣言书编纂员。

王　珣　号仲玙，四川人。新军军事知识甚富，现尚赋闲。拟举赴吉林联络，缘渠吉林军界甚熟。

秦广礼　号立莼，黑龙江巴彦州人。现被举为联合会代表，拟日内外来沪加入共和团。

管　成　号冰阳，黑龙江青岗县人。文艺最精，为江省名士。拟联合之草泽英雄。

刘献芹　即天边羊。现在江省东南一带。已举武会员国宝前往联络，并拟与之约法三章，务使之适合文明举动，以去其金钱主义。可否请由中央政府付寄委任状与印绶，以示荣宠。所以欲不惜以权位与之者，盖欲其热心国事也。钧意何如？祈卓裁之。

卢少明　广东人。江省邮政局长（尚在联络中之通讯员）。

倘蒙示江省以进行方法，冀合机宜，请寄信周祉民转达（但信以秘密附入《民立报》寄江较妥）。

江省同盟会会员甘华黼谨上

（翠亨孙中山故居纪念馆藏档；又见《孙中山藏档选编·辛亥革命前后》，第 610~611 页）

罗伯特·多纳致孙中山函
（1912 年初）

孙逸仙阁下

先生：

这里封入一封我给伍廷芳大人的信的副本。我和他星期六有过一个会谈，旨在从他那里了解现在是否是在美国发起一个运动，使我们的政府尽快承认新共和国的恰当时候。他的意见是时候已到，现在就开始或许是合时宜的。于是我发出了在给他的信中讲过的各种电报。

祝愿你所做的一切，希望将来有重大成果。祝你万事顺利。

罗伯特·多纳　　谨志

（《临时大总统和他的支持者》，第 157 页）

N·E. Cornish 致孙中山函
（1912 年初）

阁下：

我荣幸地在此封入我关于提高这个兵工厂的管理的意见大纲。我相信你会对此感兴趣。

就个人看法而言，我认为一个由中国和外国资本家组成的公司在长期的运转中或许对中国最有利。

首先，外国人能提供工程的资金，中国股份将更多地被帐册上评定的兵工厂的价值所掩盖。其次，外国资本家会接连不断地寻求介绍最近、最新式的机械，以低廉的价格进行生产。弹药库将肯定需要扩展，以生产所有在矿业、铁路方面所需要的炸药。对此在不久的将来会有大量的需求。第三、拥有这样一个可以在政府监督下直接在中国生产这类物品的公司，可以完全禁止武器进口，实行完全的控制。第四，从政治经济学的角度，一切都是为了中国的利益。

如果政府愿意支持这样一个计划，我一定使此事圆满完成。

N. E. Cornish

江南兵工厂

一些改革此兵工厂管理的建议。

假定读者熟悉江南兵工厂的范围和潜能，了解在管理方法上的彻底改革的必要。

也设想无论任何情况下，中国政府允许由陆军部对兵工厂的全权控制。

以下有几种方法，据此可以提高效率。

一、或多或少地按现在的路线运行兵工厂。

在此情形下，经理必须是一个有实践经验的训练有素的商人，如是工程师则更好。他必须是中国人，直接向陆军部负责。他的技术搭档或是中国人或是外国人，应该被赋予执行的权力。他必须对陆军部定做的产品的效率和经济负责。部门经理、工头，和部门首脑必须富有责任感，故每个工头要对他监督下的产品的质量和数量负责。目前的情形是人们十分缺乏责任感，工人没有得到适当的控制。

为了使事情有一个好的基础，必须关闭兵工厂数周。可以解雇无效率的和不必要的雇工。如果任命一个强有力的经理，也不必关闭，因为他可能利用业余时间清除不想要的人。反对关闭兵工厂的意见是因为如果熟练工人被解散了，训练新工人适应许多重要岗位将花大量时间。

　二、将兵工厂视为商业企业来运行。

　不论是中国独资，还是中外合资或只是外资，这是金融家和政治家的事。我要指出，无论如何能够轻易地由陆军部全权控制。因为所有对军事器材的定购必须来自陆军部，除非每年提供最低数量的定单，任何公司都不能存在。作为这方面的例子，我可以举出在日本由 Messrs Armstongs 建立的弹药厂。

　总之，我要毫不犹豫地说，有适当的经理，我们可以在这个兵工厂生产出所有的中国所需要的军火。同那些进口的相比在质量上一样，在价格上更便宜。无论如何，陆军部必须确定所需要的枪或来福枪的式样，如果质量不符合标准，他们自然可以拒绝支付。

　　　　　　（《临时大总统和他的支持者》，第 187～188 页）

W・H. Roystone 致孙中山函

（1912 年初）

纽约　　　美国

孙逸仙　　中华民国总统

阁下：

　怀着纯粹是喜悦的心情我认识到我在中国的同志们终于成功地排除了所有的困难建立起一个共和国。上帝与你同在并庇佑你。他的声音将指引你建立起一个长命的并将给你的人民带来和平和繁荣的政府。

　我知道我的中国同志是热爱和平的人们，相信，他们的智慧和天赋的勤劳勇敢的习惯将使他们能在一个第一流的政府统治下向全球所有的国家显示什么才是真正的和平与繁荣，并明白正如贫困产生战争，只有国际繁荣才能得到国际和平。

一种国际语言和一种世界货币将大大有助于成就这一事业。我怀着敬意建议，既然我们的新政体是（中华）共和国，那么就应在公立学校教授目前的世界通行语言（英语），而且度量衡系统采用世界通行的美元、美分货币体系。

我很高兴在另一封信中送给你一份我的小册子《新共和国》。当然这只是非公开的发行。实际上，我后来的想法是获得更好的结果的办法是向各国的政治家呼吁，然后向人们呼吁：致力于在经济基础之上推动世界和平。我很有希望看到这些原则具体化之后在美国即将来临的总统选举中被采用。然而那是一年后的事。但或许现在是中国首先采用它们去领导世界的机会。这些原则主要说来就是：

1. 每一个人均有工作之权利。

2. 每一个商人有权转换其行业到其竞争者的行业。

3. 剩余劳动力只能利用于建设有益的公共设施如下水道、道路建设等。

4. 这些大型项目最好在一个中央政府领导之下进行，最首要的是，在一个就所有产品交换中的价值课税，也就是说在商业交易中就所有金钱收入课税的税收系统之下支付。

5. 只有当所有的公共设施，电、水、交通之类属于公有，并被所有人自由使用，而运转费用则从所描述的税收系统所获得的公共财产中支付时，流通才能在等价交换基础上进行。

6. 为减少对公共资金运用的需要，土地应是免费的。所有不用于公益的土地都应课税，每英亩每千人 5 美元（无其他任何税收）。

7. 国家货币现在应该波动，由政府发行的价值一元的纸币应按每盎司黄金 20 元计算固定在相当于 1/20 盎司的价值。这方案将使黄金围绕货币面值自由地上下波动，但不影响其价值。而当高出面值或折扣支付时，它可以与黄金等值。用这种混合货币，中国将毫无困难地令实行纯金本位制的国家痛苦，那里，因贬值或黄金产量的减少而任由物价上涨，但工资却保持不变，引起全球性的抱怨高的生活消费。

　　采用一种固定的货币，（以可以利用的国家富源永远保持其面值，通过对所有收入的钱的课税权）会使政府完全独立于任何国内或国外的债主。

　　政府可以通过其银行为自身的统治简便地建立并发行足够的固定价值的纸币。如果这以其面值在中国〔是〕被接受的话，（由于它不可能完全如此）它将同样被世界其他地方接受。我无须提醒你没有任何债主会借钱，给并无足够的这种富源保证的国家，如果这种富源是充足的，那个国家就能如我说的那样建立起自己的货币，永远地独立于任何外来势力。也毋须我提醒你经常被债主牵制的痛苦。而当国家不顾一切的负债这样的情况蔓延，世界和平是不可能实现的。

　　为什么世界上最古老的文明现在不从它长久的昏睡中醒来，首先通过达到国内和平的具体的例子使世界和平可望可及，并赢得遭受苦难的人类的深深的感激。

　　我向我的同志提出我的建议，并最良好的祝愿你所有的希望和你们伟大民族利益的所有愿望，以及所有同胞们的和平、幸福、繁荣，这样或许成为一个天上的王国，或者说，天上的共和国。

W·H. Roystone
美国纽约 264 号信箱

　　（《临时大总统和他的支持者》，第 188～190 页）

詹姆斯·K. 魏金斯致孙中山函
（1912 年 2 月 1 日）

中华民国大总统孙逸仙阁下：

　　申请校级军官，为你效劳。

　　我现年 44 岁，身体健康。我有幸在战时为国两度参战，即美西战争期间参加伊利诺斯志愿军第一骑兵师和美菲战争时期参加美国志愿军第44步兵师。

在第二次服役期间我曾指挥三支部队驻扎在宿务岛（Cebu），即西波加（Sibonga）、阿高（Argao）和卡卡（Carcar）三岛。去年10月，我以工程监督的身份做过一次心理和生理检查，当地美国工程师理事会给我打了89分。

约六年前，爱德蒙·F. 英格利斯、R·H. 福克伯格（听说是康有为的盟友）告诉我，中国一旦发生战争，我就可出任步兵上校，但现在我意识到那个承诺是多么的虚无缥缈。

如果我能由阁下委任某个合适的职务，我一定保证断绝与任何其他政府或宗教的关系，一心一意将我的命运与贵国的命运联系在一起。

原美国志愿军第44步兵师上尉

詹姆斯·K. 魏金斯（Cjamer K. Wiggins）　　谨上

1912年2月1日于美国西雅图西南部第45大街5656号

（《海外友人致孙中山信札选》（二），《民国档案》2003年第2期）

伍廷芳致孙中山、黄兴电

（1912年2月1日）

孙大总统、黄陆军总长鉴：

顷得袁内阁盐一电，亟接徐州张提督电称，我军遵守信约，决不前进，请电伍代表饬民军迅止进攻等语。希查照切实禁阻，以维和局，并复云云。特为转致，如何复袁，请即示知。廷芳。东一。印。（上海来电）

（《临时政府公报》第七号，1912年2月4日，"电报"；又见《共和关键录》第二编，第100页）

伍廷芳致孙中山电

（1912 年 2 月 1 日）

孙大总统鉴：

连接山东即墨民军班麟书发来三电如下：

一、山东即墨光复后，秩序井然，各界欢迎，外人教堂一律保护。现青岛德提督疑为土匪，派兵查看，势将乘机干涉。乞鼎力维持，速向德总领事交涉，并急电往青德提督，令严守中立，承认本处为完全独立之民军，切勿藉端派兵，酿成意外交涉，牵动全局。

二、德马队本日午后到即，吾军招待如礼，彼军强行检验吾军械，且坚称，彼前与满清订约，距租界百五十里内之军队，快枪不得过五十枝，民军亦当守此条约，似此用［民］军决不承认，乞速即日向德人交涉，免致贻误。班麟书。

三、今日去电租界外百里内之军队快枪不得过五十枝，百里字误作百五十里，谨此更正。

廷复电如下：

山东即墨民军班麟书君鉴：三电均悉，已与德总领事交涉，声明民军之目的为建立共和政体，所有与人外交涉，皆慎照公法，宜守中立，不可干涉。德总领事已允即电达胶州总督。顷遣副领事来言，已得胶督回电，谓昔日租借胶州湾之时，曾与清廷立法，附胶州湾百里以内作为欧脱之地，不得通过军队，如必须通过，要先商明胶督。今即墨民军在胶州湾百里之内不守此约，故来责言云云。案清廷与外国立约，此等损失主权之事，已数见不鲜，条约既须履行，则民军宜与胶督商明，以便通过，始符原约，特此电复，祈查照办理。东。

惟此为外交总长权限内事，因接班君电时情形紧急，故即为办理，以后凡遇此项交涉，应概行移交外交总长核办，以符权限，特此奉闻。廷芳。东。

（《共和关键录》第三编，第 11~12 页）

蔡锷致孙中山电
（1912 年 2 月 1 日）

孙大总统鉴：

川事急。前电请程雪老回川主持，现任内务难归。闻王采臣、胡文烂已抵蜀，请电令一任川事，一规西藏，大局幸甚。锷。东。（云南来电）

（《临时政府公报》第八号，1912 年 2 月 5 日，"电报"）

黎元洪致孙中山、伍廷芳等电
（1912 年 2 月 1 日）

孙大总统、伍代表、各省都督钧鉴：

顷据段军统祺瑞派来全权代表，与敝处接洽一切，并要求敝处给与照会以便回复。其照会文如下：

为照会事：据贵军统派来全权代表吴光新、徐树铮等，本军政府代表孙武、余大鸿、张大昕等接洽。贵代表称贵军统主张共和，拔师北上，恐敌军前道距离太近，致生冲突妨碍进行等因。本军政府代表陈述前来。本都督甚表同情，当派本军政府代表等与贵代表公同商酌，旬日之内，必可解决。现约定阳历本年之内，敝军保持现状，其有鄂境以外者，本都督亦设法维持。如阴历年内不能解决，敝军即当前进，以资援助。为此照会贵军统查照可也。须至照会者云云。

特此电闻。再，据该代表面述段军统言，凡北军退出地点，即归鄂军管理，合并声叙。元洪。先。印。（武昌来电）

（《临时政府公报》第七号，1912 年 2 月 4 日，"电报"；又见《申报》1912 年 2 月 3 日，"要闻"；《时报》1912 年 2 月 3 日，"中华民国立国记"）

丁义华致孙中山函

（1912 年 2 月 1 日）

致中华民国总统：

孙博士阁下：

我极乐于催促我的国家承认共和国，今天发了两封电报回美国呼吁此事，这儿是 Foruham 博士的观点，他在中国呆了五十年，许多美国人和我的感受一样。尽管某些在北京的人并不了解南方的起初情形，说新政府只代表南京和上海，他们没有意识到各省的支持力量的强大，如果南方各省的领导发出电报给各国列强，表示支持南京中央政府不更有益吗？这样，他们就能清楚地看到新共和国控制了多大的地区。衷心祝愿您的伟大运动成功，并早日实现和平。

丁义华　谨志

（《临时大总统和他的支持者》，第 110 页）

陈其美致孙中山、黄兴等电

（1912 年 2 月 1 日）

大总统、陆军部总长暨各部总长均鉴：

今日午后招商总局在张园开股东大会，其美扶病赴会，承乏代表，各股东全体承认，无一反对，洵属热心爱国，深明大义。从兹饷糈有出，健儿北伐，犁庭扫穴，指顾间耳。惟该局股东既如此热心，顾全大局，应请大总统电致谢悃，以资鼓励。切盼。沪都督陈其美叩。东。（上海来电）

（《临时政府公报》第七号，1912 年 2 月 4 日，"电报"；又见《民立报》1912 年 2 月 2 日，"沪军政府电报"）

伍廷芳致孙中山、黄兴电
（1912 年 2 月 1 日）

孙大总统、黄陆军总长鉴：

顷得北京来电云：徐、颍两路，实系民军先进攻，我军抵御。已切电张勋，万勿前进，派员与民军协商。但须商民军，徐颍两路，勿再进攻，方可饬令退扎。请切实商明，以维和局而免生灵涂炭。又电云：据朱统带震电，民军于十一夜陷颍州云云，甚为骇异。查民军违约攻颍，迭经电告，今两方既未宣布战事重开命令，该民军即不应有任意攻陷之举，务望速饬退出，以免决裂，等语。如何之处，祈即示复为盼。廷芳。东。（上海来电）

（《临时政府公报》第八号，1912 年 2 月 5 日，"电报"；又见《时报》1912 年 2 月 8 日，"中华民国立国记"；《共和关键录》第二编，第 99 页）

刘绥曾、沈秉璜等致孙中山电
（1912 年 2 月 1 日）

千万急。南京大总统钧鉴：

陷电敬悉。前举江北民政总长，本系权宜一时，冀保治安。今江北大局残破，维系更不可无人，故遵前示，集合共举总长，以便就近统摄民事，俾免隔阂而固民心。代表等身居危地，焦灼无既，所有江北困难情形，电难尽述。兹公推沈君新萍、张君含章、刘君绥曾赴宁共同面禀一切，乞赐接洽为叩。高邮、宝应、海门、如皋、山阳、阜宁、安东、桃源、清和、邳州、宿迁、睢宁、赣榆、海州各代表商民刘绥曾、沈秉璜、邓铭新、王承洛、梅荫阶、朱荣、叶凤舞、吴冻、庄增藩、沈新萍、张含章、乔文澜、丁乃达公叩。东。（清江来电）

（《临时政府公报》第八号，1912 年 2 月 5 日，"电报"）

张謇致孙中山电

（1912 年 2 月 1 日）

孙大总统钧鉴：

准外交部咨开：接中华民国盐业协会电称，闻各国银行家，拟监督我全国盐政，是于国权国课，丧失殊多，将来又障害我盐业改革议案，盐界起事反抗，必惹出种种危害问题。望竭力磋商筹付之法等情，相应备文咨请贵部查核办理等因。

又据淮南全体运商呈称：两淮盐务，为岁入大宗。值大局未定，转输停滞。迭奉钧谕催运，并谕令仍照旧章，曷胜钦佩。惟现在金融恐慌，大局未定，非设法维持，竭力保护，难免商人怀疑观望。请将情形电咨四岸都督，无论军饷若何紧急，不可于盐价商本内有丝毫挪移。即以前商本损失，概由公家推认。并请将商人转运资本，沿途派兵保护，以重商本而免损失。似此商情毫无疑虑，在无可设法之中，或可希使源源接运等语。

查淮盐停运已久，转经劝谕，各商颇多观望。经謇晓以大义，力任保护，各商承认，即日掣运。今奉前因，理合电呈大总统，请电令各都督查照，转饬各军政分府各司令加意保护，以重外交而恤商艰。实业部长张謇叩。东。（上海来电）

（《临时政府公报》第九号，1912 年 2 月 6 日，"电报"；又见《时报》1912 年 2 月 9 日，"中华民国立国记"）

黎元洪致孙中山电

（1912 年 2 月 1 日）

孙大总统转外交、交通二部鉴：

鄂中邮票将罄，邮政实行困难，湘陕相续请票，值此情形，邮政行将停收。若不设法挽救，匪独交通不便，将来外人要求代办，何以拒绝。权利攸关，不容缓视。请速定票式任筹办法，颁布施行，庶足保利权而免交涉。元洪。东。（武昌来电）

（《临时政府公报》第九号，1912 年 2 月 6 日，"电报"；又见《时报》1912 年 2 月 9 日，"中华民国立国记"）

张培爵、夏之时致孙中山、黎元洪等电
（1912 年 2 月 1 日）

大总统黎副总统、伍外交总长钧鉴：

顷接西安张都督祃日十万火急电云：敝军败退，潼关失守，所有兵队，尽在西轵与升、长二贼相持。省城空虚，四无援救，残败之局，势难支持，危亡即在目前。万望速出劲旅，由汉中星驰来援，庶能保此一线生机等语。据此。清军种种违约，请即取销和议，迅整联师，大队进发，殄灭满虏，以定大局而救危亡。敝处联合川、滇、黔之军，克日出发。特闻。蜀军都督张培爵、夏之时叩。东。（重庆来电）

（《临时政府公报》第十三号，1912 年 2 月 11 日，"附录·电报"；又见《共和关键录》第二编，第 176 页）

何宗莲致孙中山电
（1912 年 2 月 1 日）

孙逸仙博士鉴：

艳电悉。以博士之才智，名扬中外，数十年之苦衷，一旦发育，推倒旧习，咸与维新，凡我同胞，无不钦佩。余本才庸识陋，何敢以末议尘听，今就局势大略言之。查历代创业，以武力成功者

必先以德化之。今创业将成，倘以德服人，孰不望风钦敬。查北省各界，并非均不赞成共和，即满人中亦居多数赞成。不过以时势观之，实因民军訾北人有不两立之势；又到处惨杀满人。骤举总统，意近除去专制而复行专制耳。由此而令人不得不起抵抗之举，即人亦必誓死相抗。若果公能实心共和，救济同胞，视北人及满蒙回人同为一家，不以仇杀为是，公暂不应总统之名，使大功成就，天下共举之，公非又一华盛顿乎。总之，若实行救同胞于水火，即不当有南北之分。用人行政，持平办理，必化敌为友，胜似百万强兵之战争。方救亿万之生灵，以不战而成大功，一旦办理善后，大公无私，皆公之厚德也。不然，内则土匪，外则强邻，民无聊生。刻下云南、库伦及呼伦贝尔、伊犁、西藏必得早为定夺，否则一旦为他人入手，大事去矣，皆公之咎也。愚昧之见，未识以为然否？何宗莲。寒。（张家口来电）

（《临时政府公报》第八号，1912 年 2 月 5 日，"电报"；又见《时报》1912 年 2 月 8 日，"中华民国立国记"）

蔡锷致孙中山及各省都督电
（1912 年 2 月 1 日）

南京大总统、各省都督鉴：

援蜀滇军电：合江为匪攻陷，大肆骚扰。嗣该处绅商乞援，滇军江日率兵驱匪，合城安堵，商民欣感。乃泸綦军派方司令，率防军三四百，随哥成军，克城后，哥乘间在城内肆行劫掠。我军出而阻止，彼反抵抗，遂经我军枪毙□余名，除巡防五营已另行编配云云。当即电□□束，我军丝毫无犯，俟与蜀军平定匪乱，即□□□□□□□局特闻。锷。东。

（《民立报》1912 年 2 月 15 日，"沪军政府电报"）

山本条太郎致孙中山函

（1912 年 2 月 1 日）

1912 年 2 月 1 日　　上海

孙逸仙博士尊鉴：

　　顷接东京总公司来电，关于汉冶萍中日合办事已完全洽妥，但为使该约生效，并使您获得所需之借款，尚须所有董事的批准及股东的证实。这就需要相当时日。为了尽速向您提供借款，已洽妥以汉阳铁矿为抵押，筹借二百万至三百万日元。以上为东京来电之要旨。我已草拟了为目前借款所必需的文件，由敝处森恪君呈请阁下批准。该项文件请由阁下与陆军部长黄兴先生签字。敝处若电致前途，借款几天之内即可汇到。我本想亲自前来拜访，但为业务所羁，特别是最近上海金融市面极坏，财务工作特别紧张，且须兼顾贵政府上述借款之外汇筹措事宜，故无暇趋访。

　　但由于急于面商上述借款及其他事项，拟乘本周六下午一时快车到京面陈一切。森恪君今日晨［由日本］到达，将有很多事须与阁下商谈。尚祈为贵政府之利益与中日两国之关系，予以接待为盼。

　　又及，考虑到借款问题的重要性，我仍以留驻上海筹措款项为宜。一俟事有头绪，将尽速趋前拜访。

山本　谨启

（《辛亥革命前后·盛宣怀档案资料选辑之一》，第 244～245 页）

宗少东、温至山等致孙中山电

（1912 年 2 月 1 日载）

南京孙大总统鉴：

共和民国，全赖先生伟力组织而成。茌任改元，同人等谨免冠而祝曰：伟哉孙君，姓氏允扬，首倡革命，声指穿苍。经猷特具，奠我土疆，生彼伟人，汉族之光。凡后电令，镊兴中会同人先后回粤，流离无亮，得苏卓南维持其间，我辈得暂所托。望示办法，以得供复。兴中会同人宗少东、温至山、杨香甫、苏卓南同叩。（广东来电）

（《临时政府公报》第四号，1912 年 2 月 1 日，"电报"）

庄蕴宽致孙中山电
（1912 年 2 月 1 日载）

大总统钧鉴：

敬电诵悉。每省派参谋员三人，俄根据临时政府组织大纲，现派陈、凌、杨三君，本系代表江苏全省，江北地方情形，自可代达。请转电江北蒋都督，该处如有关系地方困苦之事，可随时转告陈、凌、杨三君。江苏代都督庄蕴宽。印。（苏州来电）

（《临时政府公报》第四号，1912 年 2 月 1 日，"电报"；《时报》1912 年 2 月 2 日，"中华民国立国记"）

陈楚南致孙中山电
（1912 年 2 月 1 日载）

孙大总统鉴：

新政府成立，总统得人，本会全体公认张君永福为代表，来宁祝贺。星同盟会长陈楚南全体。（星加坡来电）

（《临时政府公报》第四号，1912 年 2 月 1 日，"电报"）

招商总局致孙中山、黄兴电稿
（1912 年 2 月 2 日）

孙大总统、黄陆军部总长鉴：

　　昨日开股东会，实到四千三百九十六股，仅得十成之一，其余多数股东皆以路远期促，不及到会。当有粤港澳股东甘作培等二十九户共六千五百余股来电力争，又有粤代表陈理云等来电反对，又有港股东邓荣基堂等共二十八户五百四十二股来函不承认，又有旅沪未到会之股东投函声明会场不及过半数之股东议决、否决，均作无效。等语。原电函另抄呈。谨先将开会情形电达，祈核夺。招商总局叩。东。

　　（《南京临时政府拟以招商局产抵借日债史料》，《历史档案》1983 年第 3 期）

大卫·弗里曼致孙中山函
（1912 年 2 月 2 日）

总统阁下：

　　你也许还记得，大约四年前我们在塞伦班市的华人矿工协会里见过面。

　　当时我们就未来形势进行了长谈。经过艰苦卓绝的奋斗，你们终于取得了成功。我谨在此表示衷心祝贺。我深信无论在英国还是吉隆坡都有很多人同情和支持你们。他们并非全是华人。

　　我新加坡的朋友殷博士来信谈到他最近经过南京时与你见过面。像他一样，我也希望这场运动不要因急于求成导致失败，因为它已有着良好的开端。事实上，一场变革需要数千年才能真正完成。

如果我不是自作聪明，那么还有一点我要说的是：你的英籍顾问中有很多人都担心新政权在改革激情的冲击下，会重复西方国家所犯的错误。如果吸取西方的长处，即物质文明，并把它与贵国古老独特的文明相结合，改革就能取得成功。

我们英国以至整个欧洲的社会制度如此之糟，对普通大众来说，两百年前的生活比现在好得多。你的朋友担心中国也会实行英国那种可怕的工业制度。这种制度使兰开郡、约克郡直至全国大多数地方工业小镇林立，那里大多数居民都成了少数人赚钱的机器。

我们的工厂，不仅成本高，而且又脏又乱，很不卫生，你们绝对不要照搬。另外，我希望，在举行国典场合，贵国官员依旧穿着那些高雅靓丽的袍服。几年前在上海出席国际鸦片会议时，我对袍服非常羡慕。

基督教（可悲的是我们不相信自己）与世界所有崇尚道德的宗教有着许多共同的真理。释迦牟尼对亚洲的重要性就相当于耶稣现在——应当说是过去——对欧洲的重要性。中国信教时，我们的祖先还是野蛮人。中国两千年来一直尊奉孔子，受益非浅。若以别教取代儒教，势必造成人民巨大的精神失落。

最重要的是，不要在煤矿开采、铁路和港口建设方面给外国特权。除非在非常必要的情况下，不要向外国借款。否则，贷款者以及他们政府的炮舰就会接踵而至。民众抗议外国军队使用津汉（天津—汉口）铁路就是一个例证。

与此有关，我还要提醒你注意已故的英国哲学家赫伯特·斯宾塞（Herbert Spencer）写给日本改革家（我想是伊藤男爵）的信。信是写于十九世纪七十年代，发表在《泰晤士报》上。在信中，他警告日本人要以怀疑的目光看待欧洲立足日本的一切举动。信中还特别提到立法和采矿问题。日本人听从了他的劝告。日本能保持独立很大程度上要归功于斯宾塞。小国能做到的，中国也能做到。说这些话，我并不是反对工业制，但它现在的确已紧紧地扼住了欧美各国的咽喉。为你们同时也为着我们的缘故，不要让中国也陷入它们的魔掌。

也许，这样说，我有点冒失，但我纯粹是出于一番好意。无论如何，你们已经得到，将来也必将得到全世界崇尚自由人们的理解和尊重。

祝你政绩辉煌，幸福愉快。

大卫·弗里曼（David Freeman）　谨上

（《海外友人致孙中山信札选》（二），《民国档案》
2003 年第 2 期）

伍廷芳致孙中山电
（1912 年 2 月 2 日）

孙大总统鉴：

顷得袁内阁盐四电如下：顷接东抚电称，革军兵舰在花园口外停轮，用民船卸运炮弹多件，由尖山口高力城子上岸，又海容带运船三艘十一日在尖山子有十余人上岸，等语。查目下两方正商和平解决之法，民军不应辄行进兵东省，另生意外枝节，希迅即切实电阻，至盼，云云。特为转致，祈酌夺示复。廷芳。冬。

（《共和关键录》第二编，第 84 页）

伍廷芳致孙中山、黄兴等电
（1912 年 2 月 2 日）

孙大总统、黄陆军总长、武昌黎副总统、各省都督、北伐联军总司令鉴：

唐绍仪君电询段军统联名赞成共和诸将姓名，兹得复电开列于左（下）：署理湖广总督、第一军总统段祺瑞，古北口提督、毅军总统姜桂题，护理两江总督、长江提督张勋，察哈尔都统、张军统制官何宗莲，副都统段芝贵，河南布政使、帮办军务倪嗣冲，陆军统制官王占元、陈光远、李纯、曹锟、吴鼎元、潘榘楹、孟恩远，总兵马金叙、谢宝胜、王怀庆，参议官靳云鹏、吴光新、曾毓隽、陶云鹤，参谋官徐树铮，炮队协领官蒋廷梓，陆军统领官朱泮藻、王金镜、鲍贵卿、卢永祥、陈文运、李厚基、何丰林、张树元、马继增、周符麟、萧广传、聂汝清、张锡元、施从滨、萧安国，营务处张士钰、袁乃宽，巡防统领王汝贤、洪自成、高文贵、刘金标、赵偶、仇俊、恺德启、刘洪顺、柴得贵。帮办天津防务张怀芝、正定镇徐邦杰亦同意，复电迟，故未列云云。特为转致。廷芳。冬三。（上海来电）

（《临时政府公报》第八号，1912 年 2 月 5 日，"电报"；又见《申报》1912 年 2 月 5 日，"要闻"；《民立报》1912 年 2 月 4 日，"紧要电报"）

伍廷芳致孙中山电
（1912 年 2 月 2 日）

孙大总统鉴：

顷得袁内阁盐二电如下：

顷接德使哈豪森照称：据青岛办事大臣电称，离胶澳海面潮平附近一百里内之即墨县，由革军约二百名占据，后宣布即墨独立，等语。光绪二十四年二月《中德条约》第一款内载，清国允许离胶澳海面潮平周遍一百里内（系中国里），准德国官兵随时过调，惟自主之权仍归中国，如有中国饬令设法等事，应向德国商定，该地内应驻兵营，中国允与德国会商办理等语。本大臣查此第一款所订者，已彼［被］该革军进该地一百里内之举动所侵犯，除电饬驻沪领事向民军辨争外，相应布告北京政府查照，并请设法声明该处不得进兵。依照复。等因前来。希即电饬该处民军，迅即照约退出，免启交涉，并盼复。此事廷昨电已祥［详］，系与外国交涉之事，祈交外交总长办理为祷。廷芳。冬。

（《共和关键录》第三编，第 12～13 页）

陈炯明致孙中山、冯自由电
（1912 年 2 月 2 日）

孙大总统、冯自由先生鉴：

　　闻大总统委定自由兄督粤，甚感。炯明行期已逼，急求得代，务恳速即赴任，以定人心。炯明经电请龙济光带所部济军返省，以防新军出发后，无主力兵队镇压。昨已派广利先往北海迎载，约初五六日可抵省垣。此间尚有新练模范标一标，留不北发，且有毅生、执信诸兄相助为理，粤省可保无虞。敬乞冯公早莅，俾炯明得与军士偕行，大局幸甚。炯明叩。冬。（广东来电）

（《临时政府公报》第七号，1912 年 2 月 4 日，"电
报"；又见《时报》1912 年 2 月 6 日，"中华民国立国
记"；《民立报》1912 年 2 月 6 日，"公电"）

广东法政团致孙中山等电
（1912 年 2 月 2 日）

南京大总统暨参议院法部总长钧鉴：

　　三年以上法政毕业是否均有司法资格？恳速电复。广东法政团全体叩。冬。（广东来电）

（《临时政府公报》第九号，1912 年 2 月 6 日，"电报"）

蒋雁行等致孙中山电

（1912 年 2 月 2 日）

万急。南京大总统钧鉴：

江北兵饷奇绌，直无丝毫的款。前举海分司陶思澄为财政部长，因其总持盐务，始能担任江北筹款事宜。不意两淮盐政总理张謇任事后，立将思澄撤销，匪独淮北盐商众情纷扰，即江北军界因筹饷无人，亦复异常惊惑。前经电知张总理留思澄为淮北盐务总长，嗣后电请改思澄为西坝栈长，于盐务无损，而于江北筹款大有裨益。先后两电，均未奉复。当此军务紧急，非平日用人可比。思澄之去留，关系江北财政甚大，务恳商诸张君，即予照准西坝栈长之请，以慰淮北全体磋商之望，而安江北全体将士之心，不胜迫切待命之至。江北都督蒋雁行暨参事会全体公叩。冬。（清江浦来电）

（《临时政府公报》第九号，1912 年 2 月 6 日，"电报"；又见《时报》1912 年 2 月 9 日，"中华民国立国记"）

黄仁焱致孙中山、黄兴等电

（1912 年 2 月 2 日）

南京大总统、陆军部长、武昌副总统钧鉴：

顷接西安俭电，文曰：襄阳军政分府转鄂黎、黄二元帅：慭虞军冒雪血战二日夜，幸告克复。豫西侠士王天纵、柴云升、赵长荣等各以千人来归。军威方张，而停战期满，我是以有灵宝之役，虏卒败衄，奔窜至百余里。陕州克复，我军进攻渑池。而复订停战期限之电至，乃通牒敌人，期如约休养兵士。不意虏军多诈，阳允停战而乘退军之际，昏夜来袭，遂致蹉跎。虏廷以为可乘，且闻我西事方急也，乃调第六镇一协、毅军六营，全力来犯。阳历二十日，兵逼潼关，我军力战竟日，死伤枕藉，卒以兵单械少，潼关遂再失陷。我军火器锐锋难遏，乃以省垣援师，防堵华军，南屯商雒，与为□□。南和北战，冣人狡谋，已陷我三招，今又及秦川矣。时不可失，寇不可长。祈决计北伐，无再犹豫。再，钤军拟出荆紫关，与襄军夹易据终，以通秦木之路，一以扑动清军之驻步胜及潼关者。惟枪械不给，望速设法接济。秦陇豫东征都督张凤翙叩。

又文曰：军政分府转鄂军都督黎钧鉴：别久思深，闻任内阁总理，贺贺。陕省潼关失守，省城危在旦夕。望速拨队救援，并望火速接济枪械，是所哀祷。乞速复。秦北路统带任廷琇叩。祃。印。各等因。

查潼关失守后，警电纷来。陕省危在旦夕，系属实情。现季招讨与张司令已准备分道出师，进攻宛邓，以资燃急。仁葵应召东下，日内启行，余容面陈。仁葵叩。冬。（襄阳来电）

（《临时政府公报》第十六号，1912 年 2 月 15 日，"附录·电报"）

庄蕴宽致孙中山等电
（1912 年 2 月 2 日）

大总统、各部长、都督均鉴：

凡国有、省有及地方所有财物，均有主权，不宜稍涉牵混。前清政府直接管理者，自可酌归国有。其余江宁官厅及江宁府所管，应仍分归省有及地方所有。南京政府成立后，自可将前江宁府所直接管理者，酌为分拨。临时政府既不便辄归国有，其经理之官吏，更不得凌躐权限，希图见好。都督有保守维持之责，尤不敢混淆中央与省之界限。抑全省之舆情，丛谤日滋，抚衷愧惧，用敢预为切

实声明，谅蒙鉴宥。苏都督庄蕴宽叩。冬。（江苏庄都督电）

（《申报》1912 年 2 月 5 日，"公电"）

江西临时议会致孙中山电
（1912 年 2 月 2 日载）

南京大总统钧鉴：

　　江西议会组织情形，已电陈大概，兹复公举代表廖国人、卢士模两人来宁，面陈一切，恳请设法维持。江西临时议会公叩。（江西来电）

（《临时政府公报》第五号，1912 年 2 月 2 日，"电报"）

轮船招商总局致孙中山、黄兴函稿
（1912 年 2 月 3 日）

南京政府孙大总统钧鉴：

　　敬呈者，昨日业将招商局股东开会情形电呈在案。兹谨将粤港澳各埠股东及旅沪未到会股东原电、原函照抄全份，备函呈送，务祈鉴核。除分呈陆军部总长黄鉴核外，专肃谨呈。敬请褆安。

轮船招商总局谨具　二月三日

（《南京临时政府拟以招商局产抵借日债史料》，《历史档案》1983 年第 3 期）

陈其美致孙中山、黄兴等电
（1912 年 2 月 3 日）

火急。南京大总统、陆军部总长、各部总长、卫戍总督、黎副总统、各司令官、各省都督、各军政分府暨列衔诸君公鉴：

顷接北京南北军界统一联合会来电文如下：陈其美、冯耿光、华振基、舒厚德、陈炯明、黄郛、杨曾蔚、管零臣、张绍曾、高尔登、蓝天蔚、蒋方震，并请代转黎宋卿、黄克强、徐固卿、章亮元、何澄、吴绍璘、曲同丰、陈其采、石星川、许葆英、刘之洁、庄思缄、马毓宝、黎宗岳、蒋尊簋、吴荣生、孙少侯、柏文蔚、胡万泰、蒋雁行、耿觐光、孙道仁、朱庆澜、蔡锷、陆荣廷、王芝祥、谭延闿、周道南、程潜、胡汉民、汪兆铭诸君公鉴：此次人民要求共和，处处依赖军队之力，以南军种其因，以北军结其果。所谓武装解决，由专制时代一变而成共和时代，诚数千年未有之伟举，亿万同胞之幸福。且共和不日颁布，南北公举临时大总统，组织临时新政府，内政外交，万端待举。吾军界同人，自应振刷精神，首先提倡化除私见，辅助统一之大总统，组织一劲强完全之新政府，巩立于环球之上，为最有权利、最有势力之中华民国。所虑者南北军界，倘各树党羽，互相残杀，不仅足贻君主党人之口实，其糜烂大局，牵动外交，势必因之而起，为祸较君主尤力，岂我军队希望共和之本心哉？怃焉思惧，夙夜难安。以为值此推翻与建设过渡时代，吾南北军人，必须协力同心，组织团体，先以三大纲为范围，胪列如左（下）：

（一）俟清廷宣布共和后，中央统一新政府成立时，务须服从统一政府之命令；

（二）恢复各地方之安宁秩序；

（三）保护外人之生命财产。

以上三纲，为吾南北军人应尽之义务，完全之天职，均应一律遵守。所有一切手续，拟俟军队统一联合会成立后，再行由两方将校讨论。详细条件及军法草案，呈由统一政府核定后，有不遵行者，当认为文明军队之公敌。实于中国共和前途，大有裨益。倘表同情，希即通告各军队同胞，并赞成诸君衔名示知。除电北方各军队外，盼速覆。南北军界统一联合会发起人傅良佐、唐在礼、王赓、刘洵、靳云鹏、廖宇春、陆锦、张士钰、王丕焕、李士锐、段启勋、方咸五、王汝勤、毛继成、蔡成勋、陈文运合启。

等因。理同转达，希即查核，无任盼荷。沪军都督陈其美。江①。叩。

（《临时政府公报》第九号，1912 年 2 月 6 日，"电报"；又见《民立报》1912 年 2 月 4 日，"沪军政府电报"；《时报》1912 年 2 月 5 日，"中华民国立国记"）

黎元洪致孙中山、黄兴等电
（1912 年 2 月 3 日）

急。南京大总统、陆军部长、沪伍外交长、泸州转送张司令、各民省都督、各军政分府、各军总司令官、襄阳季招讨使鉴：

顷据广水吴新光等电称：商会转武昌孙、余、张三君鉴：冬电敬悉。张、倪二军前已通告明白，一律保持现在。冲突一节，得其复电，确系南军进攻，不得猜疑，已且退且御，以期维持安全云云。观其由颍上而退至颍州，由颍州而更退，可知冲突之起祸，决非张、倪两军与敝军办法有二致也。兹已一面分电张、倪，极力维持，各派员与南方接洽；一面电唐大臣转伍代表，阻止南军勿再进攻；并各派员与倪、张二军接洽商办，以期通疏意见，两无猜疑。执事如以为然，请亦设法维持。又得京电：事机颇顺，并闻昨承段帅属，深谢黎都督。归途汤君误伤小指，弟等极抱不安，乞代致意。刘鹤皋君已资遣北去矣。吴光新、徐树铮。铣。等语。特此转达。元洪。江。印。

（《临时政府公报》第十号，1912 年 2 月 8 日，"电

---

① 此据《民立报》补——编者

报"；又见《时报》1912 年 2 月 6 日，"中华民国立国记"；《申报》1912 年 2 月 6 日，"公电"）

伍廷芳致孙中山、黄兴等电
（1912 年 2 月 3 日）

万急。南京孙大总统、黄陆军总长、王外交总长、武昌黎副总统公鉴：

顷由唐代表绍怡送来北京电如下：伍代表鉴：优礼条件，事关皇室，本大臣前以职在行政，谈不及此，是以两接来电，未便答复。现本大臣有权以商酌此事，请自十七日早八钟起至廿三早八钟止，续停战一星期，以便协商。如承允许，即可由两方电饬各军队遵照，余另电达。内阁袁世凯。应如何答复，乞即酌夺示知，以便电复。廷芳。觉。（上海来电）

（《临时政府公报》第九号，1912 年 2 月 6 日，"电报"；又见《共和关键录》第二编，第 28~29 页）

虞克昌致孙中山电
（1912 年 2 月 3 日）

孙大总统钧鉴：

迭据青岛探报，德人连日于胶济铁路为满清运兵运械，并派兵二百至即墨。在青岛又助满清捕拿民党。实系有心破坏中立，乞令外交总长向德政府交涉，切盼。护理山东都督虞叩。江。（山东来电）

（《临时政府公报》第九号，1912 年 2 月 6 日，"电报"；又见《时报》1912 年 2 月 9 日，"中华民国立国记"）

唐绍仪致孙中山电

（1912 年 2 月 3 日）

孙大总统鉴：

　　维密。顷接驻日汪使复电称：电悉。初三电奏，有举国趋向共和，请幸热河，以全皇室而保国境等语。旋因日师团将动，复电奏催，均已由内阁代递，悉同尊旨，当再陈催等语。又接驻英刘使电称：电思已转各使，并商会衔。麟。等语。又接吉电称：已电张、倪派员与民军和商，仍希转达前途，飞电该处民军派员迅与张、倪接洽，免再冲突外，前敌统兵大员并无朱姓，究系何人，请转示知等语。查照办理。怡。江。（上海来电）

　　（《临时政府公报》第十号，1912 年 2 月 8 日，"电报"；又见《时报》1912 年 2 月 10 日，"中华民国立国记"）

唐绍仪致孙中山电

（1912 年 2 月 3 日）

南京孙大总统鉴：

　　维密。顷接段电称：本军北上，前经电达，今日已派员到武昌与黎军商决。惟颍州、固镇已开战，前请阻止，迄未得复。今日南阳镇又来电，言襄河南军声言，两路来攻，请速阻止等语。诸将领均系同志，务恳速为阻止，以免弟失信诸将。切祷盼复。瑞。删。等语。查颍州、固镇已由两方面分电张、倪，又该处民军协商想可妥洽。襄河一路，希即电阻，至感。怡。江第三电。（上海来电）

　　（《临时政府公报》第十号，1912 年 2 月 8 日，"电报"；又见《时报》1912 年 2 月 10 日，"中华民国立国记"）

姚雨平致孙中山、黄兴电
（1912 年 2 月 3 日）

大总统、陆军总长鉴：

我军胜，刻追至离宿十余里地。姚雨平叩。江。（蚌埠来电）

（《临时政府公报》第十号，1912 年 2 月 8 日，"电报"）

姚雨平致孙中山、黄兴电
（1912 年 2 月 3 日）

大总统、陆军总长鉴：

敝军原在固镇车〔东〕，日前部队本早遇敌于西寺埠，独力激战数时，胜负未分，原驻怀、盱队本早由固往援，刻午已到，当无可虞。请急电粤，运粤造六米厘八子弹机关枪弹及枪，到来接济，电。平即赴西寺埠。姚雨平叩。江。（蚌埠来电）

（《临时政府公报》第十号，1912 年 2 月 8 日，"电报"）

黎元洪致孙中山电
（1912 年 2 月 3 日）

孙大总统鉴：

鄂境汉镇为中外通商大埠，现时北军已退，汉上交涉甚为繁剧，稍有不善，遗害全国。是应遴选外交人材，以资办理。查鄂省外交长王正廷，办理鄂省外交甚为得力。前此因议和事，须派往上海助理一切。兹上海事将次就绪，鄂省需才甚急，且王正廷又系熟手，乞大总统就近电催王正廷从速回鄂，担任外交事项。如已往他省，即乞转电该员，念汉上关系甚大，勿得推诿是幸。元洪。江。
（武昌来电）

<blockquote>

（《临时政府公报》第十号，1912 年 2 月 8 日，"电报"；
又见《时报》1912 年 2 月 10 日，"中华民国立国记"）

</blockquote>

张謇等致孙中山等电
（1912 年 2 月 3 日）

大总统、陆军部、财政部、南京府鉴：

　　金陵自张勋负固，致烦联军进攻，苏省悉索敝赋，公私耗竭。幸新政府建设南京，各部成立，苏民延颈企踵，渴望援手。政府为全国之政府，非一省之政府，所有政府与江苏都督权限亟宜划清，以垂永久。有如陆军，关于国防之事，如北伐各军水路要塞，应由陆军部担任；其关于省防、治匪、保民之事，仍由苏督担任。有如财政，凡共和政府，应属于国家收支各项，由财政部宜［管］辖；其应属地方收支各项，仍由苏督管辖。南京府只以上、江两县为范围，应仅管两县收支，各不侵轶。庶几机关明晰，民间稍轻负担，事理不至纷歧。应请交参议院分条核议，明定规约，乞电复。江苏省议会张謇等同叩。江。印。（苏州来电）

<blockquote>

（《临时政府公报》第十号，1912 年 2 月 8 日，"电报"；又见《时报》1912 年 2 月 8 日，"中华民国立国记"）

</blockquote>

陆荣廷致孙中山、黄兴等电
（1912 年 2 月 3 日）

十万急。南京大总统、陆军部黄总长、外交部王总长、魏次长、武昌副总统鉴：

云南蔡都督、广东陈都督、各省都督均鉴：据龙州林统领俊廷电转，据爱店赔管带华东电称：探闻法越官兵与铰南黄提参开战，谅山官兵尽发，峒禄、峙马三二画［?］亦带兵往剿，现已加意防堵，并据探报情形相同各等情。查桂、粤、滇三省接壤，越南法祯搆兵，关系国防，敝省已飞饬沿边①各军队严密防范。请蔡、陈两都督迅速分饬各边军一体严防，并随时探示为祷。桂都督陆荣廷叩。三号。（桂林来电）

　　（《临时政府公报》第十号，1912 年 2 月 8 日，"电报"；又见《民立报》1912 年 2 月 6 日，"沪军政府电报"）

孙万乘致孙中山、黄兴等电
（1912 年 2 月 3 日）

南京大总统、陆军总长、武昌黎副总统、各省都督、各分府各总司令、各报馆均鉴：

　　阴历初十，我军与各军联络，进攻颍州。至颍州十八里埠，获炮二尊、枪七十余支。次日又进至下里湾，敌人见势不敌，城楼遂挂白旗。镇军支队长卢率领镇兵入城，该贼伏兵，射击猛烈，我军不支，遂退回原地。后敌军由亳州发来援队数营，攻我右侧，我军少退，敌人尾追甚急。后退至颍上以南。我军伤亡队官三人，教练官一人，目兵十数名。庐州现正预备加队出发，惟枪炮尚未运到，焦急万分。务祈急速加派援兵，开赴颍上。长淮一入房手，则大局牵动。事机紧急，不胜迫切之至。庐州军政分府孙万乘叩。江。（庐州军政分府电）

　　（《申报》1912 年 2 月 6 日，"公电"；又见《时报》1912 年 2 月 6 日，"中华民国立国记"）

---

　　①　据《民立报》校——编者

伍廷芳致孙中山电
（1912 年 2 月 4 日）

南京孙大总统鉴：

顷由袁内阁正式交来优待条件，廷今日午后二时偕唐少川、汪精卫坐专车来宁面商一切，七时半可到。祈饬人在车站招呼为荷。廷芳。支。

（《时报》1912 年 2 月 6 日，"中华民国立国记"；又见《民立报》1912 年 2 月 6 日，"紧要电报"；《共和关键录》第一编，第 100 页）

杜潜致孙中山电
（1912 年 2 月 4 日）

大总统鉴：

登州军政府要潜赴登，仍代理都督。潜在总统府既有要差，沪上复有重要交涉，已辞代督，即日南旋，特闻。杜潜叩。支。（烟台来电）

（《临时政府公报》第十号，1912 年 2 月 8 日，"电报"）

姚雨平致孙中山、黄兴电
（1912 年 2 月 4 日）

大总统、陆军总长鉴：

顷得林协统江电，本日午前八时，我军及宪兵联队与敌战于宿州东，计敌兵千余、张贼二千余外，尚有第五镇新军步队四营、炮队一营、马队两队、山东巡防千余接战。至午后二时，敌军屡战屡败，我军追击十余里，杀敌千余，生擒数十，投降百余，夺获军械马匹无数，我军杀伤尚少，现敌已向徐州退却。镇军于下午到宿，我军现驻宿州附近。先此告捷，余容详报等语。似此激战，销械必多，枪枝弹药，望速接济，以便乘胜夺徐，收鲁定燕。姚雨平叩。支。（蚌埠来电）

（《临时政府公报》第十号，1912年2月8日，"电报"）

马毓宝致孙中山等电
（1912年2月4日）

大总统、陆军部参谋部鉴：

敝省续派学生军两营赴宁，听尊处命令，会师北伐。由蒋督带群率领于五号出发，所有该军驻扎地点，前已咨商陆军部斟酌。现在指定何处，乞即电示。赣都督毓宝叩。支。（南昌来电）

（《临时政府公报》第十号，1912年2月8日，"电报"；又见《申报》1912年2月11日，"要闻"）

陈其美致孙中山等电 [①]
（1912年2月4日）

南京大总统、司法部总长伍、次长吕均鉴：

山阳志士周实、阮武二君，皆系南社社员、同盟会友，奔走于革命事业者多年。此次武昌建义，南朔响应，独金陵负隅，周君弃学还淮，为学界公推，与阮志士组织巡逻部，分任正副长，力保危城，勋劳卓著。嗣值苏、常、扬、镇相继反正，周、阮二君遂于九

---

① 部分缺字据《江苏文史资料》第40辑补。——编者

月二十四日，以淮城宣布光复，万众欢呼，独伪清山阳令姚荣泽匿不到会，阮志士因其有骑墙之意，正言诘责。姚衔恨刺骨，不得已勉司法长，突于九月二十七日下午遣快役，持片声请议事，拥至府学魁星楼下，不质一词，将周志士七枪毙命，阮志士刳腹剖心，其惨酷实出于万国人道外。周父鸿翥，年已七十，威迫具结，监禁十年。迨私仇既复，即将司法长告退，是姚贼之任司法长为复仇地步，仇复即退，非真心反正，已可显见。嗣有镇军支队到淮，向姚问及周、阮死状，姚惧，朦禀蒋都督，设法补批，并弃淮逃匿通州，周父始得于十月八日出狱。先阮志士两兄保麒、玉麒，弟锦麒，虑遭毒手，避地镇江，姚布散流言，谓周父、阮兄，均经告密，希图脱卸。其美迭据南社全体公函及周父来禀，求为昭雪，因行文通州，密拿姚贼，解申讯办，通州分府拘姚后，匿不解申。正在为难之际，复据镇军顾问官周祥骏，阜宁学界曹凤镛等公函，淮安学团顾振黄等五十余人、乔树森等十余人公禀，及阮兄保麒、玉麒，弟锦麒来禀，泣求解提姚贼到案对质，因复派员到通守提，旋据该员持回通州总司令张督复咨，内开：大总统批姚伪令呈禀内有候令行江苏都督将周、阮全案彻查，秉公核办之语，以为总统既批令苏都督，愈不肯解送来申。但此案姚已出，其伪官贪囊，四出运动，层层推究，则蒋都督系据淮绅之节略，程都督复据蒋都督之电文，而淮绅节略之内容，又纯据姚贼之狡口，而姚贼之所以得逞其狡口者，又恃乎不署姓名之山阳公团，及不负责任之皖南同乡，为之袒护，而所以得其袒护者，皆伪官金钱之力也。姚贼于一日而杀两志士，复欲以只手掩尽天下人，使志士埋冤，纪纲堕地，虽满清旧例，本不赞助民军，而民国方兴，岂容悬此冤狱。姚贼所谓扰乱秩序，所谓潜图起事，所谓道路传闻，所谓招引江北溃兵，所谓意图抢劫，所谓图吃丧□酒，所谓谋毁衙局，所谓谋杀绅董，所谓连日密议，谋□煤油于大成殿及奎星阁高处，举火为号，又所谓虽无实证可凭，已万口沸腾等语。种种欲加死者以不洁之名，而仍是□根可查之语。姚贼之险恶既如此，而狡猾更有甚者，即如拘留家属，先封财产，其美致通州电中，本无此语。正月一号，张督来文，谓姚荣泽冒死不趋，被众指摘，敝处昨奉苏督电，示伊在山阳任内尚有经征未完之款项，当将寓内起出衣箱物件查明，封存司法厅，呈候苏督核示遵办。其家眷先交典狱科周以恭看□。嗣讯明该眷无辜，已交保释，然则拘留家属根于张督而已，释放、发封财产根于苏督之电示，而均与其美无关。今读大总统批姚伪令禀，又似姚氏家属未放，庄督又以发封财产责其美之不仁，苏、通两处前后案卷歧误如此，倘非姚贼出其奸谋运动，发封其财产，拘留其家属，故□使民国蹈此缺点，而藉以报告大总统，并将苏督之电装载于其美，俾沪、苏、通三处参互错乱，争辩不暇，而彼乃得挟大总统之批，逍遥于法外，其计之炙，实非夷所思。其美如诬姚贼，愿甘伏法，惟至今通分府并未解申，未知何故？大总统及法部，保护人道，尊重人权，当知吾辈之所以革命者，无非平其不平。今民国方新，岂容此民贼汉奸，戴反正之假面具，以报其私仇，杀我同志，其美不能不为人昭雪，虽粉身碎骨，有所不辞。愿大总统及总次长有以教之。沪都督其美叩。豪。（上海去电）

（《民立报》1912年2月6日，"沪军政府电报"）

山东绅商军学各界致孙中山电
（1912年2月4日载）

孙大总统钧鉴：

本日杜君自行决意辞责，公留未允。绅商军学各界因公举虞君克昌，暂行护理山东都督职务。急候胡君经武来烟，以便主持一切。事关山东全局，务请转告胡君，火急启程，万勿再延。山东绅商军学各界同人公叩。（烟台来电）

（《临时政府公报》第七号，1912年2月4日，"电报"；又见《时报》1912年2月7日，"中华民国立国记"）

杨家彬、邓邦植等致孙中山、黎元洪电
(1912年2月4日载)

火急。宁孙大总统、武昌黎副总统钧鉴:

援川滇军第二师团长李鸿祥,于正月十六日率队到泸,敝处欢迎到城。十七日,滇军分队下合江。家彬等以客军远来,难悉该处情形,且合江被围月余,前办事诸人未能解决,家彬等受事仅旬日,曾迭派人和平交涉,深恐客军到彼龃龉,特由司令部长黄方带队同往。于十八日方先到合城,城内开门投降,当即布置一切,下解散围城各军,转请滇军进城驻扎,代办善后事宜。方于二十一日率队回泸,道经蔡坝,滇军伏兵袭击,即迫缴枪械,将黄方及将弁军士百数十人尽行杀害。某等闻之,不胜骇异。盖黄方本属同盟会党人,于伪清光绪三十三年同党人熊克武在成都倡义,事泄,被赵贼尔丰永远监禁,九月成都独立后,始克出狱。现李鸿祥在泸城出示,捏诬泸军抢劫,不受劝谕,先行开枪等语,意在借此掩饰。家彬等以大局尚危,未便轻开内衅,交涉仍守和平。谨此电闻,设法维持,顾全目前大局。前事曲直,姑候大局定后,再求公判。川南军分府杨家彬、邓邦植、席成元、卢峻、李鸿彦、王树等同叩。印。(川南来电)

(《临时政府公报》第七号,1912年2月4日,"电报";又见《时报》1912年2月9日,"中华民国立国记")

张培爵、夏之时致孙中山、黎元洪电
(1912年2月4日载)

南京孙大总统、武昌黎副总统鉴:

昨接川南军政府杨家彬等电称:援川滇军第二旅长李鸿祥分

队，下援合江，由司令部长黄方队同往。方先到合城，城内开门投降，转请滇军驻城中代办善后事宜，方率队回泸，道经蔡坝，滇军伏队袭击，迫缴枪械，将黄方及将弁军士百数十人尽行杀害。等语。

旋又接援蜀滇军李鸿祥电称：黄方、韩侯带兵赴合，既未预先通告，该两员又未能约束部下，以至入境肆行抢掠。敝军前往婉劝阻止，彼即开枪，轰伤数人。士气难遏，致开战斗，黄、韩二人及军士数人，登时击毙。等语。

为时据双方报告，情形不同，十分焦灼。现在秦中告警，千万火急，电文日四五至。援陕问题，非常吃紧，吾川及客军方且统一，联合之不暇，何可内残同胞，外增虏焰，贻祸大局，见笑外人。兹特派联合滇黔蜀北伐团全权大使胡景伊、副使刘声元、中路支队总指挥但懋辛等赴陇，前往调和排解，顾全大局。一面确实调查，务祈和平解决，早日联师北伐。特此电闻。蜀军都督张培爵、夏之时叩。经［径］。（蜀省来电）

（《临时政府公报》第七号，1912年2月4日，"电报"；又见《时报》1912年2月9日，"中华民国立国记"）

许则秋致孙中山函

（1912年2月5日）

我亲爱的朋友：

我们这么久没有通信，也许这封信会令你惊奇呢。

自从我们在香港分手，彼此没有见面有15年多了。偶尔我听到一些关于你的情况，但总未能与你取得联系，因为我在马来西亚认识的人都不知道你的地址。

看到路透社报道黎元洪将军成功推翻满洲人在武昌的统治，我高兴不已。这里的华侨人人兴高采烈，在这个城市里，人们举行各种活动以示庆贺。

我认为，如果黎元洪不失时机使袁世凯落网，就可以尽早一举捣毁满清王朝。

多年来，袁世凯就是中华帝国的一个危险人物，也是我的死对头。我抱着在帝国政府中站稳脚根的想法，在北方呆了五年多。由于没有合适的职位，我对满洲贵族的腐化堕落又有了全面的了解，加上袁世凯为获取荣耀和地位，不择手段，令我非常反感，如此种种令我放弃了在中国政府当官的抱负，而在天津一家日报社成了编辑。通过报纸，我触怒了袁世凯和满洲人。后来我就跑到这里来了。

在这里，我从事矿业和种植业达六年之久，非常成功。我还是罗克由（Loke Yew）的财务经理，他是市议员和最高法院的助手。我对英国法律有较全面的认识，对中国法律、中国人风俗和中国官员及各省人的习惯也认识得比较全面。

我想，我还年轻，我可以重新到中国作些贡献。因为我看到中国现在是中国人自己的了，有你这样一位能人做总统，还有你的助手们管理政府事务——中国是大有希望的。

在城里筹集的款项已经通过雪兰莪（马来西亚之一邦）商会和新加坡的黄杰生（Wang Kat Seng）先生汇寄到上海了。

与此同时，请告诉我，我是否能在这里为你做些什么。我的电报挂号在信的左方，通信地址写"马来西亚联邦，彭亨，本通，许则秋收"就行了。

我希望在五月间去见你，如果你希望我早一些去，请打电报给我。

祝一切顺利。

许则秋

1912 年 2 月 5 日

于马来西亚，彭亨，本通

（《海外友人致孙中山信札选》（二），《民国档案》2003 年第 2 期）

湖南共和协会上孙中山论汉阳铁厂
招日股弊端书

（1912 年 2 月 5 日）

大总统阁下：

敬启者：昨见《时报》所载，汉阳铁厂与横滨正金银行缔结合同，拟发行新股票银一千万两，以一半充扩张铁厂经费，以一半借与民国等语。按此事译自西报，未悉是否确实。然其关系甚巨，有不能不切实上陈者。

窃维汉阳铁厂规模之宏，资本之厚，实为我国独一无二之实业。近年来成绩甚佳，日本因军用而订购买，美商因销场而代输出，又为将来太平洋海陆军国制造之要需。若不慎重调查，任听盛宣怀乘机舞弊，恐引狼入室，该厂必为开平公司之续也。请言其害，约有两端：

一、查该厂及煤、铁两矿，资本价额计有开办官本银五百万两，老商股票银三百五十余万两，商息填给股票银七十九万五千两，公债票银五十万两，预支矿价、铁价、轨价银三百余万两，外债、商欠一千万两。由前鄂督张之洞奏定该厂商办出铁时，按照吨数每吨抽银一两摊还官本，迄今尚未实行。故公家对于该厂占有债权，该厂对于公家负有债务，往往不能自由行动。而该厂之能完全为中国所有者，亦赖此也。今盛宣怀既已失败其故乡产业，又为民国举以充公，深虑波及铁厂，伤彼命脉，乃乘民国财政支绌之时，欲在日本添招新股千万，以一半借与民国。窃恐其阴谋诡计，即以此五百万两为偿还官本之借口，以杜民国政府之将来牵制，而彼则挟持外人股份为之保障，纵使权操外人，然与彼个人之财产固无损也。倘不幸而言中，是第二开平公司又出现于中国，不独南方失此绝大实业，有损于经济政策，而海陆各军之制造原料，将反求之于外人之手，其危险实属可虑。查前年美商承购汉阳铁料时，日人以订约在先，出而抗阻，后许以锰矿利益，乃能通过。前车可鉴，不可忽也。此其害一。

二、东西各国对于汉阳铁厂垂涎已久，苦于不能插手。此次民国若以借款之故，借以抵押，无论何国当无不可行者。盖抵押性质，权尚我操。若添加外股，则以股东权利相凌，终不免如开平之失败。何况中国公司，向于财政簿记均极腐败。盛宣怀前因夤缘富贵，出其种种贿赂手段，不惜以铁厂乾股私赠亲贵，何虑数十百万（观北京报载，贝勒载洵财产单内有汉阳铁厂股票银三万两，即此可推）。试问将来股东大会时，以外人精核会计，能如中国之庸愚股东放弃不问乎？迨经外国股东查出该厂办法种种劣迹，照章诘责，势必要求更换职员，则以后经理全权自必一并转移于外人之手矣。此其害二。

有此两害，则目前盛宣怀之与正金订立招股合同，以要求我民国之认可，不可不加审慎也。夫国家殖产兴业，吸取外资，华洋合办，原非不可行之事；然以现在中国公司之程度，则尚非其时耳。况以借款而论，汉阳铁厂既有官本五百余万，又在民国范围之内，而此次湖南以兵力保护萍煤，开支经费甚属巨款。且大冶铁矿，从前张之洞手批案卷内，有该矿属于湖北官产，不能归并铁厂等语。似此种种原因，即以汉冶萍公司产业借为民国抵押，名正言顺，并不为过，何必由该厂为主体自行添招外股，致有以后流弊也。且该厂既为合股公司，凡属借股及招外股，应先由股东会议，盛宣怀安能以个人名义擅行签字，仍如旧日之专制行为乎。

本会同人再四筹商，均以为铁厂关系长江流域之实业，应由民国政府出而主持，拟有两种办法：一、请顾全该厂商办宗旨，勒令盛宣怀将旧有股款及历年帐目切实清理，造册报名。其中属于盛宣怀之股份，亦准一律保全，免其充公，以释疑虑而示体恤。二、该厂商股不过四百余万，较之官本五百万尚居少数，应由民国作主，以该厂产业抵借外债一千万两，仍以一半发交该厂重振厂务。俟民国大定后，再行添招股本，扩充大办。本会为慎重借款、预防流弊起见，据实直陈，是否有当，伏候采裁。

湖南共和协会谨启　二月五号

（翠亨孙中山故居纪念馆藏档；又见《孙中山藏档选编·辛亥革命前后》，第 190～193 页）

拉塞尔·肯尼迪致孙中山函
（1912 年 2 月 5 日）

尊敬的总统：

我封入几份我今天早晨的电报。我没有拍发是因为太长。但我想或许你会感兴趣。当然，它标的发电地址是南京。这给南京添了彩。

我明天一早将同美国国会的邓尼博士及一个老资格军人、著名作家兼专栏作者麦考密克先生同来南京。如能蒙赐在星期二下午 3：30 到 4：30 之间给我十分钟会面。我将感到非常荣幸，对我是极大的帮助。或许你也能同意同时也接待麦考密克。

拉塞尔·肯尼迪

（《临时大总统和他的支持者》，第 141～142 页）

黎元洪致孙中山、伍廷芳等电
（1912 年 2 月 5 日）

孙大总统、伍外交总长、各总司令、季招讨使、各省都督鉴：

据汉口商会转段军代表徐树铮藤 [？] 电称：京电政体已决，现袁内阁、伍代表正在会商条件，不日想发明谕。段军帅今夜已北行，诸事可望圆满。北方军队筹画回京，已有开赴马厂者。既已推诚相信，决不再作战备。贵处命令如能行及各处，固无他虑。即有一二未能体会吾辈意向，至起冲突者，弟等从心束手待毙，决无怨言，请以此意代白诸同人为感。昨晚广水镇有土匪勾结不肖兵士放火图掠，循酿鼓噪。洪以此间兵力无多，又军帅启行，故未能力禁，仅于天明时追获数匪，询系熊联七党羽。日前由刘鸿皋君约定布置者，当以体置在情意未密以前，不为无礼，尽数纵去。自以据刘君言，先来解散，故未力防，以致地方受累。军队之祸，贻及无辜，吾辈军人，宁不愧死。刻下吴君北行，弟留此间会同绅耆商会议商，以重民产，断不令有无告之苦，姑俟①兵士退后，即严查重办，不稍姑息。又，黄关道处已电饬照札办事。但全局之外交未定，以前一切仍宜照旧章办理，以免外人借口等语。特此转达。元洪。歌。（武昌来电）

　　（《临时政府公报》第十号，1912 年 2 月 8 日，"电报"；又见《申报》1912 年 2 月 8 日，"公电"；《时报》1912 年 2 月 8 日，"中华民国立国记"）

蒋雁行致孙中山等电
（1912 年 2 月 5 日）

急。大总统、联军参谋团鉴：

　　本日十二点四十分，据宿迁吴支队长电告：三号皂河之战，由午后一点至六点与敌激战，我目兵亡五人，伤八人，毙马五匹，暂退至支河口防御。昨夜扬军前往，替换支队退宿休息，同时又接孙总司令电称，刻正筹画分头进攻，俟决定即行飞报各处等语。用特电陈。江北蒋雁行。微。（清江浦来电）

　　（《临时政府公报》第十号，1912 年 2 月 8 日，"电报"）

_____

　　① 此据《时报》校——编者注

许崇智致孙中山、黄兴电
（1912 年 2 月 5 日）

大总统孙、陆军部总长黄鉴：

闽军第一二次队伍到沪，业由蒋参谋长电达。第三次机关枪一队、工程一队、马队一排，计四百七十人，于三号上午到沪。司令部属及野战病院，并步一营，缺二队，计四百人，是晚由崇智率带来沪。现孙都督拟续挑久练目兵，再分三次出发。崇智料理一切后，不日即亲到宁。闽军司令官许崇智叩。微。（闽省来电）

（《临时政府公报》第十一号，1912 年 2 月 9 日，"附录·电报"）

庄蕴宽致孙中山、黄兴等电
（1912 年 2 月 5 日）

急。大总统、陆军部总长、卫戌总督、武昌黎副总统、上海陈都督转北京傅良佐诸君公鉴：

沪督江电悉。南北军界统一联合会，鄙意极为赞成，三大纲皆属必要。义军初起，皆抱纯洁之宗旨。乃各处自由招兵，自由募饷，当事者能令不行，事权不一，名为保民，实以厉民，品类混杂，不可□□。鄙意须就各省固有军队抽调精锐，日加训练，以备剿办土匪，保护良民之实力，庶各地方安宁，秩序渐可恢复，外人生命财产亦永无危险。其不服从统一政府命者，天下共击之。诸公明达，谅表同情，并乞列名入会。代都督庄蕴宽。歌。（苏州来电）

（《临时政府公报》第十一号，1912 年 2 月 9 日，"附录·电报"；又见《民立报》1912 年 2 月 7 日，"沪军政府电报"；《申报》1912 年 2 月 9 日，"公电"）

汪德渊等致孙中山、黄兴等电

（1912 年 2 月 5 日）

分送南京孙大总统、陆军总长黄、安徽都督孙钧鉴：

芜湖军政分府吴振黄，假冒鄂军政府委任名义，到芜招集无赖吴麻子等劫持正绅，攫夺兵柄，推翻地方公举之李葆林，自为分府，任事数十日，糜费四十万金，自称有兵三千，徒手居多，无从考核。其对于地方议会，迄无完全支销报告，藉筹饷为名，任意抄封商民私产，骄横奢侈，毫无顾忌，稍不满意，辄加拘系，又或藉词诛戮无辜，商民惊惧，坐是芜埠逃亡日众，市面日危。舆论昭彰，证据确凿。商民财产所关，生命所系，势难缄默。除电陈黎副总统，奉复证实假冒，并允从速取销外，合亟电恳大总统俯念群情，迅赐将该员撤销，以安地方，而维大局，不胜屏营时［待］命之至。再，敝会公决拟暂地方原举之芜湖军政分府，现任新常关监督李葆林权摄篆务。并恳大总统迅派兵轮前往镇压，敝会当再电告地方各团体，切实查核呈究，合并呈请批示电复。皖南同乡会汪德渊暨全体公叩。微。

（《皖南旅沪同乡会为吴振黄事往来各电汇录·致南京孙大总统电》，《时报》1912 年 2 月 13 日，"专件"）

马毓宝致孙中山电

（1912 年 2 月 5 日）

大总统钧鉴：

顷接九江朱司令汉涛暨各界电称：现在颁行新历，所有旧时节令，拟请援例实行，兹将提议条件列下：一、旧历十二月十八日立春，拟照旧着□方行政，□迎□以重诹政，而昭暝祈。一、旧历十二月三十日年节，人民习惯，拟请仍照旧行，凡民间市城燃炮悬灯一切事宜，暂不禁止。一、旧历年节，准各营队并局所停止办公三日。惟商务结算账目非一起就绪，拟请定开市日期，以昭一律。等语。乞示遵行前来。查旧历立春之期已过，自无庸议；惟其余两条可否剀行，理合电请核示饬遵。赣都督马毓宝。歌。印。（赣省来电）

（《临时政府公报》第十二号，1912年2月10日，"附录·电报"）

张凤翙致孙中山、黄兴等电
（1912年2月5日载）

孙大总统、黄内阁总理、武昌黎副总统、各省都督、各军政分府均鉴：

清军万分凶悍，敝省前奉议和电文，即飞函令前军遵约停战。讵前军派专使刘萃轩六人往硖石面议，均被贼潜害。敝军在张茅、硖石间与贼苦战数日，死伤不支，陕州、灵、阌俱为贼有。顷闻潼关失守，残兵退散，升贼西方之兵，正在猖獗。东西交困，奔命不暇。陕西危亡，近在目前。望速筹大计，合力破贼，万勿膜视，使敝省为晋人之续，致坏大局。盼祷之至，候复。凤翙叩。管〔？〕。印。（西安来电）

（《临时政府公报》第十号，1912年2月8日，"电报"；又见《民立报》1912年2月5日，"沪军政府电报"）

张培爵、夏之时致孙中山、黎元洪电
（1912年2月5日载）

孙大总统、黎副总统鉴：

顷接敝省万县司令转来宜电，谓宜昌代理司令杨介卿称：武昌拟派兵两标进川防堵等语。查川鄂交界，尚皆安静，尊处有无派兵入川之事，如有派兵事故，请即止派。一面电知敝处，以免人心惊惶。敝省成、泸、渝三处已联合统一，成渝各派全权订立，即签字实行，特此并闻。蜀军都督爵、时叩。（蜀省来电）

（《临时政府公报》第八号，1912 年 2 月 5 日，"电报"；又见《时报》1912 年 2 月 8 日，"中华民国立国记"）

书报社致孙中山电
（1912 年 2 月 5 日载）①

孙大总统鉴：

齐电请复。刻由汇丰电汇公债七千二百五十两。收复。书报社。（美国来电）

（《临时政府公报》第八号，1912 年 2 月 5 日，"电报"）

梧州基督教致孙中山电
（1912 年 2 月 5 日载）

孙总统鉴：

二十载经营，成功一旦。从兹信仰自由，惟公是赖。梧州基督教同叩。（梧州来电）

（《临时政府公报》第八号，1912 年 2 月 5 日，"电报"）

---

① 发电人具体信息不详。——编者

同盟团体会致孙中山电
（1912 年 2 月 5 日载）

南京。公任总统，同人欢忭。同盟团体会共贺。（西班牙）

（《临时政府公报》第八号，1912 年 2 月 5 日，"电报"）

伍铨萃、樊之淦等致孙中山电
（1912 年 2 月 5 日载）

孙大总统钧鉴：

郧阳全郡人民庆贺大总统。知事伍铨萃、军队樊之淦、陈德元、庞求成、沈权同叩。（郧阳来电）

（《临时政府公报》第八号，1912 年 2 月 5 日，"电报"）

蔚云静致孙中山等电
（1912 年 2 月 5 日载）

大总统及外交总长钧鉴：

即墨独立，前已电呈。闻德人派马队二百驻扎该地。胶济铁道现又输运清兵，殊属有意破坏中立。除由蔚直接交涉外，请即向德国严重交涉为祷。蔚云静照转。（上海来电）

（《临时政府公报》第八号，1912 年 2 月 5 日，"电报"）

山东商绅军学界致孙中山电
（1912 年 2 月 5 日载）

大总统孙鉴：

杜君辞职，强留不允，已公举虞君克昌护理都督，并举张君学济为参谋总长，各职员仍旧，专候胡君经武来。现在军事吃紧，乞催令胡君火速赴行，盼切祷切。山东商绅军学界全体叩。（山东来电）

（《临时政府公报》第八号，1912 年 2 月 5 日，"电报"）

徐茂均致各报转孙中山、黎元洪等电
（1912 年 2 月 5 日载）

各报转孙大总统、黎副总统及伍外交长均鉴：

剪发为文明公式，又为我全国所赞成。今奉督赵尔巽及汴抚齐耀琳，将其境内无辫者妄行捕拿，惨杀无辜，大伤人道。请即电袁内阁及北军各统领，将北五省及东三省之剪辫者一律保护，并将曾拿获嫌疑者亦概行省释，以免误会，而存人道。大局幸甚。广东徐茂均叩。（广东徐茂均电）

（《申报》1912 年 2 月 5 日，"公电"；又见《民立报》1912 年 2 月 5 日，"公电"）

时秀峰、徐咸中、吕佩璜致《民立报》、
《神州报》转孙中山等电
（1912 年 2 月 5 日载）

《民立报》、《神州报》转大总统、大元帅、皖省都督崇鉴：

颍、寿危险情形前电已详呈，咸求援抵宁，并叠电告急，均未得援军消息，现又经历数日，军情万变，难以意测。万一颍、寿有警，皖、宁屏障尽失，虽有大军已形棘手，自来保江必先保淮，保淮必先颍、寿，诚以颍、寿为中原腰脊、东南门户，东南有事，莫

急于此，较之宿迁，固镇尤为当先之急务，恳火电北伐各军加意注重，星夜往援，慎勿以一邑一县轻视，致危大局。幸极幸极。皖北乞援□时秀峰、徐咸中、吕佩璜叩。（自浦口发）

（《民立报》1912 年 2 月 5 日，"浦口电报"）

张汇滔致孙中山、黄兴等电
（1912 年 2 月 6 日）

大总统孙、陆军部总长黄、军团长柏、各司令、各都督、各军政分府、各北伐队司令、各报馆钧鉴：

昨因三河尖又被敌夺据，皖北更形危迫，张君纶痛哭誓师，立率卫队出征。汇闻即连夜到正，劝其暂无远离，以安人心，一面飞调姚、吴、黄三营赴三河尖，张、袁等望赴颍上，相机助剿，惟枪饷俱形缺乏，难支强敌。现涡阳被北军围困甚急，朝不保夕，倪贼又有水陆并进，猛扑颍上、寿州之举。涡失则寿失，三河尖、颍上失则正阳、合肥亦失，转眼皖北中心点在敌掌握。张勋兵临淮，则长江险要与敌共之，淮上军兵立□单。现分□均在前敌，誓与皖北共存亡，至死不甘退步。但牺牲千万生命，无裨大局，淮上军死不瞑目，惟有尽力搘持，以待各北伐军队分路赴援。一二日内到，尚有可济，否则不堪设想。千钧一发，泪尽声嘶，不知所云。淮上军总司令张汇滔叩。鱼。（正阳关来电）

（《时报》1912 年 2 月 11 日，"中华民国立国记"）

伍廷芳致孙中山、黄兴等电
（1912 年 2 月 6 日）

孙大总统、黄陆军总长鉴：

顷接北京袁内阁洽一电云：接东督赵铣电称：民军以多兵由金州中立隙地登岸云。又奉军马统领龙潭删电称：庄河境尖山口初十午后，民军舰五艘运下大炮十余尊，子弹、炸弹多箱。民党三百余名，内有洋人三十余人，本地土匪亦皆附入。其炮位安置米家坎、墩台、后玉皇庙、尖山口四处，逼向我军云。此等举动，实足败坏大局，咎有攸归。况现方续议停战，和平有望，希严切电饬该民军迅即退回，免致另生枝节，是为至要，并迅复等语。查金州等处密迩日界，民兵进行亟应审慎，倘举动稍越范围，辄生外交重要问题，决非吾人所忍出。况目下续订停战期限，和议将有端倪，似不宜过以武力相逼。希酌核情形，立刻电饬金州等处民军，听尊处命令，免生枝节。至盼。廷芳。鱼。

（《临时政府公报》第十三号，1912 年 2 月 11 日，"附录·电报"；又见《共和关键录》第二编，第 84~85 页）

伍廷芳致孙中山等电
（1912 年 2 月 6 日）

南京孙大总统、国务各总长、参议院议长公鉴：

顷接北京总统官冯国璋、段祺瑞、姜桂题、张勋，翼长段芝贵，防务大臣张怀芝，会办河南军务倪嗣冲，统制官何宗莲、王占元、曹锟、陈光远、吴鼎元、李纯、潘矩楹、孟恩远，统领官李奎元、李泮藻、王金镜、鲍贵卿、卢永祥、陈文运、李厚基、何丰林、马良、张树元、马继增、周符麟、张赵元、王佩兰、伍祥桢、范国璋、高凤城、裴其勋、聂汝清，提督马金叙，总兵官王怀庆、徐邦杰、黄懋澄、李俊才、范书田、叶长盛、田保玉、张善义、谢宝胜、李永芳、谢有功、杨荣泰、张文生，武卫右军各路统领官陈希义、殷贵、赵偶、方田、高云鹏、韩大武，河南统领官刘洪顺、柴得贵，奉天统领官吴峻升、张作霖、冯德麟、吴庆桐洽电称：北方军界不忍生灵涂炭，现多主张共和国体，朝廷亦无成见，无非尊重人道，以国利民福为宗旨。朝廷若以政权公诸国民，为数千年来未有之盛德，凡我臣民，应欢迎感戴，以尽报答之微忱。我军界同人，协同北方各界，商议优待各条件，务请贵代表照此承认，庶可望从此戢祸息兵，得以和平解决，免至兵连祸结，横生分裂之惨。想贵代表应亦同此心理云云。

查阅所开优待条件与袁内阁所提出者无一字之异，廷当即复电云：尊处所开优待条件与本代表前所提交袁内阁者，大旨不相出入，已由袁内阁于二月初五日答复。其所开条件与尊处相同，本代表因事关重要，特赴南京与临时政府参议院协商，对于袁内阁提出之优待条件有所修正，已得参议院全体议决，由本代表照电袁内阁矣。查此次修正案与袁内阁所提出者大旨相同，较本代表前所提出者更为优渥。惟所坚持者，在清帝实行逊位。盖必如是然后共和国体乃完全成立，否则有类于虚君位之嫌，故独于此始终坚持。要之，全国人民为共和而流之血，前后积聚可成江河，万不能含糊了事，以贻后祸。诸公既赞成共和，热心闳识，为薄海所同仰；而对于故君拳拳之厚意，亦为薄海所同谅。此次修正案一面优礼清皇室，俾逊位之后不失尊荣；一面巩固共和国体，俾民国基础不致摇动，实已斟酌妥善，想必为诸公所愿纳也云云。特此奉闻。廷芳。鱼一。印。（上海来电）

（《临时政府公报》第十一号，1912年2月9日，"附录·电报"；又见《时报》1912年2月7日，"中华民国立国记"；《民立报》1912年2月7日，"紧要电报"）

伍廷芳致孙中山等电

（1912年2月6日）

孙大总统、国务各总长、参议院议长公鉴：

顷接北京、蒙古联合会阿王、那王等筱电云：全国人心现已多数趋于共和，朝廷以国家为重，俯顺民情，并无成见。惟皇室既以国利民福为念，不私政权，公之国民。国民如愿以偿，可省无数头颅生命，是皇室让德之隆，诚为古今中外所罕有。按之报施之道，自应格外尊崇尽礼，以餍四方之观听，而副改革之初心。若优待条件稍有贬损，不但别滋疑议，亦非统合五大民族共成大共和国之本旨。贵代表深明中外大势，切望极力主持，以定众志而服群情，庶免功亏一篑，不胜盼切，希见复云云。

查阅所开条件，与袁内阁所提出者无一字之异。廷当即复电云：诸王公赞成共和，热心伟抱，薄海同钦；而对于故君不忘，拳拳之意，务期优礼始终，此情亦薄海所同谅。本代表查阅所开优待条件，与本代表前所提交袁内阁者大旨不相出入，袁内阁已于二月初五日答复。其所开条件与尊处相同，本代表因事重要，特赴南京与临时政府参议院协商，对于袁内阁所开条件有所修正，已得参议院全体议决，由本代表电照袁内阁矣。查此次修正案与袁内阁所提出者大旨相同，较之本代表前所提出者更为优渥，惟所坚持者，在清帝实行退位。盖必如是然后共和国体乃完全成立，否则有类于虚君位之嫌，故独于此始终坚持。要之，全国人民为共和而流之血，前后积累可成江河，共和万不可含糊了结，以贻后祸。故此次修正案，一面优礼清皇室，俾逊位之后不失尊荣；一面巩固共和国体，俾民国基础不致摇动，实已斟酌妥善，想必为诸王公所愿意。至关于满、蒙、回、藏各民族之待遇条件，如满、蒙、回、藏各民族赞成共和，则五大民族同建民国，当然有此办法，不必因清帝逊位，然后立此条件也。专此奉复云云。谨闻。廷芳。鱼二。（上海来电）

（《临时政府公报》第十一号，1912 年 2 月 9 日，"电报"；又见《时报》1912 年 2 月 7 日，"中华民国立国记"；《民立报》1912 年 2 月 7 日，"紧要电报"）

陈炯明致孙中山电
（1912 年 2 月 6 日）

大总统鉴：

闻精卫兄有奉委回粤为高等顾问消息，确否？筹事如麻，倘得精卫相助为理，诚大局之幸。敬乞速复并示行期。炯明。麻。（粤省来电）

（《临时政府公报》第十二号，1912 年 2 月 10 日，"附录·电报"）

蔡锷致孙中山、黄兴电
（1912 年 2 月 6 日）

南京孙大总统、黄总长鉴：

临时政府成立，各部长官皆极一时之选，仰见任官唯贤，无任钦佩。惟缔造伊始，军事方殷，折冲樽俎之才，相需尤急，苟有所知，不敢壅闻。蒋方震君留学东西洋十馀年，品行、学术、经验、资望为东西洋留学生冠。亟应罗致，以餍海内之望。闻蒋已由奉返浙，如畀以参谋部总长或他项军事重要职务，必能挈领提纲，措置裕如。不独中枢有得人之庆，而军国大计亦蒙其麻。锷于蒋君相知最深，为国荐贤，伏希留意。滇都督锷叩。鱼。印。

（《天南电光集》，第 65 电）

麦考密克致孙中山函
（1912 年 2 月 6 日）

尊敬的总统：

在各种势力中，能在保存人民的权利和利益方面对中国有巨大帮助的，是那些由无数的具科学知识的，且愈来愈多地了解中国及中国人民疾苦的人所控制的势力。作为这一社团①的创始人，做为一个在我的国家、美利坚合众国推进对中国的了解的人，我从纽约、北京来见你，请教一两个目前的现实问题。

如你现在有时间见我的话，我希望拜访你并询问这些问题。

（《临时大总统和他的支持者》，第147页）

汪兆铭致孙中山电
（1912年2月6日）

孙大总统鉴：

来电敬悉。冯君督粤，洵为得人。兆铭于粤事苟能为力，无不尽力，似不须有高等顾问之名也。敬复。兆铭。鱼。（申来电）

（《临时政府公报》第十一号，1912年2月9日，"附录·电报"；又见《时报》1912年2月11日，"中华民国立国记"）

陈以义、金燮等致孙中山电
（1912年2月6日）

孙大总统鉴：

袁世凯阳示议和，阴袭陕甘，是远交近攻之故智，恐议和未定，兵已渡河。望勿堕袁之狡计，勿蹈南宋覆辙。嘉兴同盟会员陈

---

① 指 The China Monuments Society 中国牌坊协会——《临时大总统和他的支持者》著者注

以义、金燮、方于笥等叩。鱼。（嘉兴来电）

（《临时政府公报》第十一号，1912 年 2 月 9 日，"附录·电报"）

张大刚、陈云程致《民立报》转孙中山、黄兴电
（1912 年 2 月 6 日）

《民立报》转孙大总统、黄陆军部长鉴：各军司令鉴：

顷据侦探报告，张贼盘踞徐州之兵，约十营，乃于停战期竟敢违约进兵百数十里，窃据皂河一带，窥我宿迁，实属人神共愤，罪不容诛。凡我民军，其速举义旗前赴助攻，则宿迁距徐州朝发而夕可至也，不难一鼓成功，剪灭狡贼，谢我国民。敌标虽新募之兵，然训练已一月有余，行当挑选淮上健儿前驱，以进待诸同胞之至。镇军第六联队长张大刚、教练官陈云程叩。鱼。

（《临时政府公报》第十一号，1912 年 2 月 9 日，"附录·电报"；又见《民立报》1912 年 2 月 8 日，"清江浦电报"）

张謇致孙中山、黄兴电
（1912 年 2 月 6 日）

大总统孙、陆军部总长钧鉴：

日来派员向淮南各盐商剀切晓谕，力任保护，令其暂照旧章先缴课厘，源源製运，以济湘鄂西皖四省民食。再四譬解，各商已承认即日开运，并先筹缴课厘银三十万两。此项收入内，除付各洋行运脚二十一万余两外，可以供陆军之支给。正在督促进行，忽西岸运商呈称，接江西电，奉都督谕每票派借三千两。同时又据鄂岸运

商呈称，有鄂军政府所派梅委员在扬州设立榷运淮盐公所，照会鄂岸盐商，凡启运之先，应在该公所报明花名及盐斤数目，并由该公所缮发护照等情。又据财政部派员，以安徽某军队派员自运圩盐自卖，与沪军府所许太和公司争讧，事甫平解，商询如何贴补太和公司办法。两日以来，积已三端，关涉三省，以致商情惶惑，又生观望，先后来询。谓前此军事初起，各商存在食岸之盐，本利全抛，已无可说。今时局渐定，立盐政总局，商等意事权从此统一，政令不致纷歧。又承总理再四劝告，力任保护，商人迫于大义，勉力承认筹缴课厘，原为信任总理有权，可以统一各省。今又政令歧出，使商等无所适从，所认课厘如何敢缴。请明示办法等语。

　　窃承乏盐务，始则江北蒋都督有售卖淮北商盐之事，继则徐宝山、林述庆皆思干涉扬栈之盐。降气平心，委至解说，似渐渐就范。而沪军都督对于存沪之盐，所谓太和公司者，忽准、忽取消、忽又中变，交涉至今未决。乃西鄂两岸，复生枝节，皖亦有相似之影响，致各商认缴之款，又生变动。似此纷扰，何由取信商人。恐掣运既托空言，课厘终归无着，即各省应得之加价、复价等，亦将虚悬矣。元月三十日、二月一日，曾通电四省都督，将敝局规画办法，详细声明，请其力任保护，迄今未得电复，商人更滋疑虑。可否吁恳总统电属湘鄂西皖四省都督，凡关于淮盐运赴各省：一，须切实保护，宣告各商；二，运盐暂仍旧章，免令各商认缴借款及报效银两；三，各省督销仍由敝局派委，将来所收课厘加价复价杂捐等款，仍按旧章支配。其指抵洋债及赔款者，分别向章拨交就近税务司。并将上开办法，切实电复。敝局即据以宣布，一以解释盐商疑虑，一以消除外人干涉。且办法既归统一，各省所得盐税、源源有着，抵借亦可措词，而民食不致缺乏。若复政令歧出，使盐商裹足，各省将以求多，反致见少，就大局计，固觉困难，为各省计，亦殊失算。民国成立，首在有统一能力。欲求统一，必各都督合顾大局，不分畛域，方有实效。窃愿总统、总长将此意向各都督婉转申说，共扶大局。不独盐政一端之幸也。是否有当，仍恳电复。盐

政总理张謇叩。鱼。印。（上海来电）

（《临时政府公报》第十七号，1912 年 2 月 20 日，"附录·电报"；又见《时报》1912 年 2 月 23 日，"公电"）

杨立言、刘文翰致孙中山等电
（1912 年 2 月 6 日）

南京孙大总统、陆军部、武昌黎副总统、上海伍外交总长、各省都督、各总司令、各报馆鉴：

前伍外交总长转到段军统祺瑞电称：北军各路统兵大员，联衔电奏，主张共和，京中已有布置。又黎副总统转到徐树铮电称：段帅已带兵北上，已有开赴马厂者。近时京中消息颇好各等语。不用武力解决，而共和大局可定，凡有血气，莫不赞同。惟统观以上各电，依词释义，不无疑虑。既联衔电奏主张共和，何以张、倪尚盘踞徐、颍，节节进攻？可疑一。既称带兵北上，京中消息颇好，何以不将重兵开赴北京，而开赴马厂？可疑二。段军统既诚意赞成共和，可要求袁内阁与伍外交直接电商国体问题，两言可决，何以用一二属员往返磋商，将来谁负责任？可疑三。查北军命脉，首在京汉，次在津浦。我临时政府成立，敌人作战目标当移在南京。武汉方面之敌，官□退却，以一部队扼定武胜，阻我北上；徐、颍方面之敌军，暗集重兵，利用津浦铁路，相机南进，南京异常危险。请预为筹备，勿中诡计，而误大局。杞人私忧，幸勿河汉。江北参谋杨立言、刘文翰。鱼。叩。印。（清江杨刘二参谋电）

（《申报》1912 年 2 月 8 日，"公电"；又见《时报》1912 年 2 月 8 日，"中华民国立国记"；《共和关键录》第二编，第 136 页）

陆荣廷致孙中山等电
（1912 年 2 月 6 日）

南京大总统、参议院、各部总长、武昌副总统、上海陈都督、各省都督鉴：

沪都督转北京南北军界统一联合会江电敬悉，希望共和，国民心理。现南京共和政府业已成立，南军早服从命令，北军果表同情，和平解决，自是吾民幸福。至恢复各地方安宁秩序，保护外人之生命财产，东南各省早已实行，自表同情。桂都督陆荣廷叩。鱼。（桂林都督电）

（《申报》1912 年 2 月 9 日，"公电"；又见《民立报》1912 年 2 月 9 日，"沪军政府电报"）

粤路公司致孙中山电
（1912 年 2 月 6 日）

南京孙大总统鉴：

借路押款，本日会议多数赞成，惟拟借若干及如何办法，乞先电复再商。粤路股东全体叩。鱼。

（《申报》1912 年 2 月 12 日，"要闻"）

吕东升致各报馆转孙中山等电
（1912 年 2 月 6 日载）

各报馆转南京孙大总统、黄陆军部长、浙江蒋都督钧鉴：

浙第二镇统制周承菼，植党营私，军心愤激，势必贻误大局。

恳请撤换，以保全浙。处军分府吕东升叩。（处州军政分府电）

（《申报》1912 年 2 月 6 日，"公电"；又见《时报》
1912 年 2 月 6 日，"中华民国立国记"；《民立报》1912
年 2 月 6 日，"处州电报"）

蜀汉军驻涪筹办处致《民立报》
转孙中山、黄兴等电
（1912 年 2 月 6 日载）

《民立报》转孙大总统、黄元帅、黎元帅、程都督钧鉴：

我军在川各地组织北伐队，北伐时乞电示。蜀汉军驻涪筹办处
叩。（涪州发）

（《民立报》1912 年 2 月 6 日，"四川电报"）

伍廷芳致孙中山、黄兴电
（1912 年 2 月 7 日）

孙大总统、黄陆军总长鉴：

二月四号在尊处所发致袁内阁豪电，谓北洋军队已全体赞同
共和，毋须再议停战。应由双方军队派出代表，仿照段军统与黎
副总统接洽办法，彼此协商遵守，顷得袁内阁复电云：豪电悉，
甚善。已通电各路军队接洽照办云云。祈尊处速发命令至皖北、
淮、徐、陕西、山西、山东各处军队迅照办理为祷。廷芳。虑
［虞］①。

（《共和关键录》第二编，第 29 页）

---

① 据《共和关键录》标注日期校。——编者

伍廷芳致孙中山、黄兴电
（1912 年 2 月 7 日）

孙大总统、黄陆军总长鉴：

　　顷接袁内阁效电：顷接徐州来电云：奉谕停战，当派二人持函往告民军，讵民军张统领焚函并杀一人，其一逃回。张统领即率大队二千余人、大炮十二尊，乘我未备猛扑进攻，我军且拒且退，距皂尾二里，逼无可退之地，只得奋力抵御，民军始退。我军仍守约未追，并将阵亡民军，饬校掩埋。寻复三次函商，并未派员前来等语。查毫一电已经通饬各军照办，并经该军函告，何以民军竟不如约，仍复进攻。并复三次函请派员，亦置不理。应请阁下速电该处民军查照豪一电，即派员接洽，以便商办一切，至盼云云。祈尊处速发紧急命令至前敌与张勋所派代表，接洽协商办法，并戒以滥法为公法所不许，勿贻外人讥笑，是所切盼。廷芳。虞二。

　　　　　　（《共和关键录》第二编，第 102～103 页）

伍廷芳致孙中山、黄兴电
（1912 年 2 月 7 日）

孙大总统、黄陆军总长鉴：

　　顷接袁内阁效三电云：顷接济南吴统制电，据徐统带报称：十六日民军来攻，我军退至距宿州二十五里之符离集，并被掳去兵弁四人等语。希速饬该处民军如约退回，并照豪一电，迅即派员接洽为盼云云。希速饬该处军队迅即派员与彼方军队协商办法，以期早日解决大局。廷芳。虞。

　　　　　　（《共和关键录》第二编，第 106 页）

伍廷芳致孙中山、黄兴电

（1912 年 2 月 7 日）

南京孙大总统、黄陆军总长鉴：

顷接袁内阁巧电云：据美使馆称，昨夜接沈阳电，有日本兵一万三千名在奉天大连湾之柳树屯登岸云云。请告外交总长并告关外、山东二都督。廷芳。虞三。

（《民立报》1912 年 2 月 9 日，"紧要电报"；又见《申报》1912 年 2 月 9 日，"要闻"；《时报》1912 年 2 月 9 日，"中华民国立国记"）

黎元洪致孙中山等电

（1912 年 2 月 7 日）

南京孙大总统、各部长及参谋团，上海都督、伍总长，各省都督、各军总司令、各军政分府，京口沈总司令官、李总司令官、季招讨使均鉴：

昨日以安徽、陕西两方北军之冲突，因即由孙、余、张三君诘问，先后得其复电如下：余君幼芳诸君鉴：歌电悉。张、倪两军须请两方派员会议，殆通意见。顷复切电张、倪照办，请君等速电南军之在徐、颍者，弟今日随军帅督师北上，政体之决，殆可操到，一剀宣布，拟即建议将第一军陆续回驻原地，为北军率，盖欲示天下以罢兵，并释南方同胞疑虑也。军帅及弟等均决于政体发表后，立作汗漫游，不与闻政事，请告南方同胞，勿自猜疑，是则国民之幸也。再，潼关已两次电告矣。光新、珣锱。皓。又，商会转孙、余、张三君鉴：顷得鱼电，弟奉段军帅急电北上，即时发车，不及留待范、汤两君，歉极。秦、皖情形，敝处已有消息，两方面现正筹计协商，此后当无冲突，请释雅意。惟弟更有奉告之言，秦、皖方面，北军倪、张、周三将领均系朴莽好誉之性，诮之则雍容和蔼，迫之则愤不顾身，务请转告秦、皖各民军，持此议以对待之，万无不协之虞。好在大局将定，终归一致，不必争持意气，定南北军退步，但保平和为要。鄙见如此，不审有心大局者以为然否？到北局定再当电告住址，以便通电。徐树铿。哿。云云。特通告。元洪。阳。

（《共和关键录》第二编，第 112～113 页）

蔡锷致孙中山电
（1912 年 2 月 7 日）

南京孙大总统鉴：

蜀独立后，土匪蜂起，劫掠横行，全省糜烂。军府林立，拥兵自守，不能维持治安。现联豫率藏兵据雅州，逼成都，北虏袭晋入秦，骎骎向蜀，势益可危。迭经电陈中央，并请程雪老回川主持，迄未示复。岂西南数省不足恤耶，抑滇军不足与谋也？蜀乱一日未定，即大局一日未安。滇军为人道计，为全局计，不能不代平蜀乱，一以救蜀民于水火，一以促国家之统一。事机切迫，恐再迟延，贻误大局，惟有督饬援军，不分畛域，竭力进行而已。谨此电陈。滇都督锷。阳。印。

（《天南电光集》，第 68 电）

伍廷芳致孙中山电
（1912 年 2 月 7 日）

孙大总统鉴：

顷接唐君绍仪送来梁君士诒电文如下：周黑抚致阁部电，谨抄阅，希告伍。文如下：顷据胪滨府张守寿增电称：十七日早八钟，俄马步炮队约八百余，蒙马步队约四百余，合围府营。当即悬旗停战，请蒙员车总管到署面商。九钟车同俄官二员到署，限十二钟交枪马，否则开炮轰击。磋商四小时之久，非交枪马不可。增等因兵力不敷，若再开战，增等一身不足惜，必至牵动外交，不得已将枪马交蒙，下午四钟带兵出署，明晚回省等语。查呼伦骚之变，初由俄人暗助，既则显然干涉，终则帮兵合围，该府孤悬绝徼，援断兵单，势难固守。惟该府一失，沿边二十余卡伦及吉拉林议治局均不可守，呼伦道所辖全境，已成土崩之势，间接而入俄人之手。除饬李守鸿谟，将俄运蒙兵攻胪等情调查明确，以为交涉地步外，应请大部设法挽回，并盼示机宜。树谟。十八日。等语。云云。特为转致。廷芳。虞四。印。（上海来电）

（《临时政府公报》第十二号，1912 年 2 月 10 日，
"附录·电报"；又见《申报》1912 年 2 月 9 日，"要
闻"；《时报》1912 年 2 月 9 日，"中华民国立国记"；
《民立报》1912 年 2 月 9 日，"紧要电报"）

伍廷芳致孙中山函

（1912 年 2 月 7 日）

尊敬的总统：

我在美国的一些朋友一直在尽力说服其政府承认中华民国。我这里封入一个美国人的三封来信，这些信陈述了他们自己的意见。Hearst 先生是美国数家大报的报主，一直是国会议员，在我的请求下，也引人注目地参与了这个运动。

伍廷芳　谨志

（《临时大总统和他的支持者》，第 153 页）

黎元洪致刘成禺转孙中山电

（1912 年 2 月 7 日）

南京参议院刘成禺转呈孙大总统钧鉴：

军密。顷阅日本报载，日本已派第十二师团赴满洲。此等举动，关系民国全局至钜。以鄙意忖度，盖因俄国将援助蒙古独立，扩张其势力范围，英国亦将扩张其势力于西藏，日本此举或欲延长其租借地期限，或扩其租借地域，更更占领满洲全境。为今之计，宜速促满洲退位，恢复秩序，合力以排诸外国之要求，否则危险万状。敢祈速电袁内阁，早日决定大计，俾免各国乘隙伺窥。是所至祷。元洪。阳。印。（武昌发）

（翠亨孙中山故居纪念馆藏档；又见《孙中山藏档选编·辛亥革命前后》，第 119 页）

泗水书报社及全体华侨致《民立报》
转孙中山、黎元洪电

（1912 年 2 月 7 日）

《民立报》转孙、黎总领鉴：

陶公之死，冤沉莫白，乞速追究，以慰英魂。泗水书报社暨全体华侨泣叩。虞。（自泗水发）

（《民立报》1912 年 2 月 8 日，"南洋电报"）

孙毓筠致孙中山等电

（1912 年 2 月 7 日）

大总统、各部总长、参议院、卫戍总督、武昌副总统、各省各都督、各总司令、各师团长、各军政分府均鉴：

吴烈士绶卿，生平志行，昭昭在人耳目，此次在石家庄举事未成，遽遭不测，凡在同志，罔不痛心。烈士之老母妻子于旧历十月间，颠沛回南，旅居申浦，生计艰难，饔飧莫继，路人闻之，咸为怆怀。烈士以身殉国，而身后萧条若是，此后死者之责也。诸公于烈士为同志，睹兹茕茕老弱，流离失所，谅亦恻然难安。倘能慨沛廉泉，集微成巨，则烈士老母赡养之资，子弟就学之费，皆有所取给，不至匮乏，在天之灵已告无憾。毓筠谨竭绵力捐三百元，聊伸忧悯。如蒙捐助，即请惠交上海黄浦滩二十三号通义银行张静江先生手收，以吴世兄名义存储汇丰银行，按月生息济用，庶为周妥，不胜感祷待命之至。皖都督孙毓筠叩。虞。

> （《临时政府公报》第十二号，1912 年 2 月 10 日，
> "附录·电报"；又见《时报》1912 年 2 月 12 日，"中华
> 民国立国记"）

王芝祥致孙中山、黎元洪等电
（1912 年 2 月 7 日）

孙大总统、武昌黎副总统、南京陆军部黄总长、陆都督钧鉴：

祥于五号抵长沙。当此仓卒出师，所部将士，均曾经战阵，强干耐劳。惟编制训练，多未完备，拟即进驻孝感，改编成协，补授战法，以期连合各界协力进攻，早定中原。一切作战方略，总乞随时命令为祷。桂林都督王芝祥叩。七号。（长沙来电）

> （《临时政府公报》第十三号，1912 年 2 月 11 日，
> "附录·电报"）

黎元洪致孙中山电

（1912 年 2 月 7 日）

孙大总统鉴：

鸦片之害，中华受害最深。鄂中现行禁种禁吸，惟禁运尚难独任。洋药不断其来源，种吸必难于禁绝。查阴历上年夏季与英国订约，除加税外，各省进口，必视人民戒除净尽为衡，是禁运必难著效。敝处拟请中央政府先与英国交涉，将洋药归我官卖；倘能办到，土药自易就理，而种吸禁令尤易见功。惟现在能否照办，亟须商酌，请电复。元洪。虞。（武昌来电）

（《临时政府公报》第十三号，1912 年 2 月 11 日，"附录·电报"）

粤省会致孙中山电

（1912 年 2 月 7 日）

南京孙大总统钧鉴：

陈竞存君督粤，秩序渐复，人心以安。前以其决意北伐，曾电奉介绍堪胜粤督任者四人，拟鱼日开正式选举。支日本会接冯君自由及都督府接大总统各电，知清廷退位，将有成议，北伐粤军，可遣偏师，毋庸大将亲行，力嘱本会挽留陈督，切勿改选，以乱人心。经于歌日开特别会议，全体表决，仍举陈竞存君为正任都督，取消有期代理之约，经备正式公文知会在案。海内外各界亦均挽留，请钧处再电竞存君勿萌去志，以定危乱而维大局。和议如何，并祈赐示。粤省会。阳。印。（广东来电）

（《临时政府公报》第十四号，1912 年 2 月 13 日，"附录·电报"）

张察致孙中山电

（1912 年 2 月 7 日）

孙大总统钧鉴：

虞电敬悉。本月二号奉苏都督财政司来文饬提姚荣泽，随即派员乘水师炮艇将姚解苏，并请咨明沪都督矣。请饬苏都督转行解沪。案在宿阳，证据卷宗，通部无从检送。谨复。南通总司令张察叩。虞。（南通来电）

（《临时政府公报》第十六号，1912 年 2 月 15 日，"附录·电报"）

华侨联合会致孙中山等电

（1912 年 2 月 7 日）

大总统、各部总次长、各省参议员鉴：

本会于二月开成立会，推举汪精卫为正会长，吴世荣为副会长。华侨联合会叩。阳。（华侨来电）

（《临时政府公报》第十六号，1912 年 2 月 15 日，"附录·电报"；又见《申报》1912 年 2 月 8 日，"公电"；《时报》1912 年 2 月 8 日，"中华民国立国记"）

黎元洪致孙中山电

（1912 年 2 月 7 日）

孙大总统钧鉴：

鄂省沙市、宜昌、江汉三关，年收税款三四百万两。虽由汉黄德、荆宜两道监督，而征收皆假手外人。自鄂省起义，所有关税银两均归外人掌握，毫未缴出。查三关税款内，向认有外人赔款若干万两。此由民清战争，尚未结局，外人留此款以为洋款地步，亦属情有可原。惟税关主权我国所固有，外人只有经手征收权利，并无管理款项权。况此项税款抵还洋债外，为数尚巨，竟听外人掌管，既失权利，复损国体。前经电请办理，未奉复示。兹又接蜀军政府来电，商问重庆关税办法，情形与鄂一辙，鄂亦无从答复。此事已否交涉，究应如何办理，统希电知。祷切盼切。元洪叩。阳。（武昌来电）

（《临时政府公报》第十八号，1912 年 2 月 21 日，"附录"）

朱汉涛致孙中山、黄兴等电
（1912 年 2 月 7 日）

南京孙大总统，陆军部总长、次长，武昌黎副总统暨各民省都督、各联军司令官、各报馆公鉴：

驻浔参谋长余鹤松因公调省，回浔尚需时日。兹经都督电委总教练官唐君作桢就近兼理，自后所有应商示事宜，希直接与唐君接洽为盼。驻浔司令官朱汉涛叩。七号。印。（九江朱司令电）

（《申报》1912 年 2 月 9 日，"公电"）

黎元洪等致孙中山等电
（1912 年 2 月 7 日）

大总统，各部总次长、以次诸公，各都督、各司令部、各分府、各地办事同人、各报馆均鉴：

武昌起义，原谋国利民福，毫无自私自利之念参杂其间，故不匝月而全国响应。可见我民国起义，诸同志无远无近、无先无后，均同此光明正大之公心，始得有今日之效果。乃不意专制政治尚未尽除，而假共和以遂私图之事迭次传闻：或假之以谋私利；或假之以报私怨；或假之以蹂躏商贾；或假之以侵损人权。种种怪状，人道何在？是又岂起义时我同志始愿之所及哉？革命军起，革命党消，此固有识者之言。某等敢进言曰：共和国之革命军消，盖以破坏易，而建谋难，不如此不足以收容全国之杰俊，而共救时艰。凡此所述，皆少数不肖辈之所为，实非我大多数同志之所预料。罗兰夫人有言：自由自我而生，自由自我而死。言念及此，为之寒心。若不及早补救，是武昌为天下后世之罪人。用特通告，务乞垂念民国之成立不易。各省监督，毋令此不肖之辈得假公名，以遂私谋。人方谓满洲去而民国成；某等则谓满洲去而民国建设尚属初步也。莽莽神州，功魁祸首，言之殊深危惧，想全国同志必不河汉此言。黎元洪暨鄂军全体同志公叩。七号。（武昌黎副总统暨＜刘？＞鄂军全体电）

（《申报》1912 年 2 月 10 日，"公电"；又见《时报》1912 年 2 月 10 日，"中华民国立国记"）

黎元洪致孙中山、黄兴等电
（1912 年 2 月 7 日）

孙大总统、黄陆军部长、各省各都督、西安都督、各军统、各分府、各司令均鉴：

顷敝处代表接到段军代表电开：顷袁内阁据伍代表通饬各路军队，一律仿照段军统及都［各］都督协商办法，各派代表妥为遵守。一俟优待皇室条件议定，即可解决，毋须再议停战云云。又顷接到伍代表鱼电开：和议业有成局，不日可以发表。务望各处派员

联络，以免南北军队冲突，而符共和宗旨为祷。元洪。阳。（武昌黎副总统电）

（《申报》1912 年 2 月 10 日，"公电"）

朱福铣致孙中山电
（1912 年 2 月 7 日载）

南京大总统钧鉴：

　　财政部借债千万，以招商总局作抵，现已成议。浙省军需万急，商民罗掘俱穷，应请饬部分拨浙军若干，藉通缓急，迫切待命。浙江旅沪学会朱福铣叩。（浙江旅沪学会去电）

　　　　（《申报》1912 年 2 月 7 日，"公电"；又见《时报》1912 年 2 月 7 日，"本埠新闻·浙江旅沪协会致孙大总统电"；《民立报》1912 年 2 月 8 日，"公电"）

张致祥、朱之洪致孙中山、黎元洪等电
（1912 年 2 月 7 日载）

孙大总统、武昌黎副总统、各省都督、各报馆、各军政分府均鉴：

　　敝省前此因争路发难，川西南各处同胞，遭瞿赵贼尔丰斩割荼毒之祸，惨状非万千语言所能详尽。及武汉事起，天下响应，吾蜀以发难最早之省，收光复之效，乃在各省之后者，正以赵贼尔丰一人为之横梗，蜀人士为其箝制，不克展布。重庆同人，远观各省之恢复，近念同胞之涂炭，乃决计剪除赵贼，与各省共庆独立，联为一气，极力经营，挥军发难，爰于旧历十月初二日宣布独立。自是川南、成都先后光复。川南地非冲要，兵力单薄。成都续遭防军之变，元气大伤。各处土匪乘间蜂起，幸尹、罗两都督涕泣誓师，力

持危局，未致倾复。及成都诛赵贼以谢天下，擒获傅华峰，重庆又获田征葵，枭首示众，以快人心，则川乱粹平，民心大定。四川版图辽阔，道路崎岖，加以鄙陋无识之辈，心怀权利，不顾大局，或误会独立，不就范围，致使政令纷歧，头绪烦多，难昭民信。又未便加以威力，蹈同胞相杀之讥。爰派支队遣使，分道晓谕安抚。川南、川北各都督，皆已辞职，隶属重庆。各属州县皆就范围。成都又派致祥，重庆亦派之洪，同为成渝联合大使，商议成渝合并统一办法，业已签订草约。决议以成都为全川统一机关，正名曰中华民国蜀军政府都督，驻节成都。就成渝两处正都督，投票选举，以定正副，而免彼此谦让。两副都督退让公举，任以镇抚使枢密院长之职。重庆设镇抚使一人，借资控制，业将草约分送成都，一俟成都都督调印后，即为实行之日，再用蜀军政府名义，正式公布。成渝即经合并，事权自归统一，惟有协力御外，并联合滇黔援陕北伐，早定大局，不特四川之幸，谨电奉闻。四川军政府特派全权联合成渝大使张致祥、蜀军政府特派联合成渝全权大使朱之洪同叩。（重庆来电）

　　（《临时政府公报》第十一号，1912 年 2 月 9 日，"附录·电报"；又见《申报》1912 年 2 月 7 日，"要闻"；《民立报》1912 年 2 月 8 日，"四川电报"）

考尔德·马歇尔致孙中山函
（1912 年 2 月 8 日）

中华民国总统孙逸仙博士：

　　关于裕宁（Yu Ning）政府银行。

　　我们从南京 H·B. 麦（H·B.M）领事那儿获悉，共和国的军队占领南京时，上述银行停止了业务。我们还了解到，在你的批准下，该银行的业务已转至大清（Ta Ching）银行。如果你能让我们知道何时及如何从上面首次提到的银行获得存款的退款，我们将十分感激。

我们有两个存折，款额超过 9000 美元。我们急切希望存款能在本月 18 号前归还。如果需要亲自去南京出示存折才能取款，等你一有答复，我们就动身。

1 月 23 日，我们曾为此事写信给财政部，但至今未收到回音。虽然我们知道你有更重要的事务要处理，但我们想你会原谅我们写信打扰你的。我们还希望你能够考虑这件小事，并给我们一个答复。

谢谢你，十分抱歉，给你添麻烦了。

　　　　　　　您真诚的考尔德·马歇尔（Calder Marshall）

　　　　　　　　1912 年 2 月 8 日上海祥兴洋行

（《海外友人致孙中山信札选》（二），《民国档案》2003 年第 2 期）

陈炯明致孙中山、黎元洪等电

（1912 年 2 月 8 日）

急。南京大总统、武昌副总统、上海议和总代表、各省军政府、大都督军政分府、前敌各军总司令、各路招讨使、上海各报馆鉴：

闻此次和议内，有清帝仍居北京不去帝号，王公仍旧要爵之条。此耗传来，全粤愤激。溯我汉族，主张共和政治，以烈士殉身，壮夫舍命。逮夫武汉倡义，各省响应。糜几许之膏血，费几许之金钱，不外为购求共和，铲除帝制。今者北方各军，既允联合，共和主义，亦称赞同，自应一致进行，迫令清帝皇族退位离京与众生平等，然后民国可得成立。若使帝号世袭，贵族仍存，姑勿论世界之大无此共和，试问业经独立，业经流血之数十行省士民，其所以忍此颠沛流离，是岂为此虚伪之结果。近据皖省前敌军报，倪嗣冲所部尚节节进攻。一面言和，一面作战，袁氏虽狡，安能愚尽天下。倘依前举条件言和，难保彼方军队随机布置，万一不备，必遭反噬。如大局何，如汉族何！想诸公远瞩高瞻，未必能为所惑。清帝不去，猛攻莫懈。粤与幽燕虽间南北，然盈盈一水，指日可渡。行当尽遣精锐，以我岭东数万军人血肉，为真共和之代价。宁陆沉中国，决不忍见此非驴非马之国体，为天下笑也。炯明。庚。（粤省来电）

（《临时政府公报》第十四号，1912 年 2 月 13 日，"附录·电报"；又见《共和关键录》第一编，第 117 ~ 118 页）

萧举规上孙中山论袁世凯不宜当大总统等情事书
（1912 年 2 月 8 日）

楚谦兵舰教练官、同盟会会员萧举规（会员名萧昴生）谨禀大总统阁下：

举规忝属同盟会之一人，故有所见，无不矢情而言。此次计划已屡函陈于黄陆军总长，幸承不弃，言听计从。革命事垂成功，然时至于此，正关键之处，昨特由沪来宁，思欲面陈于黄陆军总长，不幸而总长告病假，未便提议。故敢以所见，渎呈于阁下之前焉。

（一）当武昌起事之后，袁世凯独冒天下之不韪，以与我抗。其意以为我素得人望，我出则中原杰士皆附从于我，而事易如反掌。殊不知人心思汉，与其所料者大相悬殊。自民军重用有新智识者之后，来归者皆络绎不绝。袁乃知事不偕，莫可如何，于其上清廷辞侯爵奏疏中有曰人心由学说而定，莫可挽回者，可以窥见其无人材之为虑也。由来袁世凯自负知兵，又思以南北幅员相隔之广，欲借地利逞己之能，以与我抗，所以彼有运动海军守中立之举也。及至海军北伐，京汉路线信阳一段归我所有，彼之计又失败。观其上清廷辞侯爵疏中有曰襄阳克复而海军叛云云，可以窥见一般矣。

如今又变一巧计，实行和议。换而言之，名为赞成共和，实则君主立宪也。彼之所谓袭皇帝尊号而又优待者，即君主立宪之皇帝不负政治责任而神圣不可轻犯之变相也。彼之所谓大总统云者，即君主立宪之内阁总理之变相也。今彼利用共和之名，倡言除去满清大权，以笼络天下之杰士。举规暗察天下大势，此事将已发端。有所谓南北军队联合会者，专以联络志士入会为旨，如出自我则可，出自彼则危矣。又观前数日各都督电，有如滇都督、沪都督等语气，皆有赞袁之意。又如最亲知之海军总长，见中央政府有改组织之象，办事毫不进行，洵其故则观望也。其他小者更不待说。以于此涣散之人心，皆足助袁世凯之狡计。大势若归于彼，则有用之才亦无如何。大权既归于彼，易其名曰君主立宪，其谁能奈之何哉。是又非第二次之革命不可。本来吾人赞成共和之本旨，欲国民皆知国是我之国，非若专制政体之国专属于皇帝也，非若君主立宪之偏重于皇帝也。有偏重，则人民责任之心轻。中国历史以来，数百年而一革，遂至人民昧于天职。外族侵入，自此以前皆文化不逮于我者，我犹可锄而去之；若此后不巩固共和政体，使人民负国家责任心重，几何其不变为印度、波兰也。是吾党之不能不悉心体察者正在于此也。

今之时也，正袁世凯抗据北京隐以号召天下，幽藏君主立宪之祸心之时。又当人心疑是参半，我正宜直入北京，使北省之军事行政皆操于我，则中原杰士可必无附袁者，即民国会议亦必无举袁者，而后尽力于共和政体之巩固可也。或有云袁世凯为大总统亦何尝不可，不知袁乃醉心于君主立宪者，且非宜于近世之才也。于从来狡猾会社中见事未尝不明，于柔懦社会中办事未尝不认真，于旧人中未尝不算知兵，然共和何以能救国，彼不知也。作事多迟疑不决，待人多权术欺诈，而且世界最新政治方针彼未尝得其一二，固安得有大总统之资格哉。

（二）海军之腐败尽人皆知，而不知于此之甚。船体武器不知保存，有好物徒然使寿命短少，不能使用，一也。官长兵卒有器不知使用，二也。兵卒做工操练无课程，虽有不完全之日课表，徒为具文，三也。兵士无纪律教育，且上下不能一致，四也。官长不以己之事为是，至有以舰长上岸旬日不归而托人代理者，兵卒每日无事而嬉戏者，五也。官长兵卒有抆麻鹊、奏胡琴、唱戏曲为乐，动曰中国海军固如此者，六也。总之，无一可采之事。此就船舰一方面是如此，反观海军部一方面：总长黄钟英见政府尚须组织，不知自己位置尚能再保否为虑，置船上于不问，又畏人有闲言，总言自有安置，终日告病假，不见客、不办事。黄钟英原系海筹船主，至今海筹不补船主，不使之北伐，碇泊于南京之下游四十里，其意以为一旦有事，则弃之逃。观于此则如是，观于彼亦如是，不胜仰天长叹夫如是。是岂新建民国所应有哉。

举规在舰数月，思欲有所改革，以一无实权之教练官，终不能有济；强而干涉，必致大起冲突。敬请将所有旧舰长尽行更换，委任状由总统府颁布，只须海军部经过而已。海军总长亦请更换，与其有而腐败，不若无之为愈也。举规则愿于总统府秘书海军员处列一名，以便总统阁下关于海军一项之差遣，则不胜感激之至。

渎冒上呈，是否有当？敬候钧鉴。恭祝
健康

元年二月八号谨禀

（翠亨孙中山故居纪念馆藏档；又见《孙中山藏档选编·辛亥革命前后》，第119~122页）

谭人凤致孙中山、黄兴等电

（1912年2月8日）

孙大总统、黄陆军长、参议院议员诸公鉴：

查优待清帝条件第一款，逊位之后尊号仍存云云。貌袭文明，实伏乱源，窃不敢取。夫君主、民主国体绝不相容，总统、皇帝名称自不能两立。今总统之外，再拥皇帝，非驴非马，不独无以尊崇国体，实恐见侮外人，其危险一。清廷退位，非出于禅让之本心，而屈于民军之势力。若阳许逊位，阴行帝制，将来暗植私党，巧借外援，路易十六之祸，行将立见，其危险二。既许以外国君主之礼相待，本无干涉内政之特权。惟国交仪式，系尊重其国体，非尊重其个人。玉帛往来，仅一时之礼遇。今清廷退位，国体变更，五种民族，视为一体。君权已全体取消，帝号竟无所依据。若视为外国君主，而称帝于民国之内，则将怀抱野心，煽惑蒙藏，徐图恢复，启藩部分离之渐，坏中华统一之基，其危险三。逊位之后，领土、主权，一律转移于民国，此应然之势。若仍拥帝号，难保无尔巽、升允之徒，地据偏隅，遥奉名义，以相号召。将来内部征讨，劳民伤财，殆无宁日，其危险四。且就事实行之，清廷一面讲和，一面备战。山陕民军，迭遭蹂躏，那桐、载泽私借外兵，将来利用保皇名义，阴行割据手段，破坏大局，贻害子孙，其危险五。顷阅总统及陆军长通电，亦知停战展期，不可再允。鄙意空文辩驳，实堕虏计而懈士心。现南北军队既经联络，彼寡我众，彼曲我直，以此进战，何攻不克。惟有激励各军同时北上，人凤立当悉索敝赋，以相周旋。倘再迟延，玩寇长奸，谁尸其咎。时危事迫，敢效狂言。知我罪我，听诸公论。北面招讨使谭人凤叩。齐。印。

（《临时政府公报》第十三号，1912 年 2 月 11 日，"附录·电报"）

广东省议会致孙中山、伍廷芳等电

（1912 年 2 月 8 日）

孙大总统、伍代表、各光复省都督、各省会、北伐各军司令均鉴：

接上海同乡张之杰缓［？］电称：议和代表所订条件，内有清廷仍居北京，不去帝号，王公袭爵，禁卫军饷项如旧等语，不审确否？如确实，为不伦不类之共和国，必至贻笑万国，贻害将来。本省会集议，全体表决，绝端反对，无一可从；公恳总统府及代表从速改订，否则仍以兵力解决。并请各都督议会联电力争，以维大局而杜后患。粤省会叩。庚。印。（广东来电）

（《临时政府公报》第十五号，1912 年 2 月 14 日，"附录·电报"；又见《共和关键录》第一编，第 127 ~ 128 页）

粤商维持公安会、总商会等致孙中山电
（1912 年 2 月 8 日）

孙总统鉴：

鱼电敬悉，共和底定，万象欢忭。复蒙电留陈督镇粤，尤为感佩。敝会暨各社团等，均经一志坚留陈理粤，亦承俯允，人心赖安。特闻。粤商维持公安会、总商会、七十二行、九善堂等同叩。齐。（广东来电）

（《临时政府公报》第十六号，1912 年 2 月 15 日，"附录·电报"）

蒋雁行致孙中山、黄兴电
（1912 年 2 月 8 日）

大总统孙、陆军部黄均鉴：

敝处现派邓继恩为驻宁代表，如有重要事件，希即就近谕饬该员，以期迅速而免贻误，谨此禀闻。江北都督蒋雁行叩。齐。（清

江浦来电）

　　（《临时政府公报》第十六号，1912 年 2 月 15 日，
"附录·电报"）

黎元洪致孙中山电
（1912 年 2 月 8 日）

南京孙大总统鉴：

　　江日因催请参议院议员王正廷仍返鄂担任外交部长一节，午经电达。现鄂省外交需人甚急，仍请就近促该员刻即来鄂为盼。至所遗议员一缺，已电请浙都督补选接充矣。元洪。庚。（武昌来电）

　　（《临时政府公报》第十六号，1912 年 2 月 15 日，
"附录·电报"）

黎元洪致孙中山、黄兴等电
（1912 年 2 月 8 日）

南京孙大总统、黄陆军部长，上海伍外交总长，临淮关、正阳关各司令官，各省都督、各军统、各分府、各司令均鉴：

　　顷敝处代表接段军代表电开：张、倪两君电知确已派员互相联络，惟罗山方面，今晨猝有潘某等带步炮各队入城复出，且又声言诱降彼处守军，并进据信阳云云，诚不测其用意何在，此间将领即拟发令迎击。适弟到此，希系贵处距罗山交通不便，令不易达，暂速派传令官或代表一人，连夜来信转赴罗山，迅调退去，以免冲突。似此情形，彼此如能联络，则各处可免战事。近来江淮山陕已否疏通意见，盼复。元洪。庚。

　　（《共和关键录》第二编，第 118～119 页）

赵德全致孙中山、黎元洪等电
（1912 年 2 月 8 日）

南京孙大总统、武昌黎副总统、各省都督、参议院均鉴：

敝省公推乐君嘉藻、任君可澄、金君昌祚公任参议员，克日就道赴宁。特此奉覆。黔都督赵德全叩。庚。（《贵阳赵都督电》）

（《申报》1912 年 3 月 2 日，"公电"）

江西省临时议会致孙中山电
（1912 年 2 月 8 日）

南京大总统钧鉴：

此间报载总统致马都督电，内开：铁路借款事，前途来商，可借二百五十万元，百万借赣省军政府用，百五十万借中央政府用，将来增修铁路尚可续借等语如何？乞速复。等因。传诵之下，群情惶惧，窃思铁路问题关系人民权利甚巨，今主张押借巨款，并未经议会与该路股东赞成，而仅取决于都督，人人皆将重足而立，袭满房之故智，而贾人民之恶感，以总统之贤明，何至出此。昨开会公决，先发疑问如左（下）：（一）以百五十万充中央政府之用，是否各省均一政策；（二）以百万充赣省军政府之用，是否出于马都督意见；（三）以南浔铁路作抵之权，是否由各大股东提出。时危情迫，万乞电示。赣省临时议会。庚。印。（《赣路抵借外债之电书·赣省临时议会致孙总统电》）

（《申报》1912 年 2 月 22 日，"要闻二"）

香港致孙中山、黄兴等电

（1912 年 2 月 8 日收）

南京孙总统、黄、伍鉴：

清退位，先集大兵速收北京，留宁政府勿散。古伯荃梗来。请转北海龙济光带兵会宁。

（《共和关键录》第一编，第 139 页）

广东北海商会绅商各界致孙中山电

（1912 年 2 月 8 日载）

孙大总统鉴：

政府成立，公为总统，薄海欣欢，同胞幸福，民国万岁。广东北海商会绅商各界叩贺。（北海来电）

（《临时政府公报》第十号，1912 年 2 月 8 日，"电报"）

章炳麟致孙中山电

（1912 年 2 月 8 日载）

南京孙大总统鉴：

得书，适归浙理教育会，六日当赴宁相见。炳麟。（上海来电）

（《临时政府公报》第十号，1912 年 2 月 8 日，"电报"）

何永福、翟富文致孙中山电

（1912 年 2 月 8 日载）

大总统钧鉴：

民国成立，政权统一，敬贺。惟中西风俗，历史迥异。改从阳历，关系国粹农时。若取便统计，不如定立春日为元旦，匀分二十四节为十二月，仍闰日不闰月。现元月一号至立春前日，为特别开幕月，折衷阴阳，庶免序愆民惑。事关秩序，请速召中外天算专家议决。余函详邮呈。广西宾来［来宾］县长何永福、士绅翟富文同叩。（宾来［来宾］来电）

（《临时政府公报》第十号，1912 年 2 月 8 日，"电报"）

刘家佺致孙中山等电

（1912 年 2 月 8 日载）

大总统、陆军部正副长鉴：

陆军建制及编成官佐名称等级，及军服颜色，应请从速颁发各共和省以归画一。鄂军务部军事局长刘家佺叩。（武昌来电）

（《临时政府公报》第十号，1912 年 2 月 8 日，"电报"）

宁调元、高剑公等致孙中山电

（1912 年 2 月 8 日载）

南京总统府中山先生鉴：

山阳周实、阮式光复淮城，勋劳卓著，突遭满清伪令范［姚］荣泽惨杀，同人共愤。务请电饬南通总司令张察，毋再袒抗，火急解申，归案讯办，以伸国法。宁调元、高剑公、雷铁厓、柳亚卢、朱葆康、沈砺叩。（上海致南京电）

（《时报》1912 年 2 月 8 日，"中华民国立国记"；又见《民立报》1912 年 2 月 8 日，"公电"）

蒙古王公联合会致孙中山及各省通电

（1912年2月9日）

南京孙逸仙君、黄克强君及临时政府各部长、参议院全体议员、武昌黎宋卿君、上海都督、广东都督、广西都督、云南都督、贵州都督、浙江都督、江苏都督、江西都督、湖南都督、安徽都督、四川都督、陕西都督、奉天制台、直隶制台、山东抚台、山西抚台、河南抚台、新疆抚台、吉林抚台、黑龙江抚台、陕西抚台、甘肃制台、奉天谘议局、山东谘议局、云南谘议局、江苏谘议局、湖北谘议局、直隶谘议局、山西谘议局、贵州谘议局、浙江谘议局、河南谘议局、陕西谘议局、四川谘议局、广东谘议局、安徽谘议局、吉林谘议局、甘肃谘议局、江西谘议局、黑龙江谘议局、新疆谘议局、广西谘议局、湖南谘议局、各镇统、协统、各师团长、各司令长钧鉴：

天佑吾国，确定共和，惟时局之艰，已臻极点。补救建设，势须同时并进，南北合一政府，非得外交、军事声威显著之人，难资统领。项城于大局一事，始终苦心孤诣，竭力维持，权实兼施，恩威并洽，卒敢转旋之效。厥功至伟，且政治经验至富，军队尤极推崇。同人□谓统一政府临时大总统一席，必须项城力任其难，方能维系众心，保全大局。本会亦可借手助筹绥驭蒙疆事务。现已公同议决，由本会代表全蒙，推项城任统一新政府临时大总统，以冀敢[取]建设之功，兼保和平之局。公等热心国事，必乐于赞成，除向项城陈情外，为此通电诸公，即希察照备案见复为盼。蒙古王公联合会叩。养。

（《临时公报》，辛亥年十二月二十九日（1912年2月16日））

谭人凤致孙中山电

（1912 年 2 月 9 日）

南京孙大总统鉴：

和议成，战事弭，凡有血气，孰不赞同？然清帝不速退位，要求尊号，前电力陈危机，谅蒙鉴察。溯临时政府成立之初，北虏胆寒，国民颂戴。卒以按兵不进，虏运暂延，近复一再退让，致使民心愤激，共和仅有虚名，帝制仍然存在。预料和议一成，临时政府即令解组，而各省民军未甘降服，是则阁下欲谋统一，反启纷争，希望和平，激成战祸。今日舆论仅以溺职相责者，其咎尤小，将来众怒，以误国致讨者，其祸实大。阁下虽不自为计，亦宜为中国苍生计。忧危心迫，敢效狂言，不胜惶悚待命之至。人凤。佳。

（《谭人凤集》，第 31 页）

梁爵荣致孙中山函

（1912 年 2 月 9 日）

孙先生：

恕我冒昧给你写信，并随附写给鲍申坤（Sheng Kung Pao）的几封英文信，他当时是鲍氏渔船公司（Yu Chuan Pao）的总裁。另外还附有一份简明的建议书，其中列举的措施，希望有助于改善轮船招商局的管理，并获得巨大效益，从而加强新政府的实力。我在轮船招商局工作了 38 年，我的青春就是在那儿度过的，因此，我对船运条规了如指掌。

我祖籍广东，出生于槟榔屿，并在那儿上学，后又到新加坡和孟买求学。辜鸿铭先生和李弘秘（Lee Hong Mi）先生是我童年时的校友，我们住得很近。随附的五张文凭证书，能让你对我的为人和经验感到满意。我虽然上了年纪，但毅力、精力和记忆力一点没衰退。因此，我恳求你把我推荐给轮船招商局上海总局，任该公司船运经理助理。这在随附的中文信中已详述。中华民国政府依法要将该公司收为国有，实行我列举的措施，即可振兴该公司，希望你能明白问题的严重性。无怪乎拿破仑 1807 年在波兰的维士拉（Vishila）说，让国家强大起来的最佳办法就是激发人民的英雄情感。若非如此，国家要待何时才能强盛？

梁爵荣　谨上

（《海外友人致孙中山信札选》（二），《民国档案》2003 年第 2 期）

章太炎致孙中山函

（1912 年 2 月 9 日）

逸仙总统执事：

　　到沪后，闻人言公与克强、盛宣怀、松方正义四人，订立合同，以汉冶萍公司抵款千万，半作政费，半入公司，不胜诧绝。大冶之铁，萍乡之煤，为中国第一矿产，坐付他人，何以立国？公司虽由盛宣怀创办，而股本非出一人，地权犹在中国，纵使盛宣怀自行抵押，尚应出而禁制，况可扶同作事耶？此等重要事件，不经议会通过，而以三人秘密行之，他日事情宣布，恐执事与盛宣怀同被恶名，自是无容足于中区之地，如何不思久远而冒昧为此乎？前日汉民言速召盛宣怀归作财政顾问，鄙意绝对赞成，所以然者，彼于商界犹有信用，令募公债，足以济一时之急，较之公司抵款，利害直相去霄壤。谓宜决意废约，召归盛氏，弃瑕录用，使募军糈，等之可以得饷，何必令国丧主权，身冒不韪耶？转瞬袁氏政府将成，以执事之盛名，而令后来者指瑕抵隙，一朝蹉跌，自处何地？及今

事未彰布，速与挽回，是所望于深思远计之英也。书此献规，即希
听察。

　　　章炳麟白　阳历二月九日　阴历十二月二十二日

　　　　（《章太炎书信集》，第 419～420 页）

伍廷芳致孙中山、黎元洪等电
（1912 年 2 月 9 日）

南京孙大总统、武昌黎副总统、各省都督、前敌各军总司令、各路
招讨使公鉴：

　　顷接广东陈都督庚电，谓闻此次和议，内有清帝仍居北京、不
去帝号，王公仍旧袭爵，此耗传来，全粤愤懑等语。案此次北洋军
队赞成共和，清帝退位已将实行，由袁内阁与廷协议清帝退位后之
优待条件。因彼此往来电商尚未决定，故暂未宣布。廷受议和全权
总代表之任，而于关系重大之事，必先商诸临时政府，乃始决行。
至于各处未能一一先行电商，亦必为诸公所体谅。此次所议优待条
件，廷所坚持者，必清帝宣布赞成共和，然后中华民国于其退位之
后，予以优待。如此则中华民国统一南北之基础已立，对于清帝之
一身及其祖宗家族不妨从优看待。清帝虽不去其尊号，而以外国
君主之礼相待；王公虽不去其爵，而公权私权一切与国民同等。
此于共和国体似无所妨。法兰西为民主国，至今日世爵仍存。至
于已经去位之清帝，亦不过虚名之爵号，似无须过于争执。廷受
任议和，此中之曲折困难，想诸公或未能相喻，惟无论如何，必
不使共和国体有所妨碍，民国基础有所摇动，祈鉴察为幸。伍廷
芳。青。

　　　（《申报》1912 年 2 月 11 日，"要闻"；又见《时报》
　　1912 年 2 月 11 日，"中华民国立国记"；《民立报》1912
　　年 2 月 11 日，"紧要电报"）

姚雨平、朱瑞等致孙中山电

（1912 年 2 月 9 日）

大总统鉴：

　　近间两奉黎副总统电内开：倪、张两军均已赞成共和，极力维持，各派员与南军接洽等因。南北军界，趋向渐臻一致，民国前途，曷胜庆幸。昨日张勋由徐州派人来宿州军次函称，业已派员与我军妥商办法，祈即指定会议地点。当由驻宿粤军、浙军、镇军各司令长共同酌定，拟以距宿州北三十里之符离集为两军代表会议之地，联络南北军之感情，协商赞成共和实行之动作，订定共同进行条件，俾于大局早日解决，业经以此意函告。并先电知。惟张勋怀抱宗旨，不知是否实心，决定会议办法，有无结果，皆不可知。各界现惟协同显认尊崇人道，不能不推诚相待，俟得复后，再当电闻。再，倪军方面，应由开往颍城各军，自行协议接洽，合并声明。粤军司令官姚雨平、浙江司令官朱瑞、镇军旅团长郑为成叩。二十二。（南宿州来电）

　　（《临时政府公报》第十五号，1912 年 2 月 14 日，
　　"附录·电报"；又见《申报》1912 年 2 月 13 日，"要
　　闻"）

段祺瑞致孙中山、伍廷芳等电

（1912 年 2 月 9 日）

孙逸仙先生、上海伍秩庸先生、黄克强先生鉴：

　　北军主张共和，举兵北上，原以谋国民之幸福，免各方之糜烂。瑞派代表与黎君宋卿提议，得有黎君照会，双方均保恒状，以待解决。乃顷得信阳来电云：本月十九夜三点钟，南军困罗山县

城，焚掠县衙，释放县狱。而徐州张君少轩来电云：南军连日攻击，进逼徐州。似此破坏平和，涂炭生灵，恐非执事为国利民福之初心。即希实行禁止，以维大局。祺瑞。祃。（保定来电）

（《临时政府公报》第十五号，1912 年 2 月 14 日，"附录·电报"；又见《时报（1912 年 2 月 12 日）》，"中华民国立国记"；《民立报》1912 年 2 月 12 日，"紧要电报"）

蔡锷致孙中山、黎元洪等电

（1912 年 2 月 9 日）

南京大总统、武昌副总统、各省都督鉴：

自各省起义以来，扫除专制，建设共和，已为全国公意。惟改革之初，因幅员辽阔，故用人行政，省自为谋，非亟图统一之方，恐难免分歧之意。现疠氛未靖，战事方殷，琐屑者固不暇计，为大纲所在，似宜先为规定，期于全国一致进行。窃观目前情形，当从数端入手：（一）用人。各省军府分立，组织机关互有不同，宜由中央参酌各省之现行制度，拟具大纲，颁布通行，以归一律。其上级长官由中央委任；次级官由本省呈请大总统委任；下级官由本省委任后，报明中央政府。至关于外交、财政官，应由中央派遣。似此办理，庶可统一事权，将来地方制度颁行，亦不致多窒碍。（二）财政。我国各省区域不同，丰瘠互异，往往省自为政，痛痒漠不相关。即以目前而论，有为边要者，有当敌冲者，若专恃一、二省之财力以为支持，虽反正者十数行省，而实则力分而不厚。谓宜将各省岁入悉报中央，由中央视各省缓急情形，量为分配，庶可得酌剂盈虚之益，不致以一部分而妨害全局。（三）军事。现中央已设陆军部、参谋部，而各省北伐军队皆受节制于总司令官，是军事已有渐趋统一之势。惟反正之后，各省多添募新兵，略无限制，至有非临战区域，亦有以一省而骤增五、六镇者，枪械既缺，饷糈尤为不支，恐将来有不戢自焚之祸。谓宜由陆军部体察各省情形，酌定应编镇数，通令汰弱留强，勤加训练；已成之镇，悉听中央调遣。庶全国军队联为一气，可以互相策应。此外若币制，若邮政，以及一切行政，或中央已经筹及，或现在未能猝行，不敢复赘。伏希裁择。锷。佳。印。

（《天南电光集》，第 73 电）

陈锦涛致孙中山、黄兴电

（1912 年 2 月 9 日）

南京孙总统、陆军总长黄鉴：

　　密。三井森恪咔到称：井上侯于汉冶萍、招商局押款事极乐相助，惟不便直接。请电森恪转井上侯，以表谢忱。再上［三］井今日下午可交期票五十万五［两］，日后方能兑用。锦涛。佳。（上海发）

（翠亨孙中山故居纪念馆藏档；又见《孙中山藏档选
编·辛亥革命前后》，第 193 页）

陈锦涛致孙中山电

（1912 年 2 月 9 日）

南京孙总统鉴：

　　密。三井森恪咔顷交到期票五十万两。森恪明日午车到宁，请接洽。锦涛。佳。印。（上海发）

（翠亨孙中山故居纪念馆藏档；又见《孙中山藏档选
编·辛亥革命前后》，第 193 页）

段祺瑞致孙中山、黄兴等电

（1912 年 2 月 9 日）

急。南京孙逸仙先生、黄克强先生、上海伍秩庸先生鉴：

瑞昨日率兵到保，二次电奏，想有所闻。政体解决，已有端绪，善后手续，自应预筹。鄙见宣布共和之日，两方政府同时取销，临时大总统并须预行推定。至临时政府必要人员，及临时政府暂设地点，应由全体公同商定。即以退位之时，为共和临时政府成立之日。庶统治机关不致旷时，两方不致陷于无政府之危险。诸君如以为然，即请将应推之大总统及临时政府必要之人员与地点迅速电示，俾与北方军界公议，免相猜疑。现在南北军民均盼解决，望将善后纲领迅示，以便催促宣布。瑞才疏身弱，毫无希图，俟国利民福之目的达到后，当即解甲归农，借藏鸠拙。区区微忱，统希鉴原。段祺瑞。祃。（保定来电）

（《临时政府公报》第十四号，1912 年 2 月 13 日，"附录·电报"；又见《民立报》1912 年 2 月 12 日，"紧要电报"；《共和关键录》第一编，第 139 页）

何锋钰致各报馆转孙中山、黄兴等电

（1912 年 2 月 9 日）

各报馆转南京孙大总统、黄陆军部总长，苏、沪两都督钧鉴：

顷据青口自治职员余鸣升、朱秉裔、徐嘉琛电称：赣榆县城被土匪攻破，曹民政长存亡未卜，青口危在顷刻，求火速派兵救援等语。锋钰昨因海属、房山、阿湖、毛墩、向水口、双港等处土匪告警，城内原驻之刘管带永明所带军队奉调赴沭，存兵不过数十人，不敷分剿，已有急电请清江蒋都督派队来援。今赣榆沦陷，青口告警，时势危急。查海属西去山东兰山、剡［郯？］城两县边东仅百余里，赣榆山东日照、莒［莒］州去边境亦止八九十里，彼处均有房军驻守，设或土匪勾结房军侵□，淮海各属地当其冲，更形危殆。除由锋钰会同盐防营陈统带占奎先行派队相机剿办，并电请清江蒋都督飞速派队赴援外，合行电达。统带江北民政长何锋钰叩。佳。（江北民政长电）

　　（《申报》1912 年 2 月 10 日，"公电"；又见《时报》1912 年 2 月 10 日，"中华民国立国记"；《民立报》1912 年 2 月 10 日，"海州电报"）

曲同丰致孙中山、黄兴等电
（1912 年 2 月 9 日）

大总统孙，陆军部长黄、蒋转各都督、各司令、各报馆鉴：

　　兹张勋复来二电如下：清江曲君同丰鉴：虞电悉。窑湾、皂河敝部实未前进，迭次皆由民军来攻。务希转饬即日停战。彼此既已联络，又何必再相杀害。故敝处已与前敌民军通函和商接洽，现已派定徐州府知府陈为代表员，尊处亦望派员前来，一起商办，以期确有信实，尤为殷盼。勋。印。叩。又电：虞电悉。共和大局日内即可解决，此后南北一家，似无庸再争地界。至敝军退驻，俟大局一定，奉有政府命令，即可照办。刻下总希转饬贵军实行停战，以免涂炭人民，并一面派员来徐，与敝军代表员协商妥办，以资信守，是所至盼。勋。马。印。其电如此，请电饬各司令，暂勿进攻。曲同丰叩。佳。（烟台曲同丰电）

　　（《申报》1912 年 2 月 12 日，"公电"；又见《时报》1912 年 2 月 12 日，"中华民国立国记"；《民立报》1912 年 2 月 11 日，"清江浦电报"）

黄锦英致孙中山函

（1912 年 2 月 10 日）

总统先生：

为尽一个在你领导之下的中华民国公民的职责，我冒昧地向你提出我对一些问题的看法：

一、关于对袁世凯的浅见

自从内战开始，不论从哪个角度看，袁先生都一直致力于间接地帮助我们的事业。这一点，从他坚持停战方针和对武昌黎将军领导下的民族主义者的立即承认就可得到证实。他这样做，给了我们时间去准备和加强力量。他充当满洲人的代言人，不过是给了我们便利，促进我们的成功。

二、关于警察局

为了保证和平与秩序，建立一支强有力的警察队伍是极其重要的，但必须承认，警察队伍的实力不在于人数的多少，而取决于机构制度。英国警察部队是最有实力的，这不是由于英国比其他国家雇用更多的警察，而仅由于他们重视机构制度和纪律严明。这样，通过这个制度，市政府可以知道警察总长在做什么，而警察总长则可知道督察在做什么，督察则可知道警官在做什么，警官则可知道普通警察在做什么，普通警察则知道平民在做什么。纪律要严明，执勤警察要做到服装整洁，有事情发生应立即赶到现场处理，这些都是需要特别强调的。

我建议我们年轻的民国采用英国警察制度训练警察部队，而最好的训练方式是仿效英国驻上海租界区警察部队的制度，只要稍加修改即可。这支警察部队，虽然由英国人指挥，而实际却是在中国的操纵之下。与其他外国警察制度比较，英国警察制度更适合中国人，因为它是为保护中国人而组织的。我可以协助贯彻这套制度和纪律，并愿在必要的时候提供细节。

依我看，现在中国的国家警察部队还处于摇篮阶段，除非警察部队的首领经过特别训练，或者委托真正胜任的人去接管领导权，不然现状还不能改进。现行领导的不胜任表现在两个方面，即外在的和内部的。外在的是警察没有规定的巡逻路线，警察风纪不严，允许那些未穿全套制服的警察执勤，警察执勤时聊天、散漫是司空见惯的。老百姓随意在街上抛置垃圾，由此造成交通堵塞的现象得不到制止。破旧不堪的车辆也允许上路，虐待牲畜的情况执勤人员视而不见，督察如没有一大班警察前呼后拥就不巡逻。一句话，他们不配称为警察。而在内部方面，一些特别事项他们不做专门记录：如果不是警察局要求，督察根本不递交日常工作报告；因犯的姓名和编号也不认真记录在案，只是写在黑板上而已；没有派在国外接受教育的医生定期检查狱室；狱室卫生状况一直很差，典狱官也没有定期检查；警察局的首领只是形式上的摆设，他们有权从事金融业和经营各种公共工程，实际上他们什么也不能做；督察有权发布告；警察没有医生证明就可以请病假；对平民可以按惯例处罚，可接受金钱保释却不开单据；警察局及附属建筑物和中国普通家庭一样脏乱和吵闹；没有一个完善的制度去收缴市政税——一句话，他们缺少身为警察部队的精神。而在"导带"负责之下的警察训练学校只是浪费金钱，如果由警长授权一个训练有素的资深警官去负责，效果会好得多，而且花钱少。训练学校的教科书是全盘照抄日本的，只能给受训者一些干巴巴的规则。可是，如果让一些有经验、懂得警察实际工作诀窍的人去从事指导工作，所有这些缺点都是可以克服的。

三、关于国家宗教

在中国进行的诸多改革中，确立一种开明的国教是极其重要的。关于这个问题，我建议基督教的新教可接受为国家宗教。据我的经验和观点，这样可以间接地使中国人象白人一样开明。这个任务可以采取各种形式去完成，我仅举三种方法为例：

1. 让所有的学校提供礼拜仪式，开设神学课程。

2. 免费发给一些有关基督教对发展国家福利重要性的刊物，介绍西方国家是怎样从不信教转变为信仰基督教，又怎样从信仰基督教而带来文明和统一。

3. 为此目的在街上设立论坛，阐明在现代，一个人如果受旧风俗的约束，祭祀那些形形色色的神和死去的英雄是多么愚蠢，阐明这种愚蠢的迷信和文明格格不入。

如果我们采取了这些措施，我敢说，三年以后，由于环境的影响，人们就会心悦诚服地把庙宇改成教堂，同时，那些靠各种迷信手段愚弄人民为生的人也就会诚实地自食其力。

基督教之所以最适合中国和中国人民，是因为基督教教会人们去敬畏上帝和热爱社会，它作为一种宗教很有系统性。而儒教则不同，虽然充满最高的道德原则，却包含太多的诸如"率土之滨，莫非王土"的观点，它只能使人充满幻想，使人保守和自私。中国历史和满洲政府高级官员的所作所为已经证实了这一点。儒教还没有一个宗教应有的规矩和制度，信奉儒教的人通常还是受旧风俗的迷惑去从事和提倡对鬼神的崇拜。

中国需要持久的统一，只有信仰基督教才可完成这种统一。基督教以它的日常制度，以它关于人的重要性仅次于造物主上帝的教诲，能够使人类积极进取，不断进步。基督教是文明的真正源泉。年轻的中华民国希望建立起真正的文明，但愿这种文明与大多数欧美国家一样，是建立在基督教之上。

四、关于商业训练

很可惜，尽管多年来受到外国商人的影响，中国的商人仍然抱着千百年的老一套经商方法不放。他们从来不试图寻找出为什么我们中国不能开展世界性的商业活动的原因，或者为什么我们的后代不能比我们精明的原因，或者为什么我们不能比我们的祖先精明的原因，或者为什么我们不能和外国人一样精明的原因。理由很清楚，这就是他们不愿接受商业和工业训练，他们不相信商业持续发展的基础在于经商策略，而不取决于受雇者的诚实程度。如果他们明白这些道理，他们现在就可以顺利地起步。他们可以敦促他们的社团提供资金，送他们的经商职员到外国去学习他们各自的行业知识。

他们回来后可以组织学校，那些提供了资金的人或者是他们的弟子就可以得到训练。那种一直把社团资金浪费在烧香拜佛和戏剧上的行为是十分愚蠢的。如果他们现在觉醒，那么经过十年的努力，就可以使中国成为世界上最伟大的生产高效的国家。如果那些主要的商业人士一改他们排斥外国商品的态度转而提倡逐渐仿效外国商品的政策，并且送人到外国学习制造我们需要的日用产品，事情就好办多了。

我国的经商者向来是，而且现在还是那么落后和保守，其原因可以概括为一句话，那就是他们受迷信风俗的束缚太久了。

由于工作繁忙，我只好结束我的信了。我可以保证，我上述的建议和批评都是言而有据的。我在加入上海警察部队之前曾经是驻天津的英军情报总参谋部的一个参谋。我用英语而不用汉语给你写信是因为我的汉字写得不好。

打扰你了，望恕。

黄锦英　谨叩

1912 年 2 月 10 日于上海

（《海外友人致孙中山信札选》（二），《民国档案》2003 年第 2 期）

魏紫维致孙中山函
（1912 年 2 月 10 日）

中华民国大总统阁下：

你在上海的朋友都为你的生命而担心，希望你不要过多地出席公众集会，没有保镖哪儿也不要去。

魏紫维（Zee Vee Wai）　谨上

1912 年 2 月 10 日于上海

（《海外友人致孙中山信札选》（二），《民国档案》2003 年第 2 期）

蔡锷致孙中山、黎元洪等电
（1912 年 2 月 10 日）

大总统、副总统、各部总次长及各省都督均鉴：

本省派张耀曾、顾视舆、席聘臣为中央参议员。特此布闻。滇都督蔡锷。蒸。印。

（《临时政府公报》第二十二号，1912 年 2 月 25 日，"附录·电报"；又见《临时政府公报》第二十三号，1912 年 2 月 27 日，"附录·电报"；《民立报》1912 年 2 月 22 日，"沪军政府电报"）

唐绍仪致孙中山电
（1912 年 2 月 10 日）

南京孙大总统鉴：

维密。顷接袁总理电称：电悉。张、倪处已再四电饬协商，而民军追击不已，该两军与民军迭相抵拒，民军仇视益甚，亦不可专诿过张、倪也。凯。漾①。等语。特闻。仪。蒸。印。（上海发）

（翠亨孙中山故居纪念馆藏档；又见《孙中山藏档选编·辛亥革命前后》，第 123～124 页）

施维森致孙中山电
（1912 年 2 月 10 日）

总统阁下：

我乐于送给你江南实业学堂 B 班学生姓名名单。A 班的名单我

---

①　二十三日。按：此处用阴历，发电日期为辛亥年十二月二十三日，即阳历 1912 年 2 月 10 日。——《孙中山藏档选编·辛亥革命前后》编者注

已经在 1 月 31 日的信中寄给你。

　　由于这些学生不是我本人指导的，我不能推荐他们。但愿意向你提供他们前任教师的名字。Mr. C. L. Larson　Chiksan　Mines, Chiksan, KOREA.

施维森　谨志

(《临时大总统和他的支持者》，第 182 页)

温宗尧致孙中山等电
(1912 年 2 月 10 日)

南京孙大总统、外交部鉴：

　　上海华洋诉讼，与审判厅商定，华人居住租界者，凭审判厅出票，送领事签名，会捕房协提。居华界者，凭会审公堂出票，送本使签字，会审吏协提，照准。法领事认为向章照办，而公共租界领袖领事谓照向章，凡华人在租界，必向会审公堂控告。事出两歧，商会中人颇不谓然。租界公廨委员，未经民国委任，听其专办，主权所关甚重。应否不允签字，以为抵制。事关交涉，合应请示维持。详情备在前昨函电，务祈迅即酌示。除分别照会沪商会、民政长、审判厅议复外。温宗尧。蒸。(上海来电)

　　(《临时政府公报》第十六号，1912 年 2 月 15 日，"附录·电报")

蒋雁行致孙中山电
(1912 年 2 月 10 日)

南京大总统钧鉴：

　　江北民政总长一席，事务繁剧，非有专员不足以资整理。现宿迁方面军事吃紧，雁行势难兼顾，应请迅速派员接充，或仍由地方

公举。不胜迫切待命之至。江北雁行。蒸。印。（清江浦来电）

（《临时政府公报》第十六号，1912 年 2 月 15 日，
"附录·电报"）

庄蕴宽致孙中山等电
（1912 年 2 月 10 日）

大总统、各部总次长、各都督、各司令、各分府、各报馆均鉴：

黎副总统七号电，针砭恶俗，令人毛骨悚然。然读此电而不思
自反者，是无人心也。革命军起，人人想望共和幸福。曾不几时，
怪象迭出，诚如来电所称，假共和以谋私利、报私怨，或蹂躏商
贾，或侵捐人权，循是不已，人道灭绝。良由革命未能革心，社会
流毒横决，纵恣种种发现。罗兰夫人谓：自由自由，世界百般罪
恶，假汝以行。言之心痛。此次革命，为四千余年之创局，若不能
唤起良心，荡涤瑕秽，岂惟志士高蹈于首阳，抑黄帝子孙将无噍
类。我辈当事，即痛愤自杀，何以谢天下？伏乞大总统宏宣训誓，
申儆国人，自今以后，有假自由以便私图者，立置重典，以整纪
纲。从前种种事，譬如今日死。庶几挽回风气，耳目一新，尤愿同
志诸君各抱公心，铭诸座右，互相淬厉，以谋大同。民国存亡，在
此一线，心所谓危，不敢不告。蕴宽。十号。（苏州庄都督电）

（《申报》1912 年 2 月 12 日，"公电"；又见《时报》
1912 年 2 月 12 日，"中华民国立国记"；《民立报》1912
年 2 月 12 日，"苏州电报"）

皖事筹办处致袁世凯、孙中山等电
（1912 年 2 月 10 日）

北京袁总统、南京孙总统、各部长、武昌黎副总统、各省都督钧鉴：

皖事筹办处成立，公举范君厚泽为理事长，调和皖南北之意见，同谋共和幸福。嗣后进行方针，尚希指示，以匡不逮。皖事筹办处同人公叩。灰。

(《申报》1912 年 2 月 29 日，"公电")

张凤翙致孙中山、黄兴等电

(1912 年 2 月 10 日)

南京孙大总统、黄总长、武昌黎副总统暨各省都督、各军政分府公鉴：

政府成立已念有余日矣，敝省曾未奉一字电命，得有所遵循，岂其置秦晋诸省于化外耶？数日来敝省东西受敌，潼关不守，兵临城下，屡电求援，坐视不理，乃迟之又久，而消息杳然矣。翙不知公等视西北大局为何如，视秦晋山河为何人土，岂欲效太平天国一隅坐大，蹈其覆辙乎？今山西已亡，陕西复万难保存，翙惟有率关中同胞坐以待毙而已。事已至此，夫复何言？公等幸好为之，无令为天下后世所笑。临颖涕泣，不知所云。秦陇都督张凤翙叩。漾。(西安电)

(《民立报》1912 年 2 月 11 日，"沪军政府电报"；

又见《时报》1912 年 2 月 13 日，"中华民国立国记")

黎元洪致孙中山等电

(1912 年 2 月 10 日)

火急。南京孙大总统、各部长、参议院及上海伍代表鉴：

顷接祺瑞由保定发汉口商会转来祃电开：弟今日方到保定，昨在信续发一奏，催决政体，当已入览。优待条件，所争者只虚名，希执事主持速决，以定大局。但政体解决，善后纲领亦须预筹，方免紊乱秩序，启外人干涉之阶。已电询孙、黄、伍三君，略语政体解决，已有端绪，善后手续，自应预筹。鄙见宣布共和之日，两方政府同时取销，临时大总统并须预行推定。自临时政府必要人员，及临时政府暂设地点，应由两方公同商定。即以退位之时，为共和临时政府成立之日。庶统治机关不致中断，而方不致陷于无政府之危险。诸君如以为然，即请将应推之大总统及临时政府必要之人员与地点迅速电示，俾与北方军界公议，免相猜疑。现在南北军民均联络解决，望将善后纲领迅示，以便催促宣布。瑞才疏身弱，决无希图，俟国利民福之目的达到后，当即解甲归农，借藏鸠拙。区区微忱，统希鉴原。云云。因事关全局，希速议决复示，以便电转。元洪。蒸。

（《申报》1912 年 2 月 12 日，"要闻"；又见《时报》1912 年 2 月 12 日，"中华民国立国记"；《民立报》1912 年 2 月 12 日，"紧要电报"）

陈其美呈孙中山文

(1912 年 2 月 10 日)①

为呈请事。窃立国以正名为先，立法以统一为贵。当武汉起义，切望声援，事逾浃旬，东南如故。南京为大江都会地点，在所必争，惟巨寇负隅，急攻难下，不得不施盘马弯弓之策，以为搤吭镉破之谋。其美等冒死进行，先克上海，得制造局，海军源泉既为我有，东南电局总枢亦为我握，江浙两省本待南京消息而后动静者，至此乃相继而下，海军处亦因之组成，长江流域脉络贯通，爰

---

① 据陈梅龙著《陈其美传论》（天津教育出版社，1996，第 378 页），此呈上于 2 月 10 日。——编者注

合浙、苏、镇、沪之军会攻南京，张人骏、张勋、铁良螳臂无能，弃城偕遁。于是沿江各省悉数光复，范围稍广，消息较灵。其美于上海光复之初，被众推举为沪军都督。夫上海属隶江苏，地居县治，都督之称何以副实？当时曾力驳固辞，而众意以为都督之设非原官、非关地域，但因革命事实而发生此特设之官，且以战事方新，急宜策应，藉此以扶大局，以系人心，责任所在，暂效驰驱。迨江苏光复后，再辞不许。临时政府成立后，三辞未准。伏思受任沪军都督，本为一时权宜之计，不图开府后，各省援鄂攻徐、援皖攻鲁，以及北伐各师皆取道申江，纷纷供应，饷糈告匮则问沪军，军械不敷则问沪军，大至一师一旅之经营，小至一宿一餐之供给，莫不于沪军是责。且邮电舟车之艰难，无异职司外部，查办案件之丛脞，又如职操司法。推之全国，海军之饷多出沪军，每月用款之繁，数逾百万。以一无所能之其美，几兼交通、外务、司法、军政、财政而独为；以四无属地之申江，几综东南枢纽门户、统筹兼顾而独任。其美觉十余年来为革命而出死入生之日，以今例之，向不致如斯。盖上海地处交通，人人得而求备；而地居下邑，事事为人阻挠。即如参议员每省各举三人，而陈陶怡关系在沪，致欲去位；司法界藉口动争地点，而姚荣泽抗不解申，几欲漏网。甚至沪上商团之驻扎，沪已批行，苏复咨驳；硝矿专卖公司，沪已纳饷，苏令取消。对于沪上各机关人员，委任非专，号令不便，管辖上既无统一之权，事实上乃有冲突之势，牵制如此，无事可为。且凡百收入，均被各方面争之而去；凡百支出，均由各方面诿之而来。纵系巧妇，无米难炊，虽极肝脑涂地之诚，岂能收戮力同心之效。现已精疲脑惫，力疾从公，长此掣肘，非但不能副我初心，转恐因此而误大局。相应呈请大总统取消沪军都督名位，俾其美免恋栈之讥，苏、沪无骈枝之消，仍得以革命军之一员，奔走共和事业，公私幸甚，伏候准行。谨呈。

　　（《申报》1912 年 2 月 11 日，"本埠新闻"；又见《时报》1912 年 2 月 11 日，"本埠新闻"）

汪德渊等致孙中山、黄兴电

（1912 年 2 月 10 日）

分送南京孙大总统、陆军部总长钧鉴：

庚电悉。芜事仰蒙电饬，切实办理，至纫德怀。敝会近日叠接芜市报告，该处滋扰日甚，群情忿激，如再从缓，势恐别生枝节。惟继任之人，必须资望相孚，且与地方感情尤笃者，始足以苏民困而资补救。敝会关怀桑梓，为地择人，敬乞电令李葆林即日兼摄，万一兼任未便，即请大通黎君宗岳暂行移芜接任。共和世代，民生为重，万乞主持，以慰生灵。皖南同乡会汪德渊暨全体公叩。灰。

（《皖南旅沪同乡会为吴振黄事往来各电汇录·致南京大总统电》，《时报》1912 年 2 月 13 日，"专件"）

尹昌衡、罗纶致孙中山电

（1912 年 2 月 10 日）

万急。南京孙大总统鉴：

□致贺电，谅邀察悉，赵尔丰踞川，肆虐滇省，于反正之初，即遣援师助川□立，高义薄云，感戴何似。不意兵端之□，民间忽兴侵略之谣，群怀疑惧，衡等□论万端，终莫能释。盖滇军来援，为蜀人所不解者，实有数端。蜀军抵川境时，赵贼犹存，而顿兵叙郡，□铃求金，盘桓不进，一也。各路同志军虽品类稍杂，要以义□，滇军于其行为，既无忠告，又未知照四川军政府，遽用谲计，开炮攻击，死者数万，二也。同志军受率律不严之咎，横被攻击，其中已不免冤诬，至如刘杰诸人，惨遭枪毙，刘声元等亦遭冤捕，所到之地先锄英杰，如屏山之罗、富顺之范、自流井之周，三也。赵逆既诛，军政府确立，滇军已据之地，既不交还，未到之地，更图进取，四也。富顺犍为监务所在，叙泸两地亦号膏腴，滇军代定，自属美意，而推倒自治税关，设官征税，未商敝处，且道路传言滇军有由叙犍金归滇之说，五也。滇军政府所派郭巡按使曾经旅滇，人□为代表，川人引领欢盼，滇军在途乃谋加害，并将所派送告示之测量学生何荣枪毙沉水，六也。然此等谣咏固难遽信，即有小疑，难掩大德。敝省于滇军进攻各线，厚集兵力以为正当防卫，而不敢轻于开衅。现在成渝议决合并，已无内讧问题，各地方官及宣慰使分道四出，内乱亦将底定，无所用其援助。况北虏未灭，秦晋危急，警报星驰，吾蜀虽弱，不敢为海内后，北征之兵，克日出发，滇军或应凯旋，或同北伐，均应商决。若彼此牵制，争蛮触之小利，贻鹬蚌之大害，一旦大局不支，谁尸其咎？蜀滇谊切同仇，御侮不暇，焉敢阋墙，除电请慎军蔡都督速赐解决外，应请人总统裁夺，转电遵照，并盼复示。尹昌衡、罗纶。蒸。

（《民立报》1912 年 2 月 13 日，"公电"）

梁燕云、徐礼焜等致孙中山电
（1912 年 2 月 10 日载）

南京孙大总统鉴：

冯君督粤，深幸得人，乞即发委任状，促冯君兼程返粤，大局幸甚。旅沪广东同志会梁燕云、徐礼焜等叩。（上海来电）

（《临时政府公报》第十二号，1912 年 2 月 10 日，"附录·电报"）

曲同丰致孙中山、黄兴等电
（1912 年 2 月 10 日载）

南京大总统孙、陆军部总长黄转各都督、各司令、上海各馆报鉴：

张勋赞成共和往复电文兹录如下：徐州张军门鉴：清帝逊位不决，大局难定。项城赞成共和，段公芝泉反戈要求，免致人民涂炭，以破满廷利用我军人自相残杀之诡计。公深明大义，幸勿落人后，望速赞助，奠定大局，我公实为首勋。南北决无猜疑，请释锦虑，速行为盼。北洋招抚使曲同丰叩。微。

清江曲君同丰鉴：来电悉。段公芝泉要求共和之电请，勋已列名，自是赞成共和，不言而喻。今既承示彼此决无猜疑，得以实行息战，免致人民涂炭，尤所深愿。惟宿迁民军现仍进攻不已，即望转饬停战，以昭大同，是所至盼。勋。皓。印。

徐州张军门鉴：皓电敬悉，并达蒋督。谬参末议，遽蒙俯采，爱民悃诚，钦佩无已。承嘱停战，已嘱蒋督转饬前途。清帝逊位迟疑不决，良由二三亲贵苟全禄位，挟持左右。公大兵在握，何妨率之北上，扫除君侧，胁制独断，早定大局，异日青史书勋，必推公为民国首功，且淮泗民军虽欲进攻，亦无从援为口实。惟民军来电又称进攻皆由贵军，或彼此将士不谅苦衷，乞隐察部下是否不守尊令。总之公能北上，不特民军焕〔涣〕然冰释，同胞大局均感无涯。缕陈一切，敬候电覆。曲同丰叩。虞。印。（《张勋赞成共和确闻》）

（《申报》1912 年 2 月 10 日，"要闻"；又见《民立报》1912 年 2 月 20 日，"清江浦电报"）

施维森致孙中山电

（1912 年 2 月上旬）

总统阁下：

我请求你能否指示有关当局允许我进入现在被士兵占作兵营的江南实业学堂的衙门。

我去那儿是要尽力找回我个人的文件、书籍，那些东西或许对我有用。所有我在学院的财产都被搬走了。被现在占据着大楼的士兵损坏或四处乱扔。我听说这发生在不到两周之前。

在这事上预先谢谢你的帮助。

施维森　谨识

（《临时大总统和他的支持者》，第 182 页）

邓恢宇致孙中山函

（1912 年 2 月上旬）①

中山先生大总统足下：

电闻传来，清将纷纷反正，虏廷震慑，退意渐决，国奠民利之基殆将不远，欣慰何如。顾清廷一覆，则袁氏之势益张，善后事宜，处清廷易，处袁氏难。将界之以统治权乎，则民心未洽；将不界之以统治权乎，则彼党难□。在先生以谦挹为怀，以国利民福为主，于区区政权，讵有所恋；然大局未固，民信未坚，中外犹豫，所待取决者，实在今日，而先生之崇德弘规，实有以抚之镇之。若一旦骤易主任，则群情惶骇，谣诼纷繁，东西友邦，传闻多讹，或益足以损其信而增其惑，此诚危急存亡之际，又岂先生所能弃而弗顾者也。且清廷即诚退位矣，而不离北京，则其伪号犹足为奸慝者流借以簧鼓庸流之听闻；故欲扫清虏之根株，则于退位以后，万不能不令其退出北京也。北部即诚全体反正矣，而不以我党多数同志至彼处组织强有力之统治机关，则彼跳梁者流或起反侧之心，则亦大足以为国祸，而殃我同胞者至钜。且以近日财政之窘迫，伪京虽困，然以虏凭借久，所蓄尚富，且伪朝宗社墨吏尤务厚为聚敛，其由渐而积者至肥且厚，若不于其时至伪京取其所余，则经济之为国患者，恐后此较前为尤烈也。此对于北部所谓筹备宜豫者也。乃若

---

① 函末只署二月，无日期。据函中内容可知当时清帝尚未退位，而清帝退位在二月十二日，故标为上旬所写。——《孙中山藏档选编·辛亥革命前后》编者注

诚欲授袁氏以政柄，则不得已请俟诸临时政府建设之六月以后，俾邦本渐固，吾邦行政机关稍坚，然后与之，庶尚不足以为大患。若于清廷退位后，即欲界之，以安反侧，则诚见其害，未见其利。而万不得已之下策，乃惟有速行组织巩固之内阁，仿照法国政体，使行政权全归阁员，总统不得有所专擅，则或亦稍足以制其弊，此则无可如何之举也。抑近日清廷虽日言退让，而究未尝见诸实行。劳师顿众，士气大挫，迁延复迁延，民意未能看悉，外人尤多滋□。金融恐慌，商业大困。虏若诚再出贻误我师之举，则何如迅行北上廓清虏巢，举一一难解之问题，而纯解之以铁血，岂非大快。先生哀矜同胞，弘规擘画，想必有以解此疑而增进民国之幸福与？宇等近拟不日赴烟台，协筹北部之进行。侨居沪上久，殊多怅触，缕缕之忱，敬以书布，惟裁之则幸甚。

邓恢宇启　二月　　日

汉民先生均此。

（翠亨孙中山故居纪念馆藏档；又见《孙中山藏档选编·辛亥革命前后》，第125～126页）

张国兴致孙中山函
（1912年2月11日）

总统阁下：

今天上午收到你热情的回信。很遗憾不能为你的事业出力。不过，我想指出在这紧要关头让日本人占取优势是很危险的，因为其他列强不会坐视日本人从这场变革中获利。他们一定会从中干预，最终的结果是列强瓜分利益。如果需要资金，可以发行战时彩票。中奖号码所得，7%必须用于购买战时债券。抽奖可在广州或南京举行。中国发财的机会少，因此，人人都具有赌博本性。彩票可分为两种，一种为一元一张，另一种为五元一张，如此，则每天财源滚滚。筹款由财政部控制。一定要小心日本人的外交手腕。日本也许想搞垮中国，因为它担心中国总有一天会强大起来并反过来压制自己，而日本想保持自己的民族性，不想被别国所改变。现在明智的外交举措，就是让世人明白中华民国将买回日本资本家在汉阳兵工厂、铁路、轮船公司、煤矿及铁矿中的所有股份，否则，会有很多麻烦。如果俄国得到蒙古金矿的股份，其他列强也会蠢蠢欲动。要密切注意日本人的举动。不过，好在日本人善于保密。如果日本真心要帮助中国，则不会泄密，因为这对它没有什么好处。若你同意我的彩票建议（可以在全国范围内实施），那么我一回到广州就着手准备。那位张胖子我不喜欢。他们私拆你写给我的信，还说满足君主立宪派的要求是个错误。其实，只要总统不隶属任何政党，以独立候选人身份当选，则总统对任何党派都可发挥其职能。总统任期10年，若行为不端，则由两院废除。这点可由宪法规定。现在的和平来之不易。只要对此稍有认识，就不能让军队分化，以防止无政府状态的出现。若军队分化，袁世凯就会趁机派兵南下来镇压你们。经验告诉我，欧洲制作的靴子在北方不能穿，因为我穿着它们在雪地里走不动。最好是穿一种当地所称的"乌拉鞋"。他们用乌拉草作袜子，因为这种草会把冷气隔绝在外。在北方，士兵们都用乌拉草。他们还在左手托枪的地方垫上一小片棉花，而且可喝少量酒暖身。如果你需要鸟酒或其它什么的，我会尽力去办。30 度的酒应该是够高的了。

　　祝一切顺利。

张国兴（Chang Kwock Hing） 谨上

（《海外友人致孙中山信札选》（二），《民国档案》
2003 年第 2 期）

伍廷芳致孙中山电

（1912 年 2 月 11 日）

孙大总统鉴：

顷接河南谘议局来电如下：伍代表转孙大总统鉴：前奉复电，谓以共和成立为解职之条件，光明俊伟，钦感无已。敝局于本月十七日呈由齐抚代奏，即时宣布共和。此举已得北方各省赞成，仍须联衔入奏，期底于成。惟尚有二事急宜解决：一、共和宣布后，大清皇帝名号可否全存。二、共和宣布后，能否择于控制南北之地，暂设统一政府，不使北方陷于无政府之地位。窃意大清皇帝名号较之清帝仅多二字，似不必靳而不予，至北方一日无政府，即有糜烂之虑。想亦仁者所不忍出。此次议和本出于双方同意，必使南北各剂其平，方可和平解决。北方人民希望和平已达极点，务期迅赐电复，俾释杞忧。若因和议内容有他种不接洽之处，并望示知，以便从中斡旋云云。祈酌核电复为祷。廷芳。真二。

（《共和关键录》第一编，第 114~115 页）

伍廷芳致孙中山电
（1912 年 2 月 11 日）

孙大总统鉴：

顷得黎副总统来电云：保定段军统电当已转到，临时政府尚未电复。事机甚急，不能久延，统观大局，宜即时请临时政府及北京各派代表到鄂，公同组织正式共和政府之地点与大总统以次各员，均于此时商定。北京退位之时，即我正式政府成立之日。段军统之电亦不为无见，请公通告临时政府并请段军统转袁内阁从速派各省代表来鄂，公同商定正式政府各事项，以副全国人民之望，并请公与唐君绍仪来鄂是幸。特为转达，祈酌裁示知为幸。廷芳。尤。

（《共和关键录》第一编，第 140 页）

汪精卫致孙中山、黄兴电

（1912 年 2 月 11 日）①

万急。南京孙大总统、黄陆军总长鉴：

维密。招商借款可济急，并可在四国借款公司设法。汉冶萍日人附股，关系民国前途，祈作罢。兆铭。真。（上海发）

（翠亨孙中山故居纪念馆藏档；又见《孙中山藏档选编·辛亥革命前后》，第 193 页）

袁世凯致孙中山等电

（1912 年 2 月 11 日）

万急。南京孙大总统、参议院、各部总长、武昌黎副总统同鉴：

共和为最良国体，世界之公认，今由弊政一跃而跻及之，实诸公累年之心血，亦民国无穷之幸福。大清皇帝既明诏辞位，业经世凯署名，则宣布之日，为帝政之终局，即民国之始基，从此努力进行，务令达到圆满地位，永不使君主政体再行于中国。现在统一组织至重且繁，世凯极愿南行畅聆大教，共谋进行之法；只因北方秩序不易维持，军旅如林，须加部署，而东北人心未尽一致，稍有动摇，牵涉各国；诸君洞察时局，必能谅此苦衷。至共和建设重要问题，诸君研究有素，成算在胸，应如何协商，组织统一治法，尚希迅即见教。世凯。真。

（《临时政府公报》第十五号，1912 年 2 月 14 日，"附录·电报"；又见《申报》1912 年 2 月 21 日，"公电

---

① 原电无月份。现据汪精卫在上海的时间及电文内容，定为二月。——《孙中山藏档选编·辛亥革命前后》编者注

一"；《民立报》1912 年 2 月 14 日，"紧要电报"；《民立报》1912 年 2 月 21 日，"补录休刊期内号外电报"）

张培爵、夏之时致孙中山、黎元洪等电
（1912 年 2 月 11 日）

火急。南京孙大总统、武昌黎副总统、云南蔡都督、贵阳赵都督、民各省都督、各军政分府鉴：

当本军十月独立之初，滇、黔军政府各派援军匡助。两月以来，颇赖大力，得以维持全川之和平。现今成都军队与滇军在资州、陈家场、界牌、自流井一带，因此误会，致起冲突。维时屡电调解，以□陕祸方殷，北伐吃紧，请两方捐弃小嫌，顾全大局，立即停战，勿负初心，致令同胞相残，坐增虏焰，操戈内室，见笑外人，并谓培爵克日亲赴前途，解释两方之疑团。乃敝电无效，内衅已开，爵、时瘏口苦心，排解无术。此时对于成、滇两军调处地位，极为困难。于成都已居统一之名，于客军应守唇齿之义。况与滇军曾结合同，彼此固当界限，于合同之内，两方冲突，只有力劝息争，不能强迫开战。除亲往两军驻处，直接调解外，谨电呈总统并报滇都督请示办法。谨略陈成、滇两军误会之点，惟详察焉。

成军疑滇军之点如下：一、在叙州时出示有得尺则尺，得寸则寸之语。□川南亦□之以为侵略。二、滇军以兵力解散同志会，施放机关炮，杀伤稍多，又枪毙国民军司令长刘礼谦。三、在合江执□川南司令长黄方，宣布罪状六条，后闻黄被枭首，复挖心拔舌，党人、法人皆以为过当。四、在叙府一带及自流、贡井建设盐政机关，把持盐政。五、滇军真日通电滇军政府共和各省，痛诋成都哥会政府，请电告天下，由滇、黔、湘、鄂增发大兵，声罪进剿。

滇军疑成军之点如下：一、成都哥会公口太多，成都重用同志会，而叙井同志会匪人亦多，滇军遂不满同志会，益不满成都。二、成都〔都〕疑滇军假名援川，实行侵略，资州、嘉定皆驻重兵，众口相传，将与滇军作战。三、滇军梯团长来电，成都不先开衅，我军断无首先决裂之理。据滇军李旅长电，亦称成都发兵，向我军前进，于自流井以北之界牌，突然攻击，此系衅自彼开，我军不能不为正当之御防。

现接援蜀滇军统带张子贞、参谋杨发源电，李旅长已往高顺亲察一切云云。似此衅端一开，西南半壁，皆成战场，一则不能援助关陇，二则不能出兵藏卫，北事方殷，内讧如此，民国前途，何堪设想？伏乞俯念大局，速电两方，立息战争。或两军会师北伐，滇军后路布置，由蜀军政府担负，使不至有所扰害，或令滇军直趋西蜀，镇压番人，以固边围；或电商滇督，电饬援川滇军，全行暂返滇境。开战曲直，付之公断，不仅全川之福，实为民国之幸。并将援川滇军与蜀军政府订立合同条录如下：

一、蜀军政府当成都未反正之先，民贼赵尔丰等与同志会血战不解之日，驻防满族兵力尚足，蜀军政府力图诛殛民贼，恢复全川，出同胞于水火，以谋中华民国之统一，是以电请滇军政府派兵援川，协力共济。及滇军到川，赵贼虽已就戮，而大局未稳，内乱未靖，当互相借助之事颇多，故与援川滇军略定条件。二、蜀军政府请讬援川滇军，协力维持大局，驱除民贼，滇军到川之两口团，关于饷项事件，蜀军政府有担任协助之责，但当运转不周时，得由滇军就地筹借各公款应给，日后统由蜀军政府筹还（附注：饷项每月约五万两云），滇军有赞助蜀军政府，调和统一全川军政府之责，如蜀军政府有请讬滇军赞助事项，滇军须竭全力以应之。四、[1]援川滇军之进行方向，概以蜀军政府之所请讬参酌行之，但方向酌定后，其进行上但战术计画得由滇军相机行动，一面通告蜀军政府。五、援川滇军受蜀军政府请讬后，滇军进行所过之后路，

---

①　原文如此。似应为"三"。——编者

其各种行政机关，由滇军政府自行建设，但于滇军有密切关系之地，及运输粮茶各事，得由滇军直接该地方行政机关筹办，务期于滇军进行无毫窒碍。六、援川滇军所到之地有为蜀军政府维持秩序之责。七、全川大局统一廓清后，即为本条约效力完结之日。八、本条约效力完结后或未完结之前，蜀军政府及援川滇军彼此如有他种要求，得另行协议。九、本条约以签字盖印之日，即作为实行之日。阳历二月四日。蜀军政府特派全权委员谢持等，援川滇军全权特派使川按副使陈先源等签押。正月拾八日，夏军都督、援蜀滇军巡按副使调印。蜀军都督张培爵、夏之时叩。真。

（《民立报》1912 年 2 月 22 日，"沪军政府电报"）

袁世凯致唐绍仪、伍廷芳、孙中山等电

（1912 年 2 月 11 日）

上海唐少川、伍秩庸、南京孙大总统、黎副总统、各部总长、参议院鉴：

　　本日上谕：朕钦奉隆裕皇太后懿旨：前因民军起事，各省响应，九夏沸腾，生民涂炭。特合袁世凯遣员与民军代表讨论大局，议开国会，公决政体。两月以来，尚无确当办法。南北睽隔，彼此相持，商辍于途，士露于野。徒以国体一日不决，致民生一日不安。今全国人民心理多倾向共和，南中各省既倡议于前，北方诸将亦主张于后，人心所响，天命可知。予亦何忍因一姓之尊荣，拂兆人之好恶。是用外观大势，内审舆情，特率皇帝将统一治权公诸全国，定为共和立宪国体，近慰海内厌乱望治之心，远协古圣天下为公之义。袁世凯前经资政院选举为总理大臣，当兹新旧代谢之时际，定有南北统一之方，即由袁世凯以全权组织临时共和政府，与民军协商统一办法。总期人民安堵，海宇义安，仍合汉、满、蒙、回、藏五族，完全领土，为一大中华民国。予与皇帝得以退处宽间，优游岁月，长受国民之优礼，亲见郅治之告成，岂不懿欤。钦此。宣统三年十二月二十五日，盖用御宝，内阁总理大臣署名。谨达。袁世凯。真。

（《临时政府公报》第十五号，1912 年 2 月 14 日，"附录·电报"；又见《共和关键录》第一编，第 118 ~ 119 页）

张纶、程恩培、卢镜寰致孙中山等电

（1912 年 2 月 11 日）

南京大总统、陆军部长、各省都督、各分府、各司令、季招讨使、上海伍外交长、民立报馆均鉴：

接黎副总统阳电转到北军联合各情，和议可成，天下大幸。凡我同胞，莫不欢庆。惟倪嗣冲自前次战后，出河南潜为增兵，阴袭我三水尖，我军遵约开战，战后又照段议退让，并无丝毫进逼，而倪自于十月停战期内，陷我颍州，妄事杀戮，扬励铺张，大开保案。袁内阁亦即照准，其联合之不可信一。此次我军退后，有第四支队第二大队长江来甫阵亡，尸棺停放十八里铺，倪嗣冲破棺焚尸，其惨无人理，联合之不可信二。段军北上，倪军南下，段军退兵，倪军增兵，近日复在颍州穷搜吾党人李栋臣等数人而杀之，其联合之不可信三。今和局垂成，纶等决不敢以一言破坏，惟倪嗣冲之反复惨忍，北内阁如不将其兵柄、保案一并撤销，严惩倪罪，以除和局之害，以安惨死之魂，纶等克日誓扫孽丑，宁甘战死，不愿与惨贼同生。前敌各军统此一致，至清帝退位不削帝号，一切能如印度旧帝之制，尚无不可，否则与其贻害将来，不如决死崇朝。其开议内容，敝处未得确耗，请详示，以慰众望，是为至叩。淮上副司令张纶、皖境北伐各军联络使程恩培、北伐第四支队长卢镜寰同叩。真。

（《民立报》1912 年 2 月 14 日，"正阳关电报"；又见《共和关键录》第二编，第 87 ~ 88 页）

光复总会致孙中山等电

（1912 年 2 月 11 日）

孙大总统暨驻宁各军队、各团体鉴：

浙省同盟支部电攻浙督蒋尊簋引用公仇、力图破坏等语，未免责备过情。当此共和肇始，理应和衷共济，长此各执意见，浙事糜烂，后患何堪设想。乞速调和，全浙幸甚。光复总会公电。真。（光复总会去电）

（《申报》1912 年 2 月 13 日，"公电"；又见《时报》1912 年 2 月 13 日，"中华民国立国记"；《民立报》1912 年 2 月 13 日，"公电"）

何锋钰致孙中山、黄兴等电

（1912 年 2 月 11 日）

南京大总统孙、陆军部总长黄、清江浦都督蒋、苏州都督庄、上海各报馆转沪军都督陈、江苏各军政分府钧鉴：

据海州自治所长吴宝芳、赵永澍，教育会长王琴山，农会总理武同弼，宣抚员陶德佀、张景农，板浦议事会议长韩锡昆，总董汪寿康，北礁学校校长许学程，尚义学校校长丁绥康，区学员章鸿镳、方兰中，正乡议长刘楫、邵□、乔荩臣，西临乡议长邵葆生，乡董徐恩绥，牙镇董事杜敦义、李蔚西，大伊镇董事高毓璋、王辅仁、王裕仁，张家店镇董事吴爱芹、孙克蓉，新安镇董事许瑞清、王春来等禀称：□属大伊镇旧有缉私营官贾仲光驻防，阴历九月中旬贾奉调他往，二十二日，匪首任立钊、任春林、任春坦、任春绍、任小洲等盛结王长佑、王长窗、武序三、武敦教、刘毓斌、魏广顺、王福云等合谋，聚党二千余人，直扑镇市与商铺户，火掠一空，镇民赴板浦告急，陈统带占奎星夜赴援，毙匪甚伙。二十三日，又于新沟河与匪开仗，击退。清江光复，贾管带反正。二十五日，率兵至镇，匪首任立钊等仍据山岗，攻击失利。二十九日，任匪勾合匪党戈步□、宋启等，合攻伊镇，贾管带转战山岭，匪受创四散，嗣又聚于港河、南岗等处，奸淫掳掠。十月初二日，民政长统队过镇，指挥各队及贾管带军队抄剿，地方稍靖，复又聚于龙窝荡，陈、戚两支队长剿捕，遂逃入双港、灌河，声势复炽，巡防营刘管带被轰阵亡。民政长会同陈统带，率所部攻击，匪党始散，悬赏购拿严紧，任立钊等逃避南方。现闻任小洲赴京运动，故犯孙锡恩即孙庆臣在陆军部苏都督艾苗贯之等名，控陈统带、贾管带勾匪抢劫，又称化海州民团为一镇，饷械自备等语，询问苗贯之等，称无其事，电禀声明。海州地方民贫，连遭水患，继□于匪，饔飧不给，饷械何筹？民团各镇寥寥，自保不遑，何能倚恃？联名禀求，电请大总统、陆军部、苏、浦两都督暨各军政分府一体拿办。等情。据此。查任立钊等本系著名匪徒，竟于海州未光复之前，结党至二十余人，叠次拒敌官兵，火掠市镇，实属情同流贼，维时锋钰统队来海，目睹情形，当与陈统带、贾管带会商剿办，任小洲等竟敢在京捏禀，当为大总统、都督、总长所屏斥，据疏前情，电请俯念海属同胞性命，立即通饬严拿任立钊等，剿获究办，以靖地方，深为公便。统带江北民军第二标兼海州民政长何锋钰叩。真。（自海州发）

（《民立报》1912 年 2 月 13 日，"海州电报"）

刘崛等致孙中山电

（1912 年 2 月 11 日载）

孙总统鉴：

敝省虽称独立，而一切用人行政，纯与本党共和宗旨反对。

现已电陆都督暨议院，提议本党要求各件：一、不准沿用亡清巡防队名目及编制；二、现存五百余万公款，应开列预算表册开销，不准分文滥用；三、军政府用人，应由公民选举，以备委任；四、不准袒护官犯及汉奸；五、悉数招抚绿林，分别安置；六、除劫掠外，不得诬民军为匪；七、征集北伐军，照原案办理，赶速出发。请其明确速复，否则本党用相当手段，以促进行。事关政治革命行动，合先电告，以免误会。共和党广西支部刘崛等叩。（广西来电）

> （《临时政府公报》第十三号，1912 年 2 月 11 日，"附录·电报"）

张文光致孙中山电
（1912 年 2 月 11 日载）

中华民国大总统孙钧鉴：

得闻节麾已莅江宁。此次推翻满虏，扫除腥膻，惟我大总统百折不挠之心，用能鼓舞群季，恢复汉业，树无前之伟烈，革专制为共和，薄海苍生，重睹天日。闻各省都督全体公举我大总统为中华大总统。较德论功，实与华盛顿后先媲美，钦服无已。谨肃电贺。滇西同志张文光叩。（云南来电）

> （《临时政府公报》第十三号，1912 年 2 月 11 日，"附录·电报"）

蔡锷致孙中山等电
（1912 年 2 月 11 日载）

大总统钧鉴：各部总次长、参议诸公、副总统、各省都督、各部总司令钧鉴：

谨率全国民恭贺新禧。蔡锷。□。（云南来电）

（《临时政府公报》第十三号，1912 年 2 月 11 日，
"附录·电报"）

蔡锷致孙中山、黄兴等电
（1912 年 2 月 11 日载）

南京孙大总统、黄总长、北伐总司令、武昌黎副总统，长沙、安
庆、福州、广东、杭州、苏州、上海、南昌、九江、西安、成都、
重庆、桂林各都督鉴：

云南简练精兵，编为北伐队，派唐继尧为司令官，韩凤栖、庾
恩锡为参谋长，编为兵队，计干步学生一大队，步兵四大队，骑兵
一中队，机关枪二中队，及宪兵、卫生、辎重、弹药继列各队，已
于阳历勘日出发，取道黔、湘，军饷先拨发十五万元。特闻。滇都
督锷。印。（云南都督电）

（《申报》1912 年 2 月 11 日，"公电"；又见《时报》
1912 年 2 月 13 日，"中华民国立国记"；《民立报》1912
年 2 月 11 日，"沪军政府电报"）

吴锡斋、吴嵋等致孙中山等电
（1912 年 2 月 11 日载）

南京同盟会、孙大总统、汪总理鉴：

贵会员蒋尊簋前在浙时，诱卖本会员□□，在粤东西摧残
志士，黄总长、钮次长谅有所闻。今又钻营任浙都督，引用姚、
刘诸汉奸，私植党羽。前数日间，在申拜结亡清诸逃员，日数

十起，昭昭在人耳目。既贻贵会羞，复为民国害。不速加诛，贵会养痈贻患，何以答同胞？光复会员吴锡斋、吴嵋、俞忠郊、赵文衡、沈滨应、兆松、陈庆安、毛镇焕等百三十人同叩。（光复会员电）

（《申报》1912 年 2 月 11 日，"公电"）

潘任、黄广致各报馆转孙中山等电
（1912 年 2 月 11 日载）

各报馆转南京孙大总统、同盟会汪总理及海内外诸同志公鉴：

浙都督蒋尊簋任用汉奸，反对民党，肆行无忌，宣言解散会党，以军法部勒浙中官吏人民。共和时代，岂容此等专制恶魔肆其威权？人民愤怨。乞即取消会员，量予惩处，以去公敌而申公愤。绍兴同盟会代表潘任、黄广叩。（绍兴同盟会电）

（《申报》1912 年 2 月 11 日，"公电"）

江镜清、张家瑞等致孙中山等电
（1912 年 2 月 11 日载）

南京孙大总统、同盟会汪总理、上海陈都督转各报馆鉴：

浙都督蒋尊簋，勾结前在广西同恶相济、屠戮志士之汉奸姚梧冈，引用蒋、刘、来、应诸奸，朋比作慝，声称目的已达，欲消灭各民党。悍然对众宣言：凡行政各员及起义诸人，应以军法部勒。恣意专横，莫此为甚。同盟会有此败类，实贻全体羞。乞照会章惩处。宁波同盟会代表江镜清、张家瑞、胡朝阳、林士曾同叩。（宁波同盟会电）

（《申报》1912 年 2 月 11 日，"公电"）

邵瑞、彭王谟致各报馆转孙中山等电

（1912 年 2 月 11 日载）

各报馆转孙大总统、同盟会汪总理及全国同胞公鉴：

浙江本会会员蒋尊簋甫为都督，即肆行专制，任用姚、刘、蒋、应诸汉奸，反对民党，声言用军法部勒，解散各会党。人民愤怒，敢声其罪，昭告天下，并乞总会严厉惩办。严州同盟会代表邵瑞、彭王谟叩。（严州同盟会电）

（《申报》1912 年 2 月 11 日，"公电"）

吕月屏、陆通球等致各报馆转孙中山等电

（1912 年 2 月 11 日载）

各报馆转孙大总统、汪精卫及海内外诸同志公鉴：

蒋尊簋为浙都督，摧残民党，滥用汉奸，欲以军法部勒党人，侵夺参议职权，横行无忌。请斥出本会，以儆奸邪。处州同盟会会员吕月屏、陆通球等叩。

（《时报》1912 年 2 月 11 日，"中华民国立国记"；

又见《申报》1912 年 2 月 11 日，"公电"）

同盟会浙江支部致《民立报》
转孙中山、汪精卫电

（1912 年 2 月 11 日载）

《民立报》转孙总统、汪精卫诸君公鉴：

浙督蒋尊簋引用公仇，力图破坏，欲以军法□勒一切，藉势专

横，群情愤激，用特昭告。同盟会浙江支部叩。（杭州发）

（《民立报》1912 年 2 月 11 日，"杭州电报"）

汪锡庚等致《民立报》转孙中山、汪精卫电
（1912 年 2 月 11 日载）

《民立报》转孙总统、汪精卫鉴：

　　浙江都督蒋尊簋为保皇党所蔽，肆行专制，摧抑民党，群情愤激，乞伸公论，同盟会杭州会员汪锡庚等叩。（杭州发）

（《民立报》1912 年 2 月 11 日，"杭州电报"）

C · F. 盖斯勒致孙中山函
（1912 年 2 月 12 日）

中华民国总统阁下：

　　我，一位来自美国的爱国老人，谨祝阁下一切顺利，共和国永存。你的革命热情和坚定意志令人钦佩。爱国激情涌动，不禁写下以上几句话。顺问安好。

盖斯勒（C · F. Geissler）　谨上

（《海外友人致孙中山信札选》（二），《民国档案》

2003 年第 2 期）

雷因 · 博拉克致孙中山函
（1912 年 2 月 12 日）

尊敬的先生：

　　我已写信给你，就选择中立地方作为中华民国首都问题阐述了自己的看法。一个联邦共和国必须有联邦领土和联邦首都。纽约、芝加哥这些大城市并没有成为美国首都，而是华盛顿。巴西、澳大利亚和阿根廷的情形也是如此。中国也应该这样做，否则北京、南京和汉口就会相互妒嫉。

　　得知贵国所有学校将开设英语课，英语将成为中国各省的通用语言，因为各省居民听不懂对方的方言，不久甚至连书面语言也难相通，因为中国不能保持汉字的统一。然而，推广英语是不切实际的。

　　为什么不推广一种比英语易学的语言呢？比如国际通用语（IDO），这门语言由坎特（Canthe）研究了十年方才正式推出。我则是《蓝色语言》的作者。不过，为了方便相互理解，我建议还是采用国际通用语，希望能尽快在中国各个学校开设国际通用语课程，因为它只需很少时间就能学会。

雷因·博拉克（Lein Bollack）　谨上

　　（《海外友人致孙中山信札选》（二），《民国档案》2003 年第 2 期）

玛格丽特·莱洛伊致孙中山函
（1912 年 2 月 12 日）

中华民国临时大总统阁下：

　　值此危急之时，阁下被委以统领国家的重任。请允许我代表西尔斯（Sears）和米朴莉（Mipely）两位小姐就贵国的外交政策提出一项吁求。

　　我们也有权发出这样的吁求，因为我们为着中国把一生都奉献给了主，我们为主竭诚服务，甚至作出牺牲，一切都听从主的旨意。出于爱心，我们为着中国人民鞠躬尽瘁。为了更加接近中国民众，教导他们依赖我主，我们放弃了一切，甚至连传教会教士应有的地位和俸禄都放弃了。现在我们又准备自愿流放（说"自愿"是因为主动接受现状反而会使我们获得自由），以抗议把中国的政策与传教士错误地联系起来。阁下尝过了从自己可爱国土上流放出去的滋味，想必明白我们这样做意味着什么。

我们的吁求是：在制定新中国的外交政策时要作些变动，即允许传教士在中国任何地方都可登记为中国公民，享有与其他中国公民同等的权利，就像有人建议对待满族人那样。另外，不要把传教士与他们本国政府在政治上扯在一起。

还是张之洞说得好，他说："一个传教士，虽身在中国，只应心归天国而无需国籍；专侍耶稣而无二主。"如果我们自愿选择为中国献身，无论是奋斗终身还是死于一瞬，那与外国政权或政治有何关系？然而，我们的选择却被当成给贵国增添事端的借口，致使我主的声誉蒙受玷污。人所共知，我主为大众自愿受刑，示意大众以他为榜样。那些耶稣会教士和抢占领土的政客们从中国夺取的条约权利及境外特权，我们根本不需要。我们希望看到中国与外国列强签订的条约得到全面修订。我们是主的使者，为什么要向外国领事和炮舰寻求庇护？不就是这些"庇护者"对我们进行逮捕、捆绑、虐待、抢劫、关押和放逐吗？他们憎恨我们信赖上帝，好像上帝会使他们的权威降低。

在中国，这些年来我们与有关当局并无摩擦，只是现在例外。我们体谅外国和中国有关当局的难处，他们希望传教士避开可能的危险。这无可厚非，因为外国政府要他们为传教士的人身安全负责。我们认为这种状况应当不再存在。就我们来说，中国官员非但没给我们保护，相反却对我们进行人身迫害和骚扰。这倒无关紧要，只是他们的行为常使情况急剧恶化，以致昧心的当权者对传教士拒发护照，使他们进不了内地，并曲解处置外国人行为不端、扰乱治安的有关条例，最终将传教士驱逐出境。

我们没有违法，因为《圣经》传教会最高法院负责中国事务的大法官说并无法律规定领事的命令必须服从。若有这样的法律，则领事在其管辖范围内的权力，与俄国沙皇相比，有过之而无不及。

我们相信阁下会斟酌此事，并在适当时候采取必要的措施。

我们准备于本月 15 日乘坐"东方"号轮船离开上海去澳洲墨尔本，并打算采取行动，以得到昭雪。我们还准备向驻地的官员申诉。如得不到公正处理，我们就返回上海进行全面抗议，直至坐牢、遣返澳洲为止。这场斗争不是为了我们个人，而是为了上帝和中国。

玛格丽特·莱洛伊（Margaret Molloy）

写于上海《圣经》传教会领事拘留所

（《海外友人致孙中山信札选》（二），《民国档案》2003 年第 2 期）

张謇致孙中山电

（1912 年 2 月 12 日）

孙大总统钧鉴：

汉冶萍事，曾一再渎陈，未蒙采纳。在大总统或自有为难，惟謇身任实业部长，事前不能参预，事后不能补救，实属尸位溺职，大负委任。民国成立，岂容有溺职之人滥竽国务，谨自劾辞职，本日即归乡里。张謇叩。（十二号）（张季直致南京电）

（《时报》1912 年 2 月 13 日，"中华民国立国记"；又见《民立报》1912 年 2 月 13 日，"公电"）

伍廷芳致孙中山、黄兴电

（1912 年 2 月 12 日）

孙大总统、黄陆军总长鉴：

顷接袁世凯漾电称：前日接麻一电，即电询倪藩司，兹据复称：奉电曷胜骇异。冲此次战胜所获俘虏周金山、周春生、赵琢、张锡彩、程广魁、江步云、吴金福、刘连宾、周七十等九名，均未杀害，并每日发给饮食费用，待遇极为文明。生者尚不仇视，何论已死已伤之人？我军收队回城，并未在郭停留，岂有闲暇，为此焚毙伤兵、破棺弃尸惨无人理之事。至称冲揭红十字旗以作侦察云云，尤无此事。颍州红十字会系英法教士伏格思、万式两人办理，如冲有冒该会旗帜等事，彼等在旁观战，岂有不直接交涉之理？实为任意诬蔑。乞电伍代表严重辨驳等语。据此，倪军确无揭红十字旗在战线前后侦探，并焚毙死人、破棺弃尸之事。合亟转达。一面之词不足信也。希即查照云云。特为转致。廷芳。真一。

（《共和关键录》第二编，第 123 页）

全浙人民致《民立报》转孙中山电

（1912 年 2 月 12 日）

民立报馆转孙大总统钧鉴：

　　浙督蒋公莅任以来，亲贤远佞，力挽狂澜，中正和平，全浙感佩，尤赖幸福，乞公主持，勿惑流言。财政高公刚正不阿，筹画不苟，一闻辞任，万众惊惶，大局所关，千钧一发，泣叩坚留，俯慰众望。全浙人民公电。侵。（自杭州发）

（《民立报》1912 年 2 月 13 日，"杭州电报"）

王金发致孙中山、蒋尊簋电

（1912 年 2 月 12 日）

南京总统孙、杭州都督蒋钧鉴：

本分府前因粮漕厘捐一律豁免，饷无所出，曾有征收租捐之说，嗣因多有不便，已与浙省财政部委员商定，开办统捐，概行取消。绍军分府王。印。文。

（《民立报》1912 年 2 月 15 日，"公电"）

孙毓筠致孙中山、陈锦涛等电
（1912 年 2 月 12 日）

大总统孙、财政部陈、外交部王公鉴：

接上海筹办皖省工振处电称，近由华洋义振会借款百万，兴办堤工，请电恳玉成等语。皖省江堤溃决，无力兴修，转瞬春水发生，沉溺更不堪设想。此次借款，关系数百万生命，数百万田庐，务恳速赐成全，务使大工克举。无任盼祷。乞复。孙毓筠。侵。（皖省来电）

（《临时政府公报》第十八号，1912 年 2 月 21 日，"附录"）

姚雨平、郑为成等致孙中山、黄兴等电
（1912 年 2 月 12 日）

孙大总统、陆军部长黄、黎副总统、伍代表鉴：

在宿各军，因迭接张勋来函，乞我停战协商，敝处根据黎副总统电，即行认可。会同每军派代表一人，与彼军代表陈毓崧、唐宗濂协商于两方持定之符离集，速商二日，不获要领。且并援段军例，退出徐州一条，坚不认可。用知张勋居心叵测。敝处以奸不可纵，机不可失，公决再行。一面仍修书致张，令速即发表赞成共和之实证，以冀悔悟于万一。彼仍负固，则敝处当仍照陆军部第一号

命令施行，业已于本日由宿州向徐州前进。特闻。姚雨平、郑为成、朱瑞叩。文。（南徐州来电）

（《临时政府公报》第十九号，1912 年 2 月 22 日，"附录"；又见《共和关键录》第二编，第 114 页）

刘景烈致孙中山电

（1912 年 2 月 12 日）

南京大总统钧鉴：

中央政府需款孔急，本省筹借义不容辞。惟以未成之铁路抵押，均不赞成。现拟就本省淮盐收入余利，或萍乡煤矿择一押借，如以为可，当即派人前来商定借数，并如何缔结条约，乞速复。赣省临时议会议长刘景烈。文。印。

（《申报》1912 年 2 月 23 日，"要闻二"；又见《时报》1912 年 2 月 24 日，"要闻"）

谭延闿致孙中山电

（1912 年 2 月 12 日）

大总统鉴：

民国初建，亡清法律多不适用，刑法尤为最著。前嘱司法司人员，依据清法律馆编订未行之新刑律，酌加修改，凡不合国体政体各律，一并删去。并起草时，格于顽固党反对未行者，重加采择，都为三百九十条，名曰湖南现行刑法，现虽拟定，尚未颁行。以法制统一而论，应俟钧府编订刑法，颁布照行。然法院开幕在即，亡清现行刑律既不适用，又不能不指示一种法典，使法官有所依据，使人民有所率由。应否即以敝府所拟湖南现行刑法行之，抑仍候钧府颁定刑法行之，敬请迅赐核复，以凭照办。湘都督谭延闿。文。
（十一）

> （《临时政府公报》第二十一号，1912 年 2 月 24 日，
> "附录"；又见《时报》1912 年 2 月 27 日，"公电"；《民
> 立报》1912 年 2 月 27 日，"新闻一"）

淮南场食商致孙中山电
（1912 年 2 月 12 日载）

南京大总统孙鉴：

自光复后，场食两界商人多半在沪会议盐法，荷蒙张总理竭力保全，商等同深爱戴，并无异议。现闻扬州有盐务保存会名目，各商既未签字到会，且不知其宗旨若何，恐致误会，谨以声明。淮南场食商公叩。

> （《申报》1912 年 2 月 12 日，"要闻"；又见《时报》
> 1912 年 2 月 12 日，"本埠新闻"）

梅根致孙中山函
（1912 年 2 月 13 日）

总统阁下：

我想向你说明在两个月前我曾发过一封挂号信给你外交部当时的代总长，告诉他我有一份书面的宪法草案，是全球共和政府所建议建立的最先进的宪法之一，涉及民选政府的各个方面。我还告诉他我将赴贵国全力支持你筹建一个稳固的政府。但直到现在我仍然未得到他的答复。

我要向阁下说明的是：如果贵国政府支付我往返旅费和必要的

薪酬，我将赶往贵国与你商定此事，同时还将给你的将军们对部队的运作提供建议。或者让我担任贵国在华盛顿的特使之一，以说服美国政府承认你的共和国。我希望能有机会先与你会晤，以便我们就具体事项及其实施方法达成共识。这方面还有很多因素要考虑。

希望能早日收到你对此事的回信。

您真诚的梅根（A·J. Meighan）

1912 年 2 月 13 日于纽约

（《海外友人致孙中山信札选》（二），《民国档案》2003 年第 2 期）

魏紫维致孙中山函
（1912 年 2 月 13 日）

中华民国大总统阁下：

请允许我附上一封由我的老朋友、神学博士 J·M·W. 法尔哈（J·M·W. Farnham）牧师写的信，如果信中有什么好主意，我将很高兴。

尊敬您的魏紫维（Zee Vee Wai）

1912 年 2 月 13 日于上海

（《海外友人致孙中山信札选》（二），《民国档案》2003 年第 2 期）

J·M·W. 法尔哈致孙中山函
（1912 年 2 月 13 日）

中华民国大总统阁下：

这儿有很多对您和贵国政府都很忠诚的朋友，他们认为中国有很多钱（比任何时候都多），认为政府现在无需向外国人借钱，因为中国人民肯定乐于通过买国债来表示他们对新政府的信任和热爱。现附上你们在 5 年前卖出的债券的照片一张，并建议您在各省按年息十厘发行类似的债券。忠诚的民众会自愿购买从 1 美元到数千美元不等的债券，这样您就可筹得巨款。

不到一年您就可利用年息四厘的国外贷款筹到您所需的款项。假如我没有搞错的话，最近，我看到日本的公债高达 25 亿美元，英国的债务也很高。一旦贵国全部在您的统治领导之下，您就可以筹到所需之款。在新兴的共和国完全巩固之前，尽量多筹借款额无疑是一项上策。我真心希望贵国尽快巩固完善。

J·M·W. 法尔哈　谨上

1912 年 2 月 13 日于上海

（《海外友人致孙中山信札选》（三），《民国档案》2003 年第 3 期）

章太炎致孙中山函

（1912 年 2 月 13 日）

逸仙总统执事：

昨承驰书延引，猥以不材，厕身枢密，恐縻县官廪禄，名义所在，不敢承命。随事献替，乃所以尽国民之职分也。汉冶萍合资一案，商之竹君、秉三，皆云非计。项已联名匡救，未知能蒙采纳否？敬读复书，以解衣付质为比。昔人云：日莫涂穷，故倒行而逆施之。甚非所望于执事也。自临时政府成立以来，不过四十余日，公私费用，当非甚乏。军队聚于江苏者，苏、浙二军皆由本省发饷，扬州徐宝山一军则就地筹饷耳。独有徐、林、柏、粤与海军诸兵舰，乃由中央政府资之，时期既短，兵数亦非甚多也。其妄自增练者，自有禁制，名不登于伍符，何能相聚索饷耶。苏路所以贷临时政府者盖一百七十万，季直所筹闻亦一百三十万，其他广肇公所及诸商人报效亦不下百万，军用手票犹不在此数也。综计所得四十日中，足以养十万兵而有余，市朝之费亦无不给矣。今日抵招商，明日合汉冶，迩者南浔铁路又复见告。需此巨资，不知何用。毋乃下吏不知筹画，而以蒙笼恍忽之算，蔽执事之清听耶？克强总率六师，军储宜豫，岂当素无规画，视钱币如泥沙，形绌势穷，然后以国产与敌。执事虽谅克强之困，奈舆论不直何？奈国命将覆何？诚令军需匮乏，当开诚布公，商之于实业部，告之于参议院，人情爱国，自有乐为扶助者。今谋事冥昧之中，借资奸谀之手，亚洲良冶，坐以与人。斯乃秘密结社时之所行，而不可用之于抚世长民之日也。汉冶萍公司者，本有户部官款六百万。张之洞以国家多难，惧清政府授之敌人，故与盛宣怀募集商本，归名于商，则外人不能强夺，其用心亦苦矣。不图引外人以合股者，即张之洞所与募集商本之人。身负不赀，逃窜在夷。掩官款之名，而欲归之一己；惧外人不信，则引临时总统、陆军部长以为昭质。以私人资格耶？则非股东也。以政府名义耶？则应批准而不应共署也。进退失据，徒令宣怀获利。而执事与克强，乃为私卖国产之人。幸而法院未立，无强悍之吏批其逆鳞，然自是长与奸谀同列，终为不义，弗可没已。此下走所为执事痛惜者也。克强与精卫书云，已金字不可挽回，是亦诋欺语耳。汉冶萍本非盛宣怀私有，诚能以政府名义，令参议会提议变合资为抵借，无不可者。若宣怀犹顽强负固，公论昭然，必当有以处置。何有身为将相，而令海外逋逃罪人左右掣曳者乎？抑下走犹有进者：执事倡义岭南，颠连困苦十余年，而后克定大功，完成民国。民之表仪，当垂之史策而不朽。若就近事计之，万方多难，民困未苏。执事精力犹强，亦当勉修明德，以待第二期之选任。今以私卖国产，自点令名，十年之功，悉为灰土，何其昧于取舍如是哉。盖闻君子之过如日月之蚀焉，若翻然改图，下书罪己，听参议院评其可否，夫亦知非执事之本心，而特为盛宣怀所玩弄耳。国全良冶，身雪污名，且变合资为抵借等之，可以充一时之用，何必强拂舆情，以冒天下之不韪哉。自季直挂冠，武昌抗议，人情趣向，颇与前殊。下走素辱交游，不敢不尽其愚戇。若遂不悟，身处密迩，不能被发入山，而于大事无所匡救，惟有要求割席，期不负罪于天下。敢陈肝胆，惟执事实昭鉴之。

章炳麟白　阴十二月二十六日

阳二月十三日

（翠亨孙中山故居纪念馆藏档；又见《孙中山藏档选编·辛亥革命前后》，第194～196页）

伍廷芳致孙中山等电

（1912 年 2 月 13 日）

孙大总统、国务各总长、参议院、武昌黎副总统、各省都督、前敌各军司令公鉴：

　　顷接北京袁君慰亭来电三件：其一谓廷所开清帝辞位后优待条件已照会驻京各国公使。其二则清帝辞位之诏。其三为袁君赞成共和宣言书。现在清帝既经辞位，北方秩序暂由袁君维持，与南京政府协一办法。自此，合汉满蒙回藏同建中华民国，全国一致，悉泯猜想，同心协力，以固共和之政本，进国民之幸福。诸君与袁君有造于民国者，至大且远。谨此布闻。廷芳。元。

（《共和关键录》第一编，第119～120页）

伍廷芳致孙中山、黎元洪电

（1912 年 2 月 13 日）

孙大总统、黎副总统鉴：

顷得袁君慰亭电云，北方一时恐难平静，京畿须以重兵镇慑，而奉天已决计宣告反对，军队已整备，热河亦附和。北方甚危险，拟请商南京、湖北，电知陕西张凤翙移军西向，专防升允。北军退出潼关，决不西进，酌留队伍办土匪，余均开回北方，防堵奉、热，祈速商复云云。祈速酌复为盼。廷芳。覃。

（《共和关键录》第二编，第 178 页）

伍廷芳致孙中山、黄兴电

（1912 年 2 月 13 日）

孙大总统、黄陆军总长、武昌黎副总统、各省都督、前敌各军司令公鉴：

连接陆军部来电，知各处清军与我军接近者，仍时有冲突。惟今者清帝辞位，清国统治权业已消灭。自此以后，国内所有军队皆中华民国之军队，岂宜自相冲突？廷与唐君已电告袁君慰亭，通饬各处军队一律改悬中华民国五色旗以示划一，此后见同一国旗之军队，不可挑衅。如见从前清国军队尚未改悬国旗者，应即通告，嘱其遵照袁君电命，改悬民国旗。如果始终甘为民国之敌，则必为两方所共弃。谨此电闻。廷芳。元。

（《临时政府公报》第十七号，1912 年 2 月 20 日，
"附录·电报"；又见《时报》1912 年 2 月 23 日，"公
电"；《共和关键录》第二编，第 29 页）

黎元洪致孙中山、伍廷芳电

（1912 年 2 月 13 日）

火急。南京孙大总统、上海伍代表鉴：

顷接段军统电开：北京今日已宣布共和，想我民国同深鼓舞。近日奉天反对甚力，此间已筹严防，更派人游说，以期平和，免人干涉，热河亦有附和消息，北方甚危。秦抚升允向抱排汉之义，不可不虑。今周、赵两统领与民军协商后，酌留队伍弹压地方，余均北来，防堵奉、热。再请尊处电饬西安全力抵拒升允，勿任攻破省圻，牵动西陲，大局幸甚，切祷。祺瑞。径。合即转告。元洪。覃。印。

（《共和关键录》第二编，第 177～178 页）

谭延闿致孙中山电
（1912 年 2 月 13 日）

大总统钧鉴：

庚电敬悉。湘省自起义以来，纲运多阻，食盐缺乏，迭催湘商赴扬捆运。嗣因两淮盐政总局饬商去运，预缴厘课，每泻厥价千两有零。商力不逮，致形观望。已屡电张总理，照章免扣。现在各局仓储告罄，若非川粤盐贩协济，民间早已淡食。然久任浸销，淮盐引岸势必被其侵占，淮湘饷需均有妨碍。兹奉钧电，有应行复陈者数端，分别于下：

一、湘商在运，每票向只缴钱粮课捐千三四百两，其余厘课等项，均在岸扣缴，名为环厘，以纾商力。今盐政总局于在运例缴之外，责令每引加缴银六两二分，商何能任。查在岸扣缴之款，内有预厘一两，淮厘一两八钱六分八厘，加课经费一两二钱一分三厘，新厘八钱，每引共四两八钱八分，拟从现在订运之盐为始，销竣后，全数由湘解交江南，俾照成案，岁以十四万陆百□十引为定额。其淮厘、预厘、新厘项下照案应拨大债赔款，一协各饷，均由江南统收，循章分拨。所有总局预缴厘课办法，应请转饬取销，已另电盐政总理。

二、湖省盐税，并无指抵外债、迳解税务司之款。其加价内有湘省拨解新案，赣款□文及土濯二文、海防二当［?］，存兄候拨。

三、湘商自阴历九月以后，在途之盐，多被沿江军队扣留勒买，课本无着，商情疑畏，迄未请咨环遭。应请分电沿江各省，切实保护。嗣后如系湖省票商，在仪栈照旧章捆运之盐，一入湖境，即为湖省饷需民食所关，自应仍旧保护。至前因军饷孔亟，已向湘商借银三千两，原议分纲扣还，业据缴到四分之三，并无他项窒碍。

四、湘省食盐，向系川、淮、粤并销，事权必须统一，早经设立盐政处，派员归例办理，如必另由张总长委员督销淮盐，徒滋虚糜。所有湖南盐政处长，应仍由湘委任，移文盐政总局。其应解江南之款，现已定有成数，即由该处随时报解，借免波折。

盐务一途，为民食所需，即饷源所出。且邻省既赖兹协济，洋款亦多资抵。自应互相维持，保全大局。区区苦衷，伏乞鉴谅。湘都督谭延闿。元。（上海来电十二）

（《临时政府公报》第二十一号，1912 年 2 月 24 日，"附录"；又见《民立报》1912 年 2 月 27 日，"新闻一"）

诸翔、杨景斌等致孙中山电
（1912 年 2 月 13 日）

南京孙大总统鉴：

沪督自请取消，请速允，以顺舆情。沪民诸翔、杨景斌、陈明善、朱琳叩。元。（上海诸翔等去电）

（《申报》1912 年 2 月 21 日，"公电二"；又见《民立报》1912 年 2 月 16 日，"公电"）

安徽青年军致孙中山、黄兴等电
（1912 年 2 月 13 日载）

南京孙大总统、陆军总长转武昌黎副总统、各民省都督及上海各报馆鉴：

青年军虽旧有廖传仪充大队长，而廖已久往淮上军，任事不归。今蒙皖军总司令柏公烈武电派白君汝灏为本军大队长，业经全体队员站队欢迎。惟韩衍以文字无赖，忌公巧能，怂恿少数人力倡反对，欲要挟孙都督取消白队员资格。兔死狗烹，暗无天日。白去则全体同去。乞主持一切，不胜盼祷之至。安徽青年军全体队员泣叩。（安庆青年军电）

（《申报》1912 年 2 月 13 日，"公电"）

何剑飞致孙中山等电
（1912 年 2 月 13 日载）

南京孙总统暨各军队公鉴：

浙省同盟会会员攻击浙督蒋伯器引用公仇、破坏大局等语，想前则公举，后则私攻，究竟是何用意？望速设法调和，保全大局为幸。旅沪华侨何剑飞叩。（旅沪华侨何君去电）

（《申报》1912 年 2 月 13 日，"公电"）

尹昌衡、罗纶致孙中山及各省都督电
（1912 年 2 月 13 日载）

南京孙总统、各省都督鉴：

接西军政府急电称：袁贼乘停战进寇，请援。本军政府现编大军两镇，分兴安、紫阳、宁羌三路进兵，已先遣一旅团，规复汉中，大军续发，特电，成都都督昌衡、纶叩。（成都电）

（《民立报》1912 年 2 月 13 日，"沪军政府电报"）

旅沪甘肃同乡会致孙中山等电
（1912 年 2 月 13 日载）

孙大总统、袁内阁均鉴：

屡接甘函，赞成共和者居大多数。政体不定，将谋独立。东南疮痍满目，西陲岂可再有流血之事。优待条件，备极尊荣，请迅速宣布逊位，以定人心，否则请大总统振旅北伐，甘军当一律反正，会师幽燕。旅沪甘肃同乡会叩。

（《民立报》1912 年 2 月 13 日，"公电"；又见《临时政府公报》第十九号，1912 年 2 月 22 日，"附录"；《时报》1912 年 2 月 13 日，"中华民国立国记"）

杨邦彦、张文铨等致孙中山等电
（1912 年 2 月 14 日）

大总统、陆军部、苏都督钧鉴：

镇江极险要，分府裁撤，地方军政无高等机关，恐生危险，军政归协统，仍是行营性质，设本地变生意外，一民政长不能担当，身命财产于何付托，乞维持或另设一高等机关或暂留分府，俟兵休再与他分府同时裁撤，乞即电覆。一十七区乡自治商团、体操会暨绅学各界杨邦彦、张文铨、魏谦、殷尚质等一百五十三

人公叩。寒。

（《杭州通信·镇江士民保存军政分府》，《时报》
1912 年 2 月 26 日，"地方通信"）

丁义华致孙中山函
（1912 年 2 月 14 日）

中华民国总统孙先生钧鉴：

请允许我对你们在争取和平统一方面所取得的巨大进步表示祝贺。也祝贺你们牢固地建立了中华民国。我深信万国之主的上帝在注视着中国，他将引导和护卫你们的正义事业，并给贵国的千万民众带来独立与自由。对阁下坚持新中国必须有一个自由首都的坚定立场，我深表赞许。愿上帝引导和帮助你们。

丁义华（Edward Thwing）　谨上

（《海外友人致孙中山信札选》（三），《民国档案》
2003 年第 3 期）

J·K. 奥尔致孙中山函
（1912 年 2 月 14 日）

总统阁下：

我相信您的民主精神使您不会反对我用刚才的称谓称呼您。如果我是给我的朋友——自己国家的总统写信，我称"总统先生"就行了。但我认为，在我第二故乡——中国，使用更正规的称谓较合适，即使是写给您（我很荣幸有您做我的朋友）的私人信件也应如此。

我这封信是想提出一点个人要求——不是为自己或别人要官

职，而是要一样比官职更重要的东西。这就是：一张您的好照片。我将非常感谢您给我寄一张照片，我好把它挂在书房里塔夫脱总统的照片旁，那张照片有总统的亲笔签名。记得一次在新加坡，您真好，送给我一张照片，不过因要用在《纽约先驱报》上，我把它寄给了报社，而他们再也没有给我寄回来。

因此，希望您明白我需要一张您的照片，用来挂在我书房名人照片一起。我希望您在照片正面签上您的名字。

您一定意识到我非常关注这个非凡政治变革中的每一举措。您和仁人志士们一道取得了惊人的成就。当然站在国家利益的立场上来看，事业仅仅有了开端——仅此而已。你们已经摧毁了旧制度，但摆在面前的是重新建设的伟大任务。许多事情——也许是一切事情——都取决于制宪工作。至少，共和制政府的命运在制宪省手里。我希望看到制宪工作会确保政府走向成功，因为我深信由自下而上，不是自上而下革命所建立起来的政府才会取得成功。然而，最根本的还是要有一个好政府，而一个好政府其组织形式多种多样。您已经从旧国家的航船底部除去了那些残渣余孽，这就是极好的开端。我坚信，伟大的中国人民依靠自己的良知，要选择合适的掌舵人，以保证中国的航船顺利到达和平和富强的彼岸。

顺致以最衷心的祝愿！

您的诚挚的 J·K. 奥尔（J·K. Ohl）

1912 年 2 月 14 日

（《海外友人致孙中山信札选》（三），《民国档案》2003 年第 3 期）

陈炯明致孙中山、伍廷芳等电

（1912 年 2 月 14 日）

大总统、议和总代表、各省都督鉴：

此间接汪精卫文电，以退位之清帝比拟居留内域之外国君主，谓与虚君位风马牛不相及。恶是何言。废帝不出，北京禁卫军实际仍存，而将来之共和政府，以何如人组织，尚在未知之数。此中危象，妇孺皆知，中央以何凭恃冒此险，实所不解。现察南省民心向共和。然北人尊君之念一时尚难消灭，加以禁卫旧军暂不遣散，阴谋潜伏，防不胜防。万一有不满足于民国之徒，串通禁卫军队，寻隙窃发，则今日民国，明日君主，直一反掌事。尔时仍须兴师，再申天讨。计不若现时善其条件，免贻民国后患。夫清帝退位，岂不值优待，第优待则可，假以酿乱之阶则不可。炯明所争，专在乎是。若中央仍主张前订条件，则请先以中央政府究竟所在地、组织中央政府之人物，及禁卫军之安置方法三者，明白宣布，始能释人疑虑。鄙意以为若中央政府决在南京，则废帝而居北京亦可。只宜设一统兵大员，以兵队保护其生命财产，从前之禁卫军，编作他用。倘中央政府移往北京，与废帝同地，则组织中央政府人物，非向奉共和主义全国人民所共信者不可。倘中央政府在北京，而所组织政府之人，所未敢深信之辈，则废帝宜退居热河，而北京一带宜用有力革命军守卫，计非如此，必不足巩固民国。今中央政府主见及办法均未宣布，遽欲凭此条件议和，粤省决不承认。诸公以为何如？深望示复。炯明。盐。印。
（广州来电）

（《临时政府公报》第十八号，1912 年 2 月 21 日，"附录"；又见《时报》1912 年 2 月 24 日，"公电"；《共和关键录》第一编，第 129~130 页）

陈锦涛致孙中山、王鸿猷电

（1912 年 2 月 14 日）

万急。南京孙总统、财政次长王鉴：

密。新临时共和政府成立时，劬［？］承受现民国临时政府之事，凡民国现行财政乞宜如公债、洋债、中国银行之创办及一切财政之已经施行者，必当继续有效。请速与唐代表声明宣布，否则恐失现临时政府之信用，贻笑中外。锦涛。盐。印。（上海发）

　　　　（翠亨孙中山故居纪念馆藏档；又见《孙中山藏档选
　　编·辛亥革命前后》，第196页）

陈其美致孙中山、黄兴电

（1912年2月14日）

南京大总统、陆军总长均鉴：

　　鄂密。招商局昨晚接北京邮传部磢［？］电开：现在临时统一政府尚未成立，一切政务仍统由袁公全权总理继续进行，京外衙署局所一律照常办事。希即转知尊处华洋各员司安心任职，将来效力之日方长，勿得轻听谣传，致生疑虑。至各局财产、款项、册籍，统责成该局认真保管，勿得稍有疏懈。是为至要。等情。招商局接此邮传部电报后，原议借款事件遂至翻悔。窃思现在军需奇绌，非将该局抵押，万难接济；乃因北京一电，功败垂成，若非有意破坏民国金融，推翻全局，何至如此。况清帝已退位，前清邮传部应已不能再生效力，若果统归北京总理南方事务，则民国从前所有种种已成契约行为悉归无效，此后不堪设想，事关大局，不徒借款一部分之关系而已。务乞电袁世凯严行诘问，一面饬招商局不得听信自误。如果现在之目的不达，恐日后事事为北方掣肘，以前所为既归无效，以后办事亦将不可收拾矣。特此密商，切盼回示。陈其美叩。寒。印。（上海发）

　　　　（翠亨孙中山故居纪念馆藏档；又见《孙中山藏档选
　　编·辛亥革命前后》，第196~197页）

吴木兰、林复呈孙中山文

（1912 年 2 月 14 日）

大总统孙：

敬禀者：窃维人类肇生，先有男女，有男女而后有夫妇，有夫妇而后有父子、兄弟、家族、朋友，有父子、兄弟、家族、朋友而后有社会、有国家，男女平等之义不綦大哉。中国往籍已渺不可考，盘古、亚当其说不雅驯，荐绅先生难言之。然父子、兄弟、家族、朋友为构成社会、国家之元素，而男女又为父子、兄弟、家族、朋友之元素，则万古不易，历劫不磨，自有天地以至于世界末日不能一易此言者也。唐虞以降，至于姬周，男女平等之实征犹有存者。天位大义，正位于内，仪型是式，作乎万邦。载籍诗歌，三尺童子类能诵而习之。而女权堕落，数千年不能振拔者，何也？女学不昌，道德不明，专制淫威有以劫制之而已矣。是故国家专制，则不惜焚书坑儒，销锋铸金，以愚黔首；家庭专制，则不惜钳口裹足，蔽聪塞明，以误青年。世人识字忧患始，女子无才便是德，盖皆恐学理一明，必难驾驭，故为此诐说淫词，冀以一手掩尽天下目，俾得甘为奴隶、牛马、赘物、玩具，然后宰割、烹醢、驱策、戏弄，可以任意行之而莫敢予毒，莫或予抗矣。

数年以来，时会凑迫，政治种族问题界限日益清厘。革命军起，全国响应，风驰云卷，飙忽万方。人民以死争自由，仆专制而建共和，驱满虏而光汉室。民气发扬，已达极点。木兰等或曾学外邦，或生长南服，目击时艰，毫无赞助。伏念中国民族号称四万万男女各居其半。今者枪林弹雨，肉薄相争，曾未几时，已宣和议。我神圣军人，铁血男子，其舍身取义、致命成仁者，奚翅百余万。女界同胞，何忍坐享自由，放弃责任，自甘雌伏，贻羞巾帼？用是不揣梼昧，集合女界同志，设立女子同盟会，以扶助民国、促进共和、发达女权、参预政事为唯一宗旨，并以普及教育为前提，以整军经武为后盾。同人等竭力经营，已于正月初十日在上海设立事务所，开成立大会，推举吴木兰为正会长，林复为副会长，选定职员办理进行各事。并附设经武练习队，明定课程，切实教练，亦于二月初六日在上海西门内曹家桥地方立校开课。所有办理大概情形，前承副总统、各都督、各部长及海内男女同志一体赞成。兹谨胪列详情，附呈同盟会章程并练习队简章，伏乞大总统准予立案。同人等醉心共和，尊重女德，倡导女学，借以发扬女权，为共和前途光。除会长吴木兰、评议部长唐金铃等敬求赏见面禀一切外，专肃寸禀，虔请崇安，伏乞训示祗遵。

女子同盟会会长吴木兰、副会长林复谨禀

民国纪元元年二月十四日

（翠亨孙中山故居纪念馆藏档；又见《孙中山藏档选编·辛亥革命前后》，第 406～407 页）

孙道仁致孙中山等电

（1912 年 2 月 14 日）

南京孙大总统钧鉴：

国务各总长、参议院、武昌黎副总统、都督暨前敌各司令均鉴：顷接伍代表元电，敬悉清帝退位，和议已成，民国前途，实堪庆幸。惟电中有云，北方秩序，暂由袁君维持等语。是南北统一，尚须略俟时日。立［?］恐人心误会，议论纷歧，转误大局。道仁现时抱定宗旨，事事仍秉承我南京中央政府裁决，以定遵循而维秩序。闽都督孙道仁叩。寒。印。（福州来电）

（《临时政府公报》第十七号，1912 年 2 月 20 日，"附录·电报"；又见《民立报》1912 年 2 月 16 日，"沪军政府电报"）

朱汉涛、唐祚桢等致孙中山等电

（1912 年 2 月 14 日）

孙大总统、各省都督、各司令钧鉴：上海《民立报》转各报馆：

阅《民立报》载清帝退位，实行共和，人民幸福。惟暂居宫禁，日后退居颐和园，诚非所宜，其中保无别有用意。恳主持退出关外，以杜后患，而保共和，是所至叩。驻浔司令官朱汉涛、参谋唐祚桢、潘志远、粮饷局舒法甲。寒。印。（九江来电）

（《临时政府公报》第十七号，1912 年 2 月 20 日，"附录·电报"）

湖北同盟会支部致孙中山电

（1912 年 2 月 14 日）

孙大总统转汪兆铭、胡汉民、马伯援、居正、杨玉如、田桐诸君及各同志公鉴：

湖北同盟会支部一节，已经同志多人开会，两次公决，联合众有之共进、文学及各种机关，成一共和同盟会，融化各党，共成一会，以促进共和，而达惟一之目的。所有章程办法，贵处必有条理。请详细函知，以便遵行。湖北同盟会支部同叩。寒。（武昌来电）

（《临时政府公报》第二十号，1912 年 2 月 23 日，"附录"）

黎元洪致孙中山电

（1912 年 2 月 14 日）

孙大总统鉴：

项城真电，谅已入览。此后组织中央，统一南北，及一切建设方法，在在皆重要问题，稍一失著，即足以启内讧而招外侮。阁下学识最精，内政外交，早深研究，当必胸有成算，解决进行。但刻下各省人心，尤必须协同一致，共襄大业，始易弭隐患而促成功。元洪于鄂属各军及各部处，业经本此意通饬，期相勉励。其他省各机关处，应请由尊处通知，以便拨除意见，各秉大公，群趋于至当不易之办法，毋使民国前途稍有阻滞，实所欣祷。区区微忱，即希亮察施行。元洪。寒。印。（武昌来电八）

（《临时政府公报》第二十一号，1912 年 2 月 24 日，"附录"；又见《民立报》1912 年 2 月 27 日，"新闻一"）

杜受之致孙中山电
（1912 年 2 月 14 日载）

大总统鉴：

受之由星回粤，拟编华侨义勇队一标，赴南京供驱策。请电粤督给地编练，俾得异日北上。华侨杜受之叩。（广东来电）

（《临时政府公报》第十五号，1912 年 2 月 14 日，"附录·电报"）

马濒仲致孙中山电
（1912 年 2 月 14 日载）

大总统孙钧鉴：

奉云南军都督漾电，改用阳历，遵即出示札行，并于咸日率领所属弁兵，悬张国旗，鸣炮，同声恭祝大中华民国万岁，大总统万岁。补祝新年，敬叩年禧。云南普洱镇马濒仲阳历□号叩。漶

［？］。（普洱来电）

（《临时政府公报》第十五号，1912 年 2 月 14 日，"附录·电报"）

冯一鳍致孙中山电
（1912 年 2 月 14 日载）

孙大总统钧鉴：

阅报欣闻举先生为大总统，谨先电贺。余函详。同盟会员冯一鳍民叩。（南洋来电）

（《临时政府公报》第十五号，1912 年 2 月 14 日，"附录·电报"）

沪和议纠正会致孙中山等电
（1912 年 2 月 14 日载）

大总统、参议院鉴：

和议条件，沪各团体多反对，组成本会。公举代表江亢虎、夏重民、李怀霜访问伍代表，未得要领。订文日大会取决，意赴宁要求修改，期不悖共和本旨。谨预闻。沪和议纠正会全体叩。（上海来电）

（《临时政府公报》第十五号，1912 年 2 月 14 日，"附录·电报"）

罗振元、赵琪等致《民立报》等转孙中山等电
（1912 年 2 月 14 日载）

《民立》、《神州报》转孙大总统、黎副总统钧鉴：

革命军起，革命党消，庶可与亿兆开诚，共扶危局。讵此间有二三不肖，于光复后思欲盘踞要津，召集无知党羽及前清住浙侦探，自号同盟支部者，党同伐异，启内部纷争之渐，甘为大局罪魁。请速禁止，俾免同胞携贰之心。前同盟会员罗振元、赵琪、周行等三十一人同叩。

（《民立报》1912年2月14日，"杭州电报"）

李烈钧致孙中山、黄兴等电
（1912年2月14日载）

南京大总统孙、陆军部长黄、上海都督陈、南昌都督马钧鉴：

和局告成，内部军队尤须整顿，以为将来战争之准备。兹将特派敝部参谋官张鲁藩，分至赣、皖、宁、沪各处，调查军事，以资参考。并布要公面陈，到时恳请开诚指示，不胜盼祷。第二军总司令官李烈钧叩。

（《民立报》1912年2月14日，"沪军政府电报"）

陈炯明致孙中山等电
（1912年2月15日）

万急。南京孙大总统、参议院、各部总长、武昌黎副总统、上海议和总代表、各省都督、各前敌军司令鉴：

和议条件未奉密商，全豹莫窥。惟内有帝号不去、亲酋袭爵、仍居北京、拥有禁卫军等件，早经炯明径电力争。兹奉孙大总统电咨退让及推荐袁君等因，合观前件，和议果属如是，是清帝不啻以袁内阁为汉奸；大总统权术则效公于实际，则不难利用新政府大借外债，充实北军，以制各独立省之死命。乃我族不察，竟沾沾谬贺共和，舞蹈于朝三暮四之下。人心虽死，抑何若是其甚也。参议院议和总代表昏庸误国，已堪痛恨；乃闻参议院竟主张移都北京，与废帝同居一方，以遂其串通宫邸、推翻民国之诡计，极其危险。参议院为各省军政府所组织，既不能代表各省人民之心理，何贵有此参议？如再不能力争，粤省应先将本省参议员取消，以为各省之倡。民国安危关系甚大，唯诸公共谋之。炯明。删。叩。

（《共和关键录》第一编，第 128 页）

汪精卫致孙中山电
（1912 年 2 月 15 日）①

南京孙大总统鉴：

维密。唐咙〔嘱〕电袁商四国借款公司事。乞速电。铭。咸。
（上海发）

（翠亨孙中山故居纪念馆藏档；又见《孙中山藏档选
编·辛亥革命前后》，第 197 页）

阿穆尔灵圭、贡桑诺尔布致孙中山、黄兴等电
（1912 年 2 月 15 日）

孙中山先生、黄克强先生、各部长参议院诸君，并请代转各镇统制协统、各师团长、各司令长均鉴：

本代表兹有致项城袁公正式文件，其文如下：共和国体，业经宣布，南北政府同时取消，临时共和统一政府，亟应成立。惟时局之艰，已达至极，临时大总统一席，非得才猷勋望中外翕服之人，

---

① 原电无月份。现据汪精卫行踪及电文内容，酌定为二月。——《孙中山藏档选编·辛亥革命前后》编者注

断难肩此重任。我公硕望闳才，不特国内同钦，抑且环球共服。此次变起，入秉钧轴，力任艰难，调剂运旋，卒能达国利民福之初旨，凡有血气，感戴同深。阿穆尔灵圭等前于蒙古联合会提议，经全体议决，咸谓临时大总统一席，非公莫能胜任。当以此意通电各省。兹得直隶、山东、河南、山西、江苏暨伍代表、孙中山、武昌黎都督、苏州庄都督复电均表同情，是则此议已为全国一致之舆论。除由蒙古联合会备文陈情外，阿穆尔灵圭等再代表内蒙，用特请公俯顺群情，勉肩重任，造五大民族之幸福，建中华民国之新猷，不胜翘盼之至。内蒙古全体代表阿穆尔灵圭、贡桑诺尔布同启。等因。特此电闻。内蒙古代表阿王、贡王。勘。（北京来电）

（《临时政府公报》第二十号，1912 年 2 月 23 日，"附录"；又见《民立报》1912 年 2 月 26 日，"新闻一"）

王逸致孙中山、汪精卫电
（1912 年 2 月 15 日）

孙大总统、同盟会汪总理鉴：

一声光复，满幕都翻。凡我同盟，宜如何开诚布公，咸与维新，冀大造国利民福。蒋君从前历史，逸非所深悉。今观其为人尚爽直，左右或有未惬，请改良或耳。以小屹而牵动大局，毋乃忍。还祈三思为幸。绍分府王逸。删。印。（绍兴来电）

（《临时政府公报》第十七号，1912 年 2 月 20 日，"附录·电报"）

程锦骥致《民立报》转孙中山电
（1912 年 2 月 15 日）

《民立报》转南京大总统钧鉴：

清帝退位，共和成立，汉族幸福，民国万岁。太平府知事程锦骥。删。叩。

（《民立报》1912 年 2 月 15 日，"太平电报"）

蓝天蔚致孙中山电
（1912 年 2 月 15 日）

孙大总统钧鉴：

读虏廷退位之宣言，吾人夙愿已偿。虽东三省顽梗，闻袁已派段芝贵在奉经营，不难奏功。蔚才德两无，械饷又缺，都督关外，实愧厥职。恳我总统立即取消，且免段某见□。□同志数百人，死士数千人，经营数月，用款三十余万，应如何善后事宜，请公速与袁公妥商办法，不然恐演出无限之变态。立盼释命。蓝天蔚谨叩。删。（烟台来电）

（《临时政府公报》第十七号，1912 年 2 月 20 日，
"附录·电报"）

山东都督府致孙中山、黄兴电
（1912 年 2 月 15 日）

孙大总统、黄陆军部长鉴：

现山东已举连君承基为鲁军讨虏总司令。特闻。山东都督府。删。（烟台来电）

（《临时政府公报》第十七号，1912 年 2 月 20 日，
"附录·电报"）

吕东升致孙中山等电
（1912 年 2 月 15 日）

孙大总统、黄全阁总理鉴：

接秦陇张督漾电，知秦晋危迫，愤激无地。升已组织北伐队，即将开赴效命。祈速宣告命战，卫南援北。处州军政分府吕东升叩。删。（青云来电）

（《临时政府公报》第十七号，1912 年 2 月 20 日，"附录·电报"）

黎元洪致孙中山电
（1912 年 2 月 15 日）

孙大总统鉴：

咸电备悉。现在政体解决，元洪副总统及大元帅之职，已向参议院电辞，俟重新举定后，即行解职。尊处推荐袁公一节，此间同人均颇赞成，赴京代表，顷已委任，不日即附轮往沪，以便偕唐君少川等同行。特复。元洪。删。（武昌来电一）

（《临时政府公报》第二十一号，1912 年 2 月 24 日，"附录"）

尹昌衡、罗纶致孙中山电
（1912 年 2 月 15 日）

孙大总统鉴：

川省大局粗定，临时省会急应设立，惟国宪既未颁布，选举资格无从定准。且必待选举后始行召集，不免多费时日。但在权宜办法，可否即以旧日谘议局议员及各厅州县会之议长为临时省会议员。又现值军政时代，所应提交省会议决事件，究以何者为限，均恳电复，以便遵行。四川都督尹昌衡、罗纶同叩。删。（成都来电二十四）

（《临时政府公报》第二十二号，1912 年 2 月 25 日，
"附录·电报"；又见《申报》1912 年 2 月 28 日，"公
电"；《民立报》1912 年 2 月 28 日，"总统府要电汇录"）

袁世凯致孙中山电
（1912 年 2 月 15 日）

孙大总统鉴：

惠电拜悉，惭悚万状。执事谦冲，莫名钦佩。但时艰方殷，万
端待理，断非衰庸如凯者所堪胜任。倘不量而入，恐无以副国民付
托之重，及执事推荐之殷。切盼参议院另举贤能，使凯得徜徉山
水，长作共和之国民，斯愿足矣。不尽下情，已托唐少川转达一
切。袁世凯。咸。

（《临时公报》，辛亥年十二月二十九日，1912 年 2 月
16 日）

袁世凯致孙中山、黎元洪等电
（1912 年 2 月 15 日）

南京孙大总统、黎副总统、各部总长、参议院、各省都督、各军队
长鉴：

清帝辞位，自应速谋统一，以定危局，此时间不容发，实为维
一要图。民国存亡，胥关于是。顷接孙大总统电开，提出辞表，推
荐鄙人，属速来宁，并举人组织临时政府，畀以镇安北方全权各等
因，黄陆军总长暨各军队长电招鄙人赴宁等因。世凯德薄能鲜，何
敢肩此重任。南行之愿，真电业已声明，然暂时羁绊在此，实为北
方危机隐伏，全国半数之生命财产，万难恝置，并非因清帝委任
也。孙大总统来电所论，共和政府不能由清帝委任组织，极为正

确。现在北方各省军队暨全蒙代表，皆以函电推举为临时大总统，清帝委任一层，无足再论。然总未遽组织者，特虑南北意见因此而生，统一愈难，实非国家之福。若专为个人职任计，舍北而南，则实有无穷窒碍。北方军民，意见尚多纷歧，隐患实繁。皇族受外人愚弄，根株潜长，北京外交团向以凯离此为虑，屡经言及。奉、江两省，时有动摇，外蒙各盟，迭来警告，内讧外患，递引互牵。若因凯一去，一切变端立见，殊非爱国救世之素志。若举人自代，实无措置各方面合宜之人。然长此不能统一，外人无可承认，险象环集，大局益危。反复思维，与其孙大总统辞职，不如世凯退居，盖就民设之政府、民举之总统而谋统一，其事较便。今日之计，惟有由南京政府将北方各省及各军队妥筹接收以后，世凯立即退归田里，为共和之国民。当未接收以前，仍当竭智尽愚，暂维秩序。总之，共和既定之后，当以爱国为前提，决不欲以大总统问题，酿成南北分歧之局，致资渔人分裂之祸。已请唐君绍怡代达此意，赴宁协商，特以区区之怀，电达聪听，惟亮察之为幸。袁世凯。咸。
（袁世凯覆孙总统电）

> （《申报》1912 年 2 月 21 日，"公电一"；又见《民立报》1912 年 2 月 17 日，"紧要电报"；《时报》1912 年 2 月 21 日，"公电"；《民立报》1912 年 2 月 22 日，"补录休刊期内号外要电"）

程德全致孙中山电
（1912 年 2 月 15 日）

南京大总统鉴：

清帝退位，民国统一，此皆大总统数十年经营之功，及全国志士构造之力。全以衰病承乏其间，溯自受任内部以来，时有绠短汲深之惧，只以大局未定，策应方艰，不敢遽言退休，转致摇惑观听。今则民国告成，共和确定，建设事业条绪万千，断非衰朽如全者所能胜任。应即辞职，以避贤路。特此电布，维鉴不具。程德全。咸。印。（内务部总长电）

（《申报》1912年2月21日，"公电二"）

庄蕴宽致孙中山、胡汉民等电

（1912年2月15日）

南京孙大总统暨胡汉民先生、各部总次长、参议院、法制院、联军参谋团，上海议和代表伍秩庸、唐少川、汪精卫三先生，各报馆、武昌黎副总统、各省都督、天津《民意报》、广东报界公会均鉴：

民国统一，南北一家，深堪庆忭。惟此后条理万端，宜有远大之目光，纯洁之宗旨，若稍有丝毫障蔽，可使成者败而安者危。阅报载大总统咨交参议院全文，实践誓言，辞职引退，光明磊落，薄海同钦。但附有办法条件：（一）临时政府地点设于南京，为各省代表所议定，不能更改；（一）辞职后俟参议院举定新总统亲到南京受任之时，大总统及国务各员乃行辞职。两项办法，蕴宽期期以为不可。各省代表所议临时政府地点设于南京，乃在南北并未统一以前。今事实既已变更，则前议岂能拘执。至政府地点之应设在南京与新总统之是否须到南京，当就事实上论之，不可参以主客尔我之见，致起中外猜疑。今姑设为问题数则：（一）现势上之观念。如袁公南来，北方各省能否保持秩序？满蒙等处能无联外人、拥幼主以破坏全局之事否？（一）地点与历史上之观念。披览地图，南京能控制西北各边否？中国古时除洪武一代外，南京有建都之价值否？（一）外界上之观念。东西各国，能不反对迁都否？以鄙见测之，舍北就南，种种危险，将使和平解决之共和政体自生荆棘，致启争端。曲直固不必言，利害岂能不计。前见《大共和日报》十三日登有章大炎致南京参议会书，《民立报》同日登有空海建都私议，业已阐发尽致。太炎谓都南京之害有五，空海谓必在北京之理由有八。报馆持论鉴空衡平，毫无偏倚。蕴宽南人，岂不以南都为便利，顾以大局所系，自当尊公理而舍私图。统一政府之必在京津，毫无疑义。正拟电间，奉总统府删电转达袁公真电，有极愿南行，只因北方秩序不易维持等语，自系实情，明者自能鉴之。谨贡所见，以待公决。庄蕴宽叩。咸。（苏州庄都督电）

> （《申报》1912 年 2 月 21 日，"公电二"；又见《时报》1912 年 2 月 21 日，"公电"；《民立报》1912 年 2 月 17 日，"苏州电报"）

姚雨平致孙中山、黄兴等电
（1912 年 2 月 15 日）

万急。南京大总统、陆军总长、伍代表均鉴：

清帝已否退位？请速覆，以便转知军队。姚雨平叩。咸。印。

> （《共和关键录》第一编，第 138 页）

沈敦和等致袁世凯、孙中山等电
（1912 年 2 月 15 日）

统一已见明文，南北战祸永息，本会乐赞和平，曷胜额庆。沈敦和偕中外全体会员叩。删。

> （《红十字会圆满功德》，《申报》1912 年 2 月 21 日，"本埠新闻"）

詹姆斯·坎斯致孙中山函

（1912 年 2 月 16 日）

孙先生：

您一定会赞赏阿钱姆（Acham）先生的。他从各方面全力支持您，正如整个世界都支持您一样。

我从今天的报纸得知，您支持段祺瑞，此乃明智之举。此举很快就会给您带来好处。

我和我太太祝您一切顺利。

詹姆斯·坎斯（James Canthe）　谨上

（《海外友人致孙中山信札选》（三），《民国档案》

2003 年第 3 期）

伍廷芳、温宗尧、汪精卫致孙中山、黎元洪等电

（1912 年 2 月 16 日）

南京大总统、武昌黎副总统、各省都督公鉴：

自议和以来，廷以疏才，谬承重任。深惟今日共和思想，已普遍人心。北省同胞，一时未能相喻，致有自相残杀之惨。幸值停战议和，正可借此时机，推诚相与，共泯猜嫌，同谋进取，以南北之合并，成恢复之大功。盖所谓议和，即与北省同胞和衷商榷之谓。迨前清内阁袁君世凯所遣全权代表唐君绍仪至沪，彼此开议，唐君即宣言欲和平解决。惟以北省军民与十四省起义之民军情谊或有隔膜，意见自不免参差，如欲一致进行，必宜先避冲突之端，以成共济之美。因欲彼此息战，开国民会议，取决多数，以定国体。盖当时彼此明知全国人心已趋于共和，特以是为表示之作用耳。乃事机未熟，枝节横生，补救调和，费尽心力，由是

乃有清帝退位之说。盖经一次挫折，即多一次进步矣。迨袁君布置就绪，而北洋统将段君祺瑞等全体一致赞成共和，遂以成民国统一之结果。中华民国，自此完全发达于大地之上，诚我五大民族无疆之幸福也。廷惟共和事业，我大总统、副总统率十四省之同胞，成之于前，而袁君率北省暨满蒙回藏诸同胞，继之于后，曾不半载，遂竟全功。此皆由我全体军民之苦心毅力，磅礴鼓荡，大而且速，故能收此良果。廷受任以来，夙夜儆惕，虑以覆悚，贻羞民国。今幸借我军民之力，全国统一，和议告竣，谨辞议和总代表之任。此后仆当尽国民之天职，竭其愚虑，以仰赞高明。伏祈鉴谅，无任祷切。全权代表伍廷芳、参赞温宗尧、汪兆铭。铣一。

（《临时政府公报》第二十号，1912 年 2 月 23 日，

"附录"；又见《时报》1912 年 2 月 23 日，"要件"；《民立报》1912 年 2 月 23 日，"新闻一"）

蒋雁行致孙中山、袁世凯等电

（1912 年 2 月 16 日）

南京孙大总统、各部长、各省都督、北京袁大总统、各省都抚、各军统钧鉴：

顷接苏州庄都督咸一电称，建都应在北京，所陈利害，洞中肯要。卓识伟论，深堪钦佩。今更引伸其说：建都宜在边陲，故俄由莫司科迁于胜彼得堡，日由西京迁于东京，今俄更有迁都哈尔滨、日更有迁都三韩之说，此中消息，不言可知。请力持建都北京，勿为浮言所惑，以维大局。祷切盼切。江北蒋雁行暨军界全体同叩。铣。印。

（《临时公报》，1912 年 2 月 22 日）

蒋尊簋致孙中山等电

（1912 年 2 月 16 日）

南京大总统，各部总次长，参议院、法制院、参谋团，伍秩庸、唐
少川、汪精卫三先生，黎副总统，各省都督均鉴：

顷接江苏庄都督咸电，谓大总统实践誓言，薄海同钦，惟内有
办法条件，一、临时政府地点必在南京；一、新总统必须亲到南京
两条，期期以为不可，遂设为问题三则：一、现势上之观念；一、
地理与历史上之观念；一、外交上之观念。苡筹硕画，悉中肯綮，
尊簋极为赞同。且公署使馆，北京咸备，移之南京，必须更筑，土
木之费，亦属不赀，值此时艰，从何取给，是于经济事实上观念亦
甚有关系。伏乞公决，以维大局，民国幸甚。蒋尊簋叩。铣。印。

（《共和关键录》第一编，第 147～148 页）

陈炯明致孙中山电

（1912 年 2 月 16 日）

南京孙大总统鉴：

密。议和纯［结］果如是，岂所甘心。读本日电谕，临时政府
地位并定南京，则参议院北迁之主张似已□羞囷。袁来就范与否，
尚不可知。无论如何，粤之精兵不能不遣发，以备不虞。袁氏果南
来，公宜有退步。炯明既督兵监视南京，粤督一席拟讽［?］省会举。
公未归之前，指宜一人令爪。此着关系极大。公退而督粤，联络二、
三省督都以为声援，且有精兵箫驻长、淮一带，袁即有异，当无能为。
如何？速复。并精卫返粤为要。炯明。铣。印。（广州发）

（翠亨孙中山故居纪念馆藏档；又见《孙中山藏档选
编·辛亥革命前后》，第 126～127 页）

袁世凯致孙中山电

（1912 年 2 月 16 日）

孙大总统鉴：

删电悉。已电奉查禁矣。袁世凯。铣。（北京来电）

（《临时政府公报》第十七号，1912 年 2 月 20 日，"附录·电报"；又见《时报》1912 年 2 月 23 日，"公电"）

陈锦涛致孙中山、黎元洪电

（1912 年 2 月 16 日）

孙大总统、黎副总统鉴：

债票署名式样，前经分别电呈，请速颁发。刻下票已印就，务请速颁署名式样，以便刊用，而速募集。盼甚。锦涛。铣。印。（上海来电）

（《临时政府公报》第十八号，1912 年 2 月 21 日，"附录"）

胡雨人等致孙中山等电

（1912 年 2 月 16 日）

南京大总统、参议院、陆军部、财政部均鉴：

无锡军政分府蹂躏民权，蔑视省制，把持一县赋税，取与支配，悉任己意。当镇军分府已见裁撤之日，彼反增募营兵，苏都督电禁勿招，彼更四出急募，似此行为不惟破坏共和，直是荡无法

纪，人民惶骇异常。乞电饬苏都督查办，以肃国纪，而靖人心。无锡临时县议事会议长胡雨人等叩。铣。（无锡电）

（《民立报》1912年2月22日，"公电"）

袁世凯致孙中山电
（1912年2月16日）

孙大总统鉴：

昨上两电想达。嗣奉尊电，惭恶万状。现在国体初定，隐患方多，凡在国民，均应共效棉薄。惟自揣才力，实难胜此重大之责任。兹乃竟荷参议院正式选举。窃思公以伟略创始于前，而凯乃以轻材承乏于后，实深愧仄。凯之私愿，始终以国利民福为目的。当兹危急存亡之际，国民既伸公义相责难，凯敢不勉尽公仆义务。惟前陈为难各节，均系实在情形，素承厚爱，谨披沥详陈，务希鉴亮。俟专使到京，再行面商一切。专使何人，何日起程，乞先电示为盼。肃复。袁世凯。铣。仪代转。（北京来电）

（《临时政府公报》第二十号，1912年2月23日，
"附录"；又见《临时公报》，1912年2月18日；《民立报》1912年2月20日，"紧要电报"）

孙毓筠致孙中山、黄兴等电
（1912年2月16日）

大总统、陆军总长、代表伍总长钧鉴：

据司令部胡万泰报称：柳大年号曼青者，籍隶湖南，即前在粤起义未成、避往东京柳大成之兄，在东省多年。阴历十月中，同吴莲伯于奉省组织急进会，光复关东，与日交涉妥。事泄，为赵尔巽派张作霖于宁远捕去，与张涵初等同禁模范监狱。今清帝退位，民国统一，凡同志党人柳大年等，并电袁君慰亭电赵立释等情。据此，应请俯准照办，迅速电请释放，以全善类，而泯猜嫌。不胜叩祷。皖都督孙毓筠。铣。（安庆来电）

（《临时政府公报》第二十号，1912 年 2 月 23 日，"附录"；又见《共和关键录》第四编，第 9~10 页）

姚雨平致孙中山电

（1912 年 2 月 16 日）

孙大总统鉴：

张勋军队既向山东退走，我军因徐州士民之请，刻已进驻徐州。此复。姚雨平叩。铣。（南宿州电二）

（《临时政府公报》第二十一号，1912 年 2 月 24 日，"附录"）

陈杭致《民立报》转孙中山电

（1912 年 2 月 16 日）

《民立报》转呈大总统，庄、蒋两都督鉴：

宿境皂河、窑湾一带，前被北军占据，本日随曲君同丰、杨君桂堂往商，均已退出，收回地面，秩序照常，谨闻。民政长陈杭叩。铣。（宿迁来电三）

（《临时政府公报》第二十一号，1912 年 2 月 24 日，"附录"；又见《民立报》1912 年 2 月 20 日，"窑湾电报"）

汤芗铭致孙中山电

（1912 年 2 月 16 日）

孙大总统钧鉴：

接海军部盐电敬悉，清帝退位，北方赞成共和，于十五日举行民国统一大庆典礼。海军人员无不欢迎鼓舞，已饬各船升旗放炮庆贺矣。据陆军部电传钧命，所有北伐军，悉改为讨虏军，以符名实，而免误会等因。芗铭念北来海军，势力颇厚，且整齐严肃，为中外所钦佩，旌旗所指，海面肃清。今既南北一家，彼此自无庸歧视。特内地交通不便，惟恐沿海各省尚未周知，因恳由大总统电谕鲁、燕各港口，暨在港各军队。自清帝退位之日起，升挂民国五色旗一月。铭当率各舰亲往查视。其有不遵命令，不悬国旗者，当照伍代表之处办理。是否可行，尚祈钧示。北伐海军总司令汤芗铭叩。铣。（烟台来电五）

（《临时政府公报》第二十一号，1912 年 2 月 24 日，"附录"）

张凤翙致孙中山等电

（1912 年 2 月 16 日）

孙大总统、黄内阁总理、黎副总统钧鉴：

顷接襄阳来电，中央政府成立，公等力任其难，钦佩无既，百拜以祝。而今尔后，政令划一，事权无歧，同胞幸福当无量矣。敝省举义后，屡电报告，想入尊览。目下庶政初就，急待尊命，布置一切，谨此奉闻。敬颂公祺。秦陇都督张凤翙叩。谏。（西安来电六十一）

（《临时政府公报》第二十四号，1912 年 2 月 28 日，"附录·电报"）

姚雨平致孙中山、黄兴等电

（1912 年 2 月 16 日）

孙大总统、黄陆军长、武昌黎副总统、北京袁公慰亭、上海伍代表暨各报馆均鉴：

奉天顽不奉命，得罪民国，凡在民国军人，宜申挞伐。敝军奉命讨虏，愿先驱出关，惩彼丑类。惟奉省素多纠葛，内衅一开，外交必起。折冲樽俎之策，实赖群公。粤军总司令姚雨平叩。铣。（宿州粤军总司令电）

（《申报》1912 年 2 月 21 日，"公电二"；又见《民立报》1912 年 2 月 20 日，"南宿州电报"；《共和关键录》第二编，第 167 页）

梅馨、蒋国经等致孙中山、黄兴等电

（1912 年 2 月 16 日）

南京孙大总统、黄陆军部长、武昌黎副总统、上海伍外交总长、各报馆鉴：

南部暗潮日渐汹涌，藉非袁公南来，万不足以维大局、安人心。某等联军驻鄂已久，欲退不能，欲进不可。现升贼肆逆山西，久告警矣。公等和平解决之苦心，又为国人所欺。然以建都问题，既经参议院第一次判决，而不克实行，则袁公之心，路人皆知。公等何必因循从事，希图苟安，坐令北氛逼人，胥我貔貅。行见拼命流血换来之民国政府，几奄奄无声息，可为痛哭。兹某等披肝露胆、秣马励兵，敢为民国请命。袁果赞成共和，则请速推诚布公，毅然南来，俾南北政府统一，组织成立，庶内部不起猜疑，外交得免破败，五大民族幸甚。若犹眷恋于专制巢穴，负嵎思逞，不惜人言，不顾天命，内讧外患，民国危矣。则某等誓必提兵北上，拼一死战，不血洗二百余年之秽污地，不为黄汉子孙。愚见如此，敬乞裁覆。湘桂联军梅馨、蒋国经、赵恒惕、黄本璞、覃振等八千人同叩。寝。（汉口湘桂联军电）

（《申报》1912 年 2 月 29 日，"公电"；又见《时报》1912 年 2 月 29 日，"公电"；《共和关键录》第一编，第 150 ~ 151 页）

伍廷芳致孙中山、黎元洪等电
（1912 年 2 月 16 日）

孙大总统、武昌黎副总统、各省都督公鉴：

廷与前清内阁协议清帝辞位后之优待条件，已于初九日致各省都督青电略陈梗概，谅蒙洞鉴。初十、十一等日与清内阁往复磋商，昨日得其复电，已全体承诺。案清帝辞位问题，彼此筹商一月有余。关于辞位以后优待条件，尤费筹画。民国政府宗旨，在合汉、满、蒙、回、藏各民族，以建中华民国，已屡次剀切宣明。而所定满、蒙、回、藏各民族赞成共和之待遇条件，于平等大同之义，委曲调护之心，皆已周至。然满、蒙王公所注目者，不仅在本族之位置，尤在清帝辞位后待遇之厚薄。果使清位〔帝〕辞位，满、蒙优待，则皆以为清帝且如此，满、蒙诸族更无所虑。设其不然，则皆以为清帝犹不免如此，满、蒙诸族更无待言。此种存心，骤难解说，前因优待条件久未商定，大起恐慌，谓既不见容于汉人，不如托庇于外国。东三省及蒙古等处已见端倪，因疑成隙，将为巨患。廷劳心焦思，迭与临时政府商酌，以为中国历史上凡遇鼎革兴朝，对于胜朝余裔恒从优看待，既以成宽容之德，亦以安旧臣之心。况今者民国政府持人道主义，又值清帝赞成共和，自愿辞位，民国政府法汉高雍齿且侯之意，承明祖宽待元裔之风。予以优待，必为国民所不拒。惟事关重大，廷虽受议和全权代表之任，而再三审度，不敢擅作主张，爰于本月初四日将前清内阁所开优待条件携赴南京，面商政府诸公。于所开条件有所修正后，提交参议院，再加修正，得多数表决。并谓将来字句之间如稍有斟酌，无关大体者，不必但须得参议院之同意。廷以议决案电达黎副总统，承表示同情。覆前清内阁后，复有所争持，当经稍加修改，告以自此无可再让。民国政府于赞成共和自愿辞位之清帝，虽可予以优待，然万不能于共和国体稍有妨碍，得蹈虚君位之嫌。迨十二日下午，得前清内阁回电，已全体承诺。同日清帝辞位之诏亦已宣布，自此清国统治权全归消灭，中华民国统一全国，永无君主之余迹矣。详审优待条件中多关于清帝之一身及其祖宗家族等事，与政治无关。其必宜注意者应一一解释，以期共喻。谨历举如下：

一、清帝名号。案关于清帝一身之待遇，廷前只许以待外国君主之礼待之。旋经彼此磋议，以为虽以外国君主之礼相待，不能无取称谓，乃议予以让帝之号。而彼方以为近于谥法，坚不肯从，始定为清帝辞位之后，尊号仍存不废。清帝与大清皇帝名称，不过有详略之殊，犹之直隶总督简称则为直督。故参议院所坚持者，在辞位之后四字，而于清帝与大清皇帝之别，谓为无关闳旨。可以大清皇帝辞位之后，尊号仍存不废，为最后之决定。盖如是则辞位之后，自可称为已经辞位之大清皇帝，与虚君位主义风马牛不相及也。至于前清内阁初所要求者，为大清皇帝尊号相承不替，廷已严加拒绝，彼亦虑陷于虚君位之嫌，承认廷所主张矣。

二、清帝居住。前清内阁所要求者，为大内宫殿或颐和园随意居住。廷以专制君之为万目所共瞻，且居城之中央，阻碍东南西北之交通，必当拆改；清帝只居颐和园，不可仍留宫禁。而前清内阁谓严密之际，仓猝之间，来能即行迁移，应听暂为居住，日后再退居颐和园，此不过暂时之事。

三、禁卫军编制。前清内阁以清帝辞位后，虽不应仍有禁卫之军，而数近万人，一旦解散，将以失业之故而起恐慌，要求将该军额数俸饷仍如其旧。廷以该军原名禁卫，必改归中华民国陆军部编制，然后可侪于国民军之列，而不使人疑为已经辞位之清帝，仍有宿卫之兵。

四、王公世爵。案美、法同为民主之国，法有世爵，而美无之，此各因于其历史。美以平民手创新国，故世爵之制无自而生。法以革命之力，变君主为民主，其历史所贻留之制度，苟无碍于共和主义者，未尽改易，故世爵之制，仍存不废。今我中华国体新定，而蒙古、回、藏各处，因于历史，部落之制，未尽蠲除，一旦去其王公，各部惊疑，必滋大乱。故待遇满、蒙、回、藏条件，有王公世爵，概仍其旧一条。此中情形想必为识者所鉴谅。颇闻论者有谓既受世爵，不宜再享公权。案共和国以国民平等为原则，即有爵号，不过以历史所留贻，为一家一姓之荣誉。故平时以私人资格，虽可以爵号自娱，而当其行使公权，如为官吏及议员等，则不能以爵号并列。故关于清皇族待遇及关于满、蒙、回、藏各民族待遇条件，于一面留其爵号，于一面使其公权、私权一切与国民平等，庶于共和国体无所妨碍。

以上条件，因易滋疑议，故略为解释。其他皆清帝辞位后关于一身及祖宗家族等事，无关宏旨。予以优待，使各国晓然于此次革命纯持人道，尤为民国之荣誉。至于待遇满、蒙、回、藏各民族之条件，系因满、蒙、回、藏民族赞成共和，合五大民族同建中华民国，民国当然有此办法，非因清帝辞位之故。参议院既已切实宣明，已一并于清帝辞位之后，由两方代表照会驻京各国公使，请其电达各国政府矣。兹将全文电陈左右，尚祈鉴察为幸。全权代表伍廷芳，参赞温宗尧、汪兆铭。铣二。印。

（《时报》1912年2月23、24日，"要件"；又见《民立报》1912年2月23日，"新闻一"；《共和关键录》第一编，第120～125页）

张謇等致孙中山等电

（1912 年 2 月 16 日载）

南京大总统，陆军、财政两部，上海各报馆均鉴：

共和政体，首重民权，支配财政应得议院及地方议会之许可，非如专制政体，可由政府任便支配，随意取与。近闻扬州徐总司令、上海陈都督俱有征收该处丁漕等项情事移文苏都督，且以大总统批准为词。全省人民不胜骇异。江苏省，江苏人民之江苏，非都督之江苏，亦非大总统之江苏。民国初建，方欲合汉、满、蒙、回、藏为大团体，而独于临时政府所在地之江苏，任其政权淆乱，且以财政支配问题未得人民同意，即予批准，大背共和原理。想系传之非真，否则民国前途、福利安在？如果有此等请求，祈交参议院或饬苏都督交省议会核议，以正国体而释群疑。并乞电复，俾免惶惑。省议会张謇等公叩。（苏州去电）

（《民立报》1912 年 2 月 16 日，"公电"；又见《申报》1912 年 2 月 21 日，"公电二"）

洪秉端、陈天民等致《民立报》转
孙中山、陈英士、汪精卫电

（1912 年 2 月 16 日载）

《民立报》转孙中山、陈英士、汪精卫鉴：

虚君共和诏下，北伐军速来津，监组新政府，北方团体，请示办理。速复天津法界同华里对门一百廿七号陈寓转。洪秉端、陈天民等全体叩。

（《民立报》1912 年 2 月 16 日，"天津电报"）

陆荣廷致孙中山等电
（1912 年 2 月 17 日）

万急。南京大总统、参议院、武昌黎副总统、各省都督、各路司令官钧鉴：

总统通电敬悉。清帝既已退位，南北自应统一，孙总统因爱平和，功成身退，拿破仑华盛顿之勋业，无以逾此。袁公世凯既系实意赞成共和，举任总统，自能胜任。参议院本无选举总统之权，为大局平和起见，委曲求全，亦不再加责备。但国都地点，现在必定南京。袁公未到之前，孙公万万不可退位。仍望示复。桂都督陆荣廷叩。十七号。（桂林来电）

（《临时政府公报》第十八号，1912 年 2 月 21 日，"附录"）

吕宋中华商会致孙中山电
（1912 年 2 月 17 日）

逸仙先生鉴：

组织民国，事属创始，我公以保国救民为心，顾全大局，万望与袁世凯合助经营，缔造共和政府，以慰四百兆人民之望，全国幸甚，侨民幸甚。吕宋中华商会叩。筱。（吕宋来电）

（《临时政府公报》第二十号，1912 年 2 月 23 日，"附录"；又见《申报》1912 年 2 月 26 日，"南京总统府来往要电"）

张凤翙致孙中山、黎元洪等电
（1912 年 2 月 17 日）

南京孙大总统、武昌黎副总统、各省都督、各司令长均鉴：

十二日奉南北军赞成共和，持电与清军接洽钧电，敝军即与潼关清军致函，正在接洽会议，尚无冲突。惟甘军升允野蛮行动，毫无人道思想，乘南北军接洽之际，二月八、十二、三、四、五等日，两路进攻乾、凤城池，幸而我军拼命死守，尚未失陷。升虏声称于阴历元日非克乾、凤两城，军官正法，克则重赏。似此强悍野心，无法与之接洽。特此奉闻，并恳速电示遵。凤翔叩。洽。印。（西安来电二十一）

> （《临时政府公报》第二十二号，1912 年 2 月 25 日，
> "附录·电报"；又见《民立报》1912 年 2 月 20 日，"沪军
> 政府电报"；又见《时报》1912 年 2 月 27 日，"要闻"）

谭延闿致孙中山电
（1912 年 2 月 17 日）

南京孙大总统鉴：

电敬悉。民国统一，南北一家，杨度家属等业已饬保护，乞告之胡、汪诸君。延闿叩。筱。印。（长沙来电二十六）

> （《临时政府公报》第二十二号，1912 年 2 月 25 日，
> "附录·电报"；又见《时报》1912 年 2 月 27 日，"公
> 电"；《民立报》1912 年 2 月 28 日，"总统府要电汇录"）

尹昌衡、罗纶致孙中山、黎元洪等电
（1912 年 2 月 17 日）

孙大总统、黎副总统、黄总长暨共和各省都督军政分府鉴：

川省重庆于阴历十月初二日宣告成立，建设蜀军军政府；成都亦旋于是月初七日反正，建设大汉四川军政府；两相对峙，三月于

兹。然一省之中，事权不归统一，一切行政，殊多不便。每以北虏未灭，该省万分危急，非亟图合一，厚集兵力、财力不能救援邻省，直捣虏府。昌衡、纶有见于此，受任以来，力谋合并，屡与蜀军政府电函相商，专使来往，最后乃派张治祥君为成渝联合全权大使，赴渝与蜀军军政府所派全权大使朱之洪君提出条件，互相商榷。于阳历正月二十七日拟就草合同十一款，双方签字盖印，并缮就正式合同，经蜀军军政府盖印，送请察照盖印前来。当经召集文武职员，特开会议，经众赞成，于二月二日盖印讫，合同成立。

按照合同，纶应退职。重以文武职员暨军民人等公推，辞不获命，勉居军事议院院长之职，谨当竭其驽钝，赞襄军事，用副成全蜀父老兄弟殷殷相望于纶之意。除照会蜀军政府促将重镇赶紧组织就绪，并派黎庆云君往迎张都督麾节来省，共图新治，通告各地，合行电告。

至前此建设之川南军政府早已合并于渝蜀，北军政府亦议决于成渝合并之后，同为合并。自此全川统一，责任愈重，昌衡德薄能鲜，曷克胜此。惟有与张都督暨各执事，戮力同心，共维大局，夙夜祗惧，以免陨越而已。昌衡、纶叩。筱印。合同附后。

计开成都军政府提议六条，议决者如下：

（一）暂认成都为政治中枢；

（二）承认重庆应设重镇，领兵一镇，直隶全省军政府，其名义、权限、区域及任重镇之人有定时，两都督乃可全行出发；

（三）认定成、渝两都督为全省正副都督，惟须两军政府合并所成之各处部院职员票举定正副，以免彼此谦让；

（四）两处副都督将来拟代以重庆主领重镇之任，或枢密院长或军事参议院长。现在重庆副都督曾经推定为北伐军总司令官。俟各方面认可时及成渝条约并附件宣布实行后，即完全担任北伐职务。（附件）

（子）如为滇黔川总司令官则应受中央政府命令，否则受本省军政府命令；

（丑）北伐团应需之械饷人员应由四川担任者，当始终担任之。其细目如下：（甲）兵力。成渝共出新军二镇，内外各兵□令器械完备。（乙）薪饷。先筹备四个月，全额后随时接济，饷章附。（丙）弹药。始终竭力补充。（丁）人员。限于必要之人员，量材调用，此条早经蜀军政府议决通告各省，成都全权大使应为特别报告。

（五）各部长、次官及各职员宜合两地人材组织之，特须由两都督斟酌调用。

（六）两军政府所派安抚宣慰使，应从此速将合并之事知会，使互相联合，以接到地为职务终了地。此条重庆业已实行，成都亦应催促实行。现据飞报成都所派北路宣慰使，尚以兵力胁换蜀军政府，已委任岳池、邻水、漫县等县地方司令官，请从速知会。

计开蜀军政府提议五条议决者如下：

（一）大汉四川军政府应改为中华民国蜀军政府，以符各省通例。

（二）都督印文应定为中华民国军政府蜀军都督之印文，各道府、厅、州、县印文应改为蜀军政府各种关防，以昭划一。

（三）重庆既设重镇，领兵一镇，其不足之兵与械于条约宣布之日应即用由成都陆续放充。

（四）蜀军政府与鄂滇各军所订合同，成渝合并后，应继续承认有效。

（五）提议西藏为全国之西藏。

以上十一条由蜀军政府全权委员与四川军政府全权大使公同议决，认为有效签定后，即由合并之理由及条件，通告中央政府、共和各省及本省各地方，特必经两军政府调印后，即见实行。四川军政府全权大使张治祥、蜀军军政府全权委员朱之洪。

（《临时政府公报》第二十四号，1912年2月28日，"附录·电报"；又见《申报》1912年2月23日，"公电"；《民立报》1912年2月23日，"沪军政府电报"）

伍廷芳致孙中山、黄兴电

（1912 年 2 月 17 日）

孙大总统、黄陆军总长鉴：

顷得倪君嗣冲勘电如下：前洪统领军队由三河尖经过，致与民军冲突，冲已于二十七日函饬统领，退至中村集驻扎，乃顷接报告，民军于今早进攻，已经接战，殊堪诧异。查昨准孙都督来电，以大局行将和平解决，嘱派代表与郭代表接洽，当经电复，派华钧章、李松村前往商订条约。并于昨晚接北京来电，业于二十五日宣布共和政体，南北已属一家，断无再起冲突、自相残杀之理。民军与洪统领想以阴雨路阻，尚未接到函电，故有今日之冲突，务望化除意见，迅饬三河尖民军统将即行罢兵，冲亦飞饬洪统领退驻中村集，听候两代表和平解决，大局幸甚。除电孙都督外，谨闻，云云。特为转致。廷芳。洽。

（《共和关键录》第二编，第 89 页）

王铎中等致《民立报》转孙中山、
黎元洪电

（1912 年 2 月 17 日载）

民立报馆转南京孙大总统、湖北黎副总统鉴：

浙都督蒋为浙民公选，办事公正、勤谨，万众信仰，近有同盟、光复少数会员攻讦，人心惶怖。乞查究纠正，以维大局，绍兴王铎中、张越民、金楚珍、陈大鉴、赵建藩、杨祖同、车驰、吴邦藩等五百七十二人公电。

（《民立报》1912 年 2 月 17 日，"绍兴电报"）

J·K. 奥尔致孙中山函

（1912 年 2 月 18 日）

亲爱的孙博士：

在这新年的第一天——也许对老皇历来说是最后一天，我首先向您问好，并借此向您和您的中国表示我诚挚和衷心的祝贺。尽管任何一个祝贺不过是您所收到的来自世界各地的许多祝贺之一，但我总觉得，由于我与您的朋友之交和我对中国以及一切给中国带来祸福的因素的强烈兴趣，我的情感是有着一种特殊价值的。

我向您祝贺不仅仅是因为您成为中国历史上首任共和国总统，更重要的是因为您从统一中国的大局出发，让位给别人，所显示出来的伟大爱国主义精神。您这样做，一方面令批评您的人大失所望，另一方面又使得您的朋友和崇拜者对您的真正的爱国主义精神更加钦佩。

您个人荣耀极于一时，全国同胞会永远铭记您的英名。此时此刻，您或许会从政治舞台安然隐退，然而我衷心希望您不会退出，因为还有伟大的工作等着您去做。就目前和近期而言，不妨让他人去积极主管政府工作，因为最重要的是确保所取得的伟大胜利果实掌握在中国人民手里。

对大多数曾为取得这个胜利尽过力的人来说，赶走了满洲人就心满意足。很多明眼人士已经看到未来的变革不过是"新瓶装旧酒"而已，许多当权者和权欲者也希望如此变革，只要他们自己能从中得利。

我知道，你我都关注着更重要的事情。只有找出一条能保证组建好政府的路子，中国政府组织形式的改革或是政府官僚的人事变更才会有价值。你和我都信赖以人民权力为基础的共和制政府，因为从长远来看，这种政府形式可以最有效地促成一个好政府的产生。世上没有完美的制度，除非政府掌握在好人手里，不然没有一种制度可以保证有好的结果。但是，由于政府是办理人民之事，因此如果人民在选举中有发言权，他们就有了较好的机会去挑选能代表他们利益的人去为他们办事。

有许多人不相信中国能建立共和制政府，因为有一大批人从不关心政治和国家大事，有时，我自己也站在怀疑者一边，但随着对形势研究的深入，我越来越相信中国人民有着高度的智慧，有管理政务中表现的经验，这就是您赖以建立一个经得起时间考验的共和制政府的极好基础。形势一开始就要求加强中央集权，以保证国家迅速摆脱目前的混乱局面。但还有更伟大的工作要做——即建设一个美好的未来。

我认为一个好政府的关键取决于新宪法的制定。新宪法将决定中国是建立一个由人民直接选举而人民的权利得到保障的政府，还是仅仅把一个宪法赋予的权力从一个君主手里转移到另一个君主手里，因而政府的好坏取决于宪法的好坏。

我不揣冒昧大讲当前形势，因为我坚信，您的最高职责是抓好制订宪法这件大事，确保共和国的胜利果实不会丧失。我断言，乔治·华盛顿的最大贡献不在于他的军事贡献——也许应该说不仅仅在于他的军事贡献——而在于他作为制宪会议主席所施加的巨大影响。这是他对国家事务贡献的一个方面，除了宪法，其他地方都没有详细论述。

当前的动荡局面促使新生力量应运而生，这对中国来说意义重大。然而，如果新生力量允许自己被拖回到老路上去，或自己心甘情愿走回头路，这就不会有什么长久的好处。您就是这支新生力量当然和公认的领袖。我认为，现在正值奠定新政府基础的关键时刻，若您退出领导地位，后果将不堪设想。我希望您有办法亲自抓宪法的制定工作。现在有许多留学国外的年轻人，他们可给您巨大的帮助。还有许多从旧学校出来的有才华的人（这样说并非言之不恭，相反我对这些人非常尊敬），他们对人民的认识以及他们的才智在制订宪法时将是无价之宝。照搬美国、法国或者瑞士的宪法，自然很容易，然而，很明显，要保证人民在政府将享有最大程度的直接代表权，同时又不会影响人民的日常生活，就必须制定一部适合中国国情的宪法，怎样让人民直接控制政府和关注政府，并由此认识到政府是自己的政府，因而给予政府充分的权力使之发挥应有的效力，这就是需要一切听从您指挥的有识之士、爱国者和一切国务活动家去解决的问题。不论怎样，制定宪法是至关重要的，任何希望永保这次革命成果的人都会如此看待。我相信您也和我一样不希望断送革命成果，我把希望全寄托在您身上了。

这个国家到处都有年老的和年轻的"爱国者"，不过他们的爱国主义仅限于自身。这对您来说已不是新闻，你自己迟早也会发现这一点。同时，又有很多真正爱国的人士——包括不少以前倾向旧政府的人，他们都希望有一个好政府。对于一个爱国领袖来说，这些人是国家栋梁。这些爱国者应该有您这样的领袖，不应该让私欲把他们拉回到老路上去。中国的希望正在于这些爱国者创造性地制定宪法并依据宪法确立议会制，并由他们对政府机构监督。

恰当地说，前面的任务是伟大的。我深信您不会在此关键时刻退出领导地位。我确信在此任务中，您的祖国需要您。别人也许能执行行政管理的职责，而这个伟大任务的领导职责是非君莫属了。我这样说并不等于怀疑那些能成为您非常得力的左右手和助手的人的能力或怀疑他们爱国，我只想强调只有您才是领袖，只有您才能肩负起领袖职责。

我知道您会原谅我写这么多的。即使不一定同意我的结论，您也会明白激励我给您写信的精神。我觉得自己在这里所描述的对中国的创造性的工作的关注不亚于任何一个中国人。迄今所做的工作是伟大的，但其真正的价值还在于继续为更伟大的工作开路。因为中国需要的不仅仅是一个好的政府，还需要有一个使这个好政府永存的保障。

　　我确信您会尽最大努力去防止胜利果实因某些以为挣得"面子"或实现个人野心而遭致丧失，或个别野心家所造成的破坏。在现今这样的形势下，一些人疯狂地争权夺位，缺乏远见。

　　对任何国家来说，政治的基调（中国则尤其如此），"面子"总是政治家考虑的头等大事。然而，我们必须看到，促成这次政治变革的进步势力还很薄弱，而反对势力却非常强大。

　　我再次请您原谅我这么罗嗦。并再次向您表示我的衷心祝贺——虽然这大部分是为您而祝贺您的祖国。祝您好运！

永远是您最诚挚的 J·K. 奥尔

1912 年 2 月 18 日

　　（《海外友人致孙中山信札选》（三），《民国档案》2003 年第 3 期）

蓝天蔚致上海办事处转孙中山及各报馆电

（1912 年 2 月 18 日）

上海办事处转南京孙大总统及各报馆均鉴：

　　读清廷退位之宣言书，吾人之夙愿已偿。虽东三省梗顽，闻袁已派段芝贵在奉经营，不难奏功。蔚才德两无，械饷俱缺，都督关外，实愧厥职。恳我总统立即取消，且免招疑忌。但同志数百人，死士数千人，经营数月，用款三十余万元，志士及健儿死伤共七百余人，善后事宜应如何处置，请速与袁公妥商办法，否则恐演出无限之惨剧。关外都督兼北伐第二军总司令蓝天蔚叩。啸。

　　（《各省往来要电汇纪·烟台电》，《时报》1912 年 2 月 21 日，"公电"）

袁世凯致孙中山、黎元洪等电
（1912 年 2 月 18 日）

南京孙大总统、黎副总统、各部总长，请转各省都督、司令官、民政长同鉴：

近年来旧政贪残，民生凋敝，官吏失职，庶事荒废，诸君子因而锐意改革，联翩兴起，要以保国救民为宗旨。数月间，人民遭罹兵燹，困苦流离，农商失业，生计日艰，兴念及此，难安寝食。诸君子恫瘝在抱，当亦不胜惨痛。现共和已达目的，中外欢欣。吾国既以民国为名，自以保安人民为前提，转瞬春耕，尤须豫为筹及，而地方未靖，播种恐未能及时。同胞饥馑，我辈之责。世凯谬承奖许，同为国民，敢不为民请命。切望诸君子宏胞与之怀，从速设法，同心协力，规复秩序。务使市廛田野，早安生业，民心大定，国本巩固，用达我辈保国救民之志愿，亦足令环球各国，益服我国民团体之坚，文明进步之速。则我中华民国永久之幸福，实基于此。世凯盖有厚望焉。谨陈管见，涕随电陨。袁世凯。巧。印。（北京来电）

（《临时政府公报》第十九号，1912 年 2 月 22 日，"附录"；又见《申报》1912 年 2 月 23 日，"公电"；《时报》1912 年 2 月 25 日，"公电"）

袁世凯致孙中山、黄兴电
（1912 年 2 月 18 日）

大总统、黄陆军总长同鉴：

筱电悉。奉境非同内地，稍有扰攘，必生奇险。现赵总督及所部文武，已表共和同情，自是手足一家，何可自相残杀。已电赵公饬冯军即停攻击，并请电知蓝天蔚，以保全大局为念，万勿进行。并须化除嫌烦，谨守秩序，方不负我辈利国福民之志愿，想仁人必有同情也。袁世凯。巧。（北京来电）

（《临时政府公报》第二十号，1912 年 2 月 23 日，"附录"；又见《申报》1912 年 2 月 26 日，"南京总统府来往要电"；《时报》1912 年 2 月 26 日，"公电"）

唐绍仪致孙中山电
（1912 年 2 月 18 日）

南京孙大总统鉴：

维密。顷接北京电开；清谕有全权组织字样，南方多反对者。实则此层系满洲王公疑惧，以为优待条件，此后无人保障，非有此语，几于旨不能降，并非项城之意。故奉旨后，亦未遵照组织政府。清谕现在已归无效。若欲设法补救，除非清谕重降，自行取消不可。又万万无此办法。南方若坚持此意，实为无结果之风潮。乞公以此意劝解之。北方安谧如常，奉天幸略有转机。各使均来道贺。寻常各事亦照常办理。士诒等语。特转达。仪。巧。（上海来电）

（《临时政府公报》第二十号，1912 年 2 月 23 日，"附录"；又见《时报》1912 年 2 月 26 日，"公电"；《申报》1912 年 2 月 26 日，"南京总统府来往要电"）

唐绍仪致孙中山电
（1912 年 2 月 18 日）

孙大总统鉴：

顷接北京电开：到一电悉。查此电诒全为清帝辞位电知从前北方所辖局所，暂时维持北方秩序，以免员司没籍吞款起见，固无强用政策抵制之意，亦无干预之心。只因原稿上写通行各局字样，收发处遂一概发电，以致误发与招商局。不然，何以说到临时政府尚未成立。且原电既说明各局，则非专指招商局可知。然此事究属员司疏忽，希转知孙大总统代为道歉。并声明各部行文，袁公向不知之。又此稿既系通行，保无另电南方各路电局，应一概作为无效。统祈临时政府见谅。除电知招商局取销前电外，谨复。士诒。十八。等语。特转达。仪。巧三电。（上海来电）

（《临时政府公报》第二十号，1912 年 2 月 23 日，"附录"；又见《民立报》1912 年 2 月 26 日，"新闻一"）

袁世凯致孙中山电

（1912 年 2 月 18 日）

孙大总统鉴：

啸电悉。已电赵督查明释放。袁世凯。啸。（北京来电）

（《临时政府公报》第二十号，1912 年 2 月 23 日，"附录"；又见《申报》1912 年 2 月 26 日，"南京总统府来往要电"）

伍廷芳致孙中山电

（1912 年 2 月 18 日）

孙大总统鉴：

前准沪都督陈豪电请将前山阳县令姚荣泽，提解来沪审讯，兹据解到，重应迅速审结，以分曲直。廷以为民国方新，对于一切诉讼，应采文明办法，况此案情节硕大，尤须审慎周详，以示尊重法律之意。拟由廷特派精通中外法律之员承审，另选通达事理、公正和平、名望素著之人为陪审员，并准两造聘请辩护士到堂辩护，审讯时，任人旁听。如此则大公无私，庶无出无入之弊。如以为可行，请即电复照办。廷芳。巧一。印。（上海来电）

（《临时政府公报》第二十号，1912 年 2 月 23 日，"附录"；又见《时报》1912 年 2 月 26 日，"公电"）

伍廷芳致孙中山电
（1912 年 2 月 18 日）

孙大总统鉴：

顷接烟台胡君瑛来电云：前接鲁抚张广建电，嘱派代表赴济协商。瑛按鲁省非由兵力完全光复，与东南各省情形不同。况满廷已逊位，南北一律赞成共和，似宜和平解决，不必再启战端。现彼军退出黄山□，我军复占黄县，似宜不再前进，以免冲突。互派代表接洽，冀解决，免重人民负担。是否有当，祈卓裁示复，并饬沪军讨虏队遵照。胡瑛叩。铣。云云。现议和事竣，廷已辞代表之职，此事应如何办理，请由尊处直接电告胡君。至祷。廷芳。巧二。印。（上海来电四）

（《临时政府公报》第二十一号，1912 年 2 月 24 日，"附录"；又见《时报》1912 年 2 月 27 日，"公电"；《民立报》1912 年 2 月 27 日，"新闻一"）

袁世凯致孙中山、黄兴电
（1912 年 2 月 18 日）

孙大总统、黄陆军总长同鉴：

迭接奉省赵督及军官等先后电称：奉省已赞成共和，改称中华民国，换悬五色国旗，改行阳历云。如蓝天蔚不再扰攘东方，大局可望保全。袁世凯。巧。（北京来电六）

（《临时政府公报》第二十一号，1912 年 2 月 24 日，"附录"；又见《时报》1912 年 2 月 27 日，"公电"；《民立报》1912 年 2 月 27 日，"新闻一"）

杨沅、薛玉清等致孙中山、袁世凯等电
（1912 年 2 月 18 日）

孙、袁大总统暨各部总长鉴：

退位诏下，全国共和，清鲁抚张广建、吴炳湘等前次取消独立，诛杀共和党人，拘禁无辜良民，东人切齿，誓不承认此等暴吏再留祸于山东。昨经各府代表在省垣公举胡君经武为临时都督，未到济南以前，暂推柳君成烈代理。已公电请胡君即日到济组织一切，祈速电复，广建等退职，以顺民情。山东各府杨沅、薛玉清、于复元、张友溪、臧堪埙、于师谦等公叩。巧。（山东来电二十八）

（《临时政府公报》第二十二号，1912 年 2 月 25 日，"附录·电报"；又见《民立报》1912 年 2 月 28 日，"总统府要电汇录"）

吴铁城、易次乾致孙中山、冯自由电
（1912 年 2 月 18 日）

孙总统暨冯自由君转同盟会本部鉴：

同盟会赣省支部即日成立事务所，设怡园内。马都督已加盟，余军政两界重要人物当陆续加入赣支部。会长吴铁城、易次乾。

巧。(南昌来电三十)

(《临时政府公报》第二十二号，1912 年 2 月 25 日，"附录·电报"；又见《民立报》1912 年 2 月 28 日，"总统府要电汇录")

舒先庚、洪晓芸致孙中山、黄兴等电
(1912 年 2 月 18 日)

南京孙大总统、陆军总长黄、安徽都督孙鉴：

芜湖军政分府吴振黄，骄奢淫佚，横行无忌，较专制时代远驾而上。敝乡人由芜来浔，叠次报告目睹情形，确与旅沪同乡会汪德渊等所陈各节有过之无不及。该会所请委李君森林、黎君宗岳继任，亦实为地方计。敢乞俯纳刍荛，恳赐从速将吴撤销，俾芜民早日脱离水火。惟李君未便兼任，即请黎君移驻。黎君于地方感情甚好，资望亦孚。千乞主持，以慰众望。皖南旅浔同乡会舒先庚、洪晓芸、范厚泽、余德民、黄韵轩、詹若棠、詹渭川、胡明瑞、范蔼如、黄冤底、胡逸卿、汪寿岳、胡宝书、卢献廷、程礼垩、江辅卿、程燮坤、愈受兹、汪克清、舒静之、吴仲臣、叶惠菴、汪鹤廷、余吉卿全体二百三十二人公叩。啸。

(《申报》1912 年 2 月 26 日，"公电"；又见《民立报》1912 年 2 月 26 日，"公电"；《时报》1912 年 2 月 26 日，"公电")

袁世凯复孙中山电
(1912 年 2 月 19 日)

南京孙大总统鉴：

啸电敬悉，承遣欢迎，益增愧汗。迩来叨借仁福，北方幸称安谧。将来取道津口或汉口均可从便。俟得确电，当即派员前迎。袁世凯。效。印。（北京来电）

（《临时政府公报》第二十号，1912年2月23日，"附录"；又见《申报》1912年2月26日，"南京总统府来往要电"）

蒋尊簋致孙中山等电
（1912年2月19日）

南京孙大总统、参议院、各部、湖北黎副总统、北京袁新总统、各都督、上海唐、伍代表、前敌各司令钧鉴：

接参议院删电，谨悉孙大总统践誓辞职，举袁公为新总统。孙公之德，袁公之功，皆足永留历史之光，莫名钦佩。惟组织临时政府地点，来电尚未明言，无从悬揣。江苏庄都督咸日通电，尊簋极为赞同。此事甚有关系，请参议院以公正之眼光，详加研究为要，并请将前后会议情形及两方主张理由明白宣布，以释群疑。无任祷盼。浙都督蒋尊簋叩。皓。

（《临时公报》，1912年2月23日；又见《共和关键录》第一编，第148页）

陈昭常致孙中山、黎元洪等电
（1912年2月19日）

南京大总统，武昌黎副总统，各省都督、议会、督抚、谘议局，上海唐少川、伍秩庸两先生均鉴：

顷接庄都督两电，于建都利害言之綦详，洞见本原，目光如炬，窃谓中原枢纽端在西北，征之历史，由西北而制东南易，由东南而制西北难。两界河山可指诸掌内，外蒙古紧接幽燕，居中驭之，自可收指臂之效。若舍北而南，形势既有不便，情谊既不能洽，万一意见参差，不复内向屏藩顿失，外人即从而生心，中原之祸，莫大于此。此不可改都南京者一也。国既定，建设刻不容缓，如建都南京，中央各衙署势必重新修筑，无论财力艰难，鲜可筹措，即勉强营造，亦非旦夕可以告成。北京则形式具备，但须法制更定便可定行。此不可改都南京者二也。京奉之□，直接欧洲，外交团久称便利，各国使馆如令随我迁徙，其中必有梗阻者，倘使外人饶舌，我仍改图，则新发之硎，已损价值。此不可改都南京者三也。民国新造，组织尚未完全，亿兆心理，岂能尽合，如政府离北京甚远，保持皇室即不能周密，一旦奸人乘隙煽动，立可兴戎，庄都督所虑挟幼主破坏全局一层至为切要。此不可迁都南京者四也。总之，此次政体改革，虽倡自南方，而大功告成，自宜统筹深计，以取高瞻远瞩之势，若谓南人发难，建都必在南京，是犹有畛域之见，目下纵云统一，将来南北心理必致酿成分争，窃以为非共和之福。布露愚见，谨候采择，如以为然，请合力电争，以维大局。陈昭常叩。效。

（《民立报》1912 年 2 月 26 日，"新闻一"；又见《共和关键录》第一编，第 149 ~ 150 页）

胡瑛致孙中山等电
（1912 年 2 月 19 日）

南京孙大总统、各部总长、各省都督、各军司令、上海陈都督及各报馆均鉴：

叠接苏州庄都督、江北蒋都督来电，言临时政府地点宜设北京，不宜设南京云云。鄙意政府设立地点，临时与永久不同。民国永久政府，将来应设地点，就最近情形及交通便利论，似仍宜武汉。原议即或改定北京或南京，亦非仓猝间往复电文所能解决之问题。临时政府设于南京，既经参议院公议，孙大总统认可宣布，似不必再有争执。自庄公所设问题三则，鄙意亦不敢赞同。谨胪管见如下：

一、袁公能维持北方秩序，系由袁公之德望，非以其身在北京也。若谓袁公一出北京，北方秩序即不能维持，浅测袁公矣。

一、中国历史向无共和制度，今昔势殊，古时建都及控制之说，于今日已不适用。

一、外国公使断无干涉迁都之理，若此事尚不免干涉，则此项改革已无布设余地矣。至使馆迁移耗费之说，则外人尤不致以此小费而轻启交涉。太炎、空海两公之建都论，系就永久言之。临时政府设于南京，固无冲突于两公所言也。

要之，此次举义，以改革政治为目的。北京为专制朝都会，绵历千载。专制时代人材政事之积习，非一时少数人之所能捐除。倘目前即继续以北京为都会，则专制时政界之虮虱势将播种，继续蕃殖于共和政治之中心。即此流毒之一端，已无以巩固共和之基础。我公宏谋伟识，务恳鼎力主持，以维大局，民国幸甚。山东都督胡瑛叩皓。（山东来电）

（《临时政府公报》第二十号，1912 年 2 月 23 日，"附录"；又见《申报》1912 年 3 月 14 日，"公电"）

G·G. 卢本特致孙中山函

（1912 年 2 月 20 日）

尊敬的先生：

我们在另一邮件里给您寄了我们的一本新书《黄色的危险》，我们相信这本书对所有国家和民族都具有重大意义。原听说在中国，一部新宪法可能在五年之内制定出来，结果不到一年，这工作就完成了，我们对此表示祝贺。

我们相信您会花些时间浏览拙著，因为我们相信没有一个国家的将来比您的伟大祖国更重要。作为基督徒和坚信《圣经》的人，我们相信书里的告诫在东方所有的基督徒和将要成为基督徒的人中应当广为传播。

相信不久会收到您的信，谈及您对拙著的看法。

您的最诚挚的 G·G. 卢本特（G·G. Rupert）美国致函

1912 年 2 月 20 日于美国俄克拉荷马州

（《海外友人致孙中山信札选》（三），《民国档案》2003 年第 3 期）

丁义华致孙中山函

（1912 年 2 月 20 日）

中华民国总统孙先生钧鉴：

今天从中文报纸上看到阁下精彩的致各省宣言书，敦促大家以和平、统一、进步和教育为重，但愿如此。阁下此时能否就鸦片问题也发表一项宣言呢？宣言中声明必须停种鸦片，新生的中华民国必须尽快摆脱鸦片的祸害。这是当前至关重要的问题。不能指望国际法庭或其他国家会提供什么帮助。中国必须依靠自身竭尽全力来制止鸦片贸易。有报道说，云南、四川、安徽、福建和其他地方又在种植鸦片。在这场大变革中，中国又屹立于世人面前，再也不能走回头路了。在鸦片问题上，我们期望阁下能有所建树。

现寄上刚写好的拙文一篇。在禁烟这项重要的工作中，我怎样才能助上一臂之力呢？我希望看到中国摆脱鸦片的祸害，看到她作为独立的共和国在世界上占据应有的一席。

丁义华（Edward Thwing）　谨上

附：丁义华文

中华民国与鸦片问题

中国人民一个跨步就从君主专制国家迈入了现代共和国，对独立与自由的向往使他们摆脱了腐败的旧制度。这种旧制度使中国一直处于落后软弱的局面。现在他们终于能够昂首挺立于世人面前，他们的新政府奉行改革和进步。从南京政府总统、副总统以及参议员的声明中，可以看出他们都将鸦片问题放在首位并会认真地加以处理而无所畏惧。我们还得知中华民国无意实行高额许可证制以获得巨额财政收入。她只想彻底禁止鸦片贸易和吸烟恶习，因为它们给这个伟大民族带来无数罪孽，使她饱受贫穷。奉行共和的新中国决心将它们铲除，为争取独立与自由，跻身于二十世纪世界强国之林，打下牢固基础。

鸦片与革命

在过去几年里，觉醒进步的中国人民至诚抵制鸦片流毒。这已发展成为一场声势浩大的全民运动，促使政府禁吸鸦片和禁止鸦片种植，革命军里几乎已无人吸烟，若非群策群力，是不可能取得如此成效的。中国人民依靠自己的力量能有此成效，自然迫切希望彻底摆脱外国鸦片贸易的枷锁，因为鸦片贸易使他们的财富滚滚外流。资政院曾吁请清皇禁烟未果。面对强大的抗议浪潮，软弱的清政府虽签订了新的鸦片协定，但鸦片贸易仍然继续下去，外商可向中国多输入超过一千三百三十吨的鸦片，这些鸦片要交关税。清政府本可趁机解除不正当的条约，然而它却不能维护自己的权利，保护人民免遭鸦片毒害。十二月份的《世界报道》把此视为中国爆发革命的一大原因。它报道："革命人士对清政府的一项指控就是它没能立即终止鸦片贸易。鸦片战争是英国历史上最可耻的一页。任何了解这场战争的人都知道，清政府以前一直顽强抵制东印度公司把鸦片运入中国的企图，直至英国军队攻破大门。任何人，只要对当今中国稍有认识，都会看到中国人一直在与鸦片进行英勇搏斗。"《世界报道》继续说到："清政府与英国达成的协议，即印度鸦片还可在中国行销六年，激起革命人士的强烈不满。他们要求立即全面终止鸦片贸易。中国人民矢志从中华大地上肃清鸦片祸害"。在一些革命军中，吸烟者要处以极刑。现在，革命成功了，中国也成为共和国，新政府难道还像清政府那样软弱无能，继续容忍祸国殃民的鸦片贸易吗？

共和国与禁烟

清政府推行的政策是，一方面继续允许鸦片贸易，作为财政收入一大来源；另一方面对鸦片贸易进行管制，实行许可证制度，以图最终停止鸦片种植。这项政策企图使全国逐步摆脱鸦片，但实行起来困难重重，结果令人失望。只要鸦片贸易以及高价出售鸦片的情形继续存在，就很难禁止人们种植鸦片。全国彻底禁烟是拯救中国摆脱鸦片祸害的唯一途径。新政府已声明要禁烟，但为获得数亿元的国库收入，又允许外国鸦片批发贸易继续存在，这怎能禁吸鸦片和禁种鸦片呢？本文随附几封信是在新的鸦片协定签订后于去年寄发的。信中所述说明当前的形势只能给中国大变革带来挫折和失败。这些信发出后不久，我即与本省都督交谈过。他很想在本省禁烟，可是慑于英国强权，他又担心一旦禁止鸦片贸易，全省人民要付出惨重代价。他认为鸦片贸易和公开出售鸦片的情形不加以制止，就不可能禁种鸦片。本省几乎已摆脱了鸦片的祸害，可是外国鸦片继续在福州口岸强行进入，致使变革遭受挫折。最近的报道显示，本省禁烟虽然成效卓著，但现在又被迫走回头路。全面彻底地禁止鸦片贸易和鸦片种植是拯救中国的唯一途径。

海牙会议

这次所谓的鸦片会议，虽然有助于向世人说明吸毒的危害性，却对中国摆脱鸦片帮助甚微。事实上，大英帝国根本不让印度鸦片问题在会议上加以讨论。既得利益如此之大，那些鸦片贩子还想从中国榨取数亿元才肯罢休。仅 1912 年在中国出售的英国鸦片价值就达 8 千万元，收入的一大部分流入印度国库。因此，印度政府在不到五年的时间里，仅鸦片收入（虽然每年逐步下降）就超过它预计十年财政收入的总和。清政府虽然出席了海牙会议，但她并不是独立主权国。否则，英国的提议，即"每个政府都应制定有效的法律以控制原始鸦片的生产和销售"，必定对中国有所裨益。海牙会议的决议（实质是保护印度鸦片贸易）是：本决议的各项规定只适应于禁烟国。中国在自己的国土上不能随意禁烟，因而得不到那些独立主权国从这次会议中可以享有的益处。为什么中国不能随意禁烟？因为清政府出于软弱胆怯，去年没有利用眼前的好机会谴责《天津条约》。五十年来，《天津条约》给中国套上沉重的枷锁。难怪海牙会议没有给满怀希望的人们带来福音。他们本会希望形势会有好转。不过，要替英国人民说句公道话，成千上万的英国人不断举行抗议活动，竭力反对政府的做法，他们坚决要求政府停止对中国进行鸦片贸易，只因为清政府太软弱，致使英国人民伸张正义的努力付诸东流。如果清政府在国际场合能大胆直言（一如在国内一样），要求终止鸦片贸易并享有独立主权国应有的权利来保护本国人民的健康、生命和幸福，它本可如愿以偿。如此，则一切既得利益国家就不能再将鸦片强行运入中国。他们也就再无借口，说什么"中国对现状很满意"、"中国不在乎"、"中国不想那么快禁烟"、"中国没有要求禁烟"。如果清政府在国际场合提出禁烟要求，中国人民一定会站在自己政府一边，英国人民也会予以声援。

未来怎么办

中国必须自己救自己，不能依赖海牙，也不能依赖其他政府，因为他们总是保护本国的既得利益。中国必须维护自己的权利，首先是保护本国人民生命不受侵害的权利。这是每一个独立主权国家都享有的。中国政府还必须作出牺牲，放弃鸦片收入。如果让鸦片贸易继续存在，那么不会有其它好处，只会使新生的共和国走向灭亡。与软弱的清政府不同，中华民国是一股新生力量，她会竭力摧毁鸦片贸易。去年五月签订的《鸦片条约》，中华民国虽已声明会履行其中义务，但有一条款可拯救中国，该条款规定本条约内容可以更改。新生的中华民国可以向大英帝国及全世界宣告：中国要更改《鸦片条约》；在中华民国进行的鸦片贸易和鸦片种植必须终止；中国不再依靠祸国殃民的鸦片获取财政收入；中国必须也能够重获自由；独立自由的新国旗决不能被鸦片贸易压倒；中国需要把钱花在教育和发展方面；中国不希望出现在世人面前的是一个抽吸鸦片的共和国形象；中国会竭尽全力禁止万恶的鸦片贸易和禁吸鸦片；中国人民必定重获自由。

（《海外友人致孙中山信札选》（三），《民国档案》2003 年第 3 期）

魏紫维致孙中山函
（1912 年 2 月 20 日）

中华民国总统孙先生台鉴：

阁下主张宗教容忍和保留安息日，对此我深表赞赏。这有助于其他国家以基督之邦而尊重我国，我们今后也要为成为基督之邦而齐心努力。我一直渴望能有机会建议阁下聘一位私人牧师以便在安息日为阁下主持礼拜仪式。可能的话，在参议院开会前念一段祈祷词，以示承认上帝并祈求他给国家带来福泽。

我认为这样做会得到上帝的赐福。在世人眼中，我们也是个基督之邦。

"正义能使邦国兴盛，罪恶却为国家带来耻辱。"（箴言十四章，三十四节）

"奉主为上帝的人都是有福的。"（诗一百四十四篇，十五节）

人人皆知当主的臣民遗弃他时，他们就将遭到遗弃。

魏紫维（Zee Vee Wai）　谨上

（《海外友人致孙中山信札选》（四），《民国档案》2003 年第 4 期）

唐绍仪致孙中山电

（1912 年 2 月 20 日）①

南京孙大总统鉴：

　　维密。接北京电云：顷某使密告：日人视我国现为无政府之国，举动极为可疑，已占吉林某城等语。除电吉查复外，此事应迅速组织政府，企归统一，乃能杜彼野心。请弟与蔡君元培速来妥商，切盼。凯。效。等语。又一电云：顷据赵督电开：日本近日举动迥异常情，已明露无政府国之语，其意临时政府且未公认。现铁岭被匪占据，人并不多，实则日派人助之。与领事交涉无效。巅任〔??〕往来，阻难我兵进城。沿路线州县甚多□，一处有匪，一处干涉，奉省危而大局将溃。盖彼之阴谋，原欲奉与中央断隔。自宣布共和一致，竟出料外，于是愤激显露，手法大变。应付之法：一、速求各国承认临时大总统；二、铁岭非中立地，速交涉伊使，将日兵退出，听我剿匪；三、飞商南中，取缔南来党人，勿任纷扰，送与外人。事机危迫，稍纵即逝，立候钧复。再，日人又派来领事一人，恐总领低权，将要扩张，险甚。云。祈筹示。凯。效。等语。特转达。仪。号。印。（上海发）

　　（翠亨孙中山故居纪念馆藏档；又见《孙中山藏档选
　　编·辛亥革命前后》，第 127～128 页）

陈锦涛致孙中山等电

（1912 年 2 月 20 日）

孙总统、各部总次长、法制院长、参议院诸先生鉴：

---

① 原电无月份。现据电文内容及唐绍仪行止而定为二月。——《孙中山藏档选
　　编·辛亥革命前后》编者注

总统自署名之特令，与关于各部用人、行政须该部长副署之令，应规定界限以专职守，并设机关通告，俾便接洽，以免纷歧。应否速由法制院拟定交院议，总统颁行。锦涛。号。（上海来电二十三）

（《临时政府公报》第二十二号，1912 年 2 月 25 日，"附录·电报"；又见《申报》1912 年 2 月 28 日，"公电"；《民立报》1912 年 2 月 28 日，"总统府要电汇录"）

孙毓筠致孙中山等电
（1912 年 2 月 20 日）

大总统，各部总长、次长，参议院、黎副总统、都督、各省议会、新举袁总统、各省督抚、各省谘议局、各报馆均鉴：

庄、陈、蒋都督电均悉。清帝退位，南北一家。仅定都问题尚待解决，自应从事实上研究，不宜参以理想客气。袁君电称北京秩序不易维持，东北人心未能一致等语，尚系实在情形。藉令举足南来，大局必因之牵动，故定都宁、鄂之说，目前决不能行。至如北京，则满人种毒甚深，另成一秽浊世界。若都城如故，官御依然，无论如何刷新，旧党必仍占多数。乃谓新政府成立，竟举三百年之秽毒可以一日扫除，此则文人设想之辞、游士快心之论，毓筠智识蒙稚，实未敢信以为真。窃谓天津密迩北京，火车数小时可达，各国使馆尚可不迁，就令移津，亦尚便利，奠都于此，外可控制藩服，内可震动人心，民国基础之巩固。拟恳发交参议院，并请各都督公电总统，从速解决。至庚子原定条约，天津不得驻兵，今既改为都城，则与前日之北京无异，酌驻兵队，当能办到。敝处前派员赴保定侦探各情，本日电称：清军在东联络马贼头目，勾引外人，勃勃欲动，蒙藩则视东省为转移，袁君已调兵两师防守永平、山海关一带，观此则南北意见，万万不可再争，定都问题，万万不可再悬。管见如此，敬求教示。皖都督孙毓筠叩。号。

> （《申报》1912 年 2 月 23 日，"公电"；又见《时报》
> 1912 年 2 月 24 日，"公电"；《民立报》1912 年 2 月 23
> 日，"安徽电报"）

阎锡山致孙中山、袁世凯等电
（1912 年 2 月 20 日）

孙大总统、新举袁大总统、黎副总统、黄陆军总长、大都督，山西代表刘、李、景、狄诸君，国民联合会、共和促进会、各报馆钧鉴：

锡山提师北伐，遵和罢征，本拟就地驻屯，相机而动。旋接太原谘议局及李盛铎累次函电，并专员马龙章前后面陈，促令南返，得知和平可期解决，毋庸力征经营。遂决意班师南旋，刻抵忻郡，果闻清帝退位，宣布共和，南北统一，中外欢胪。临时政府基础益固，非诸公同心戮力之功，报馆鼓吹提倡之力，曷克臻此。从兹四百兆同胞脱离专制，一跃而生息于共和政体之下，实受其赐。肃此电贺，并望时锡教言。晋军大都督阎锡山。号。

> （《申报》1912 年 2 月 23 日，"公电"；又见《民立
> 报》1912 年 2 月 23 日，"山西电报"；《时报》1912 年 2
> 月 24 日，"公电"）

符鼎升等致孙中山电
（1912 年 2 月 20 日）

南京孙大总统钧鉴：

赣省秩序与他省等，各省用人俱未由央派委。今来赣者除熊樾

山外，前后三次有三十余人，自称总统府因蔡公时面禀赣省人才缺乏，特派来赣等情。当此官制未定之时，此等专制举动，总统当不出此，况赣省并非无人，蔡又为众恶佥壬，全省各界哗然，应请速即查明，并电取消。赣省民国联合分会符鼎升等叩。号。

（《申报》1912年2月29日，"要闻二"）

尹昌衡、罗纶致孙中山电
（1912年2月21日）

南京孙大总统鉴：

川省迭经变乱，地方糜烂，较各省尤甚。各厅州县年内应完丁粮等项，无从催收。而军饷一项，又较从前增多数倍，无计可施。乃于冬月二十七日发行军用银票三百万元，以济急需，限一年后筹备现银，分存各省银行或中央银行，陆续收回。现在发行伊始，省内敉觉畅销。原川省商务所及范围甚广，倘外省不能通行，则四川因此受窘，军饷无出，终必影响各省。拟请先由中央政府电知各省，此后凡遇四川军用银票，仍应一律通用，令以活动市面。可否，祈电示遵。票式及发行简章另文呈查。尹昌衡、罗纶叩。支。印。（四川来电二十七）

（《临时政府公报》第二十二号，1912年2月25日，"附录·电报"；又见《时报》1912年2月27日，"公电"；《民立报》1912年2月28日，"总统府要电汇录"）

蔡锷致孙中山电
（1912年2月21日）

南京孙大总统、实业部长鉴：

滇中产铜极旺，质料不亚日本。除商厂不计外，专就东川一处而论，每年产额约计一百六七十万斤。现在东川改设公司，认真经理，将来每年可增三四百万斤。惟近因京铜停运，存储甚多，现共存净紫铜一百六十余万斤，毛铜二十余万斤。货弃于地，公私交困。闻各省有因铜币缺乏开局鼓铸者，需铜甚夥，然购自外人，利权外溢。拟请通电各省来滇购运，以维矿业，而塞漏卮。蔡锷叩。马。印。

（《天南电光集》，第 100 电）

张镇芳、张怀芝、张锡銮等致
袁世凯、孙中山等电

（1912 年 2 月 21 日）

北京新举袁大总统、南京孙中山先生、武昌黎宋卿先生、南京参议院、上海中华民国联合会、国民协会、《民立》、《神州日报》、《时事新报》、《大共和日报》、各省都督、议会、军界、谘议局诸公均鉴：

政体更新，总统举定，南北一致，中外咸孚。民国维新，经纬多才，政府地点问题，关系尤钜。审时度势，莫若都燕京。谨举八事，藉申一得。窃维全球大局，恒视形势为转移。近日列强眼光，已渐略海权而趋大陆。观于巴黎已事鉴通，贝加尔湖之双轨，安奉铁路之架桥，胥注意于太平洋暨远东各处。此后文明输灌，世界大同，北京由陆至津，达欧洲，交通利便。是不宜舍北而南者一。近年亲贵柄政，招权纳贿，一旦失势，实不甘心，是以有宁送朋友不送奴仆之论。倘总统轻去，无人坐镇，则专制之余威再炽，劫迁之故智复萌，不特挟天子以令诸侯，抑将倚外兵以平内乱。祸机一发，根本动摇。是以不宜舍北而南者二。北京与内外蒙近接，新疆皆系必争之地。燕都扼吭拊背，审资控制，若弃而之他，则雁迹龙

荒，非复我有。是不宜舍北而南者三。中国幅员袤广，地学家或以建都偏北短之。是但就各省统观，而未尝合亚洲并计。黄种生齿日繁，无地可以殖民。天留蒙荒，以待开辟，将来鸿规大启，迁民实边，远□声威，丰饶畜牧。是不宜舍北而南者四。国基新立，万端待理，饷源枯竭，着手最难。燕京自前明迁都以还，宫廷廨宇，园囿市廛，缔造经营，规模式廓。近年军事戎器之富，学校图籍之储，凡百增设，甲于全国。只论已成之局，已非财力所幸，舍此别图，何从筹举？是不宜舍北而南者五。共和成立，与民更始，旧时之秕政宜除而新陈代谢。举凡制度之见于册档者，良有待于钩稽。此萧郭侯之入关，曹武惠之平吴，所以有伟略也。宁都仓猝草创，鲜所凭藉，何物何事，可以接收？是不宜舍北而南者六。自各国缔约通使以来，北京使馆林立，庚子以后，展拓表地，费益不资。一旦迁移，微论外人认可与否，而建筑各费，何计酬偿？此外辛丑通道专约，京奉、京汉关系条文，牵涉多端，尤难措置。是不宜舍北而南者七。晋都建业，北服遂沦。宋迁临安，燕云坐失。即法美民主各国，不闻舍旧谋新，别营都会。覆车宜鉴，前事可师，是不宜舍北而南者八。以上理由，极为明显，海内贤硕，类已确切指陈，外人旁观，亦复言论同致。新国至计，利害同关。欲为久大之规模，当取多数之利便。谨布愚见，乞速决定。大局幸甚。前途幸甚。张镇芳、张怀芝、张锡銮暨直隶各司镇道将领同叩。马。

（《民立报》1912 年 2 月 22 日，"天津电报"）

黎元洪致孙中山电
（1912 年 2 月 21 日）

南京孙大总统鉴：

鄂省自起义以来，血战数十日，尸骸枕藉，伤残无算；幸赖中华红十字会在武汉设立临时医院，救治被伤兵士，并施掩埋。兹查该会已由日本赤十字社长松方侯爵，特派法学博士有贺长雄来沪，商榷修改会章。复承日本介绍，得邀万国红十字联合会公认该会为中华民国正式红十字会。此次民军起义，东西南北各省均设立分会共五十余处，所费不赀，其功甚巨。如此热心慈善事业，似不可不特别表彰。伏恳准予立案，揭诸报章，以资提倡而重诚感，是为至要。元洪。个。（武昌来电四十四）

（《临时政府公报》第二十三号，1912 年 2 月 27 日，"附录·电报"；又见《时报》1912 年 2 月 28 日，"公电"；《申报》1912 年 2 月 28 日，"公电"）

陈其美致孙中山等电

（1912 年 2 月 21 日）

南京大总统、各部总次长、参议院、武昌黎副总统、各省都督、各军司令、各军政分府公鉴：

顷准北京蒙古联合会电开：本会前次养电已得直、豫、晋、鲁、苏各省暨伍代表、孙中山先生、黎宋卿复电均表同意。兹由本会备文陈请项城袁公，其文如下：天佑吾国，赖公之力，确定共和。际此建设方新，非得声威显著之人，不足当统理南北政府之任。我公于大局事，始终苦心孤诣，不恤疑谤，不避险艰，卒能措天下于泰山之安，跻五族于和平之域。功在寰宇，德在生民，凡属有知，同深推戴。查蒙古各部，因时艰孔棘，外侮方滋，本会同人等，前次钦仰我公威德，知必拯此横流，是以联合同人，力为维护，不令于共和一举，别生异议。现大局粗定，自请我公仍任其艰难，免生枝节。现已通电各处，由本会代表全蒙推公为统一政府临时大总统，谨再代表全蒙具函陈请。务恳我公力任天下之重，以系众心，俾同人等亦可借手助筹，绥驭蒙疆各务。临颖不胜翘盼。谨祝幸福。蒙古王公联合会。等因，特达。陈其美叩。个。印。（上

海来电三十三)

（《临时政府公报》第二十三号，1912 年 2 月 27 日，
"附录·电报"）

阎锡山致孙中山等电

（1912 年 2 月 21 日）

孙大总统、参议院、各国务大臣、武昌黎副总统、各省都督、南京
晋代表、北京、天津、广东各报馆钧鉴：

　　山才力绵薄，勉执革鞭，力无一成，汗颜曷极。幸赖全国上
下，戮力一心，民国统一，共和目的，完全达到，于愿已足，夫复
何求。况破坏局终，建设方始，自顾驽钝，实非其才。刻已电恳晋
民公会及谘议局另选贤能来忻接替，一俟继承得人，山即解除兵
柄，长揖归田，与四百兆同胞共享自由幸福。肃此先布，伏希垂
谅。晋军大都督阎锡山叩。个。

　　（《临时政府公报》第二十四号，1912 年 2 月 28 日，"附录·
电报"；又见《临时政府公报》第三十号，1912 年 3 月 6 日，"附
录·电报"；《时报》1912 年 3 月 16 日，"公电"）

蔡锷致孙中山、黎元洪等电

（1912 年 2 月 21 日）

南京孙大总统、武昌黎副总统、各省都督鉴：

　　滇军援蜀，志在救灾恤邻，并欲为武汉后援，固西南屏蔽。军
队所至，父老欢迎。不意土匪未遂劫掠之谋，造谣诬蔑，谓滇军侵
蜀，志在玉帛，成、泸两军政府皆为所蒙。顷闻成都发兵至资州自流
井，欲与滇军开战。滇人兴仗义之师，反贻阋墙之诮。迭经电饬军中

将领和平办理，勿启衅端，然非成都共释疑团，恐难双方解决。乞电告成都都督，顾全大局，勿生内战，滇、蜀幸甚。蔡锷叩。马。印。

　　（《申报》1912年2月25日，"公电"；又见《民立报》1912年2月25日，"公电"）

蔡锷致孙中山、黎元洪等电
（1912年2月21日）

南京大总统、武昌副总统暨各省都督鉴：

　　据维西电：堕陲壕委员赵绍云电称：探闻西蜀陆军叛乱，有数百人至察木多等处。川边盐井张委员、江卡段委员勒派骑马万五千匹驻扎察木多，屯兵三哨，陆军均到，江卡委员哨弁亦将响应。所至劫掠，联络裹胁，不下数万。如由巴塘以窥蜀，或由江卡以犯滇，均属边防必要，请速派兵防堵。等因。当电饬丽江李统制、维西霍副将统兵防堵，并电派桂军一大队前往守御，以免疏虞。特此电闻。滇都督锷。阳历马。叩。（云南蔡都督电）

　　（《申报》1912年2月29日，"公电"；又见《民立报》1912年2月29日，"公电"）

孙岳等致孙中山、袁世凯等电
（1912年2月21日载）

急急。孙大总统、袁大总统、陆军部长黄、各都督、各司令、各省督抚、各谘议局、各报馆钧鉴：

　　顷得苏州庄都督来电，建都应在北京。并江北蒋都督引伸其说，建都宜在边境，故俄由莫斯科迁于圣彼得堡，日由西京迁于东京等论。岳等窃以为不然。盖建都北京，其害有三：一，人心之趋向，一如旧日。二，中原幅员广大，偏处一隅，则尾大不掉。三，对于满族之胶葛，永无断绝。据以上三害观之，恐难以日俄迁都之取积极政略者可比。尚望诸公审察焉。联军总司令孙岳、参谋长李蕭扬、军旅长米占元、镇军团长臧在新、宁军团长谢时叭。

（《临时政府公报》第十八号，1912 年 2 月 21 日，"附录"；又见《申报》1912 年 3 月 3 日，"公电"；《民立报》1912 年 3 月 3 日。"宿迁电报"）

蒋翊武、王小芹等致孙中山电
（1912 年 2 月 21 日载）

大总统钧鉴：

南北联合，协建共和，宇宙升平，端在指顾，皆我公数十年惨淡经营，缔造而后有此善果也。惟组织建设，万绪千端，一政之成，非财不办，欲立根本之图，宜先注重实业。但农工路矿，一蹴可登，实难就已有之规模，汰相沿之弊薮。收效速，成功巨者，厥为振兴盐政。至应如何改良煎晒，支配引地，应如何就场征税，而后商难可恤，应如何由官专卖，而后民食无虞，宜先于南京设立改良盐政总研究所，延揽通才，征集如有盐法志以及私家著述，调查习惯，悉心考求，妥定办法。先从两江试办，果然美备，再将两广、川、直、闽、浙继续推行。盖盐利统一，乃根本要图。况值民国肇兴，百废待举，尤当务之急。翊武等才识短浅，献曝情殷，冒昧贡忱，尚乞原宥。公推代表驰请训示，如蒙俯允，祈赐复湖北总监察处传知。翊武等即趋左右，恭候谘询。再，汤君蛰庵、张君季直，素娴盐政，著有成书，凤所钦仰，谅表同情。若两君能出而提倡之，一切欢迎。盐务发起人蒋翊武、王小芹、李华汉、杨森藻、曹志祖、蔡翌唐、陈炳焕、龙璋、粟戡时、谢锡朋、黄振声、李世清、杨大鹏、薛祈龄、葛子涛、熊焱华、葛庆蕴、孙镇西、葛屏

藩、熊谦吉、刘孔隈由鄂军务部同叩。(武昌来电)

（《临时政府公报》第十八号，1912 年 2 月 21 日，
"附录"）

朱葆珊呈孙中山、陈锦涛等文
（1912 年 2 月 21 日载）

窃惟行军以饷糈为急，理财以出纳为衡。上海综东西枢纽，交通利便，供亿浩繁，为他处所未有。光复伊始，特设财政部以资因应，当时经沪军都督委沈懋昭为部长，时仅一月，因急欲赴南洋群岛劝募饷捐，呈请辞退。后经沪军都督会同沪上各界开会于味莼园，公举继续，当荷谬推委任，并以财政事涉繁难，另举郁怀智、张人杰副之。佩珍自维薄植，深惧弗胜，一再固辞，未邀允准，只得力效驰驱，勉尽天职。视事以来，不敢开支薪水夫马，所聘顾问、参议亦各同尽义务，兢兢业业，夙夜旁皇。际此商市凋敝、金融恐慌之会，筹画既艰，履行匪易，加以政治多从宽大，赋税概予蠲除，大宗的款全数无着，而所入关税又须解缴苏省，此外毫无公款可资挹注。而每月用款之多，数逾百万，除上海招集军队暨采办军装，以及行政经费均须筹解外，而各省援鄂攻徐、援皖攻鲁与夫北伐诸军，率皆取道沪上，有时饷械告匮，又应随时供给，责任艰难，当邀洞鉴。两月之间，所入饷捐为数有限，逐月陆续支款，类皆罗雀掘鼠，移缓就急，竭泽而渔，断难久恃。谨查支出款项，约计二百数十万元之巨，间有不及应手者，则费几许展转筹借之力，暂资应付事机，约略其数亦达六十余万矣。欲量出以为入，则源无可开；欲量入以为出，则流无可节。涸辙之鲋，转动不灵，来日方长，殷忧曷已。副长郁怀智、张人杰，顾问周晋镛，参议傅宗耀、钱廷爵连日协筹共济，亦复疲于奔走，不得已于前月间呈请财政部长暨沪军都督准予告退，遴员接办。当承温语慰留，勗以勉为其

难，勿萌退志。迄今又将一月，措施无方，源流更竭，应解之款又复麋集，有增无减，计至旧历年终，约非百万，万难敷衍。敝赋已悉索靡余，债权又告贷无主，年关逼近，莫展一筹。虽云财政困难，究亦经理无术，才不称职，设有疏虞，贻误匪浅。万一兵士哗溃，责有攸归，一身不足惜，其如大局何？苟不早自引退，祸机触发，痛切噬脐，上何以答总统求治之殷，下何以慰各界委任之望？事机危迫，懔不可留，用敢披沥下悃，冒渎上陈，伏乞财政部、都督鉴核，代为据情转达大总统，垂念大局安危，关系至重，迅予令财政部总长克日遴选贤能，来沪接任，俾佩珍获释重负，而免陨越，实为德便。伏维俯准，批示祗遵。谨呈。

　　　（《申报》1912年2月21日，"本埠新闻"；又见
　　　《时报》1912年2月21日，"本埠新闻"）

中华共和促进总会致孙中山等电
（1912年2月21日载）

南京孙大总统、前清内阁总理袁暨各都督、各报馆、各团体公鉴：

　　清帝退位，南北统一，凡我同胞，无任欢忭。今后愿与国人促进共和，缔造民国，勿负一般人民之望。中华共和促进总会公叩。（中华共和促进总会电）

　　　（《申报》1912年2月21日，"公电二"；又见《民
　　　立报》1912年2月20日，"公电"）

潘南生等致《民立报》转孙中山、黄兴电
（1912年2月21日载）

《民立报》转大总统、陆军长均鉴：

镇军驻淮经理号并无勒捐情事，前有假冒，已经查办，特申。淮郡民团、商团潘南生、何候山、丁鹤丞、沈叔昂、秦少文、乔序东、张楚卿、许维周、何子健、杨鲁川公叩。（自淮安发）

（《民立报》1912 年 2 月 21 日，"淮安电报"）

T·W. 邓肯致孙中山函
（1912 年 2 月 22 日）

亲爱的先生：

我热切希望能在您所组建的中国新政府机构里供职。我原籍英国，但已在加利福尼亚居住二十多年了。我可以毫不自夸地说，我可以有资格胜任任何政府机关职位，不论是总统秘书、对外联络工作或是其他诸如此类的职位。

如果您能考虑我的申请，并写信通知我，说明要安排的职位发展前景如何，我将不胜感激。

目前我是美国共济会柑桔分会秘书长，此外，我还是共济会加州阿拉梅达市橡树林分会会员。

静候垂复。

邓肯（T·W. Duncan）　谨上

1912 年 2 月 22 日

我与《旧金山检查者报》有多年联系，是其驻外特别代表。

（《海外友人致孙中山信札选》（四），《民国档案》2003 年第 4 期）

孙毓筠致孙中山等电
（1912 年 2 月 22 日）

大总统、参议院、各部总长、各省都督均鉴：

敝省前派参议院职员王善达君业经辞职，刻已改派胡绍斌君。特此电达，即希查照。皖都督孙毓筠。祃。（三十九）

（《临时政府公报》第二十三号，1912 年 2 月 27 日，"附录·电报"；又见《申报》1912 年 2 月 24 日，"公电"；《民立报》1912 年 2 月 24 日，"沪军政府电报"）

袁世凯致孙中山电
（1912 年 2 月 22 日）

孙大总统鉴：

电悉。查晋省驻兵系由英义使特请保护洋人，如因撤兵，稍生扰攘，其责甚重，故不得不慎重。晋省谘议局及国民公会拟令阎军驻忻州，而又有少数人请回驻者，所请不协，无所适从。已派员偕同晋绅赴晋查明情形，妥商办法。否则共和一致，何苦劳师糜饷，常成瘠区，无非欲保全秩序，为地方谋幸福耳。如谓薄于晋省，未免误会太甚。晋省业已糜烂不堪，深望诸士民协力保全桑梓，使民人早得安乐，又何必妄逞意见，贻害乡里耶？以上云云，祈公代转是幸。袁世凯。养。（北京来电三十四）

（《临时政府公报》第二十三号，1912 年 2 月 27 日，"附录·电报"）

黎元洪致孙中山等电
（1912 年 2 月 22 日）

孙大总统、参议院各部处卫戍总督、各镇协、各省都督、各军政分府暨各报馆同鉴：

效电敬悉，甚惬本怀。不意皓哿两电传示，复承诸父老、昆弟错爱，竟推洪蝉联前职，殊深惭悚。窃念义军发起之初，以讫民国完全成立，皆全国同胞共同之力，洪何人斯，敢忝副职。只以辞职不获，兵事未终，权从众志，随诸公后。今南北和同，兵力永息，项城秉国，人望攸归，洪之才力实难比肩，谨于临时之局，暂悖公民之命，仍望诸大君子，鼎力建设，奠定民国。一俟端绪就理，仍当归耕南亩，为一自由之公民。如蒙时惠教言，不胜翘企之至。元洪。祃。（武昌来电五十九）

（《临时政府公报》第二十四号，1912 年 2 月 28 日，"附录·电报"；又见《时报》1912 年 2 月 25 日，"要闻"；《民立报》1912 年 2 月 25 日，"武昌电报"）

江苏公民会致孙中山电
（1912 年 2 月 22 日）

南京孙总统鉴：

筱电慰留沪督，破坏省制，疲吾民力，苏民万难承认。江苏公民会。祃。（江苏公民会电）

（《申报》1912 年 2 月 22 日，"公电"；又见《时报》1912 年 2 月 22 日，"要闻"）

朱士英、胡文研等致孙中山、袁世凯、
黎元洪等电
（1912 年 2 月 22 日）

南京孙总统、北京袁总统、武昌黎副总统、上海陈都督暨《大共和报》、《神州》、《民立》、《天铎》、《时事》、《民声》各报钧鉴：

芜湖吴分府苛虐骚扰，罪恶丛积，旅沪同乡会禀蒙正副总统电饬取消，同乡本举李万林暂摄，或请大通黎宗岳就近兼理。安庆孙都督违反舆论，位置私人，明知芜民惊恐，竟悍然不顾，请陆军部派兵轮，庐州派兵队，纷纷调遣，如临大敌。英等恐遭不测，星夜逃避。芜再扰乱，皖无完区。乞顾全大局，设法挽救，无任企祷。皖南绅商朱士英、胡文研、朱禹门、范摩、汪泛洋、胁宽、汪谦、胡执珩、金宣爵等一百二十人同叩。养。（自大通发）

（《民立报》1912 年 2 月 24 日，"安徽电报"）

广西共和协进公致孙中山等电
（1912 年 2 月 22 日）

南京孙大总统、参议院诸公鉴：

迩闻沪军都督慰留取销，朝非夕是。本会组织沪地，敢为折衷之论。夫苏、沪两督并立，于政体上种种牵制窒碍，不言可喻。然上海为华洋枢纽，全国粮台。当武汉起义以来，各省闻风响应，上海光复，饷械充足，故苏、浙、金陵先后而下，民国之基于斯成立。试一回思，苟无沪军都督支撑数月，其危险不知若何，安能有今日之成绩。且各军受伤之将士，给以医药，授以川资；各省来沪之学生，嘉以招待，惠以旅糈。关系民国，妇稚皆知。舆论如是，应即请将苏、沪问题提交参议院详细确商，免误大局。夫能为人难为而竟成大功者，公也；因人成功而阻挠进行者，私也。望明公其鉴诸。沪广西共和协进会全体公叩。祃。

（《申报》1912 年 2 月 25 日，"公电"；又见《民立报》1912 年 2 月 25 日，"公电"；《时报》1912 年 2 月 25 日，"要闻"）

沪民公会致孙中山电

（1912 年 2 月 22 日）

南京孙总统鉴：

　　沪军月支百万，民力难支。且苏、沪咫尺，开府相望，亦非统一之道。仍请取销沪督，以系去思。沪民公会叩。祃。（沪民公会电）

　　（《申报》1912 年 2 月 22 日，"公电"；又见《时报》1912 年 2 月 22 日，"要闻"）

宋小濂等致袁世凯、孙中山等电

（1912 年 2 月 22 日）

北京袁大总统、南京孙大总统、武昌黎副总统、督抚、都督、谘议局、蒙古王公联合会鉴：接苏州庄都督来电，据民国联合会等暨报界公电，力持建都北京等情，读之不胜欣幸。方今南北一家，轸域悉化，自宜统筹全国大势，择利而行。该会等所议公允切当，实于民国前途大有关系，务祈合力赞同，从速决定，以维大局，是为至祷。宋小濂率同各界人等同叩。祃。印。（齐齐哈尔宋小濂电）

　　（《申报》1912 年 2 月 24 日，"公电"；又见《时报》1912 年 2 月 24 日，"要闻"；《民立报》1912 年 2 月 24 日，"沪军政府电报"）

各省旅沪同乡会致孙中山等电

（1912 年 2 月 22 日载）

南京孙大总统、各部总长、各省都督钧鉴：

武昌起义,军府如林,筹饷练兵,非予以一定范围,流害必伊于胡底。顷阅沪军政府所发公债票章程,离奇怪诞,不可究诘。而尤为不可行者,有已经到期之票可向中华民国政府所设理财各局署抵作付款等语之条,不胜骇异。上海区区一隅,在民国中不过千分中之一分,发行公债,全系地方公债性质,只应以上海县所属之税租作抵,何能涉及全国范围?各处筹饷练兵,皆有财穷之叹,非独沪地为然,倘各省军政府、各府县军政分府见沪军以地方区域享有全国财政权,纷纷效尤,竞发公债,皆指国家税款作抵,皆听外人自由购买,以上海现发一千万元例之,十县即可发行万万元,百县即可发行十万万元,千县即可发行百万万元。美、法、英、德皆称富豪,设竟合资来华尽数购去,则民国方争回于满清,旋馈送于各国矣。恐沪军政府不能担此重任,务乞大总统明发命令,立时取消,即可免一国之巨患,复可省一方之虚糜,大局幸甚,不胜延企待命之至。各省旅沪同乡会公叩。

(《反对沪军政府公债章程·各省旅沪同乡会致南京电》,《时报》1912 年 2 月 22 日,"要闻")

杜持、张宗英等致孙中山、黄兴电
(1912 年 2 月 22 日载)

南京大总统孙、陆军总长黄钧鉴:

蒋君伯器资深望重,公举浙督,方为浙庆,乃甫经接任,遽遭私攻,果如报载告退,不独浙中失望,且恐党祸朋兴,大局因而糜烂。恳速电慰蒋督照常任事,一面将党见设法融消,以维大局,幸甚。闽军杜持、张宗英、陈树德,松军张兆辰、韩尚文、王民皡、吴吴山,旅沪常士彝、陈维新等公叩。

(《时报》1912 年 2 月 22 日,"公电")

童必恽致孙中山、黎元洪电
（1912 年 2 月 22 日载）

孙大总统、黎副总统鉴：

现在共和成立，大局似属初安，而党见横生，大难恐未有艾。伏尝纵观前后，同一党也，始而此会与彼会相争，继而本会与本会相攻，循是以往，行将党员与非党员互相轧轹，演成惨剧。窃惟当初组织同盟、光复等会，其宗旨在于扫除专制。建设共和之目的已达，所有同盟、光复诸名目，似可一概取消，藉除标榜，而示大同，并以表见各会员坦白无私之初衷，民国前途实利赖之。浙军政府参谋科长童必恽叩。

（《关于浙都督辞职要电·杭州电》，《时报》1912 年
2 月 22 日，"公电"）

张兆辰、韩尚文等致孙中山等电
（1912 年 2 月 22 日载）

南京大总统、陆军参谋部长、各报馆、浙江蒋都督鉴：

统制周承菼营私植党，群议早腾，近采乡评，听闻益竦。昨电请简贤员，系旅松军界二百二十八人之公言，总统、都督不加谴责，浙同盟会忽电松军分府，诬为汉奸，严密查拿。某等本天保城铁血余生，鸿毛泰山，大义了然，第恐同盟会鸿号素隆，以支部中最少数人私见，假全会名义，利用汉奸题目，毒肆狡谋，侵权违法，厥害犹浅，共和肇基，藉党会以竞优存，使吾浙非同盟会者人人自危，殊非诸先觉所以革新华夏之意。倘蒙垂注，民国幸矣。浙江旅松军界二百二十八人代表光复会员、松军第一团长张兆辰、同盟会员第二团长韩尚文公叩。（浙江旅松军界致南京电）

（《时报》1912 年 2 月 22 日，"公电"）

松江军政分府致孙中山、黎元洪电
（1912 年 2 月 22 日载）

南京孙大总统、湖北黎副总统鉴：

辞位解决，天下为公，实赖大猷主持公理，卒达四百兆国民希望之目的。松军全体同呼共和万岁！南北统一，尚待协商。天命人心，厌乱求治，谨跂踵以待荩筹。松江军政分府全体叩。（松江军政分府又电））

（《申报》1912 年 2 月 22 日，"公电"；又见《民立报》1912 年 2 月 22 日，"公电"）

马毓宝致孙中山电
（1912 年 2 月 22 日载）

南京大总统钧鉴：

电敬悉。赣省铁路借款，询悉为接续修理之用，钧谕以可借二百五十万元，三分为中央，二分为省用，极为赞成。惟该路向系商办，一面交股东议覆，再详电呈。将来完款如何办理，尚望电示。赣省都督马毓宝叩。

（《赣路抵借外债之电书·赣都督致孙总统电》，《申报》1912 年 2 月 22 日，"要闻二"）

高洪福致孙中山函
（1912 年 2 月 23 日）

总统阁下：

您最忠实的信徒恳求向您报告。我毕业于南京专科学校，现为香港女皇学院的一名学生。我怀有革命的想法已达八年之久了。我在安徽帮助徐锡麟起义（Chu Sch Ling），但惨遭失败。然后我就下南京，参加了南京海关署举办的考试。通过这次考试我被海关署长委任为检查进港船员的官员，任期从 1907 年 10 月 23 日至 1911 年 10 月 23 日。在此之后，我向 R·De·卢卡（Lunca）长官申请辞职。离开南京海关，我就去了清江（Chin Kiang）找林竹青（Ling Suh Ching）先生，从他那儿我在外事处找到一份工作。约一个月后，该处就裁减人员，上星期就关闭了。我现住在上海旅馆，无所事事。我们新兴的共和国建立起来了，全新的国旗在海关上空飘扬。如果可能，我想重返海关工作。很遗憾我时运不济，不知怎样才能回到海关工作呢？能否请您安排我在海关或邮局工作。

这样我可以把这些年来的满腔热忱献给我们的新中国。

假如您能给我安排上述工作来解救我，我将不胜感激。

回信请寄曹念波（Chao Nieu Foh）转给我。（原海关船检员）

高洪福（Kao Hong Foh）　叩上

1912 年 2 月 23 日于上海

（《海外友人致孙中山信札选》（四），《民国档案》2003 年第 4 期）

盛宣怀致孙中山电

（1912 年 2 月 23 日）

上海王阁臣转孙总统：

接尊电始知该草约已核准。弟当立即知照董事开股东会，会集时，定将孙总统欲废去该约之意告知各股东。如此重要实业终能完全保存，实为中华民国幸福。宣。

（《辛亥革命前后·盛宣怀档案资料选辑之一》，第 352 页）

刘学询致孙中山函

（1912 年 2 月 23 日）

中山先生大人钧鉴：

　　日前唐少川君小驻敝寓，欣悉南北统一。共和成立，首在恢复秩序、遣散兵队为第一要务。惟需款甚巨，一时无从筹措。现有西商可以认借一千万两之数，年期可以宽舒，息金亦能公道，且在沪可以交款。如钧处有意筹借，请示意，以便与之接洽。如何之处，伫候德音。专泐。敬请

勋安。维照不备

刘学询顿首　二月二十三号

泐于静安寺路沧洲别墅十四号

　　（翠亨孙中山故居纪念馆藏档；又见《孙中山藏档选编·辛亥革命前后》，第 202 页）

黎元洪致孙中山电

（1912 年 2 月 23 日）

孙大总统鉴：

　　养电悉。谭都督无遇险事。特复。元洪。漾。叩。（武昌来电四十一）

　　（《临时政府公报》第二十三号，1912 年 2 月 27 日，"附录·电报"）

徐宝山致孙中山、黄兴电

（1912 年 2 月 23 日）

南京孙大总统、黄陆军部长崇鉴：

顷接蒋都督来电云：清淮米价每担骤涨三千余文，杂粮各价亦随之而涨。淮海本灾区，加以粮价飞涨，人心恐慌已极等情。查此事必有原因，非粮食出口，即有他种原因。而粮食为人民之命脉，若不澈查，不但军粮断绝，且恐扰害人民，致乱地方。除通告蒋都督转饬所属一体严禁出口，以维民食而保治安，并详查有无奸商私运或囤积外，仰望大总统大部通饬各省，一律严禁。兵衅未息，军粮民食，尤宜关心。谨电。第二军军长徐宝山叩。漾。（清江浦来电四十八）

　　（《临时政府公报》第二十四号，1912 年 2 月 28 日，"附录·电报"）

蒋凤梨致孙中山电
（1912 年 2 月 23 日）

孙大总统鉴：

　　南北既合，事权归一，立法行政，关系重大，非有以民参政机关，民国前途恐有危险。民选参议院，急不可缓。请速妥定选举法，限期组织成立。常熟联合会支部蒋凤梨叩。漾。（常熟来电五十）

　　（《临时政府公报》第二十四号，1912 年 2 月 28 日，"附录·电报"；又见《申报》1912 年 2 月 26 日，"公电"；《民立报》1912 年 2 月 26 日，"公电"）

汤化龙呈孙中山文
（1912 年 2 月 23 日载）

大总统钧鉴：

元月中旬，奉命委充法制局副长，其时军事旁午，百执密勿，惧以引退煽扬偷风，虽极悚愳，勿敢辞也。乃者和议告成，清帝引退，南北一致赞同，共和大局，十九定矣。兹后建设，经纬万端，以顽卤之粗材，引输般之绳墨，伤手是惧，焉有远谟。今才士奋于功名，巨儒应乎运会，怀抱洪略，范铸新例，若斯之俦，方辕接轸，惟升履而加诸冠，乃怀瑜而匿其彩。用是惧猥首之戾，懔胡颜之诮，乞赐休沐，以避贤路。法制局副长一职，请另拣明达，藉释负荷，不胜延企屏营之至。法制局副长汤化龙谨呈。

（《法制局副长汤化龙之辞职》，《时报》1912 年 2 月 23 日，"要闻"）

梁士诒、谭学衡等致孙中山电
（1912 年 2 月 23 日载）

孙大总统鉴：

华盛顿奋身百战，及其成功而不私其权利，遂为千古第一人。执事为我国家民族，苦心经营，垂二十载，备历艰险，百折不磨，以有今日。大事既定，乃毅然以第一次大总统之位推荐项城。推者之视天下为大公，受者之引天下为己任，皆以国利民福为前提，而无丝毫成见于胸中。执事坦白之襟怀，尤超华盛顿而上之。国民具瞻，环球同仰。新共和伟人，君为吾粤首占一席，凡吾乡人，与有荣焉。谨抒悃忱，用表钦佩。梁士诒、谭学衡、蔡廷干、叶恭绰旅京同乡三百二十五人同叩。（烟台来电）

（《临时政府公报》第二十号，1912 年 2 月 23 日，"附录"；又见《申报》1912 年 2 月 26 日，"南京总统府来往要电"；《民立报》1912 年 2 月 26 日，"新闻一"）

吴绍璘、吴晋等致孙中山、黄兴电
（1912 年 2 月 23 日载）

南京大总统、陆军部总长钧鉴：

　　沪都督上书辞职，军界哗然。共和成立，首赖东南以为基础，而东南光复，沪都之功，中外共晓，江南全局，实倚长城。前因筹备一切，上海机关重要，苏宁方面不得不暂行代理。现大局已定，亟宜统一，公议取消沪军，即推陈公都督江苏方为公允。若任其告辞，军界同人势将解体。为此公叩俯准以陈公移节江苏，以维大局，东南幸甚，中国幸甚。沪军第一师长吴绍璘、正参谋吴晋、旅长华振基、田应贻、团长梁敦骐、龚渭霖、陶澄孝、敖正邦、李铎、史秉直、金焯、徐定清、沪军第二师长黄郛、参谋长何澄、团长蒋志清、吴淞要塞司令兼要塞步兵团长姜国梁、沪军光复军总司令李征五、参谋何万波、孙铁生、一等副官应□审、团长陈雁声、王若周同叩。

　　　　（《临时政府公报》第二十号，1912 年 2 月 23 日，
　　"附录"；又见《申报》1912 年 2 月 21 日，"公电二"）

汪懋琨、石金声等致孙中山电
（1912 年 2 月 23 日载）

南京孙大总统鉴：

　　山东仇砰宣公举胡瑛为都督，未到任前，由齐鲁总司令柳成烈代理，以安民心。山东各界代表汪懋琨、石金声等叩。（山东来电）

　　　　（《临时政府公报》第二十号，1912 年 2 月 23 日，
　　"附录"）

黎宗岳致孙中山、黄兴电

（1912 年 2 月 23 日载）

大总统、陆军部长黄钧鉴：

顷接孙都督电，其文曰：黎分府鉴：前据芜湖来电，据侦探报告，执事自称奉黎副总统命令，率兵到芜等语。东昨准陆军部电，取消芜湖分府，由敝处委任陈策为驻芜司令，并将情形分电南京、武昌暨尊处庐州在案。此种谣传，从何而来？其为子虚，不问可知。惟当此大局初定，商民误信风谣，转相惊扰，或恐别生事端。除电告大总统、副总统、陆军部，并电芜湖代公解释外，务希执事从速宣布，并无此事，以维大局，而安人心等语。当即电复如下：铣电敬悉。芜湖事迫，同乡奔走呼号，已非一日。宗岳以我公有维持全皖安宁之责，何不与闻其事。今芜侦探妄造谣传，我公代为解释，殊深感佩。至芜湖善后办法，同乡自有公论，宗岳决不存私见于其间也。特将两电奉闻。大通军政分府黎宗岳叩。（大通来电）

（《临时政府公报》第二十号，1912 年 2 月 23 日，"附录"）

钟鼎基、苏慎初致孙中山等电

（1912 年 2 月 23 日载）

孙大总统、参议院、各部总长、黎副总统、都督，各军司令、参谋，各报馆均鉴：

闻此次议和条件，种种失败。现清帝名虽退位，仍居北京，拥有禁卫军队，危险万状。此间公意，务必废帝退居热河，由民国派兵保护。民国政府宜都南京，由各省公选组织政府人物。近闻参议院多数议员不此之争，犹复主张仍都北京。就政治、地理、交通种种方面观察，无一而可。衮衮诸公，昏庸误国，一至此极。粤军闻报，全体愤激，宁为玉碎，决不承认。第一镇动员已毕，尤愿决死一战。非参议院解散，无以服天下而伸公愤。恳速通电力争，声罪致讨。粤省貔貅十万，愿为前驱。民国存亡，在此一举，请公幸速图之。第一镇统钟鼎基，第二镇统苏慎初、总参谋覃天存，清成协统黎万，南统王肇基、任鹤年、叶举、陈总先，正参谋谭沄、杖民欣等全体公叩。初。（粤东军界电）

（《申报》1912 年 2 月 23 日，"公电"）

上海国民协会本部致袁世凯、孙中山等电
（1912 年 2 月 23 日）

北京袁大总统、外交首领、南京孙大总统、外交部鉴：

泗水华侨，因升旗燃炮，为荷警凶殴，死伤十余，掳禁百数，并将书报社封闭。民国初成，岂容藐视，请严重交涉，以尊国权。国民协会本部。漾。（上海国民协会电）

（《申报》1912 年 2 月 23 日，"公电"）

符鼎升等致孙中山电
（1912 年 2 月 23 日载）

南京孙大总统钧鉴：

读复议会电，欲以南浔未成路押借外债。查江西供给中央政费与江西铁路借款，自为两事。江西供给政费之义务，中央无指定商路为抵押之权，原议乞取消。民国联合会江西分会符〔符〕鼎升等叩。

（《赣省抵借外债之电书续·联合会致孙总统电》，

《申报》1912 年 2 月 23 日，"要闻二"）

孙万乘致《民立报》转孙中山、
黎元洪等电
（1912 年 2 月 23 日载）

《民立报》转孙大总统、黎副总统、黄陆军部长、孙大都督暨各省都督、各军政分府、各司令均鉴：

万乘去年九月光复庐州，设立军政分府。数月以来，黾勉从事，人民安堵，幸无陨越。今清帝逊位，民国统一，军政分府自应取销，军队亦应归陆军部统辖，庶事权划一，脉络贯通。万乘谨先取销分府名义，所有各营军队，请陆军部另委贤能接带。至地方民政事，宜改归行政厅管辖。万乘十余年奔走国事，惟希驱除鞑满，建立民国，本无丝毫权利之心，今幸天佑，中原民志齐一，数月间竟改专制政体而经达共和，此诚古今万国所未有之盛事，万乘目的已达，愿归田求学，遂我初服，想我中原豪杰，当亦同具斯情也。庐州军政分府孙万乘。（自庐州发）

（《民立报》1912 年 2 月 23 日，"安徽电报"）

无锡县公民致《民立报》转孙中山等电
（1912 年 2 月 23 日载）

《民立报》转大总统、苏都督暨各报馆均鉴：

锡金光复之初，各处匪盗充斥，其时省中之兵悉赴战地，无力兼顾，下邑邑人不得不谋自保。锡金军政分府剿匪、防乱，保全地方治安，厥功实大，嗣以北虏未灭，内乱纷起，公议编练一标，以备策应，早经呈报在案。前准援淮司令调第二营开赴临淮，本地兵力单薄，因即补足三营以符原议。饷粮为军队命脉所关，现在上下交困，中央既无款之可拨，地方亦无捐之可募，不得不暂由地方应收之款，酌留饷项，此正办事者之苦衷，亦宜局外人所共谅。乃本县临时议会胡雨人等，裁私逞臆，文电交驰，是否受人愚弄，无从深悉，惟某等分属公民应发持平之论。总之目下统一政府未成，统一法规未布，临时草创，种种未妥，所谓省章，所谓议案，既不免窒碍难行，自不必奉为圭臬。况今四方不靖，正赖军政维持，在地方议会自宜翼助之，爱护之，万不可阳作快心之论，阴行攻击之私，若徒饰词耸听，冀乱是非，充其量必至衅启阋墙，地方糜烂，是不特为共和世界所不容，抑亦非地方士民对于议会之初心，法人资格丧失殆尽，所论全无价值，自不必言。愿大总统、苏都督及各报馆勿为所惑，锡金幸甚，民国幸甚。无锡县公民王勍、督天放等叩。（自无锡发）

（《民立报》1912 年 2 月 23 日，"无锡电报"）

尹昌衡、罗纶致孙中山、黎元洪等电

（1912 年 2 月 23 日载）

南京中央政府孙大总统、武昌副总统及各省都督鉴：

四川北伐之师，拟暂派二镇，因滇军盘踞不行，致受牵制，定于正月三十一号出一大支队向汉中进行。现在成、渝合并，内乱平，驻川滇军殊无用处。自滇军乘我以全力平定傅逆之时，进据自流、韶川，名为盐厂，攻取泸州、富余、合江，借端剪除同志黄方、刘杰诸人，川人愤激，急欲一战。昌衡、纶力为解劝，以会师北伐，川人愿□饷项抚军，现尚故意延岩〔宕〕未发，使川人和战两难。深冀尊处电告云南军政府，速将援川之师转向北伐，俾四川得释内患，可以全力北进，扫犁虏穴，四川幸甚，大局幸甚。成都都督昌衡、纶。漾。（成都电）

（《民立报》1912 年 2 月 23 日，"沪军政府电报"）

佛兰克·史密斯致孙中山函
（1912 年 2 月 24 日）

孙先生：

内附一封信是查尔斯·哈都因（Charles Hardouin）先生寄给我的，他要我转寄给你。还要我向你说明，若不便直接联系，信件可由我转寄。

内有我的名片一张。

佛兰克·史密斯（Frank Smith）　谨上

（《海外友人致孙中山信札选》（四），《民国档案》2003 年第 4 期）

曲同丰致孙中山、黄兴等电
（1912 年 2 月 24 日）

南京孙大总统暨陆军部长黄、蒋诸公鉴：

丰二十二日抵韩庄，拟先到济南，以观建设并察看情况。现在沿途军队、百姓均相安谧，请释锦怀。曲同丰叩。敬。（韩庄来电六十二）

（《临时政府公报》第二十四号，1912 年 2 月 28 日，"附录·电报"）

袁世凯致孙中山电
（1912 年 2 月 24 日）

南京孙大总统鉴：

具奉尊电云，安庆孙都督请饬赵督释放柳大年、张涵初等因，

当即电赵。兹据复称，柳大年、张涵初于阳历二月二十三日遵送赴秦皇岛航沪，等语。特闻。袁世凯。敬。（北京来电六十三）

（《临时政府公报》第二十四号，1912 年 2 月 28 日，"附录·电报"）

袁世凯致孙中山电
（1912 年 2 月 24 日）

孙大总统鉴：

梗两电悉。东三省官吏，初有异辞，现已冰解。昨据吉黑两抚合电称，哈埠华俄杂处，前和平解决，江省亦换挂国旗，请抒廑念等语。至张都督凤翙电称主张一节，想系前事。现潼关周统领符麟等已与西军接洽，并于二月十八日两方将领全体在潼关欢会，联成一家矣。并闻。袁世凯。敬。（北京来电六十四）

（《临时政府公报》第二十四号，1912 年 2 月 28 日，"附录·电报"）

华侨联合会致孙中山等电
（1912 年 2 月 24 日）

孙大总统、外交部总次长、各部总次长鉴：

顷接泗水电：万急。汪会长鉴：昨电接否？本日荷兰加调马步兵团掳男女小儿四百余人，死伤未查悉，书报社国旗被碎，枪声轰轰，如临大敌，呼救无门，闭户待毙，非力保护不可，否则玉石俱焚。全体代表同叩云云。乞速拯救。华侨联合会叩。敬。（上海来电四十九）

（《临时政府公报》第二十四号，1912 年 2 月 28 日，"附录·电报"）

马毓宝致孙中山等电

（1912 年 2 月 24 日）

南京大总统、各部总长、参议院、武昌黎副总统、各民省都督、巡抚、各报馆均鉴：

安庆孙都督号电、江苏庄都督啸电，谅均达台览。查孙、庄两都督所论都城地点，一赞成北京，一拟改天津，各系从事实上研究，甚觉便利。现北方初定，人心自未能一□，若竟舍北就南，不免顾此失彼。所拟定者北方，亦系深谋远虑，从长计画。应请诸公速为解决，以奠邦基而维大局。赣都督马毓宝叩。敬。（自南昌发）

（《民立报》1912 年 2 月 25 日，"武昌电报"；又见《申报》1912 年 2 月 26 日，"公电"；《时报》1912 年 2 月 26 日，"要闻"）

张凤翙致孙中山、黄兴等电

（1912 年 2 月 24 日）

孙大总统、黄陆军部长、黎副总统、各省都督、各军政分府均鉴：

阴历元旦，敝军业与潼关束军统、周、赵二君宴会，定议退扎阌乡。惟甘贼升允持排汉主义，闻知清帝退位，激愤行凶，于二月十八日（阴历元旦）陷我澧泉，烧杀淫掳，惨无人理。又复分兵四出，骚扰乡村，形同流寇，见男即杀，剖肠剖腹，遇女轮奸，割舌刖足，以肆淫威。明季之张、李惨酷，尚不至此。二十二（阴历初五）日，又进攻叟阳县，去西安省城仅五十里，危急万分。请速设法援救，并乞电恳陕川滇黔各军，火速由汉中、阶文入凤翔、长武，击贼后路，以分其势，祷切盼切，并乞电复。

凤翔叩。虞。

（《申报》1912 年 3 月 6 日，"要闻二"；又见《申
报》1912 年 3 月 26 日，"公电"；《民立报》1912 年 3 月
26 日，"陕西电报"）

陈作霖、王震等致孙中山、黄兴电
（1912 年 2 月 24 日载）

南京孙大总统、黄陆军总长钧鉴：

沪军都督陈其美，光复上海，亲攻制造局，几濒于危。规画苏杭，追复金陵，一切勋劳，均邀洞鉴，无俟赘陈。自建功沪上，保卫商旅，地方赖以安全。今虽南北筹统一，而大局实未敉平。陈都督立功苏杭，足资镇摄，亟当兼辖苏省，以一事权。所属人民同表欢迎之意。作霖等亦只为地方求治人起见，据实电陈，伏乞俯赐采择，地方幸甚，大局幸甚。商务总会陈作霖、沪南商会王震、商务公所朱佩珍、全国商团联合会沈懋昭、国民总会叶增铭、市政所长莫锡纶同叩。（上海来电十）

（《临时政府公报》第二十一号，1912 年 2 月 24 日，
"附录"；又见《民立报》1912 年 2 月 27 日，"新闻一"）

山东共和急进会致孙中山电
（1912 年 2 月 24 日载）

孙大总统鉴：

登、黄举义时，同人公推连君承基为临时都督，辞不获已。胡君经武抵烟后，连君锐意退让，同人钦其毅力，仰其让德，坚留为鲁军总司令，强之再三，始受职。应即电闻，并恳转知各省都督。

山东共和急进会同人叩。（山东来电五）

（《临时政府公报》第二十一号，1912 年 2 月 24 日，"附录"；又见《民立报》1912 年 2 月 27 日，"新闻一"）

姜桂题致孙中山电
（1912 年 2 月 24 日载）

孙逸仙先生鉴：

来电悉。建设方始，伟论卓见，深为嘉佩。从此南北一家，联络一气，巩固共和基础，增进人民幸福，为五大洲之强国，实所至愿。姜桂题。（北京来电六）

（《临时政府公报》第二十一号，1912 年 2 月 24 日，"附录"）

蔡公时致各报馆转孙中山等电
（1912 年 2 月 24 日载）

各报馆转大总统暨胡汉民、冯自由两先生鉴：

曾见符鼎升致大总统电，一则曰公时恶劣，一则曰公时众恶金壬。此种诡语，毫无根据。处此共和时代，不得以私欲未遂，妄肆攻击，公时平生事实，问胡毅生先生便知，光复后任劳任怨，无非为地方谋幸福。社会人心公道自在，似此无凭电控，人皆可以控人，总统府亦不胜烦琐。请严追证据，实究虚坐，以惩刁风，而维社会，至祷。蔡公时叩。（南昌蔡公时电）

（《申报》1912 年 2 月 24 日，"公电"；又见《时报》1912 年 2 月 24 日，"公电"；《民立报》1912 年 2 月 24 日，"南昌电报"）

中华民国共和讨论会致孙中山等电

（1912 年 2 月 24 日载）

南京孙大总统、武昌黎副总统暨各部长、次长钧鉴：

上海一邑，所辖地小，故都督之设，原为权宜之计。况苏、沪两都督同在一省，更属不宜，今沪都督既愿辞职，恳请速即俯允而顺舆情，俾苏省得以统一，实为幸甚。中华民国共和讨论会叩。（共和讨论会电）

（《申报》1912 年 2 月 24 日，"公电"）

陆荣廷致孙中山等电

（1912 年 2 月 25 日）

大总统、各部长、参议院、黎副总统、都督公鉴：

廷于廿五号出省，赴平、梧、浔各属办匪。所有军政府事件，委军政司长陈炳焜代行代拆。谨闻。桂都督陆荣廷叩。廿五号。（桂林来电五十七）

（《临时政府公报》第二十五号，1912 年 2 月 29 日，"附录·电报"；又见《时报》1912 年 2 月 27 日，"公电"；《申报》1912 年 2 月 27 日，"公电"）

江苏公民会致袁世凯、孙中山等电

（1912 年 2 月 25 日）

北京袁总统、南京孙总统、苏州庄都督暨省议会诸公鉴：

沪军财政罗掘已穷，月饷百万，无以应付。饷竭则兵哗，恐扰治安而启交涉，请速设法妥为安置，一面即撤销沪督，苏省幸甚。

江苏公民会。有。

（《沪督去留之问题·上海去电》，《时报》1912 年 2
月 26 日，"要闻"）

国民协会本部致袁世凯、孙中山电
（1912 年 2 月 25 日）

北京袁总统、南京孙总统鉴：

累接泗水华侨电告，荷官连日派兵围捕老幼，不免惨无人道。
务乞严诘荷使，并酌派兵舰前往保护。四邻观听，侨民离附，悉在
斯举，幸毋轻置。国民协会本部①。有。（上海去电）

（《时报》1912 年 2 月 26 日，"公电"；又见《申报》
1912 年 2 月 26 日，"公电"；《临时政府公报》第二十五
号，1912 年 2 月 29 日，"附录·电报"）

陆荣廷致孙中山等电
（1912 年 2 月 25 日）

急。南京大总统、各部院长、武昌副总统、福州孙都督、各省都督
钧鉴：

孙都督哿电敬悉，所建各条，谋画至深，敝省极表同情。请中
央政府采择施行，以慰海内愿望。桂都督陆荣廷。二十五号。

（《申报》1912 年 2 月 27 日，"南京总统府来往要
电"；又见《时报》1912 年 2 月 27 日，"公电"）

---

① 据《临时政府公报》，发电人为温宗尧——编者

武昌社会党致孙中山等电

（1912 年 2 月 25 日）

南京孙大总统、参议院、各部长、各报转各团鉴：

汉冶萍矿及招商局于军务、民生关系綦重，如拂舆论，而与外人合办或抵押，吾党誓不承认。武昌社会党。有。

（《反对借款抵押再纪·武昌社会党来电》，《时报》
1912 年 2 月 28 日，"要闻"）

虞和德、朱佩珍等致孙中山等电

（1912 年 2 月 25 日载）

南京大总统、陆军部、内务部、卫戍总督钧鉴：

前浙江统制吕本元在任多年，军民相安。去岁六月交卸职务，并未反抗民军，应请将发封房屋、器具准予启封给还，无任盼感。旅沪宁波同乡会虞和德、朱佩珍、夏启瑜、李厚礽、李征五、张寿镛等同叩。（上海来电二十九）

（《临时政府公报》第二十二号，1912 年 2 月 25 日，
"附录·电报"；又见《民立报》1912 年 2 月 28 日，"总
统府要电汇录"）

南阳绅商学军致孙中山、黎元洪等电

（1912 年 2 月 25 日载）

南京孙大总统、武昌黎副总统、各部长、各都督鉴：

阴历元日巳刻，南阳绅民宣布独立，公推吕君霞乃为豫南军政

府临时都督，韩君邦孚为民政长，借维秩序。除电请襄阳派兵保护外，仍乞随时指挥进行。南阳绅商学军全体叩。（南阳来电三十一）

（《临时政府公报》第二十二号，1912 年 2 月 25 日，"附录·电报"；又见《申报》1912 年 2 月 28 日，"公电"）

胡捷之致孙中山、黄兴电
（1912 年 2 月 25 日载）

大总统孙、陆军部长黄钧鉴：

霰电敬悉。起义以来，鄂省兵站次第成立，总监亦设月余。南京既设总兵站，支站亦有四处，鄂省兵站如何办理，祈示遵。鄂兵站总监胡捷之。印。（武昌来电三十二）

（《临时政府公报》第二十二号，1912 年 2 月 25 日，"附录·电报"）

湖北共和促进会致孙中山等电
（1912 年 2 月 25 日载）

孙中山先生、各部总长、参议院、《民立报》谭啸秋转各团体鉴：

汉冶萍煤铁矿厂虽系盛氏投资，究属鄂赣公产，民国命脉，用以抵押借款，尤当杜渐防微，讵可用国际合办名义，吸引外资，辱国丧权，莫此为甚，他国从而生心，后患何堪设想。无论已否签约，鄂人誓不承认。请即设法挽回，无任盼祷。鄂共和促进会全体会员同叩。

（《民立报》1912 年 2 月 25 日，"武昌电报"；又见《时报》1912 年 2 月 27 日，"要闻"；《申报》1912 年 2 月 28 日，"要闻一"）

吴绍璘致孙中山电

（1912 年 2 月 25 日载）

南京孙大总统钧鉴：

政体已定，国都地点，南北殊言。今闻仍设金陵，绍璘愚昧，窃以为危。清帝虽已辞政，宗社未徙，名号犹存，秘密党羽布列京畿，匪仅死灰余烬所可比拟。我一举足，彼即摇目。迁都南来，无人监制，投间予隙，实启祸心。以和解决之局，若生出意外不堪设想之事，良可惜也。况当今边患以西北为亟，虎视眈眈，其机已发。我若僻处南土，蚕食鲸吞，防不胜防，东南不能控制，西北盖亦形势使然。金陵在昔，只为偏安之邦，并无立都价值。明祖定基于此，永乐即举而徙诸燕，其故可知矣。现在北京都城无恙，宫卫具在，分别部署，反掌间事。庚子之役，各国曾有约言：此次使馆不迁，即毋须赔偿之费。国计民生，裨益不浅。至谓迁都以涤旧染，以及种种揣测之词，政体更定，万众一心，似可毋庸过虑。若谓南都系属暂设，不知此刻正千钧一发之时也。伏望明衷宸断，早决大计，民国幸甚。绍璘不胜缕缕负其愚忧，惟祈鉴察。沪军师长吴绍璘叩。

（《申报》1912 年 2 月 25 日，"公电"；又见《民立报》1912 年 2 月 25 日，"公电"；《时报》1912 年 2 月 25 日，"要闻"）

中华共和促进总会致孙中山、黎元洪等电

（1912 年 2 月 25 日载）

大总统、副总统、各部总次长、参议院暨各省都督、各军司令、各议会、各报馆以及新大总统、各省督抚、各谘议局均鉴：

立国要素，人和、地利两不可缺。今清帝退位，南北一家，所争者，仅定都问题。敝省鄙见，人和在南，地利在北，不若暂设南、后迁北，两方顾及，意见消除。希速解决，大局幸甚。中华共和促进总会叩。

（《申报》1912 年 2 月 25 日，"公电"；又见《民立报》1912 年 2 月 25 日，"武昌电报"；《时报》1912 年 2 月 26 日，"公电"）

赵乐群致孙中山、袁世凯等电
（1912 年 2 月 26 日）

各报馆，孙、袁二总统，黎副总统，各部长、次长，各军司令、各省都督、各军政分府鉴：

自民国光复以来，各种行政全无妥善办法，纷纷扰扰，大局糜烂不堪。而各地保全治安、维持秩序者，以军政分府之力为多。清帝现已退位，爰有再行组织中央政府之说，而南北各执意见，争论地点不决，似此中央政府之成立，尚未知在何时。顷得陆军部通电，倡议裁撤军政分府，不识是何政见。按军政分府为招练民兵、调遣所属军队、防剿土匪、保卫人民而设，现虽清帝退位，而各地尚未平靖，土匪仍然时出，即言裁撤，将何以保治安？此其一也。况中央政府尚未组成，南京政府应在取销之列，将后政体如何，法制尚在未定之间。此其二也。考美法二国政体，未闻有都督名义，今中国既言共和，何故仍设都督，如军政、民政、司法、财政，各自有机关而复设都督驾乎其上，此种政体与唐代之藩镇何异？甚至一省而设两三都督者，竟不取销无谓之都督，而先裁近接民事之分府，究属是何意见？或者都督之位高巩固，分府之职微任小，可用专制手段而压迫乎？似此而言政治，吾恐将来大局不堪设想矣。睹近日报章所载芜湖之事，前车可鉴。此其三也。更试问临时政府由何处而生,都督之名位又由何处而来?皆千万军人之铁血汗马、东战西杀所博取者也。故先有军队之革命,而后有都督之名称,有都督之名称,始有临时政府之组织。今日政府、都督仍然存在,而军部竟言将军队解散,颇有置之不问之意。况军部乃统一军事之机关,所有军队分配如何,饷糈如何,皆担筹备之责。似此无法安置,通令遣散酌留等语,辜负军人,徒求利己之道,执政者当如是乎?此其四也。若必欲裁撤,当先拟善后之策,必俟中央政府组织成功,各种政体已定,先将都督名义取销,而后各分府不裁而自解甲归农矣。如果舍本逐末,乱行法制,徒自滋生事端,有误大局。群乃为民国一分子,不得不言,未识诸公之意何如?望祈裁夺是幸。常州军政分府赵乐群。寝。叩。(常州电)

(《时报》1912年3月6日,"公电")

陈锡彝等致袁世凯、孙中山等电

(1912年2月26日)

北京袁大总统、蒙古〔古〕王公联合会、南京孙总统、武昌黎副总统、各省都督,□谘议均鉴:

迭接苏、浙、江北都督暨直、吉、鲁、豫各督抚来电,建都地点咸以北京为宜,崇论闳议,洞悉无遗。盖以形势论,以事实论,以经济论,以对内对外论,目前自无舍北就南之理。既系众议佥同,亟应早日议决,以慰国民之望。倘争持不已,既失南京参议院之信用,而于共和本旨,亦恐非宜,政府先坏矣。〔经〕纬万端,似不宜以画域之见,再起冲突。伏望择善而从,早日决定,不胜盼祷。陈锡彝、李盛铎、覆丕英、骆成骧、林□、王大贞、周渤、王克俭、梁善济、刘笃整、杜上化、郭如墉、眙向叩。宥。印。(太原发)

(翠亨孙中山故居纪念馆藏档;又见《临时公报》,

1912年2月29日;《申报》1912年2月29日,"公电")

柏文蔚致孙中山电

（1912 年 2 月 26 日）

火急。南京孙大总统钧鉴：

寿、颍各处，钞票前不通用，嗣经劝导，复益之强迫，尚可勉行。惟寿州各处商品，均购自庐州。近商家携票办货，庐商绝对不用，以致皖北商民群相疑惧，钞票信用，顿生阻力，虽欲强迫，亦不能从。请即命财政部赶设庐州兑换处，以便军商，而资流通，是所急盼。文蔚叩。寝。（寿州来电五十五）

（《临时政府公报》第二十五号，1912 年 2 月 29 日，"附录·电报"）

华侨联合会致孙中山等电

（1912 年 2 月 26 日）

孙大总统、外交部、各部总次长、参议院鉴：

泗水来电：万急，转汪会长鉴：连日搜掳已达千数，无法维持，望即恳大总统速电华和两使，转电爪哇和官速释，以保侨商云云。此案不独海外各华侨受其影响，其关系于民国前途实大。泗水华侨待命迫切，如何解困，乞即电悉。华侨联合会叩。宥。（上海来电五十九）

（《临时政府公报》第二十五号，1912 年 2 月 29 日，"附录·电报"；又见《民立报》1912 年 2 月 27 日，"华侨联合会要电"；《时报》1912 年 2 月 27 日，"要闻"）

柳成烈致《民立报》转孙中山等电

（1912 年 2 月 26 日）

《民立报》转孙总统、各部长鉴：

二月十三号悉清帝退位，共和统一，庆甚。讵清鲁抚张广建、警道吴炳湘讬名一致，实行反对，十三号竟兵围谘议局，禁阻公民开会，看守电局，不准自由通报，念三号连捕民党朱文虎等三十余人，锢禁绅士石金声等四五人，且于济南大调军队，显示专制，共和前途事事堪泣。烈等竭力相向，恐碍全局，听其自然，又辜民望。请电诘北京，如何处置，并乞速示方针，以定进止，不胜惶急。齐鲁总司令柳成烈叩。宥。（自青岛发）

（《民立报》1912 年 2 月 28 日，"青岛电报"）

陈锦涛致孙中山等电
（1912 年 2 月 26 日）

孙总统暨各部总次长鉴：

本部前以各省纷纷派人到沪借债，流弊滋多，经通电各都督，嗣后如有此举，应先来本部接洽，以归一致。近闻有人来沪向洋商追借，借名南京各部所派，并未来部晤商，是否属实，无从查考。为此电达，希饬查明见复，并望查照前致各都督原电办理，以昭划一为叩。锦涛。宥。（上海来电六十三）

（《临时政府公报》第二十六号，1912 年 3 月 1 日，"附录·电报"）

孙毓筠致孙中山等电
（1912 年 2 月 26 日）

万急。大总统、陆军部、武昌黎副总统、上海各报馆公鉴：

芜湖前军政分府事，昨奉部电，当即照转。顷接吴君振黄电文曰：迭奉钧命，拟即正式宣布取消，请我公速派重员，以便交代一切等语。现已由省派员，接收军政民财各事。查吴君光复芜湖，数月以来，市面尚称安闲，其功未可尽没。兹因陆军部急谋军政统一，自愿取消分府，亦能淡视荣利，顾全大局。所有从前流言，类多传闻失实，合行宣布，以昭平允。事关司法，敬以奉闻。孙毓筠。宥。（安庆来电六十四）

（《临时政府公报》第二十六号，1912 年 3 月 1 日，"附录·电报"；又见《申报》1912 年 2 月 28 日，"公电"；《民立报》1912 年 2 月 28 日，"安徽电报"）

蓝天蔚致孙中山电

（1912 年 2 月 26 日）

南京大总统孙鉴：

昨电谅已入察。赵督已派重兵乘南满火车进攻开原甚急，乞速电斥阻，以维和平。否则自相攻击，恐妨大局。事机迫切，恳即维持。关外都督蓝天蔚叩。宥。（烟台来电六十八）

（《临时政府公报》第二十六号，1912 年 3 月 1 日，"附录·电报"）

华侨联合会致孙中山等电

（1912 年 2 月 26 日）

孙大总统、外交部、各部总次长、参议院鉴：

泗水电，已开市。昨进口船有华人百余均被禁。荷要挟书报社董承认被捶毙之人因谋为不轨云云。华侨联合会叩。宥。（上海来电六十九）

（《临时政府公报》第二十六号，1912 年 3 月 1 日，"附录·电报"）

马毓宝致孙中山等电

（1912 年 2 月 26 日）

南京大总统、各部总长、次长，参议院、武昌黎副总统、各民省都督、各报馆均鉴：

民国统一，南北共和，所有进行事宜，自应统全国大势，熟筹妥计。谨就管见所及，略陈如左（下）：（一）北京外交内政关系颇巨，北方初定，一切必须整顿。就事实上论之，似应仍建都北京或天津两处，以收便利，而资统摄；（二）副总统应暂驻南京，维持南方秩序，所有紧要事件，随时商承大总统办理，庶南北消息灵通，自无顾此失彼之患；（三）袁公既继孙任为民国大总统，凡孙公从前颁布之令，应一律照行，即确有不合之处，不可更改；（四）清帝既废，所有腐败帝政及玉玺，皆应作废消灭，凡前清之国务大臣，应一律取销，另简派民国国务大臣以谋国是，而期进行；（五）南北军队应酌量调扎，将现在北方军队调赴东三省、甘肃、新疆等处，再由南方酌调军队若干驻北京、保定一带，俾得彼此融洽，意见悉泯。以上愚昧之见，是否有当，伏乞采择为祷。赣都督马毓宝叩。宥。（自南昌发）

（《民立报》1912 年 3 月 2 日，"江西电报"；又见《申报》1912 年 3 月 2 日，"公电"）

廖传仪等致各报馆转孙中山等电

（1912 年 2 月 26 日载）

各报馆转孙大总统、黄总长暨都督各司令鉴：

驻皖青年军总军监兼第一大队军监韩衍直道而行，慑于群小，誓牺牲一身，为民求福。其人居心光大，无待赘言。同人等惟德是依，为世界争此是非，万不至阿私所好，为韩公作辩护也。前日有假我全体队员名义，一再发电污蔑，我青年军全体具在，义不能为鬼蜮冒此恶声，合电声明，尚乞公鉴。驻皖青年军大队长廖传仪，中队长夏雷、林松龄、沈万培、范鹏举，司旗长杨汉臣，军需长□建方，稽查长冯元善、王少陵、孙照斗、胡万纪，军械长孙多同，书记长刘道章，司务长潘廷栋、周志元、刘月尧、吴锡麒，书记汪树德、黄象班、安庆普、严鼎，新排长杨敏、林汉青、鲁昭明、吴冠军、刘兰宝、陆大猷、年东升、王振新、徐孝质、何述鼎、韩开科、戴瀛洲等代表全体三百六十队员叩。（安庆来电五十七）

（《临时政府公报》第二十四号，1912 年 2 月 28 日，"附录·电报"；又见《时报》1912 年 2 月 26 日，"公电"；《申报》1912 年 2 月 26 日，"公电"）

驻沪广西共和协进会致孙中山电
（1912 年 2 月 26 日载）

南京孙总统鉴：

沪都督府科员曾镛擅用会名，干预沪督存废问题，显系受人主使，谄媚上官。钻营恶习，岂宜再容。今日前电，本会万不承认。驻沪广西共和协进会全体会员叩。

（《沪督去留之问题·上海去电》，《时报》1912 年 2 月 26 日，"要闻"）

淮徐海旅沪同乡会致孙中山、黄兴电
（1912 年 2 月 26 日载）

南京孙大总统、黄陆军部长鉴：

盐阜辑私营管带耿清池、丁宝贵，纵勇抢劫，民不堪生。复朦

□扬州徐军长假游击名义，意在扰乱，全境危极。乞电扬调回耿、丁，以救民命。淮徐海旅沪同乡会公叩。

（《耿管带用心太险·附录上海去电》，《时报》1912年2月26日，"要闻"）

伦班肯致孙中山函
（1912年2月27日）

孙先生：

我将和唐先生去厦门进行短暂访问，然后可能去南洋。

就成立卫生部一事，我已和彭成苏（Chen su Pang）医生作了安排。一俟选定南京抑或北京作为首都，就着手筹建。希望能选南京。

目前我在研究成立南京大学的有关详情。希望您能予以支持并批复。多谢您的盛情款待。

伦班肯（Lun Ban Keng）　谨上

（《海外友人致孙中山信札选》（四），《民国档案》2003年第4期）

袁世凯复孙中山、黄兴电
（1912年2月27日）

孙大总统、黄参谋总长鉴：

宥电悉，陕省危急，昨已电饬赵军，迅速赴援矣。特复。袁世凯。沁。（北京来电六十七）

（《临时政府公报》第二十六号，1912年3月1日，"附录·电报"）

袁世凯致孙中山电

（1912 年 2 月 27 日）

孙大总统鉴：

宥电悉。正拟复，适接赵督电称共和云云，不准进行云云，均经通饬各军队遵照。兹开原又有进行举动，与黄军长暨蓝电两歧，恐妨信用，姑电□妥为南商解散，以维秩序。新举大总统袁世凯。沁。（北京来电七十三）

（《临时政府公报》第二十七号，1912 年 3 月 2 日，"附录·电报"）

孙毓筠致孙中山电

（1912 年 2 月 27 日）

南京大总统鉴：

敝省事务日繁，需人佐理，拟邀方潜君办理重要政务，伏恳照准。所有南京府事宜，并请另委妥员接任，以便即日回皖。无任感盼。皖都督孙毓筠。沁。印。（安庆来电七十四）

（《临时政府公报》第二十七号，1912 年 3 月 2 日，"附录·电报"）

蓝天蔚致孙中山等电

（1912 年 2 月 27 日）

孙大总统及各部总次长公鉴：

蔚奉委任关外都督，本为大局牺牲，非为个人权利。数月以来，各方连络，奉省志士云集响应，占领庄河、铁岭、开原等处，均在未换国旗之先。自奉共和宣布南北统一之命，即严饬各部停止进行，并一面将已成军队撤回烟埠，其未成军散布各处，为赵、张兵力所阻隔者，亦饬安静不动，以免破坏全局。乃阅报载赵尔巽电呈，谓蔚自称关外都督，指为土匪，殊深诧异。前后为赵尔巽、张作霖等肆意残杀同胞，人达数千以上，及集合各要地，进退维谷者，不下数万人。乃赵尔巽犹派兵剿捕，日事搜杀，军队所至，殃及妇孺，灭绝人道，至此已极。名虽赞成共和，实为民军公敌。关外同志拼头颅热血，舍命破家为造国家，竟得如此结果。进行则有碍大局，欲退则生路全无。死者无从慰，生者无以安。恐至激成事变，糜烂大局，酿成交涉。蔚不特有负革命同志于地下，且将负罪于全国。务乞我大总统指示善后办法，以便遵行。关外都督蓝天蔚叩。沁。（烟台来电七十五）

（《临时政府公报》第二十七号，1912 年 3 月 2 日，
"附录·电报"）

华侨联合会致孙中山等电
（1912 年 2 月 27 日）

大总统、外交部、各部总次长、参议院鉴：

泗水粤侨全体来电：和兵逐日围捕，专促粤侨工商，已达二千余。因被人暗诬为骚扰，辈例不得保证出狱，惨无天日，请从速设法解悬。云云。侨民危急万分，请速拯救。华侨联合会叩。感。（上海来电七十八）

（《临时政府公报》第二十七号，1912 年 3 月 2 日，
"附录·电报"；又见《时报》1912 年 2 月 28 日，"要
闻"；《申报》1912 年 3 月 2 日，"要闻一"）

吴振黄致孙中山等电

（1912 年 2 月 27 日）

南京孙大总统、各部总次长、各军司令暨各省都督钧鉴：

顷接安庆孙都督电，为统一军政，胡取消分府名义。黄独敬依命将分府取消，并同时黄陆军部总长电委高等军事顾问官，拟将交代手续办理清楚，然后赴部任职。所有皖芜行政，一切均须直接安庆孙都督。皖芜军政分府吴振黄叩。蒸。（芜湖来电七十一）

（《临时政府公报》第二十七号，1912 年 3 月 2 日，"附录·电报"）

华侨联合会致孙中山等电

（1912 年 2 月 27 日）

孙大总统、外交部、各部总次长、参议院鉴：

又接泗水急电：既云与和使交涉，业经开市，何以犹拿人。今又监毙一命，来电被截，多方恫吓，惨无天日。若交涉无效，势必一网歼尽。去电请勿登报，并勿来电。恐拯救未见，惨祸先临。云云。如何如何，乞即电悉。华侨联合会叩。感。（上海来电七十）

（《临时政府公报》第二十七号，1912 年 3 月 2 日，"附录·电报"；又见《申报》1912 年 2 月 29 日，"要闻一"；《民立报》1912 年 2 月 29 日，"公电"）

崔文藻、徐铮等致孙中山、黎元洪等电

（1912 年 2 月 27 日）

孙大总统、黎副总统、参议院同鉴：并南京各报馆公鉴：

临时政府宜北不宜南,其关于历史、地利、外交、经济各大端,章太炎先生论说极详,兹不复赘。绅商人等籍隶南方,旅居各省,窃见自去秋起义以后,北方各处秩序全未紊乱,实赖袁公镇抚之力。现清帝甫经逊位,人心摇惑,若令袁公往南接任总统,北方必有变乱,东三省、内外蒙古控制尤难,于民国前途恐多危险。除已电约北方十省南旅绅商人等共同一致外,先行电恳,乞允将临时政府仍设北方,以维大局。如不得请,则拟邀约各省绅商前来南京哀请于大总统之前,必得请而后已。大总统夙以维持社会为主义,当以世界为念,必不囿于南北一隅也。伏乞允准赐覆,无任翘盼。临时政府地点争议会旅津商人代表:云南崔文藻、徐铮,四川王瓘,浙江方城、严叠明,江苏孙树勋、陈鉴,广东冯景彝、萧观达,安徽陈性良、张彦年,福建林建熙、刘炳奎,江西伊祖功、吴芝英,湖北杨昭恕、程周,贵州何汉杰、葛宗乾。沁。

> (《申报》1912年2月28日,"公电";又见《民立报》1912年2月28日,"公电";《时报》1912年2月28日,"要闻")

尹昌衡、罗纶致孙中山、黎元洪等电
(1912年2月27日)

南京孙大总统、武昌黎副总统、各省都督暨上海《民立报》、天津《民意报》均鉴:

成都自十月反正以来,迭遭变乱。本都督受公推于危难之际,兵不满三百,然振臂一呼,散亡立集,仗民国之灵,将士用命,得以暂定一时,亟欲组合精锐,而以前久练之军十失八九,雅[邪?]患方平,邠[?]氛甚恶,虽已编成四镇,而以戎马倥偬,一切教育训练之方尚付阙如。假令军纪不严,秩序不明,非所以靖内而捍外也。四川为西陲重镇，欲求巩固国基，首在整军经武。本都督受人民之委托，治安无术，惭悚交萦，每念甘未反正，秦屡求援，而内地之匪患犹是。嗟我父老，因之农民未尽复业，商货未尽通行，四顾苍茫，潜然出涕，若无将材统辖各镇，鼓舞精神，促进学术，以缓定四境，控制西北，则岌岌不可终日。兹查熊景伊学识优长，谋猷闳远，心精力果，经验宏深，方其智勇，直轶先贤，凡我干城，皆属后进。允宜特任全川陆军军团长兼军事叙议院副院长，各镇均受节制调遣。从此军政得人，河山增色，拜节钺于坛下，授阃外于将军。除檄委外，谨此奉闻。成都都督尹昌衡、罗纶叩。沁。（自成都发）

（《民立报》1912 年 3 月 10 日，"四川电报"）

黎元洪致袁世凯、孙中山等电
（1912 年 2 月 27 日）

万火急。北京袁大总统，中国建设会，南京孙大总统，参议院，参谋团，各部总长，各省制台、抚台，各省都督，各司令官，各报馆公鉴：

清帝逊位，已经浃旬，组织政府，瞬不容缓。徒以首都地点，南北争持，迁延未决，人心皇皇，危险万状。夫欲为民国筹统一、规久远，则临时政府自应以地形险要、交通便利、能箧全国枢纽者，为适当之地点。居中驭远，莫若武昌，有识者类能言之。第值此新陈代谢，情谊未孚，陕疆有战云未靖之忧，满清有死灰复然之虑，蒙藏诸边尤为岌岌。倘非假因利乘便之势，从容坐镇，必不能维持秩序，控制中边。稍一疏虞，将至人心动摇，邻邦干涉，内忧外患，迭起丛生，言念及此，深为焦灼。南中参议院诸公力持建都金陵之议，原欲改弦更张，从新缔造，宅心未尝不美。然统筹大势，默相舆情，两害相权，必择其轻，两利相权，必择其重。此中关系，屡详各省函电中，无庸赘述。且即舍北京而论，建业偏安，犹不若武昌之形胜，考诸往史，利害昭然。然且以时势所造，犹不得不力图治安，勉求让步。若参议院诸公必欲胶执成见，事久变生，诚恐以一时未审之谋，贻全国无穷之祸，倘使后人追原罪首，悔将何及？谅热心爱国者，当不出此。窃谓为暂时权宜之计，必须规定燕京，藉消隐患，将来宅中建国，仍在武昌，既足涤三百年旧染之污，亦可辟亿万世奠安之局，折衷定策，莫此为宜。如蒙允诺，即请从速组织临时政府，规画一切，一面仍开辟武汉，建筑新都。洪虽不敏，愿董其成，俟新会告成之日，即为总统移驻之时。胜朝反侧，已就范围，民国感情，亦孚一致，郅治之隆，胥操左券，岂惟我北方父老群相仰望，当亦我南中诸公所乐为赞成也。洪虽籍隶楚北，忝执鞭弭，为天下先，特以事机急迫，稍纵即逝，失此不言，祸患立见。审时立论，概秉大公，既不敢挟权利之心以供私图，亦不忍存畛域之见以贻大患。皇天后土，实鉴此心。临颖盼覆，神与电驰。元洪叩。沁。（自武昌发）

（《民立报》1912 年 3 月 1 日，"武昌电报"；又见《时报》1912 年 3 月 1 日，"公电"；《临时公报》，1912 年 3 月 2 日）

王祖同、方贞致袁世凯、孙中山等电
（1912 年 2 月 27 日）

北京新举大总统袁、南京大总统孙、陆军部长黄、武昌副总统黎、各省都督、抚暨谘议局、省议会、各省报馆、各政团均鉴：

共和成立，南北一家。敝省前闻襄阳民军，尚在进取南阳，特派郭君奎文，持谘议局委托书驰赴南阳与民军接洽，固视该军为最高尚之人格，深信不疑。兹据郭君仆人逃回泣诉：郭君被该军参谋刘英所杀。以一介书生，手无寸铁，刀砍枪击，立毙座前。似此伤残同胞，违背人道，微论和议已成，即证以交战国之待来使，亦无是理。郭君博学多才，夙负侠气，数月以来，鼓吹共和，为民国宣力。一旦共和告成，而郭君惨死，两河人士，同深愤惋，咸以为刘英行同盗贼，非立即正法，不足以慰死者之灵。新举袁大总统、孙大总统，黄陆军长、各省都督，勋业威望震耀全球，尤必主持公理，以巩固民国初基。敬请公判，仁盼回音。河南人署河南藩司王祖同、河南谘议局议长方贞泣叩。沁。（自开封电）

（《民立报》1912 年 3 月 1 日，"开封电报"；又见《申报》1912 年 3 月 1 日，"公电"）

臧伯塽等致孙中山电

（1912 年 2 月 27 日载）

宁孙大总统鉴：和议期内清兵违约袭诸城，大肆劫掠，杀民军、平民四百余，曾经何旦密电陆军部。近退位诏下，仍借口搜匪，劫夺乡城商绅，捕去平民若干，立杀剪发学生五人，迫捐抄没，凶横已极。祈速设法禁止。诸城议事会员臧伯塽等公叩。（青岛来电四十二）

（《临时政府公报》第二十三号，1912 年 2 月 27 日，"附录·电报"）

山东全省商会等致孙中山等电

（1912 年 2 月 27 日载）

孙大总统暨参议院鉴：

东抚张广建与警道吴炳湘，朋比肆虐，倒行逆施，封报馆、禁议会，仇杀党人，摧辱士绅，于宣布共和后之二十五至三十等日，诸城一带，捕杀民党数人，纵兵殃民，淫威惨酷。近复运动袁新总统，觊觎都督。东人誓死不承认。我胡都督瑛，鲁东西各郡县，一体欢迎。恳速电促胡都督来济，统一政权，以苏民困，不胜迫切待命之至。东全省商会、教育会、绅学界各团体暨居烟各界公叩。（烟台来电四十三）

（《临时政府公报》第二十三号，1912 年 2 月 27 日，"附录·电报"）

华侨联合会致孙中山等电
（1912 年 2 月 27 日载）

大总统、外交部、参议院鉴：

顷接爪哇泗水埠来电录呈：汪会长鉴：万急，旧历元月二日因升旗燃炮事与荷警察争执，闹起风潮，当场被捶毙三命，重伤十余人，掳禁百余人，书报社被封，外埠来电被截，荷兵日日乱房，全体罢市抵制，复以兵力唆吓开店，事在危急，乞速解决对付，否则民不聊生云，乞设法拯救。华侨联合会叩。（上海来电三十五）

（《临时政府公报》第二十三号，1912 年 2 月 27 日，"附录·电报"）

杨庶堪、石运光等致孙中山、黄兴电
（1912 年 2 月 27 日载）

孙大总统、黄元帅两会长先生鉴：

民国成立，薄海欢庆。两公艰难险阻暨诸同志喋血捐躯，以有今日。固同胞之幸，吾党亦与有光荣也。此间蜀军独立，缔造仍多系同人。四方党员来归日众，群思北伐，以清房孽。顾维光复之始，百政待兴，虽复天下为公不矜同异，然未有国民而无政党组合者。以数十年结合坚固之盟，一旦听其消散，揆之事理，窃有未安。且北虏一日未灭，同人仔肩一日未卸，设施种种，复须尽力。而义旗既张，无所秘守，可否即以本会改为政党，联结大群，赞扬民政，既泯狭义自私之嫌，复收集思广益之效。唯兹事体大，本部已否筹有正当办法，四川一隅，未便自行歧异。用特专电请示名称、宗旨、选格，恳一一详复，以便祗遵，无任翘企待命之至。同盟会四川支部临时干事杨庶堪、石运光、黄金鳌、龚廷栋叩。印。（四川来电三十七）

（《临时政府公报》第二十三号，1912 年 2 月 27 日，"附录·电报"）

王勋①致孙中山电
（1912 年 2 月 27 日载）

南京孙总统钧鉴：

盛复电云，废约事正商三井。据称三井与宁政府所定之约易废，至公司合办草约，须即开股东会议决再废。勋。叩。

（《临时政府公报》第二十三号，1912 年 2 月 27 日，"附录·电报"；又见《时报》1912 年 2 月 27 日，"要闻"；《民立报》1912 年 2 月 27 日，"公电"）

旅沪、宁晋同人致孙中山等电
（1912 年 2 月 27 日载）

孙大总统、黄总长、黎副总统、各省都督、各报馆鉴：

---

① 发电人仅署"勋"，应为汉冶萍上海公司商务长王勋。——编者

袁总统被举以来，首欲取消齐、晋两省民举都督，安插前清官吏，不知用意何在。前次议和期内，清军违约攻陷太原，奸淫焚掠，无所不至，后加派军队作恶如前。晋代表要求孙大总统暨伍总代表一再电请撤退驻晋清军，始终未允。忽于廿二日，袁总统电请政府，令晋都督阎锡山取消军政府，以李盛铎督晋，晋人不胜诧异。且晋民军起义时，已举阎君锡山，反正以来，艰苦蹉跌，中外同知，民心共仰。今忽以李易之，恐三晋大局将不堪设想。统祈坚力维持，至盼。旅沪、宁晋同人公叩。

（《申报》1912 年 2 月 27 日，"公电"；又见《民立报》1912 年 2 月 27 日，"南京电报"；《时报》1912 年 2 月 27 日，"公电"）

李征五致孙中山、王宠惠电
（1912 年 2 月 27 日载）

南京孙大总统、王外交总长钧鉴：

泗水华侨为庆贺共和，升旗烯［？］炮事，被荷人惨杀多命，又复横累无辜，拘禁百余人，封及书报社，在沪侨商切请设法伸理。伏念民国初基，共和开始，华侨既被虐杀，关系至为重大，务请速电荷政府严重交涉，尊民族而伸国权，无任感祷。李征五叩。

（《申报》1912 年 2 月 27 日，"要闻一"；又见《民立报》1912 年 2 月 27 日，"公电"）

上海国民协会致袁世凯、孙中山等电
（1912 年 2 月 28 日）

北京袁总统、蔡专使元培、王代表正廷转孙总统、黎副总统、各省督抚、都督均鉴：

政府未建，险象环生，侨民被虐，荷使借口国未承认，几致无从交涉。国都地点自有国会公决，现在争持，徒糜时日，是诸公直欲陷中国于无政府之地位。谨伸公论，为国民请命，组织临时政府，万众日夕翘盼。愿公等以交让之精神，谋全国之幸福。国民协会本部。俭。（上海发）

（翠亨孙中山故居纪念馆藏档；又见《申报》1912 年 2 月 29 日，"公电"；《临时公报》，1912 年 3 月 6 日）

赵德全致孙中山、黎元洪等电
（1912 年 2 月 28 日）

南京孙大总统、武昌黎副总统、各省都督及各军团司令官均鉴：

顷接桂林陆都督十六号电，虑深谋远，钦佩莫名。敝省极表同情。至论总统之去就，国都之所定，关系民国存亡，非参议院一院所能主持，皆系纯粹政治家言。海内外同胞际此新造之国家，惟祝先生不辞劳怨，仔肩巨责以定大局，则中华民国之前途幸甚。黔都督赵德全叩。勘。印。（贵阳发）

（翠亨孙中山故居纪念馆藏档；又见《孙中山藏档选编·辛亥革命前后》，第 137 页）

谭人凤致孙中山、黄兴电
（1912 年 2 月 28 日）

孙大总统、黄陆军部长鉴：

沪督去留，颇滋纷议，实则一言可决。南北起义各都督，依吾党夙定之革命方略，当然设置，即为军政期间之法律规定，自非大局敉平，断无解兵之理。不独沪为举事根基，全国枢纽，不得妄援亡清巡抚辖境议裁；即晋督之起义，鲁督之以义声而受地方公推、政府委任，皆不容他人妄议，有敢动摇之者，义师共击之。若夫倡义则属人后，毁成则在人先，苟非阴为曹马之地，必其人不复知世间有羞耻事也。共和国竟从何来，岂有此曹容喙之地。乞布告全国知之。谭人凤叩。勘。（上海来电七十六）

（《临时政府公报》第二十七号，1912 年 3 月 2 日，"附录·电报"；又见《时报》1912 年 3 月 1 日，"要闻"；《民立报》1912 年 2 月 29 日，"公电"）

陈锦涛致孙中山电
（1912 年 2 月 28 日）

孙总统鉴：

闻胡经武派张弼臣、侯雪舫、丁鼎臣三员往商停战事，被张广建拘留。现在南北统一，不应有捕害党人之举。且侯雪舫系本部派往调查银行之人，请电袁总统速饬释放为祷。锦涛。勘。（上海来电七十七）

（《临时政府公报》第二十七号，1912 年 3 月 2 日，"附录·电报"）

陈其美致孙中山电
（1912 年 2 月 28 日）

孙大总统钧鉴：

沁电敬悉。屡蒙温谕慰留，感悚无地。当上海光复之初，半壁东南，咸未底定，军书旁午，不得不谋设都督以资镇慑。其美不

才，谬被公举，事关大局，未敢固辞。任事以来，瞬已数月，始虽
捣心绞脑，而办事尚稍顺手。现在南北统一，战事告终，时局则已
达和平，办事至动辄棘手。今就沪上一隅观察情形，亦有才不胜任
之惧，何况日益加甚乎？蔽贤尸位，贤者所讥。辱承垂爱，敢布区
区。其美叩。俭。（上海来电七十二）

（《临时政府公报》第二十七号，1912 年 3 月 2 日，
"附录·电报"）

黎元洪致袁世凯、孙中山等电
（1912 年 2 月 28 日）

袁大总统、孙大总统、都督钧鉴：

接准中央内务部电开：奉大总统令开：中央行政各部名称为
部，各省都督所属之行政各部应改称为司，仰各分电各省都督，
一律照办等因。奉令电知。现已遵照办理，从军务部起，一律改
司。除另咨并电内务部外，特先电闻。元洪。俭。（武昌来电八
十四）

（《临时政府公报》第二十八号，1912 年 3 月 3 日，
"附录·电报"；又见《申报》1912 年 3 月 2 日，"公
电"；《民立报》1912 年 3 月 2 日，"公电"）

蒋雁行致孙中山等电
（1912 年 2 月 28 日）

大总统孙、内务部、大总统袁、都督庄钧鉴：

前因江北民政总长缺员，奉孙总统一再电谕，曾由到浦十六县
代表公推宿迁沈新萍、睢宁张含章、宝应刘绥曾三代表赴宁，面谒

孙总统，请示办法。二月十五日，三代表回浦，面陈奉总统令，改为江北民政司，仍由地方公举。兹于二月二十七日，由在浦十五县代表正式投票，举定江北民政司正长季龙图，次多数马士杰；又举定次长张祖焱，次多数王为毅。除分别知照外，合亟电闻。江北蒋雁行叩。勘。印。（清江浦来电八十九）

（《临时政府公报》第二十九号，1912 年 3 月 5 日，"附录·电报"）

华侨联合会致孙中山等电

（1912 年 2 月 28 日载）

孙大总统、外交部总次长鉴：

泗水华侨被官虐待一案，敝会举林文庆、庄啸国为代表，本早晋京面陈。华侨联合会。（泗水来电五十四）

（《临时政府公报》第二十四号，1912 年 2 月 28 日，"附录·电报"）

旅沪晋同乡会致孙中山电

（1912 年 2 月 28 日载）

孙大总统鉴：

晋省驻兵未撤，忽又发生都督问题，纠葛益多，请速派员向袁交涉退兵，并调和双方意见，俾得统一，至为盼祷。旅沪晋同乡会叩。（上海来电五十五）

（《临时政府公报》第二十四号，1912 年 2 月 28 日，"附录·电报"）

旅沪晋同乡会致孙中山电

（1912 年 2 月 28 日载）

孙大总统鉴：

闻袁派李盛铎督晋。民国都督并无此例，晋省全体人民绝不承认，恳公主持为盼。旅沪晋同乡会叩。（上海来电五十六）

（《临时政府公报》第二十四号，1912 年 2 月 28 日，"附录·电报"）

王承继、张正源等致孙中山电

（1912 年 2 月 28 日载）

政府孙大总统鉴：

济州新城县尹吴士钊，破坏共和，拘留绅民。请转电袁总统速撤该尹，以维治安。新城绅民代表王承继、张正源、崔凤信等同叩。（周村来电六十）

（《临时政府公报》第二十四号，1912 年 2 月 28 日，"附录·电报"）

大同民党公济总会致孙中山、袁世凯电

（1912 年 2 月 28 日载）

南京孙大总统暨北京袁大总统鉴：

顷接泗水来电：荷官苛待华侨，惨无人道。请向荷使严重交涉，以保国权而慰民望。

（《申报》1912 年 2 月 28 日，"公电"；又见《民立报》1912 年 2 月 28 日，"公电"）

杜持、黄国华等致孙中山、袁世凯等电
（1912 年 2 月 29 日）

南京孙大总统、北京袁大总统、武昌黎副总统、各省都督、各军司令官、南京参谋团、南北军界统一会、共和促进会、华侨联合会、各报馆均鉴：

顷接闽电开：接南京陆军部电，闽军编为第十四师，师长派王孝缜，以许师长崇智改为高等顾问官，闻之不胜骇异。许公留日毕业，回闽将近十年，历综军事、教育，并充标协统，深得军心；此次闽军起义，全仗首倡，于山苦战，身先士卒，闽省赖以光复，功绩彰彰，在人耳目。兹陆军部来电，忽换师长，是何理由，果系何人运动，如此行为有何公理？试问王孝缜有何资格，有何劳绩？遽将重职位置斯人，不独共和政体不应有此举动，即满清时代亦无如此压制，闽军全体决不承认。应请饬部取消，以安军心，而维大局。驻沪闽军协统杜持，步队统带黄国华，教练官陈树德，管带吴俊杰、陶质彬、黄雪严、贺能斌，炮队管带杨国祥，工程营管带王嘉凯，马队队官沈汉秋、机关枪队队官戴藩国、卫生队队长张定镇，司令部暨各标营队官兵全体三千人公叩。艳。（上海去电）

（《时报》1912 年 3 月 6 日，"公电"）

章太炎、陈三立等致孙中山等电
（1912 年 2 月 29 日）

南京孙大总统、内务部、教育部钧鉴：

前因太虚、仁山二僧假佛教协进会名义，以武力劫制金山寺，曾电乞保护，蒙饬教育部查办在案。讵意旧历十二月二十九日，仁山复引军人数人，将寺僧三人捆送审判厅拘押，迄未开释。昨日审

判厅又率兵到寺，搜拿方丈，并将普陀山僧少青等四人拘去，闻有非刑逼勒罚款情事，如此不法恣肆，岂今日民国所应有。迫切电请速救倒悬，不胜待命之至。章炳麟、陈三立、狄葆贤、汪德渊、梅先远、蒯寿枢暨佛学研究会全体会员同叩。

（《民立报》1912 年 2 月 29 日，"公电"）

黎元洪致孙中山等电

（1912 年 2 月 29 日）

南京孙大总统、各部总次长、参议院、新举袁大总统、各部署、各省都督、各省督抚、各司令官、各报馆均鉴：

敝省奉南京内务部通饬，将各行省所属各部一律改称为司，不得不稍有更动，毫无他故，安靖如常。恐传闻失实，特此奉闻。元洪。艳。印。（武昌来电八十二）

（《临时政府公报》第二十八号，1912 年 3 月 3 日，"附录·电报"；又见《申报》1912 年 3 月 3 日，"公电"；《民立报》1912 年 3 月 2 日、4 日，"武昌电报"）

袁世凯致孙中山、黄兴电

（1912 年 2 月 29 日）

孙大总统、黄参谋总长鉴：

勘电悉。奉省善后办法，已嘱段军统与蓝都督派备戴、范二代表面商一是，业有头绪。戴君今日回烟台，将所议情形，转致蓝君。赵督处昨已电饬，对于民军派员和平接洽；惟扰乱治安者，仍应视为公敌。特复。袁世凯。艳。（北京来电八十六）

（《临时政府公报》第二十九号，1912 年 3 月 5 日，"附录·电报"）

马毓宝致孙中山、黎元洪电
（1912 年 2 月 29 日）

南京孙大总统、武昌黎副总统钧鉴：

　　前准陆军部电知，从前各昭忠祠改为大汉忠烈祠，致祭烈士，当已转行遵照。惟光复以来，此间如曾文正、左文襄各位祠，有任意销毁者，咎其当时不应助满。然平情而论，时势各有不同，易地则皆然也。若以此而责贤者，是宋明之忠良，至元代清时，而必改削其牒。今值民国统一，鼎革之初，拟请令行各省，将前清显宦专祠，如举建设，不得任意销毁，以崇体统而保文明。是否之处，敬乞电示。马毓宝。艳。（江西来电）

　　（《临时政府公报》第三十一号，1912 年 3 月 7 日，"附录·电报"）

孙道仁致孙中山等电
（1912 年 2 月 29 日）

南京大总统、参议院、武昌副总统暨各省都督鉴：

　　苏、浙、湘、吉、津、淮、齐齐哈尔等电均主中央政府地点宜在北京、津，英雄所见略同，道仁极佩服赞成。惟现在大总统既经更举，中央统一政府尚未成立，鄙见应先请袁公亲临南京组织中央政府，并实行宣誓，然后迁移北京。卓见以为如何？至禁卫之应请南部，均为万当政策，事实能办得到，无待研究，自可决行。但如何着手方法，想高明必有以善其后也，毋任盼望。闽都督孙道仁叩。艳。（福州电）

　　（《民立报》1912 年 3 月 3 日，"公电"；又见《申报》1912 年 3 月 3 日，"公电"）

蒋翊武致袁世凯等电

（1912 年 2 月 29 日）

袁大总统、各行政长官、南京孙大总统、各部总长、参议院、各省都督、各军司令官、各报馆均鉴：

武昌首义，翊武赞襄其间，力维大局，积劳成病，养疴汉口。不意二十八号武昌乱机猝发，人心惶惑，幸我副总统无恙，秩序尚未大坏。但当此民国大局未固，岂容此野心利禄肆无忌惮，糜烂地方，草芥人民，酿起外人干涉耶？翊武仍力疾集齐军队，联合湘、桂留鄂之师驻扎阳夏，镇压一切。如有不遵我副总统之命令及损失我副总统之威严者，惟以武装维持治安耳，大局当可无恙。知关锦注，肃此通告。蒋翊武叩。艳。

（《民立报》1912 年 3 月 2 日，"汉口电报"；又见《申报》1912 年 3 月 3 日，"公电"）

黎元洪致孙中山电

（1912 年 2 月 29 日）

火急。孙大总统鉴：

顷接北京王正廷电称：新举袁大总统不日坐京汉铁路火车过汉赴宁，行受职礼。请饬海军部先行预备兵舰，以便下驶，为祷为盼。元洪。艳。（武昌电）

（《民立报》1912 年 3 月 4 日，"公电"）

龙济光致孙中山、黄兴电

（1912 年 2 月 29 日载）

孙大总统、陆军部黄总长钧鉴：

总长删电敬悉。济光编练队甫由北海回省，正在出发，接奉电

示，和议已成，遵即中止。谨复。龙济光叩。（广东来电五十八）

（《临时政府公报》第二十五号，1912 年 2 月 29 日，
"附录·电报"；又见《申报》1912 年 3 月 2 日，"公电"）

潘月樵、夏月珊等呈孙中山文
（1912 年 2 月 29 日载）

沪军都督府调查部长潘月樵同夏月珊等，为集合同志创立伶界联合会，谨具简章呈请立案事：窃维戏曲一道为社会教育之一端，感化人心，维持风化，关系甚大。樵等前处满清专制之下，屡欲改良，坐以阻力横生，未达初愿，心窃恨焉。兹际民国新建，社会平等，凡在人民，各有天职；况又南北统一，实行共和，欲民智之开通，当以改良戏曲为急务。樵等处于现身说法地位，集合同志，先就上海组织伶界联合会，改良旧曲，排演新戏，表扬革命之真铨，阐发共和之原理，使国民社会日就进化，旁及教育、慈善等事业，勉尽国民之天职。俟有成效，再谋推广全国，同归一致。除另呈沪军都督已蒙批准外，所有创立伶界联合会缘由，理合谨具简章，呈请大总统俯赐鉴核，立案批示遵行，实为公便。

（《伶界联合会潘月樵呈总统文》，《时报》1912 年 2
月 29 日，"来件"）

陆兰清呈孙中山请谕粤督委任文
（1912 年 1～2 月）①

兰清少不自拔，浪迹江湖。往者游历南洋，辱承大总统不弃，指授方略，挈之同盟。抵安南，与黄景南君、黄复黄君组织洪门，

---

①　原件未署时日，据呈文内容，估计为 1012 年 1～2 月间所写。——《孙中山藏
档选编·辛亥革命前后》编者注

提倡民族。中经风潮，遂往海防、河内各地，偕诸同志讨论光复事。复回内地，联络绿林豪杰，谋举义师。去年三月二十九事起，兰清自乐从提兵赴省，鏖战于佛山赞翼诚善堂前，属省事已失败，整旅而还。迨九月间，时局汹涌，机会成熟，兰清方与同志约，拔戟为诸路先。适十七夜胡毅生君来，剪烛定谋，驰书召众。诸路响应，犄角扑城。粤有天幸，以十九日平和反正，兵不血刃，民安其居。此诚非兰清等始料所及，抑亦不敢引以为功。

　　惟当此之时，大局甫定，人心未安，省会危机一蹴即发。兰清躬自冒险，集旗满人，晓以大义，始各帖然。而改革时代秩序全失，外属劫掳焚杀之案，层见迭出。东、西、北三江一带地方，啸聚尤众。兰清所辖陆路自佛山至三水，水路自省河至清远下游，虽幸无事，然顾瞻全粤，交通阻绝，商业凋残，清夜扪心，惭痛交集。西、北两江为兰清旧游之地，声气颇广，用是通融办理，凡遇商船运货请兵护送，无不曲予周全。数月以来，尚免疏失。惟东斜西倒，如扶醉人，江防一日不宁，即商业一日不振。粤省脂膏有限，兰清坐拥军队，一丝一粟，皆拜厚赐于商民。再四思维，与其避越俎代庖之诮，袖手旁观，不如为徙薪曲突之谋，锐身自任。拟请将西、北两江，或西江，或北江所有全江筹防务事，均归兰清办理。务使货物畅通，盗贼寝息。期以两月，当可就绪。否则春夏之交，青黄不接，民食岌岌，良足寒心。兰清知之不敢不言，言之不敢不尽。如蒙俞允，恳谕知粤省都督界以委任，兰清不惜殚心力、糜顶踵以荡平之。一俟地方安谧，即解甲归农，同享民国幸福。若其无效，当正兰清之罪，以戒军队，以谢粤人。

　　兰清禀性愚直，无所夸饰，粤局危迫，敢布区区；并派陈剑虹君、黄复黄君代表来宁，踵府谒见，一切详细，恳俯赐询问。临书惶悚。伏维

大总统亮鉴

兰清谨呈

（翠亨孙中山故居纪念馆藏档；又见《孙中山藏档选
编·辛亥革命前后》，第501～502页）

唐群英等呈孙中山要求女子参政权文

（1912 年 2 月）

中华民国女界代表唐群英、张昭汉、王昌国、张汉英、葛文媛、陈君娴、蔡惠、张嘉蓉、徐清、程颖、童文旭、周其永、裘贵仙、张群英、吴芝英、岳垚、施瑞山、陈鸿璧、周文洁、沈佩贞呈大总统阁下：

谨禀者：窃维人类社会造端男女，男女之结合也，或以感情，或以生活。有夫妇之分，初无大小尊卑之别，其于社会负义务也同，享权利也亦同。盖自初民时代以至今日，男女平权之事实，乡曲家庭犹往往见之。自腐儒倡三纲之说，以女子隶属诸男子，于是男子以豢养女子为天职，女子亦顺承男子为天职。故女子嫁于男子，不曰偕伉俪，宜室家，而曰执箕帚，奉巾栉。谬说流传数千余载，女子之智识日劣，能力日薄，人格日卑，而权利悉堕于男子之手。闺阃之外，礼乐、刑政、食货、兵农诸事罕得闻焉。于是庙堂之上，谋谟筹画咸资男子，女子不能侧足于其间。嗟呼。同是人类，何不平等若是之甚欤？

兹幸神州光复，专制变为共和，政治革命既举于前，社会革命将踵于后。欲弭社会革命之惨剧，必先求社会之平等；欲求社会之平等，必先求男女之平权；欲求男女之平权，非先与女子以参政权不可。

或有疑女子程度不及，不能遽与以参政权者。不知以女子与女子较，其程度固有不齐，以女子与男子较，男子之程度亦不过较女子之优者为多，不得谓男子悉优、女子悉劣也。矧男子不以其程度不齐谓尽无公民参政之资格，独于女子悉夺其权而不与。是参政与否，只分男女而不真系于程度之差异也，明矣。噫嘻！岂非极天下大不平等之事乎？夫我国革命之说鼓吹有年，杞忧之士或亦疑人民程度不齐，未必能遽收善良之效果，今则振臂一呼，天下响应，不四阅月而大功告成，其程度优美有出人意料所不及者；则女子参政何不可作如是观。况女子程度之不齐，由前此教育之不平等。今我中华民国既号称共和，主张平等，则男女之教育不宜再有分别。男子与女子既输入同等之文明，即增进同等之智识，是男女之程度必不至再有轩轾，即男女法律上之地位不宜再有异同，女子应有参政权之问题又奚待烦言而决哉？

或又谓世界各国女子参政均无其例，此尤为不经之论。夫男女既列于同等地位，则男子参政，女子亦可参政，各国虽未见诸实事，亦何不可自我神明黄裔之中国为世界女子开一先例，以作各国之模范乎？法、美共和，前无其例，世界各国何以公认为最良之政体？是知事之是非，在公理之顺逆，不在成例之有无。矧近日欧西各国女子之争参政权，固已日演而日剧耶。

据以上各理由，女子参政与否之问题，自不待群英等之哓舌。然窃恐习俗相沿，犹有袭前此学说，妄加分别，留此待决之问题，以酿后日男女无穷之患者，同志等怃然忧之，不敢缄默。前者晋谒崇阶，沥陈悃素，女子参政一节业蒙允许，具见促进共和，提倡人道，同志等无任感激。用是联络全体女界，陈请大总统将女子参政问题作为议案，提交参议院决议，即于宪法正文之内订明，无论男女，均有选举权及被选举权；或不须订明，即于本国人民一语申明系包括男女而言。另以正式公文解释宣布，以为女子得有参政权之证据，再由大总统公布全国，使我女界同胞闻而兴起。女界幸甚！民国幸甚！

中华民国元年二月　日具

（翠亨孙中山故居纪念馆藏档；又见《孙中山藏档选编·辛亥革命前后》，第 426～428 页）

张謇为汉冶萍借款致孙中山、黄兴函
（1912 年 2 月）

前以借款及盐事，羁留沪上；屏挡略有头绪，甫于初二日启行赴宁。过苏一宿，触受风寒，困惫殊甚，不得已折回海上。牙龈尽肿，竟日不能食，畏风如虎；不能即行，焦急万状。闻精卫偕少川昨已去宁，会商处置清室办法，想此后不至再有变动矣。

顷鄂人来书，诘问汉冶萍与日人合办事。鄙人前闻盛宣怀有以该公司抵借款项、转借与政府之说，谓是仿苏路办法，亦不介意。乃今日忽闻集股三千万元，中日各半，由公司转借五百万与政府等语。此事详情，两公必预知之。顷有急电，请出以慎重，想蒙察览。汉冶萍之历史，鄙人知之最详。综要言之，凡他商业皆可与外人合资，惟铁厂则不可；铁厂容或可与他国合资，惟日人则万不可。日人处心积虑以谋我，非一日矣，然断断不能得志。盖全国三岛，无一铁矿，为日本一大憾事。而我则煤铁之富，甲于五洲。鄙人尝持一说，谓我国铁业发达之日，即日本人降伏于我国旗之下之日；确有所见，非过论也。数年以来，日人于铜官山，于大冶，于本溪湖，百端设法，思攘而有之，终亦不能如愿。今盛宣怀因内地产业为民军所占，又乘民国初立，军需孔亟，巧出其平日老猾手段以相尝试。吾政府不加深察，一受其饵，则于国防，于外交，皆为大失败。民国政府建立伊始，纵不能有善良政策，为国民所讴歌，亦何至因区区数百万之借款，贻他日无穷之累，为万国所喧笑？比来上海各西报，对于吾政府时有微词。愿两公宏此远谟，勿存见小欲速之见，致堕宵小奸匿之谋。盛宣怀为人，小有才能，不顾大局，无丝毫国家观念。即如铁路国有政策，本不为非，而彼乃以卑劣市侩之手段行之，致激起全国反对，满清由此覆亡，吾侪正宜奉为殷鉴。少川于盛平生知之最详，即汉冶萍情形，亦所深知。就近详询，可知大概。

总之，盛于汉冶萍，累十余年之经营以有今日。民国政府对于该公司当始终扶助；不能因其为盛所经营，而稍加摧抑。即盛宣怀之私产，亦当通饬保全，以昭大公。至中日合办之说，则万不可行。未可因其以借款之故，稍予通融。此则区区之愚，愿两公熟思而深虑之者。睿忝任实业，于此事负完全责任，既有所知，不敢不告。再，招商局借款，闻已成就。合同内容如何，请于未签字前见示，或有可以商酌之处。我中国航业，招商局乃硕果。且沿江繁盛处可泊轮船者，已悉为外人占去；惟招商局各码头颇占优点。稍一不慎，并此挫失，则吾国商人在于国内，无商业之可言矣；何论国外？扶病布臆，统惟垂鉴。

（《张謇全集》第一卷，第238～239页）

张謇复孙中山电
（1912年2月）

奉电读之惭汗。事能斡旋，胜于留謇。謇愿我大总统之令名，暨民国第一次政府之誉望，永永使全国国民记忆弗衰。謇即不才，与有荣焉。任事之初，本约短期。今清帝退位，已经宣布，大局指日即定；区区为国之心，可以稍安。幸谅素志，许践前约。

（《张謇全集》第一卷，第240页）